X.media.press

Norbert Hammer · Karen Bensmann

Webdesign für Studium und Beruf

Webseiten planen, gestalten und umsetzen

2., überarbeitete und erweiterte Auflage

Prof. Dr. Norbert Hammer
Karen Bensmann
Fachhochschule Gelsenkirchen
hammer@designpartner.de
karen.bensmann@gmail.com

ISSN 1439-3107
ISBN 978-3-642-17068-3   e-ISBN 978-3-642-17069-0
DOI 10.1007/978-3-642-17069-0
Springer Heidelberg Dordrecht London New York

Die Deutsche Nationalbibliothek verzeichnet diese Publikation in der Deutschen Nationalbibliografie; detaillierte bibliografische Daten sind im Internet über http://dnb.d-nb.de abrufbar.

© Springer-Verlag Berlin Heidelberg 2009, 2011
Dieses Werk ist urheberrechtlich geschützt. Die dadurch begründeten Rechte, insbesondere die der Übersetzung, des Nachdrucks, des Vortrags, der Entnahme von Abbildungen und Tabellen, der Funksendung, der Mikroverfilmung oder der Vervielfältigung auf anderen Wegen und der Speicherung in Datenverarbeitungsanlagen, bleiben, auch bei nur auszugsweiser Verwertung, vorbehalten. Eine Vervielfältigung dieses Werkes oder von Teilen dieses Werkes ist auch im Einzelfall nur in den Grenzen der gesetzlichen Bestimmungen des Urheberrechtsgesetzes der Bundesrepublik Deutschland vom 9. September 1965 in der jeweils geltenden Fassung zulässig. Sie ist grundsätzlich vergütungspflichtig. Zuwiderhandlungen unterliegen den Strafbestimmungen des Urheberrechtsgesetzes.
Die Wiedergabe von Gebrauchsnamen, Handelsnamen, Warenbezeichnungen usw. in diesem Werk berechtigt auch ohne besondere Kennzeichnung nicht zu der Annahme, dass solche Namen im Sinne der Warenzeichen- und Markenschutz-Gesetzgebung als frei zu betrachten wären und daher von jedermann benutzt werden dürften.

Einbandentwurf: KuenkelLopka GmbH

Gedruckt auf säurefreiem Papier

Springer ist Teil der Fachverlagsgruppe Springer Science+Business Media (www.springer.com)

Vorwort

Das vorliegende Buch zum Thema Webdesign soll als Lern- und Arbeitsbuch denjenigen Hilfestellung bieten, die im Studium, im Beruf, als freiberufliche Dienstleister oder auch im privaten Umfeld Webseiten erstellen.

Der Schwerpunkt des Buches liegt auf den gestalterischen Aspekten des Webdesigns, aber auch die damit eng verbundenen umsetzungsbezogenen technischen Aspekte werden erörtert. Die Leserinnen und Leser sollen befähigt werden, ein Webprojekt vom Briefing bis hin zur Veröffentlichung im World Wide Web in allen notwendigen Arbeitsschritten zu realisieren.

Webdesign ist ein anspruchsvolles Tätigkeitsfeld im Mediendesign und erfordert, wie andere gestalterische Tätigkeiten, solide Kenntnisse in Layout, Typografie und Farbe, die hier als bekannt vorausgesetzt werden.

Die Ausgangsbasis zu diesem Buch bildet ein Online-Lernmodul, das in seiner ursprünglichen Fassung für die virtuelle Fachhochschule erstellt wurde. Es wurde aktuell von den Autoren grundlegend überarbeitet und von Karen Bensmann um eine begleitende Online-, Tutorial- und -Übungseinheit, die „Web Design Gazette", erweitert. Diese steht auch den Leserinnen und Lesern dieses Buches als Online-Begleitmaterial zur Verfügung, denn parallel zum Erwerb des Theoriewissens sollen Sie Ihre erworbenen Kenntnisse in praktischen Übungen vertiefen.

Ein Buch zu schreiben verlangt großen Einsatz und kostet viele Freizeitstunden. Wir danken deshalb unseren Familien und Freunden für ihre Geduld und Unterstützung.

Wir danken denjenigen, die durch ihre aktive vergütete und unvergütete Mitarbeit zum Gelingen des Werkes beigetragen haben. Unser Dank gilt den Studierenden und Unternehmen, die Bildmaterial und Beispiele zur Verfügung stellten.

Außerdem danken wir Frau Marianne Puck für ihr Vorlektorat im Hinblick auf eine allgemein verständliche Formulierung sowie Frau Ursula Zimpfer für Ihr akribisches Lektorat.

Möge dieses Buch allen praktizierenden und zukünftigen Webdesignerinnen und -designern ein Stück weit helfen, sich in ihrer Gestaltungskompetenz zu entwickeln und unsere virtuelle Welt im Internet noch professioneller, ästhetisch ansprechender und nutzerfreundlicher zu machen.

Karen Bensmann und Norbert Hammer
im Mai 2009

Vorwort zur 2. Auflage

Das Web befindet sich im Umbruch. Im Grunde genommen ist dies ein Dauerzustand, schließlich ist es gerade die Schnelllebigkeit, die das Internet zu einem so interessanten und faszinierenden Medium macht. Doch auch technisch ist das World Wide Web einem ständigen Wandel unterworfen. CSS3 steckt seit geraumer Zeit in den Startlöchern und ist erfreulich weit, aber noch nicht flächendeckend in den Browsern implementiert. Zudem findet gerade der Übergang von HTML4 und XHTML auf HTML5 statt. Noch sind weder CSS3 oder HTML5 endgültig verabschiedet, finden jedoch zunehmend Verbreitung in den unterschiedlichen Browsern. Lediglich der Internet Explorer tut sich durch seinen langsamen Entwicklungszyklus mit den ständig wechselnden technischen Anforderungen schwer. Für den Webentwickler ist dieser Zustand schwierig zu bewältigen. Neue Technologien bieten fantastische Möglichkeiten, Websites noch schöner und abwechslungsreicher zu gestalten. Der Griff zu den neuen Technologien reizt, doch können auch sich langsamer weiterentwickelnde Browser – insbesondere, wenn sie einen so großen Marktanteil besitzen, wie der Internet Explorer – nicht einfach außen vor gelassen werden.

So sehr sich manch ein Webdesigner wünschen mag, die „alten Zöpfe" abzuschneiden, er sollte sich seiner Verantwortung gegenüber den Nutzern eben dieser Browser bewusst sein. Modernes Webdesign zu entwickeln, bedeutet nicht nur moderne Technologien zu verwenden, so schnell sie sich auch entwickeln mögen. Nicht zuletzt durch Apples Absage an Flash wurde HTML5 massiv Vorschub geleistet.

Mit der 2. Auflage von „Webdesign für Studium und Beruf" soll dieser Spagat zwischen Neuem und – nennen wir es diplomatisch – Bewährtem gemeistert werden. Konkret bedeutet das, neben XHTML und CSS2 werden Sie HTML5 und CSS3 kennenlernen, als gleichberechtigte Technologien, so dass Sie jeden Nutzer ansprechen können und nicht nur die mit den fortschrittlichsten Browsern.

Wir wünschen Ihnen viel Spaß und natürlich Erfolg mit der 2. Auflage von „Webdesign für Studium und Beruf".

Karen Bensmann und Norbert Hammer
im Dezember 2010

Inhalt

1.	**Vorbemerkung**	**13**
1.1	**Überblick**	**13**
1.1.1	Inhalte und Ziele	13
1.1.2	Voraussetzungen	16
2.	**Einführung**	**17**
2.1	**Lernziele**	**17**
2.2	**Design-Begriffsexkurs**	**18**
2.3	**Das Arbeitsfeld Webdesign**	**22**
2.3.1	Vom Print- zum Webdesign	22
2.3.2	Was umfasst Webdesign?	24
2.4	**Das World Wide Web**	**26**
2.4.1	Entwicklung des World Wide Web	26
2.4.2	Das WWW als Mitmach-Medium	29
2.5	**Resümee**	**30**
3.	**Grundlagen des Webdesigns**	**31**
3.1	**Lernziele**	**31**
3.2	**Einleitung**	**31**
3.3	**Technik und Design**	**32**
3.3.1	Webtechnologien	32
3.3.2	Webdesign, ein Kompromissdesign	34
3.4	**Websitestrategien**	**37**
3.4.1	Unternehmensrepräsentation	37
3.4.2	Informationsplattformen	38
3.4.3	Online-Shops	39
3.4.4	Auktionsplattformen	42
3.4.5	Unterhaltung	43
3.4.6	E-Learning	43
3.5	**Websitetypen**	**44**
3.5.1	Statische Website	44
3.5.2	Content-basierte dynamische Website	45
3.5.3	Rich Internet Applications	46
3.6	**Resümee**	**47**
3.7	**Quiz zu „Grundlagen des Webdesigns"**	**48**
4.	**Technische Grundlagen**	**51**
4.1	**Lernziele**	**51**
4.2	**Einleitung**	**52**
4.3	**HTML**	**53**
4.3.1	HTML oder XHTML?	53
4.3.2	Struktur eines HTML-Dokuments	54
4.3.3	Die Webseite mit Inhalten füllen	58
4.3.4	Sonderzeichen in Textinhalten	59
4.3.5	Überschriften	59
4.3.6	Absätze und Zeilenumbrüche	60
4.3.7	Links	60
4.3.8	Bilder	60
4.3.9	Textauszeichnungen	61

4.3.10	Listen	62
4.3.11	Tabellen	62
4.3.12	Zitate	63
4.3.13	Struktur für das Dokument	63
4.3.14	HTML-Übung	64
4.4	**CSS**	**65**
4.4.1	CSS in die Website einbinden	65
4.4.2	Regeln und Selektoren	66
4.4.3	@-Regeln	72
4.4.4	Vererbung und Kaskaden	79
4.4.5	Das Boxmodell	83
4.4.6	Farben in CSS	83
4.4.7	Absolute und relative Maßeinheiten	86
4.4.8	CSS-Eigenschaften	87
4.4.9	Positionierung mit CSS	90
4.4.10	Hacks und Weichen	96
4.5	**Schritt für Schritt zur HTML-Seite mit Stylesheet**	**97**
4.5.1	Schritt 1: Seite strukturieren	97
4.5.2	Schritt 2: Den HTML-Code mit Textauszeichnung erstellen	98
4.5.3	Schritt 3: Strukturierende Container	100
4.5.4	Schritt 4: <body>-Element formatieren	104
4.5.5	Schritt 5: Der umgebende Container	104
4.5.6	Schritt 6: Den Inhaltsbereich formatieren	105
4.5.7	Schritt 7: Kopfbereich gestalten	108
4.5.8	Schritt 8: Der Navigationsbereich	109
4.6	**Alte versus neue Technologien**	**111**
4.7	**Weiterführende Technologien**	**112**
4.7.1	Flash	112
4.7.2	Silverlight	112
4.7.3	JavaFX	112
4.7.4	Das <canvas>-Element	112
4.7.5	XML	113
4.7.6	Serverseitige Programmiersprachen	113
4.7.7	Clientseitige Programmiersprachen	115
4.7.8	Datenbanken und SQL	115
4.7.9	Ajax	120
4.7.10	Abonnementendienste	123
4.8	**Aktuelle Trends im World Wide Web**	**125**
4.8.1	Das Web 2.0	125
4.8.2	Semantisches Web	126
4.9	**Das World Wide Web der Zukunft**	**127**
4.9.1	HTML5	127
4.9.2	CSS Level 3	127
4.9.3	Silbentrennung	129
4.10	**Bildformate für das WWW**	**130**
4.10.1	GIF	130
4.10.2	JPEG	131
4.10.3	PNG	132
4.10.4	SVG	133

4.10.5	Formatentscheidungen	133
4.11	**Plugins**	**134**
4.11.1	Adobe Flash	134
4.11.2	Microsoft Silverlight	135
4.11.3	Java	135
4.11.4	X3D	135
4.11.5	PDF	136
4.12	**Entwicklerwerkzeuge**	**136**
4.12.1	HTML-Editoren	136
4.12.2	Content-Management-Systeme	137
4.12.3	Bildbearbeitungssoftware	138
4.12.4	Toolbars und Browsertools	138
4.13	**Entwickeln für den unbekannten Anwender**	**139**
4.13.1	Plattformen, Browser und Toolbars	139
4.13.2	Monitore und Auflösungen	140
4.14	**Resümee**	**141**
4.15	**Quiz zu „Technische Grundlagen"**	**142**
4.16	**Übung: „Tragamin" Webseite aufbauen**	**145**
5.	**Siteplanung**	**147**
5.1	**Lernziele**	**147**
5.2	**Einleitung**	**148**
5.3	**Briefing und Projektplanung**	**148**
5.3.1	Kundenanforderungen	149
5.3.2	Main Idea	151
5.3.3	Ablauf- und Projektplanung	151
5.3.4	Angebot / Kostenplanung	153
5.4	**Information und Analysen**	**155**
5.4.1	Zielgruppenanalyse	155
5.4.2	Websiteanalysen	156
5.4.3	Materialsichtung	157
5.4.4	Corporate-Design-Vorgaben	158
5.4.5	Überarbeitete Projektformulierung	159
5.5	**Technische Vorplanung**	**159**
5.5.1	Domains	159
5.5.2	Webhosting	161
5.5.3	Webserver	163
5.6	**Strukturdesign**	**164**
5.6.1	Inhaltlicher Aufbau	164
5.6.2	Sitestrukturmodelle	165
5.6.3	Strukturlayout	168
5.7	**Interaktionsdesign**	**170**
5.7.1	Navigationskonzept	171
5.7.2	Persistente Navigation	174
5.7.3	Dynamisch generierte Navigation	175
5.7.4	Zielgruppenorientierte Navigation	175
5.7.5	Teaser und Ankerlinklisten	176
5.7.6	Quicklinks	177
5.7.7	Verzeichnisse und Sitemaps	177

5.7.8	Breadcrumbtrail	178
5.7.9	Suchfunktionen	179
5.7.10	Hilfe und Guided Tour	179
5.7.11	Slider, Carousel etc.	180
5.7.12	Das Navigationslayout	181
5.8	**Projektorganisation**	**185**
5.8.1	Arbeitsserver	185
5.8.2	Namenskonventionen	185
5.8.3	Projektdokumentation	186
5.9	**Resümee**	**187**
5.10	**Quiz zu „Siteplanung"**	**187**
5.11	**Übung: Siteplanung der „pixographen"-Site**	**189**
6.	**Designentwurf**	**193**
6.1	**Lernziele**	**193**
6.2	**Einleitung**	**194**
6.3	**Look & Feel**	**195**
6.4	**Usability**	**197**
6.4.1	Typografie am Bildschirm	199
6.4.2	Farbe am Bildschirm	202
6.5	**Accessibility**	**203**
6.6	**Screendesign**	**207**
6.6.1	Was umfasst Screendesign?	207
6.6.2	Designstil	207
6.6.3	Bildsprache und Metaphern	209
6.6.4	Seitenunterteilung / Raster	210
6.6.5	Seitenkomposition	212
6.6.6	Bildkonzept	214
6.7	**Interfacedesign**	**216**
6.7.1	Was umfasst Interfacedesign?	216
6.7.2	Orientierung	217
6.7.3	Farbkodierung	218
6.7.4	Navigationskonventionen	220
6.7.5	Navigationsmenüs	222
6.7.6	Bildbuttons	225
6.7.7	Navigationskulissen	227
6.7.8	Bilder als Schaltflächen	228
6.7.9	Textlinks	229
6.7.10	Favorite-Icons	231
6.8	**Designarbeitsschritte**	**232**
6.8.1	Scribble, Vorentwurf	232
6.8.2	Basic Photoshop-Layout	233
6.8.3	Rasterentwicklung	234
6.8.4	Detailentwurf	236
6.9	**Präsentation grafischer Prototyp**	**237**
6.10	**Resümee**	**238**
6.11	**Quiz zu „Designentwurf"**	**239**
6.12	**Übung: Screen- und Interfacedesign der „pixographen"-Site**	**241**

7.	**Prototyping**	**243**
7.1	**Lernziele**	**243**
7.2	**Einleitung**	**244**
7.3	**HTML-Prototyp**	**244**
7.3.1	Grundsätzlicher Aufbau der Seiten, HTML-Layout	244
7.3.2	Der HTML-Quelltext	245
7.3.3	Organisieren des Stylesheets	246
7.3.4	Grafiken	247
7.3.5	Browseranpassung	248
7.3.6	Browser-Reset	249
7.3.7	Code Reviews	250
7.4	**Styleguide**	**251**
7.5	**Freigabe zur Umsetzung**	**253**
7.6	**Resümee**	**255**
7.7	**Quiz zur „Technischen Umsetzung"**	**255**
7.8	**Übung: Prototyping der „pixographen"-Site**	**257**
8.	**Assetdesign**	**259**
8.1	**Lernziele**	**259**
8.2	**Einleitung**	**260**
8.3	**Storyboard und Dokumentation**	**260**
8.4	**Texte im Web**	**262**
8.4.1	Text erstellen	262
8.4.2	Text gestalten	264
8.5	**Bildtypografie**	**266**
8.5.1	Bildheadlines	267
8.5.2	Semantikbezug in Bildheadlines	268
8.6	**Grafiken und Bilder im Web**	**269**
8.6.1	Funktionen von Bildern	270
8.6.2	Bilddefinitionen	272
8.6.3	Bildoptimierung	276
8.6.4	Freistellen	277
8.6.5	Bildrandgestaltung	280
8.6.6	Singuläre Hintergrundbilder	283
8.6.7	Bildkacheln	284
8.6.8	Headerbilder	288
8.6.9	Buttons und Mouseovers	288
8.6.10	Weitere Bildbearbeitungsmethoden	290
8.7	**Multimediainhalte**	**290**
8.7.1	Über Animation	290
8.7.2	Bildplayer / Diashow	291
8.7.3	Animierte GIFs	292
8.7.4	RIA-Animationen	292
8.7.5	Filme / Videos	292
8.7.6	Musik / Audio	293
8.7.7	Sonstige Multimediaanwendungen	293
8.8	**Resümee**	**293**
8.9	**Quiz zu „Assetdesign"**	**294**
8.10	**Übung: Storyboard und Assetdesign der „pixographen"-Site**	**297**

9. Technische Umsetzung ... 299
- 9.1 Lernziele ... 299
- 9.2 Einleitung ... 299
- 9.3 Vom Prototyp zur fertigen Website ... 300
  - 9.3.1 Dynamischer Content ... 300
  - 9.3.2 Skripte und Multimediainhalte ... 301
  - 9.3.3 Grafiken optimieren ... 301
- 9.4 Informationsdarstellung auf anderen Medien ... 301
  - 9.4.1 Druckversion ... 301
  - 9.4.2 Mobile Endgeräte ... 307
- 9.5 Interaktion mit dem Benutzer ... 309
  - 9.5.1 Formulare ... 309
  - 9.5.2 Cookies und Sessions ... 310
- 9.6 Suchmaschinenoptimierung ... 311
  - 9.6.1 Seiteninhalt und Relevanz ... 311
  - 9.6.2 Meta-Tags ... 312
- 9.7 Resümee ... 313
- 9.8 Quiz zu „Technische Umsetzung" ... 313
- 9.9 Übung: Technische Umsetzung der „pixographen"-Site .. 314

10. Tests und Launch ... 317
- 10.1 Lernziele ... 317
- 10.2 Einleitung ... 318
- 10.3 Testphasen ... 318
  - 10.3.1 Dokumententests ... 318
  - 10.3.2 Funktionstests ... 319
  - 10.3.3 Usability Testing ... 321
  - 10.3.4 Accessibility Testing ... 325
  - 10.3.5 Security Testing ... 325
- 10.4 Veröffentlichung der Website ... 326
- 10.5 Die Website bekannt machen ... 327
- 10.6 Wartung und Pflege ... 328
- 10.7 Auswertung der Logfiles ... 329
- 10.8 Resümee ... 331
- 10.9 Quiz zu „Tests und Launch" ... 332
- 10.10 Übung: Testen der „pixographen"-Site ... 333

Abbildungsverzeichnis ... 335
Linkverzeichnis ... 341
Literaturverzeichnis ... 343
Index ... 345
Quizlösungen ... 353
Online-Material ... 357
Die Autoren ... 359

Vorbemerkung

I just had to take the
hypertext idea and connect
it to the TCP and DNS
ideas and -- ta-da! --
the World Wide Web.

Tim Berners-Lee

Abb. 1a: Zitat Tim Berners-Lee
(Grafik: Bensmann)

1.1 Überblick

1.1.1 Inhalte und Ziele

Das Internet ist heute ein selbstverständlicher Bestandteil unseres Lebens. Vieles von dem, was wir täglich wahrnehmen und kognitiv verarbeiten, nehmen wir über Darstellungen auf dem Computerbildschirm auf.
Die Art und Weise der Präsentation der uns dargebotenen Informationen hat Einfluss darauf, wie wir deren Inhalte erfassen. Das Design der digitalen Medien ist daher ein mächtiges Instrument, um die Kommunikation über diese Medien zu steuern.

Ein zentrales Thema des Mediendesigns ist das Gestalten von Internetauftritten, das Webdesign. Hier vereinen sich im Entwurf die Anforderungen aus Layout, Typografie, Farb- und Bildgestaltung sowie Animation mit denen des Corporate Designs, des semantischen Gestaltens und der Gebrauchstauglichkeit zu sinnvollem Screen- und Interfacedesign. Webdesign ist daher eine komplexe und anspruchsvolle Gestaltungsaufgabe.
Zum Webdesign gehören sowohl die Gestaltung dessen, was auf dem Bildschirm sichtbar ist (Webdesign on screen), als auch die damit verbundene vorherige Organisation und Strukturierung der Informationen (Webdesign behind the screen) sowie komplexe

Überblick

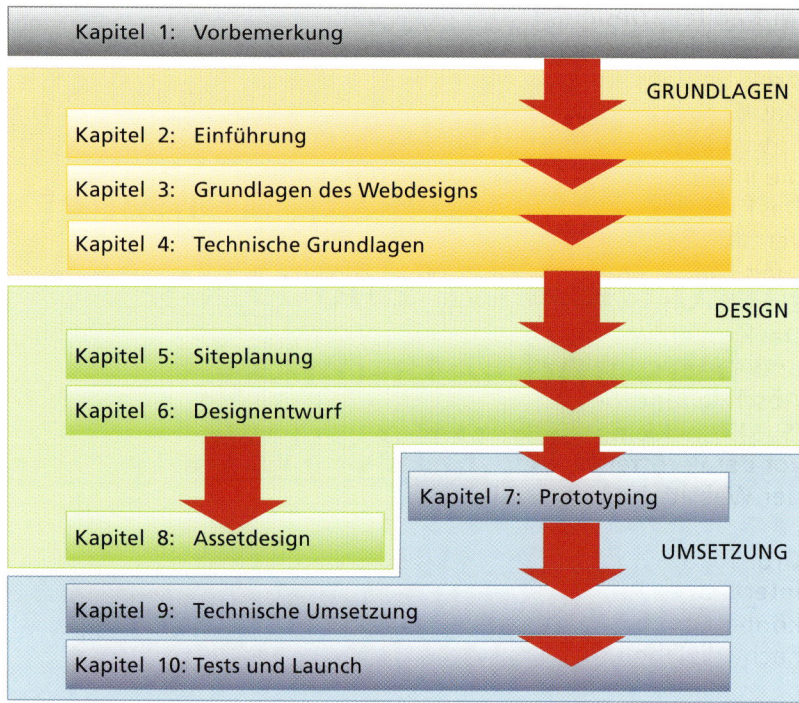

Abb. 1.1.1a: Kapitelaufbau
(Grafik: Hammer / Bensmann)

Kenntnisse über die technischen Möglichkeiten des Mediums. Webdesign beinhaltet also die Aspekte des Screendesigns, Interaktionsdesigns und Interfacedesigns.

Webdesign kann nicht losgelöst von der technischen Umsetzung gesehen werden. Deshalb werden in diesem Buch auch die technischen Rahmenbedingungen und Anleitungen zur technischen Umsetzung vermittelt.

Die Erscheinungsform, in der sich das Ergebnis des Webdesigns dem Nutzer darstellt, ist eine Website, die wiederum aus einzelnen Webseiten besteht.

In Anlehnung an die chronologische Abfolge der Bearbeitungsschritte eines Webprojektes werden folgende Inhalte thematisiert (Abb. 1.1.1a):

Im Kapitel *„Grundlagen des Webdesigns"* (S. 31) werden Strategien von Internetauftritten und Websitetypen vorgestellt. Damit wird eine Grundlage zum Thema Webdesign geschaffen.

Obwohl es nicht Hauptanliegen dieses Buches ist, HTML-, CSS- und Programmierkenntnisse sowie sonstiges technisches Wissen zum Thema zu vermitteln, werden im Kapitel *„Technische Grundlagen"* (S. 51) wichtige technische Rahmenbedingungen und Einflüsse kurz erläutert. .

Das Kapitel *„Siteplanung"* (S. 147) zeigt die Projektplanung auf. Hier wird dargestellt, wie Seiteninhalte nutzergerecht zu strukturieren sind und wie im Interaktionsdesign logische Navigationsangebote erstellt werden.

Überblick

VORBEMERKUNG

Im Kapitel *„Designentwurf"* (S. 193) werden detailliert die Designaspekte des Screen- und Interfacedesigns erörtert und der Arbeitsablauf des Designentwurfs vorgestellt.
Das Kapitel *„Prototyping"* (S. 243) zeigt, wie aus dem grafischen Entwurf ein interaktiver HTML-Prototyp entsteht, und beschreibt die Inhalte eines Styleguides.
Das Kapitel *„Assetdesign"* (S. 259) behandelt das Storyboarding und vermittelt Anregungen und Kenntnisse zur optimalen Aufbereitung von Texten, Bildern und Multimediainhalten, den konkreten Einzelbestandteilen einer Website.
Das Kapitel *„Technische Umsetzung"* (S. 299) vermittelt Anregungen und Vorgehensweisen zum Seitenaufbau in HTML.
Abschließend beschäftigt sich das Kapitel *„Tests und Launch"* (S. 317) mit dem Testen der Website auf Funktion und Benutzbarkeit vor der Veröffentlichung sowie der Analyse, Wartung und Pflege der Website im Livebetrieb.

Grundsätzlich empfehlen wir Ihnen, die gezeigten Beispiele von interaktiven Anwendungen und Websites parallel aufzurufen. Sie können am besten am „lebenden Objekt" Fakten aus dem Text nachvollziehen und prüfen.

Begleitend zu diesem Buch steht Ihnen eine kleine Online-Zeitung, die *„Web Design Gazette"* zur Verfügung (Abb. 1.1.1b). Hier finden Sie einige praktische Beispiele für die Umsetzung der in den Lerneinheiten behandelten Technologien. Ein wichtiges Ziel der „Web Design Gazette" ist es, den aktuellen Leistungsumfang von HTML und CSS möglichst umfassend wiederzugeben, daher ist von der Benutzung des Internet Explorers bis einschließlich Version 7 abzuraten, da dieser den Sprachstandard in sehr vielen Punkten nicht oder nur fehlerhaft unterstützt und die begleitenden Beispiele daher nicht vollständig und korrekt dargestellt werden

Link: Web Design Gazette:
http://www.webdesigngazette.de

Abb. 1.1.1b: Startseite der Web Design Gazette (Design: Bensmann)

können. Moderne Browser wie Firefox, Opera, Safari, Chrome, Internet Explorer 8 u.v.m. sind zur Darstellung der angebotenen Übungen und Tutorials sehr gut geeignet.

Parallel zu diesem Buch können Sie ein Übungs-Webprojekt mittlerer Komplexität, die „pixographen"-Website erstellen, in dem Sie die Lerninhalte im praktischen Gestaltungsentwurf anwenden. Erforderliche Arbeitsunterlagen stehen Ihnen im begleitenden Online-Material zur Verfügung.

Link:
Onlinematerial: http://mediendesign-online.net/xmediapress

Es ist das Ziel dieses Buches, das Besondere des Ansatzes bei der Gestaltung für und mit elektronischen Medien bewusst zu machen.
Nach Durcharbeiten der Kapitel und Ausführung des Übungs-Webprojektes sollten Sie befähigt sein, einfache bis mittelkomplexe Webdesign-Aufgaben gestalterisch und technisch kompetent zu bewältigen.

1.1.2 Voraussetzungen

Dieses Buch konzentriert sich auf die speziellen Belange des Gestaltens für die elektronischen Medien. Basiskenntnisse in den gestalterischen Grundlagen zu den Themen Typografie, Layout und Farbgestaltung werden vorausgesetzt. Außerdem ist solides Wissen im Umgang mit einem Bildbearbeitungsprogramm erforderlich.

Literaturtipp zu Grundlagen in Layout, Typografie und Farbe:
Hammer, N.: Mediendesign für Studium und Beruf, 2008

Im begleitenden Webprojekt werden Sie Ihre Entwürfe in Form eines HTML-Prototyps realisieren. Hierzu sind Kenntnisse in HTML und CSS erforderlich. Kapitel 4 „Technische Grundlagen" enthält eine kurze Einführung in diese Technologien.
Kenntnisse zusätzlicher Technologien wie Ajax, Java Server Pages (JSP), PHP, SQL (Structured Query Language) usw. sind wünschenswert, jedoch nicht obligatorisch.
Fertigkeiten im Umgang mit diesen Programmen können Sie sich gut im Selbststudium unter Zuhilfenahme der Programmtutorials, Webtutorials oder geeigneter Fachliteratur aneignen.

Einführung

When I took office, only high energy physicists had ever heard of what is called the Worldwide Web... Now even my cat has its own page

Bill Clinton

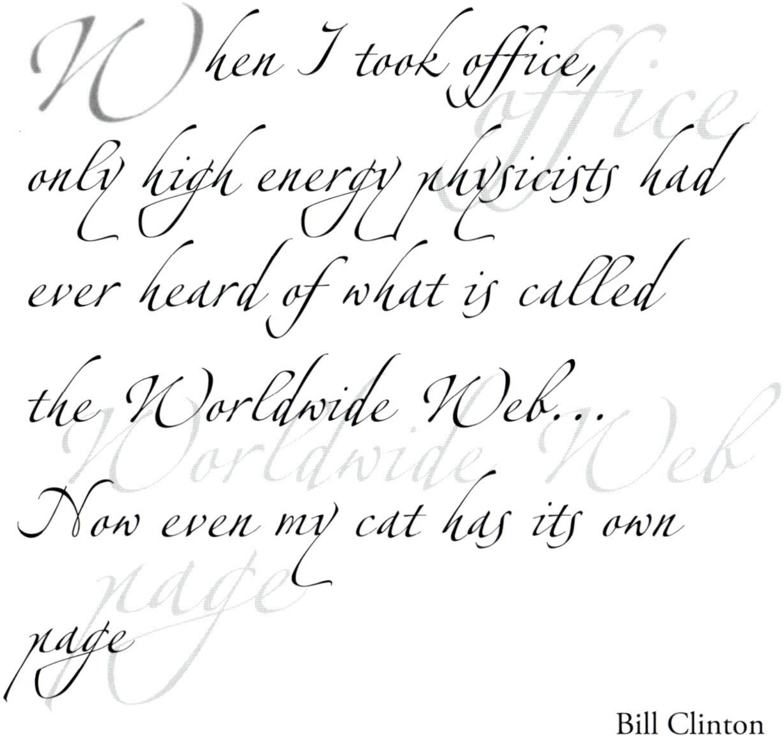

Abb. 2a: Zitat Bill Clinton
(Grafik: Bensmann)

2.1 Lernziele

Dieses Einführungskapitel gibt Ihnen eine Vorstellung über das Tätigkeitsfeld Webdesign. Es macht Sie mit den wichtigsten Designarbeitsphasen vertraut und zeigt die Besonderheiten von Webdesign auf.

Sie lernen im Einzelnen:
- eine differenzierte Designterminologie im Tätigkeitsfeld Webdesign,
- was den wesentlichen Unterschied zwischen Print- und Webdesign ausmacht,
- was zum Bearbeitungsumfang eines Webprojektes gehört,
- wie sich das World Wide Web entwickelt hat.

Insgesamt stimmt Sie dieses Kapitel auf die unterschiedlichen Betrachtungsaspekte und die vielfältigen Bearbeitungsschritte von Webdesign ein, wie sie in den folgenden Kapiteln dieses Buches dargelegt werden.

2.2 Design-Begriffsexkurs

In vielfältigen Zusammenhängen begegnen Ihnen heute Wortschöpfungen, in denen das Wort „Design" enthalten ist. Meistens wird der Designbegriff darin unpräzise und unreflektiert genutzt.
Dieses Buch ist mit dem Begriff „Webdesign" überschrieben, einem weit verbreiteten Begriff für alle Gestaltungsprozesse, die die Entwicklung von Internetauftritten betreffen. Daneben existieren eine Reihe weiterer Begriffe wie Mediendesign, Screendesign, Interfacedesign, Interaktionsdesign, Informationsdesign etc. pp., die zum Teil Ähnliches bezeichnen, teilsweise aber auch spezifischer sind. Einige davon begegnen Ihnen auch in den weiteren Kapiteln dieses Buches.
Um die hier verwendeten Begriffe verständlich zu positionieren, wird ein kleiner Begriffsexkurs vorangestellt. Die Grafik (Abb. 2.2a) zeigt ein Orientierungsgefüge der wichtigsten Designbegriffe.

Der Begriff Design ist schon deshalb schwer zu fassen, da er im angloamerikanischen Sprachgebrauch jegliche Art von Entwurf und Konstruktion bezeichnen kann. Webdesign kann dort also auch den technischen Aufbau einer Website beschreiben.
Wenngleich in diesem Buch auch einige technische Aspekte des Webdesigns erörtert werden, ist der Designbegriff hier ausdrücklich auf die gestalterische Tätigkeit des Designers bezogen, so wie der Begriff im deutschen Sprachgebrauch vorwiegend verwendet wird.
Unter Design verstehen wir die Gestaltung von zwei- und dreidimensionalen Produkten unter besonderer Berücksichtigung der nutzerorientierten, d. h. der ergonomischen, kommunikativen und ästhetischen Belange einerseits und der technisch-konstruktiven, herstellungsbezogenen und betriebswirtschaftlichen Belange andererseits.
Design betrifft dabei nicht allein das formale Gestalten der sichtbaren Erscheinungsform, sondern ebenso die Auseinandersetzung mit der damit verbundenen zielgerichteten strukturellen Organisation der relevanten Funktionen. Design ist also stets eine Synthese aus Form und Funktion.
In Ausbildung und Praxis unterschied man in der Vergangenheit insbesondere zwischen Industrial Design und Kommunikationsdesign und einigen weiteren Designdisziplinen wie Textil-, Mode-, Schmuck-, Bühnendesign etc. Industrial Design wird als Design dreidimensionaler Produkte mit besonderer Berücksichtigung der funktionalen und ergonomischen Aspekte verstanden, Kommunikationsdesign (früher: Grafikdesign) als Gestaltung zweidimensionaler Produkte mit besonderer Berücksichtigung des ästhetisch formalen Layouts und der Informationsverarbeitungsaspekte. Durch die so genannten neuen, elektronischen Medien werden diese beiden Tätigkeitsbereiche vermischt, da man nunmehr die formal ästhetische Gestaltung einer zweidimensionalen Oberfläche, nämlich auf dem Computerbildschirm benötigt, aber zugleich auch eine funktional

Design-Begriffsexkurs **EINFÜHRUNG** 2

und eine strukturell orientierte Denkweise, wie sie üblicherweise im Industrial Design angelegt ist. Es entstanden neue spezifische Tätigkeitsfelder, die auch neue Namen brauchten.
Das Tätigkeitsfeld des Designs in den neuen Medien wird insgesamt mit „Mediendesign" oder „Digital Media Design" bezeichnet. Es umfasst vorrangig die Gestaltung elektronischer Medien (z. B. Websites, Multimedia-CDs). In einem erweiterten Verständnis des Begriffs wird hierbei auch das Gestalten mit elektronischen Medien in den klassischen Printmedien eingeschlossen, hier Printdesign genannt (auch: Editorial Design), was vom Ursprung her jedoch dem Kommunikationsdesign zugeordnet ist.
Innerhalb von *Mediendesign* lassen sich weitere Aufteilungen in Bezug auf den Gestaltungsgegenstand vornehmen. Man findet Webdesign, Multimediadesign, Produktinterfacedesign für Soft- und Hardware, Film-/Videodesign, Animationsdesign, VR (Virtual Reality)-Design, Educational Design etc.
In fast allen diesen Anwendungsbereichen ist das Gestalten inhaltlich und prozessual durch unterschiedliche Gestaltungsaspekte geprägt, nämlich durch Strukturdesign, Interaktionsdesign, Screendesign, Interfacedesign und Assetdesign. Da die Inhalte dieser Begriffe sehr eng miteinander verknüpft sind und das eine ohne das andere praktisch nicht vorkommt, werden diese Begriffe oft unspezifisch gebraucht. Man sollte sie jedoch genauer auseinanderhalten, da sie auch im Designprozess eigene Bearbeitungsschritte darstellen.
Screendesign bezeichnet die Gestaltung der Gesamterscheinungsform dessen, was auf einer elektronischen Bildschirmoberfläche (screen) zu sehen ist. Es vermittelt den ersten Eindruck, stimmt in das Thema ein und ist für das ordnende Gesamtlayout verantwortlich. Screendesign bildet eine wichtige Benutzerschnittstelle, da beim Erstkontakt die Gesamterscheinungsform auf emotionaler Ebene wahrgenommen wird und davon wesentlich abhängt, ob ein Angebot weiter genutzt wird. Im Screendesign wird zugleich das Aussehen der einzelnen Gestaltungselemente wie Navigationsbuttons, Headlines, Inhaltstexte, Logos, Bilder, Grafiken etc. vorkonzipiert. Das ist später für deren konkrete Ausarbeitung verbindlich.
Innerhalb dieses Gesamtlayouts kommen in der Regel Bedien- und Anzeigeelemente auf dem Screen vor. Die Gestaltung solcher interaktiven Elemente – die Benutzerschnittstelle im eigentlichen Sinne-, ist das *Interfacedesign*. Hier geht es um die formale Gestaltung, Farbgebung, Beschriftung und Anordnung der Interaktionselemente. In der Informatik spricht man auch vom GUI-Design (graphical user interface) und bezeichnet damit die Gestaltung der grafischen Benutzeroberfläche in Abgrenzung zu dem, was sich strukturell und programmiertechnisch für den Nutzer unsichtbar darunter verbirgt.
Bei Webseiten besteht die Interaktion vorwiegend aus der Navigation innerhalb des Informationsangebotes. Das Interfacedesign wird deshalb beim Webdesign häufig als Navigationsdesign bezeichnet.

Design-Begriffsexkurs

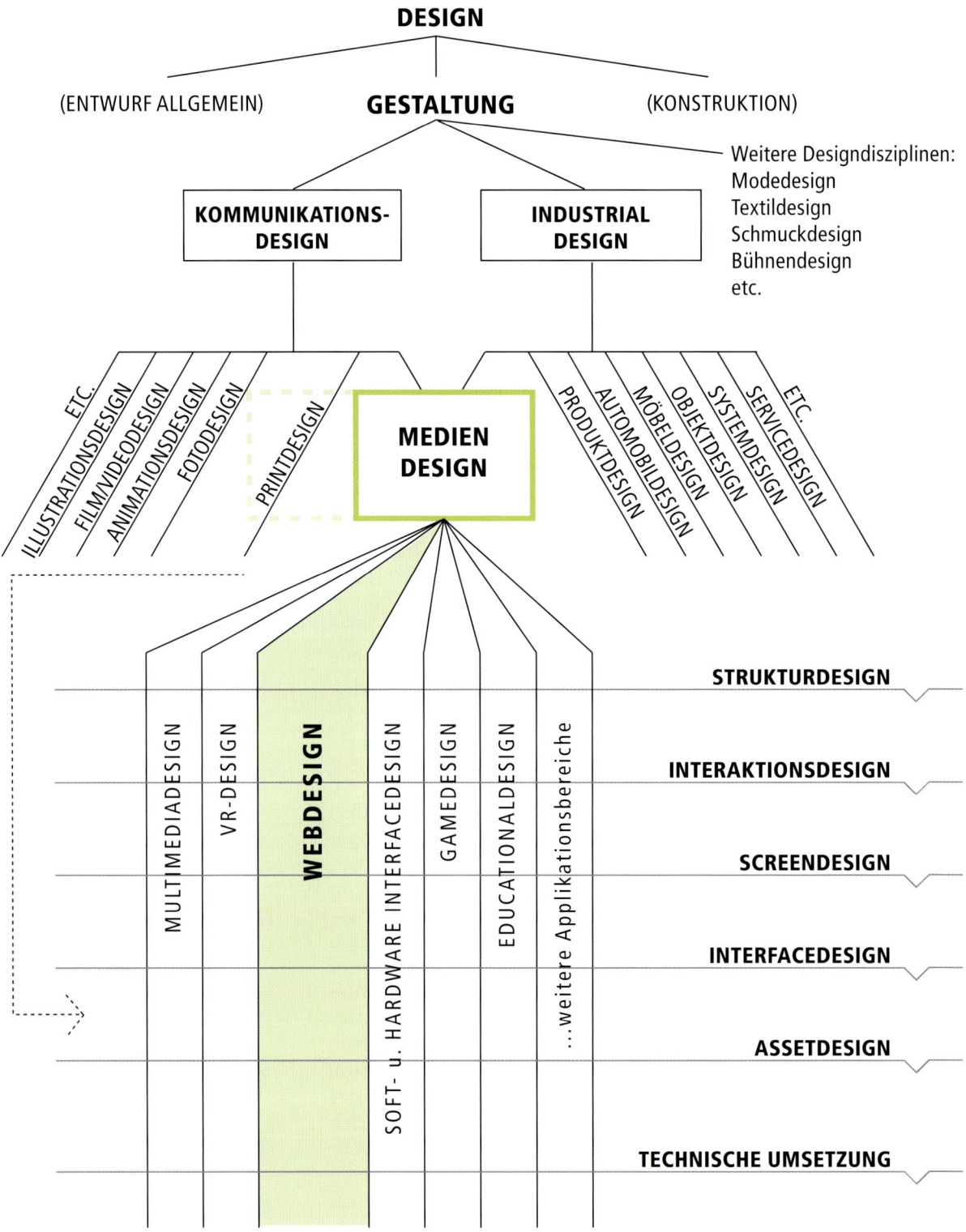

Abb. 2.2a: Begriffsstruktur Design (Grafik: Hammer)

Design-Begriffsexkurs   **EINFÜHRUNG**   **2**

Interfacedesign ist nicht realisierbar ohne die darunter liegende Bedienlogik, um optimale Verständlichkeit für die anvisierte Nutzerzielgruppe zu erreichen. Das bezeichnet man genauer als *Interaktionsdesign*. Interfacedesign und Interaktionsdesign sind untrennbar miteinander verknüpft. Fälschlicherweise werden beide Begriffe oft gleichgestellt. Interaktionsdesign stellt jedoch die theoretische, strukturelle Vorstufe zum Interfacedesign dar. Hierbei geht es darum, eine für den Nutzer offensichtlich erkennbare Bedienung zu entwickeln, die ihn schnell und unkompliziert zum gewünschten Informationsziel bzw. Handlungsergebnis führt. In der Arbeitsphase des Interaktionsdesigns werden die einzelnen Interaktionsabfolgen zur Erlangung eines gewünschten Zieles in Form von Ereignisskizzen (Welches Element ist wie zu bedienen? Was ist der Output?) zu Papier gebracht. Man spricht deshalb auch von Papierprototypen.

Bei der Entwicklung komplexerer Interfaces (z. B. eines Touchscreeninterface für einen Fahrkartenautomaten) ist diese Umsetzungsform von Interaktionsdesign ein selbstverständlicher Arbeitsschritt. Aber auch bei komplexen Websites kann ein Papierprototyp sinnvoll sein, wenn z. B. beim Anklicken eines Buttons nicht nur eine neue Seite aufgerufen wird, sondern partielle Veränderungen auf der Website eingeleitet werden. Interaktionsdesign ist nicht explizit eine Domäne des Designers, hier sind auch Ergonomen und Informatiker kompetente Partner.

In der Regel ist dem Interaktionsdesign noch die strukturelle Organisation der Informationsinhalte, das *Strukturdesign*, vorgelagert. In dieser Bearbeitungsphase werden die verfügbaren Informationen in überschaubare Cluster untergliedert und sinnvoll einander zugeordnet. Im Webdesign sind Strukturdesign und Interaktionsdesign Bestandteile der Erarbeitung der Informationsarchitektur.

Unglücklicherweise werden die Begriffe Screen-, Interface- und Interaktionsdesign manchmal auch als generische Begriffe für jegliche Art von Screen- und Interfacegestaltung, also gleichbedeutend mit Digital Media Design verwendet. Wir sehen hier vom generischen Gebrauch dieser Begriffe ab.

Screendesign, Interaktions- und Interfacedesign haben als wesentliche Aufgabe, Informationen nutzergerecht aufzubereiten. Ein weiterer Designbegriff drückt dieses Anliegen im Namen aus: das *Informationsdesign*. Auch dieser Begriff ist problematisch, da er ebenfalls generisch im Sinne von Informationsgestaltung, die in jeder Designdisziplin zu leisten ist, gebraucht wird. In einer engeren Auslegung bezieht sich Informationsdesign (dann auch: Informationsgrafik) darauf, wie einzelne Informationsinhalte (Texte, Bilder, Grafiken, Animationen etc.) optimal verständlich aufbereitet werden können. Für diese konkrete Aufbereitung der einzelnen Gestaltungselemente verwenden wir hier den aus dem angloamerikanischen Sprachgebrauch kommenden Begriff *Assetdesign*. Assets sind in der Finanz- und Börsensprache die Bestandteile eines Anlagevermögens; im übertragenen Sinne stellen sie beim Webdesign die einzelnen Bestandteile einer Website dar. So betrifft das Assetdesign z. B. die Aufbereitung von Zahlenmaterial in grafischer Form (Businessgrafik), die Darstellung von Lageplänen, die verständliche Illustration technischer Sachverhalte etc., ist also Informationsdesign im vorgenannten Sinne. Außerdem beinhaltet Assetdesign auch die sinnfällige Aufbereitung von Textinhalten durch strukturierende Maßnahmen (Headline, Subheadline, Absätze, Zwischentitel, Aufzählungslisten, Marginalien etc.), die das Erfassen des Textes erleichtern.

Assetdesign als Aufbereitung einzelner Informationselemente wie Grafiken und Bilder muss sich in ein gestalterisches Gesamtkonzept eingliedern und muss deshalb im Screendesign gestalterisch konzipiert werden. Die eigentliche Ausführung und damit die Detailgestaltung kann unabhängig von den sonstigen Projektarbeitsschritten erfolgen, meistens jedoch erst nach der endgültigen Freigabe des Screen- und Interfacedesigns.

Allen diesen gestalterischen Designarbeitsschritten schließen sich dann bei den meisten Mediendesignprojekten die technischen Bearbeitungsschritte an (Prototyping, Umsetzung, Testing), für die hier jedoch nach dem oben genannten Verständnis nicht der Begriff Design verwendet wird.

An dieser Stelle muss deutlich gemacht werden, dass die hier vorgenommene begriffliche Differenzierung zwar nützlich ist, um die einzelnen Teilarbeitsgebiete innerhalb des Designprozesses detailliert zu betrachten, wie jede Schubladeneinteilung hat dies jedoch die Schwäche, dass man die gegenseitige Abhängigkeit und Bedingtheit der Teilarbeitsgebiete aus dem Auge verliert.

Design ist immer ein iterativer Prozess, ein Prozess des Ausprobierens und der Neuerkenntnis. Deshalb ist es auch nicht ungewöhnlich, dass ein anfängliches Screendesign wieder geändert wird, weil z. B. eine neue Idee im Interfacedesign eine Umstrukturierung des Layouts erfordert. Oder im endgültigen Assetdesign entwickelt man für die Präsentation von Bildern auf einer Website ein anderes Design als ursprünglich im Screendesign konzipiert war.

Begriffliche Einordnungen der Einzeltätigkeiten stellen eine nützliche Orientierung und ein Geländer für den Arbeitsprozess dar, sollten aber nicht als einzwängendes Korsett verstanden werden. Die bessere kreative Idee muss auch im fortgeschrittenen Gestaltungsprozess noch eine Chance haben!

2.3 Das Arbeitsfeld Webdesign

2.3.1 Vom Print- zum Webdesign

Möglicherweise werden Sie Webdesign als Variante des klassischen Kommunikationsdesigns für Printmedien einstufen. Die Unterschiede sind jedoch erheblich. Das wichtigste abweichende Merkmal, die Interaktivität, wurde bereits erörtert. Hier ist vor allem aus ergonomischen Gründen eine sehr gute Strukturierung

Das Arbeitsfeld Webdesign — EINFÜHRUNG

der verfügbaren Informationen gefordert.

Ein weiterer großer Unterschied besteht in der Vieldimensionalität der Informationsverknüpfung durch Hyperlinks anstelle der linearen Informationsabfolge in den Printmedien. Im Printmedium soll die Information meistens linear aufgenommen werden. Auf Webseiten handelt es sich um ein verzweigtes Informationsangebot, in dem der Nutzer selbst nach eigener Interessenlage seinen Informationsweg sucht. Die klassisch stringente, lineare Nutzerführung ist somit obsolet.

Ein gewaltiger, wenngleich erst in letzter Zeit zunehmend genutzter Vorteil des Webdesigns liegt in dessen *Multimediafähigkeit*. Nicht nur Text und Bild lassen sich kombinieren, zusätzlich können Film, Animation und Sound als Informationsverstärker eingebunden werden (vgl. „Multimediainhalte", S. 290).

Verschweigen wir aber nicht die Nachteile der Webkommunikation. Das Lesen von Text am Bildschirm ist ermüdend und führt zu einer um bis zu 20 Prozent reduzierten *Lesegeschwindigkeit* gegenüber Papiertexten. Webdesigner sind daher gefordert, durch geeignete Screentypografie ein ergonomisch einwandfreies Texterscheinungsbild zu schaffen (vgl. „Typografie am Bildschirm", S. 199). Bedingt durch technische Einflüsse und/oder nutzerseitige Eingriffsmöglichkeiten ist beim Webdesign nicht mit absoluter Sicherheit gewährleistet, dass das Erscheinungsbild, das der Designer beabsichtigt hat, auch so auf den Empfangsgeräten der Nutzer wiedergegeben wird. Farbverfälschungen, Standveränderungen, Schriftersetzungen oder nicht darstellbare Elemente sind keine außergewöhnlichen Erscheinungen (vgl. „Entwickeln für den unbekannten Anwender", S. 139).

Vergessen wir auch nicht, dass das Internet trotz aller Interaktionsmöglichkeiten zunächst ein passives Angebot darstellt. Eine gezielte Adressierung der Nutzer durch Mailings – wie im Printbereich – ist hier unüblich. Die Nutzer müssen selbstständig auf Ihre Site gelangen. Die aktive und passive Verbreitung der Internetadresse (über Printmedien oder Suchmaschinen) sollte deshalb bei der Planung eines Internetauftrittes mit bedacht werden. Im besten Fall hat

Quelle: Ziefle, M.: Lesen am Bildschirm, 2001

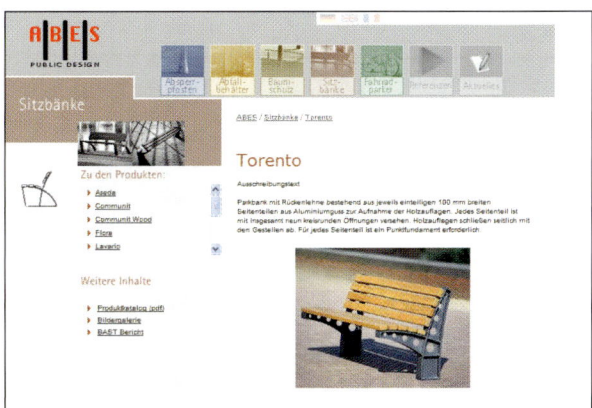

Abb. 2.3.1a, b: Cross Media Design: Darstellung im Katalog und im Web
(Design Katalog: Herold, Kasch
Design Website: hammer.runge, Olischläger)

man die Möglichkeit, Cross-Media-Marketing zu betreiben: d. h. gezielte PR-Kampagnen über Annoncen, Großplakate, Flyer, TV, oder Ähnliches zu schalten, die dazu animieren, sich auf der Website weiter zu informieren. In der Regel wird man deshalb sowohl im Internet als auch in den Printmedien mit dem gleichen Designstil an die Öffentlichkeit treten, um ein einheitliches Erscheinungsbild zu gewährleisten. Man bezeichnet dies als *Cross Media Design* (Abb. 2.3.1a, b).

Die Möglichkeiten, mit originärem HTML Einfluss auf die Gestaltung von Webseiten zu nehmen, sind stark eingeschränkt und genügen höheren gestalterischen und softwaretechnischen Anforderungen nicht. Für weiter gehende Layoutdefinitionen auf Webseiten werden deshalb heute vorrangig *Cascading Stylesheets* (CSS) eingesetzt. Gestalter mögen über die Möglichkeiten lächeln (oder weinen), die HTML ihnen für das Design bietet. Gestaltung war aber nicht das ursprüngliche Interesse beim Aufbau des World Wide Web und der Definitionen von HTML. Vielmehr ging es darum, gleiche Inhalte universell auf allen Computern mit verschiedenen Betriebssystemen und unterschiedlicher Ausstattung verfügbar und zudem durch die Nutzer anpassbar zu machen. Letzteres betrifft z. B. die Möglichkeit, dass sehschwache Personen andere, größere Schriften verwenden können als die vom Initiator einer Seite vorgegebenen.

Die Herausforderung für Designer besteht demnach darin, trotz einiger noch bestehender Einschränkungen durch die gegebenen Technologien dennoch Gestaltungsqualität zu erreichen und die Website beim Nutzer so erscheinen zu lassen, wie es vom Designer beabsichtigt ist.

2.3.2 Was umfasst Webdesign?

Thema dieses Buches ist alles, was erforderlich ist, um einen Internetauftritt zu realisieren. Das umschließt die Planung, die Gestaltung und die technische Umsetzung. Der Fokus liegt hier auf dem Webdesign, verstanden als Auseinandersetzung mit den gestalterischen Aspekten. Dies wird jedoch durch die jeweiligen Rahmenbedingungen eines Webprojektes beeinflusst, muss in eine Gesamtablaufplanung integriert werden und erfährt Restriktionen in der technischen Machbarkeit, so dass eine Gesamtbetrachtung des Erstellungsprozesses von Webseiten erforderlich ist.

Der *Standardablaufplan* zeigt, was alles zu einem Webdesignprojekt gehört (Abb. 2.3.2a):

Im Vorfeld der eigentlichen formalen Gestaltung gehören auch die kreative Konzeption einer Website in ihrer thematischen und zielgruppenbezogenen Ausrichtung, die Planung und Organisation des Ablaufprozesses und die Erledigung der notwendigen Vorarbeiten für das Einrichten einer Site dazu.

Die eigentliche gestalterische Arbeit betrifft die konzeptionelle theoretische Erarbeitung der Sitearchitektur im Struktur- und Interaktionsdesign. Dort werden die relevanten Informationen

Das Arbeitsfeld Webdesign

EINFÜHRUNG 2

portioniert und sinnfällig in Relation gesetzt, so dass eine geeignete Navigationsstruktur entwickelt wird.

Dem folgt der formal gestalterische Entwurf im Screen- und Interfacedesign. Hier wird wieder deutlich, wie eng die einzelnen Designaspekte miteinander verknüpft sind und sich gegenseitig bedingen.

Die aufgezeigte Bearbeitungsreihenfolge stellt den Normalfall dar, ist jedoch nicht zwingend, da man z. B. auch mit ersten Ideen im Interfacedesign beginnen kann, bevor man diese im Interaktionsdesign auf ihre Bedienlogik überprüft und im Screendesign zu einem stimmigen Gesamtlayout zusammenführt.

Wenn das Screen- und das Interfacedesign auf der Basis eines grafischen Prototyps (Photoshop-Layout) vom Auftraggeber freigegeben sind, kann ein HTML-Prototyp einschließlich Cascading Stylesheets (CSS) erstellt werden. Er zeigt exemplarisch ein funktionierendes Navigationsdesign und die wesentlichen vorkommenden Seitentypen.

Obwohl Webseiten im Photoshop-Layout schon ziemlich realitätsgetreu entworfen werden können, sieht das Gleiche im HTML-Prototyp dennoch ein wenig anders aus und sollte deshalb bis zu diesem Arbeitsschritt vom Designer beurteilt und gegebenenfalls nachgebessert werden.

Parallel zur Prototypentwicklung kann die Organisation der Inhalte für alle vorgesehenen Seiten erfolgen, was normalerweise in Form eines Drehbuches oder Web-Storyboards realisiert wird.

Abb. 2.3.2a: Standardprojektplan Webdesign (Grafik: Hammer)

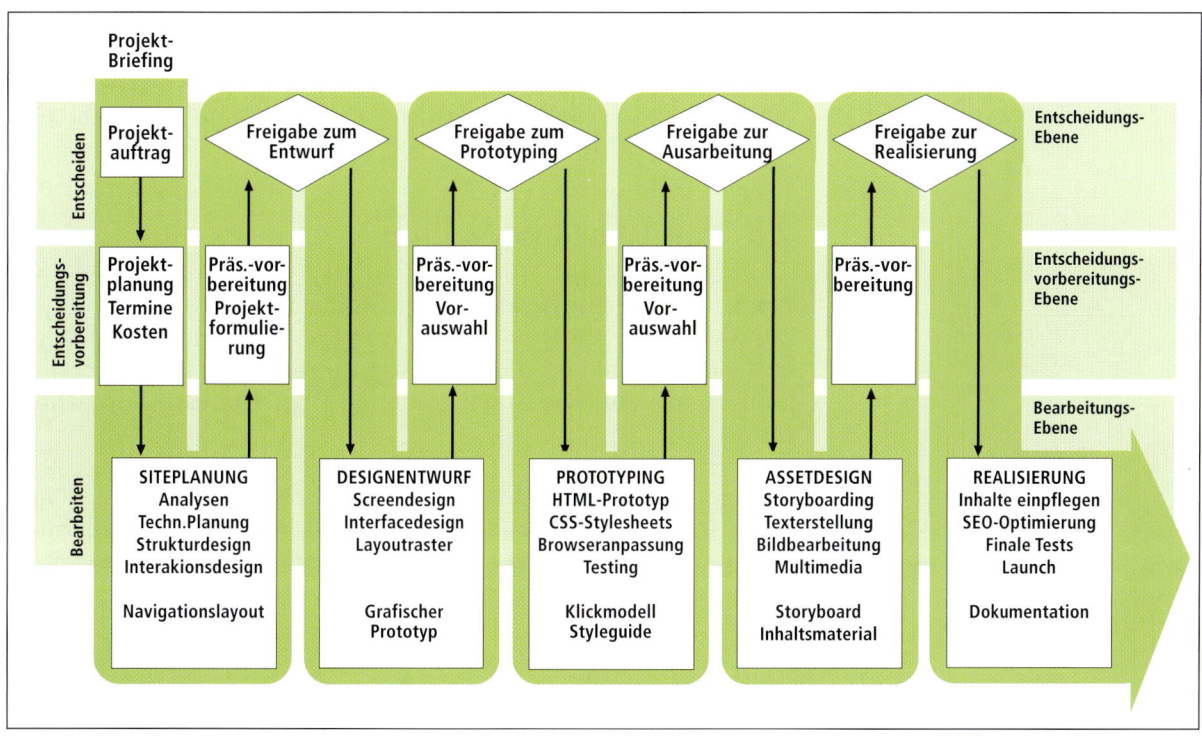

Erst danach geht es in der Arbeitsphase des Assetdesigns daran, die einzelnen konkreten Inhaltselemente jeder Seite gestalterisch aufzubereiten. Das betrifft vor allem das gestalterische und webgerechte Aufbereiten von Bildern. Meistens bedeutet das ein Beschneiden und Freistellen sowie das Retuschieren von Fotos oder deren weiter gehendes Optimieren durch neue Hintergründe, Bildränder oder Bildmontage. Im weiteren Sinne gehört auch das Erstellen neuer Fotos gemäß einem zuvor erarbeiteten Bildkonzept dazu. Ebenso zählt hierzu das Erstellen von Illustrationsgrafiken (Businessgrafik, Anfahrtskizzen, Datentabellen etc.) sowie die konkrete Gestaltung der Navigationselemente (Buttons, Textlinks, Icons). Noch speziellere Fachkenntnisse sind für das Erstellen von Assets wie Videofilmen, Flash-Animationen, animierten GIFs, Musikdateien etc. erforderlich.

Mit diesen Assets und den aufbereiteten Texten kann schließlich auf Basis des HTML-Prototyps die vollständige technische Umsetzung aller Seiten erfolgen. Ist das geschehen, folgt dem ein gewissenhafter Check auf Korrektheit der gestalterischen Erscheinungsbilder und der Inhalte sowie ein Testen der technisch funktionalen Stabilität, bevor letztendlich die Website live geht.

Webdesign ist ein aufwändiger und detailreicher Entwicklungsprozess, der z. T. sehr spezielle Fachkenntnisse erfordert. In der Praxis werden üblicherweise nicht alle diese Fachkenntnisse von einer einzelnen Person eingebracht, sondern auf Spezialisten aufgeteilt. Das ist jedoch abhängig von der Komplexität und Kompliziertheit einer Website. Kleinere Internetauftritte ohne integrierte Spezialanwendungen werden häufig auch von ein und derselben Person im gesamten Entwicklungsprozess mit allen einzelnen Arbeitsschritten realisiert, wenn diese Person sowohl über die erforderlichen gestalterischen wie programmiertechnischen Kenntnisse verfügt.

2.4 Das World Wide Web

2.4.1 Entwicklung des World Wide Web

Die Geschichte des World Wide Web (WWW) ist noch recht jung und weist vor allem in den letzten Jahren ein rasantes Entwicklungstempo auf, wie es der folgende Überblick sehr anschaulich zeigt:

1945 Die zentrale Idee des WWW, der *Hyperlink*, geht zurück auf Vannevar Bush, der bereits *1945* ein fotoelektrisches Gerät namens Memex entwickelte, das es ermöglichte, Verknüpfungen zwischen einzelnen Mikrofiche-Dokumenten zu erstellen.

1960 *1960* verfasst der Psychologie-Professor J. C. R. Licklider das Dokument „Man-Computer Symbiosis", in dem er seine Erwartungen an die Entwicklung der kooperativen Interaktion zwischen Mensch und Computer formuliert:

Das World Wide Web   **EINFÜHRUNG**   **2**

„It seems reasonable to envision, for a time 10 or 15 years hence, a thinking center that will incorporate the functions of present-day libraries together with anticipated advances in information storage and retrieval and the symbiotic functions suggested earlier in this paper. The picture readily enlarges itself into a network of such centers, connected to one another by wide-band communication lines and to individual users by leased-wire services. In such a system, the speed of the computers would be balanced, and the cost of the gigantic memories and the sophisticated programs would be divided by the number of users."

Quelle: Licklider, J. C. R.: Man-Computer Symbiosis, 1960

Im Jahre *1962* beschreibt er seine Vision eines globalen Computer-Netzwerks (das Galactic Network), das nahezu alle Ideen enthält, die das heutige Internet ausmachen. Ebenfalls *1962* veröffentlicht Douglas Engelbart „Augmenting Human Intellect : A Conceptual Framework" mit ähnlichen Ideen wie Licklider.   **1962**

Der Begriff *Hypertext* wird *1965* von Ted Nelson geprägt.   **1965**

1968 erfindet Douglas Engelbart die *Maus* und demonstriert sein Hypermedia-Groupware-System NLS (oNLine System), das die Erstellung digitaler Bibliotheken sowie die Speicherung und Abfrage elektronischer Dokumente mittels Hypertext ermöglicht. NLS ist die erste erfolgreiche Implementierung von Hypertext-Links.   **1968**

Die Advanced Research Projects Agengy (ARPA) startet *1969* das ARPANET zur Erforschung von Netzwerk-Technologien.   **1969**

Im Jahre *1980* schreibt der CERN-Physiker Tim Berners-Lee das Programm ENQUIRE, das mit einer wiki-ähnlichen Oberfläche das Verknüpfen beliebiger Knoten mit Hilfe von *Links* erlaubt.   **1980**

1989 macht Tim Berners-Lee, der als der Erfinder des World Wide Web gilt, den ersten Vorschlag für das WWW. Dieser wurde 1990 von ihm und Robert Cailliau überarbeitet und verbessert.   **1989**

Die Auszeichnungssprache *HTML* (Hypertext Markup Language) wird *1989* als Anwendung von *SGML* (Standard Generalized Markup Language) von Tim Berners-Lee entwickelt.

Ende *1990* entwickelt Berners-Lee für das Betriebssystem NeXTSTEP den ersten *Browser* namens WorldWideWeb (später Nexus) sowie den ersten *Webserver*. Diese Entwicklungen gipfeln in der ersten HTTP-Client-Server-Kommunikation über das Internet im Dezember *1990*.   **1990**

Der erste Webserver außerhalb Europas wird im Dezember 1991 in Stanford in Betrieb genommen.   **1991**

1993 Anfang 1993 gibt das National Center for Supercomputing (NCSA) eine erste Version seines grafischen Browsers Mosaic frei. Der benutzerfreundliche und fensterbasierte Browser läuft unter X (X Window System) und wird kurze Zeit später auch für Windows-PCs und Macintosh-Computer zur Verfügung gestellt.

1994 Marc Andreessen und seine Kollegen verlassen 1994 die NSCA und gründen die Mosaic Communications Corp., die später zu Netscape wird.
Einwahl-Provider wie CompuServe, AOL und Prodigy ermöglichen 1994 Internetzugänge für die breite Öffentlichkeit.
Im Oktober 1994 wird von Tim Berners-Lee das Gremium zur Standardisierung der das World Wide Web betreffenden Techniken, das *W3C* (World Wide Web Consortium), gegründet.
Hkon Wium Lie schlägt 1994 das Konzept der Cascading Stylesheets (CSS) vor.

1996 Das W3C veröffentlicht seine erste Empfehlung im Jahre 1996, hierbei handelt es sich um das Format Portable Network Graphics (*PNG*).
Schon bevor das W3C den ersten HTML-Standard veröffentlicht, wird im Jahr 1996 die erste Implementierung der *Cascading Stylesheets* vorgestellt.

1997 Im Jahre 1997 veröffentlicht das W3C die erste Empfehlung für HTML: HTML 3.2.
Macromedia entwickelt 1997 das proprietäre Format *Flash* und liefert einen entsprechenden Player, den Shockwave Flash Player, gleich mit.

2000 Auf Basis der leichter zu parsenden SGML-Teilmenge *XML* (Extensible Markup Language) wird die Neuformulierung von HTML 4.01, XHTML 1.0 (Extensible Hypertext Markup Language), im Jahre 2000 vom W3C veröffentlicht. XHTML 1.0 enthält dabei alle Elemente von HTML 4.01.

2005 Die Entwicklung von CSS Level 3 wird begonnen, im Gegensatz zu den Vorgängern wird CSS3 modular aufgebaut, so dass sich einzelne Teiltechniken in unterschiedlichen Entwicklungsstufen befinden.

2006 Der erste Entwurf von XHTML2 wird als Weiterentwicklung von XHTML 1.0 und 1.1 veröffentlicht, die Abwärtskompatibilität zu HTML4 wird komplett aufgehoben.

2007 Microsoft bringt das proprietäre Flash-Konkurrenzprodukt Silverlight auf den Markt. Silverlight ist für Microsoft- und Apple Macintosh-Browser verfügbar. Sun (jetzt Oracle) kündigt als weitere Flash-Konkurrenz JavaFX an.

Das World Wide Web

EINFÜHRUNG 2

Als Bestandteil der Java SE Runtime wird das plattformübergreifende JavaFX veröffentlicht. **2008**

Das W3C veröffentlicht den ersten Entwurf von HTML5. Parallel dazu wird XHTML2 weiterentwickelt, jedoch am Ende des Jahres zu Gunsten von HTML5 eingestellt. Novell veröffentlicht mit Moonlight eine quelloffene Implementierung von Silverlight für Linux. **2009**

2.4.2 Das WWW als Mitmach-Medium

Was ist das Besondere am Internet? Was macht seine Faszination aus? Warum hat das Internet in kürzester Zeit eine so enorme Expansion erreicht?

Die Antworten auf diese Fragen liegen in der spezifischen Eigenart des Internets begründet, dass die Nutzer (User) aktiv in den Prozess der Informationsaufnahme eingebunden sind. Sie können bestimmen und eingreifen und entscheiden also selbst, welche Informationen sie in welcher Reihenfolge abrufen wollen. Sie befinden sich somit – anders als beim herkömmlichen Fernsehen oder bei Printmedien – in einer völlig anderen Situation. Das Internet ist ein aktives, ein *Mitmach-Medium* und suggeriert den Benutzern die Macht der Informationskontrolle. Dass diese durch geschickte Manipulationen seitens der Anbieter oft wieder unterlaufen wird, sei hier nicht verschwiegen.

Über Hyperlinks können sich Nutzer von einem zum nächsten Informationspaket bewegen; Suchmaschinen sind behilflich, um spezielle Informationen mit großer Treffsicherheit zu finden. Eine schier unermessliche Informationsfülle steht zur Verfügung.

Die Nutzer und auch die Informationsanbieter bei der Bewältigung dieses Informationsangebotes zu unterstützen, ist eine Aufgabe von Webdesign; die Nutzer in die kontextbezogene Umgebung und Atmosphäre des Informationsangebotes zu versetzen, ist eine zweite.

Durch eine nachvollziehbare Organisation der verfügbaren Informationen, ein eingängiges Navigationsdesign und eine Übersicht schaffende und Atmosphäre aufbauende Seitengestaltung wird dabei der Prozess der Informationsaufnahme für die Nutzer erleichtert. Gutes Webdesign entscheidet letztlich über Annahme oder Ablehnung des Informationsangebotes, initiiert oder verhindert Kaufentscheidungen, baut positive oder negative Unternehmensimages auf, führt zum Wohlbefinden oder zur Frustration des Nutzers.

Wenn Unternehmen oder Institutionen sich also im Internet präsentieren, dann ist professionelles Webdesign der einzig richtige Weg, alles andere ist geschäftsschädigend.

2.5 Resümee

In diesem Einführungskapitel haben Sie erfahren, was das Thema Webdesign alles umfasst, und haben wichtige Begriffe des Webdesigns kennen- und differenzieren gelernt.

- Sie haben den Unterschied zwischen Screen-, Interface- und Interaktionsdesign gelernt.
- Sie wissen, dass zum Webdesign nicht nur die formale Gestaltung, sondern auch die strukturelle Organisation der Informationen gehört.
- Sie haben die Arbeitsphasen eines Webdesignprojektes im Überblick kennengelernt.
- Sie haben erfahren, dass die Arbeit des Webdesigners z. T. durch die verfügbaren Webtechnologien eingeschränkt wird.
- Sie haben sich im chronologischen Überblick an die Entstehungsgeschichte des World Wide Web erinnert.
- Ihnen ist bewusst, dass sich Webdesign vom Printdesign insbesondere durch seine Interaktions- und Multimediafähigkeit unterscheidet und ein aktives Mitmach-Medium ist.

Grundlagen des Webdesigns 3

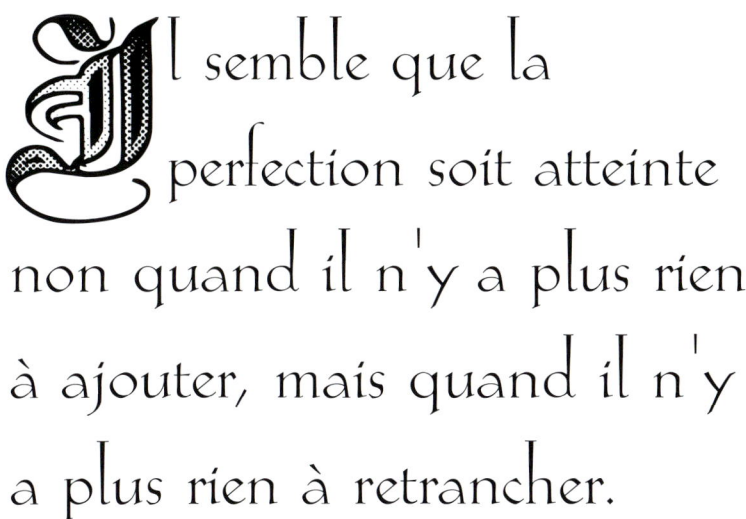

Antoine de Saint-Exupéry

Abb. 3a: Zitat Antoine de Saint-Exupéry "Vollkommenheit entsteht offensichtlich nicht dann, wenn man nichts mehr hinzuzufügen hat, sondern wenn man nichts mehr wegnehmen kann."
(Grafik: Bensmann)

3.1 Lernziele

Das zentrale Ziel dieses Kapitels ist es, Ihnen einen Überblick über das Webdesign zu geben.

Sie lernen im Einzelnen:
- wie sehr sich Technik und Design beim Webdesign gegenseitig bedingen,
- wodurch das Webdesign gestalterisch eingeschränkt ist,
- welche Strategien es für unterschiedliche Websites gibt,
- welche technologischen Typen von Websites unterschieden werden.

Prüfen Sie anschließend Ihr erworbenes Wissen in dem selbstevaluierbaren Quiz.

3.2 Einleitung

Webdesign ist Informationsdesign in Reinform. Gute Websitegestaltung zeichnet sich durch ein wirkungsvolles Wechselspiel zwischen der Deckung des Informationsinteresses, der Informationsbestätigung und der eigentlichen Befriedigung des Informationsbedarfs aus.
Wenn Nutzer eine Website aufrufen, sollte zunächst einmal ihre Aufmerksamkeit erregt werden, beispielsweise durch eine gut

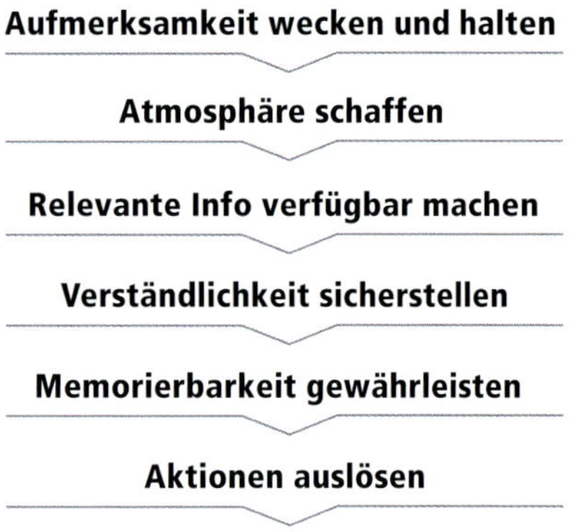

Aufmerksamkeit wecken und halten

Atmosphäre schaffen

Relevante Info verfügbar machen

Verständlichkeit sicherstellen

Memorierbarkeit gewährleisten

Aktionen auslösen

Abb. 3.2a: Von der Aufmerksamkeit zur Aktion (Grafik: Hammer)

gestaltete Einstiegsseite (Abb. 3.2a). Das Interesse zu wecken reicht allein aber nicht aus, es muss auch gehalten werden. Deshalb muss ziemlich schnell eine Bestätigung über das gewollte Informationsziel folgen, z. B. durch Anzeigen eines Firmenlogos oder des verfügbaren Informationsangebotes. Das ist eine Bestätigung, dass die getroffene Navigationsentscheidung richtig ist, eine „*confirmed decision*", wie sie auch mit dem „Sie haben richtig gewählt ..." in den Gebrauchsanleitungen einen Kaufentscheid bestätigt. Benutzer sollten das Gefühl haben, die gewünschte Seite vor sich zu haben und das für sie richtige Angebot zu finden.

Eine gute, für die Nutzer nachvollziehbare Strukturierung des Informationsangebotes ist hierzu hilfreich, unter Umständen durch Aufgliederung in überschaubare Informationspakete. Dennoch müssen die Informationen möglichst direkt und ohne umständliche Navigationswege zugänglich sein. Auch die eigentlichen Kerninformationen müssen praktisch und gestalterisch ansprechend serviert werden, z. B. durch Inhaltsstichwörter, kurze, lesefreundliche Texte, interessante Bilder und erklärende Grafiken. Die relevanten Informationen müssen prägnant, und in einer ansprechenden Form übersichtlich dargeboten werden, denn Nutzer wollen sich auf einer Website wohl fühlen.

Von Seiten der Anbieter wird immer wieder eine längerfristige *Nutzerbindung* gewünscht, die die Nutzer zum wiederholten Aufruf einer Site animiert. Das kann durch ständig aktualisierte News (z. B. über einen RSS-Feed, der den Nutzer immer wieder zu einem erneuten Besuch auf der Website veranlasst), aktuelle Sonderangebote oder allgemeine Serviceleistungen wie Kalenderservices (z. B. Veranstaltungslisten), Spiele, Literaturlisten, Linklisten etc. erreicht werden. Werden zeitbezogene Angebote integriert, müssen diese durch permanente Pflege aktuell gehalten werden: Veranstaltungsangebote des Vorjahres verärgern die Nutzer und können den letztmaligen Besuch einer Site bedeuten.

Leider ist Webdesign ein Design, das durch viele Kompromisse bestimmt wird. Noch immer lassen technische Einschränkungen nicht alle kreativen und gestalterischen Freiheitsgrade zu, wie sie im Printdesign möglich sind.

3.3 Technik und Design

3.3.1 Webtechnologien

Um die Zielsetzung der weltweiten geräte- und softwareunabhängigen Nutzung des Internets aufrechtzuerhalten, werden seitens des Web-Konsortiums W3C allgemein verbindliche *Webstandards* vorgegeben. Im Laufe der Zeit wurden diese mehrfach erweitert. Browserhersteller halten sich jedoch nicht immer exakt an diese Standards, sondern definieren eigene Bestandteile, die zum Teil – insbesondere für den eigenen Browser – erweiterte Funktionalitäten ermöglichen. Mangelnde und inkonsistente Umsetzung der

Technik und Design

GRUNDLAGEN DES WEBDESIGNS 3

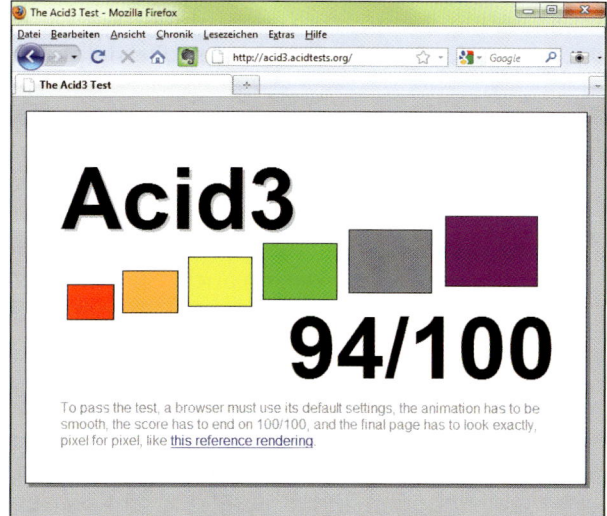
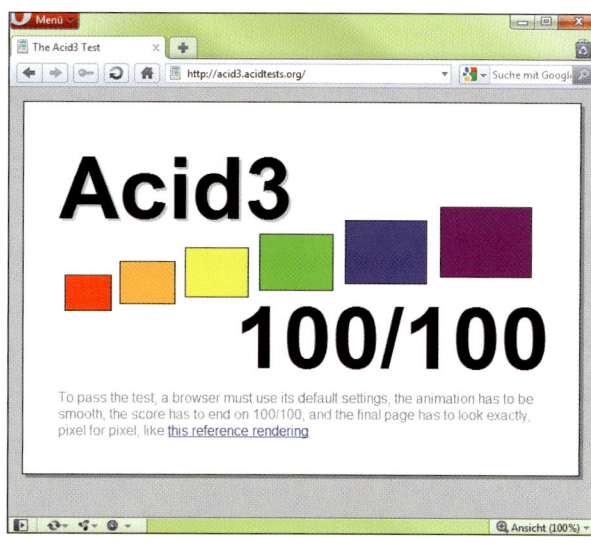
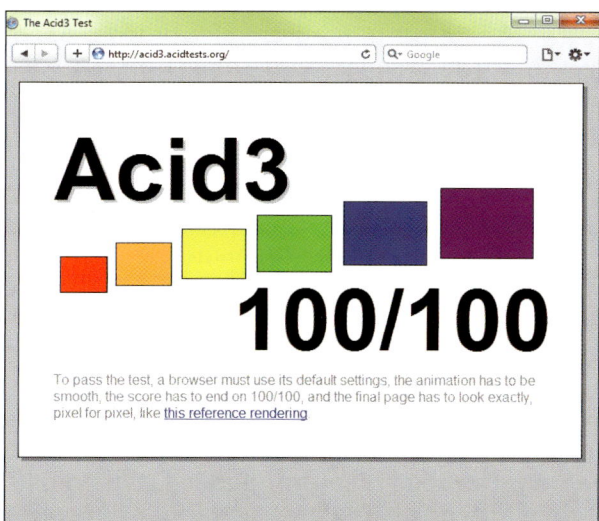
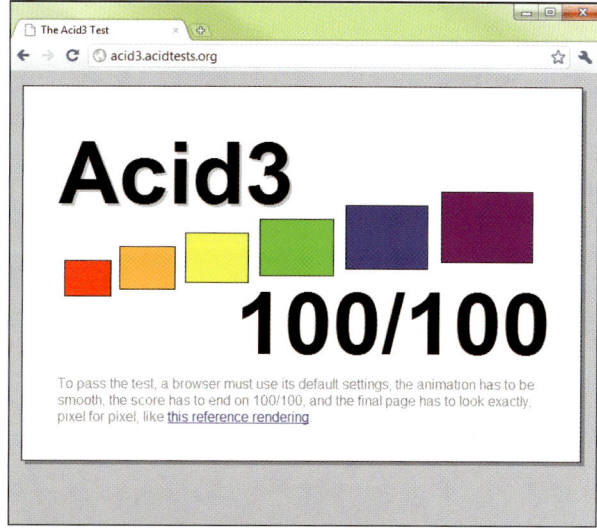
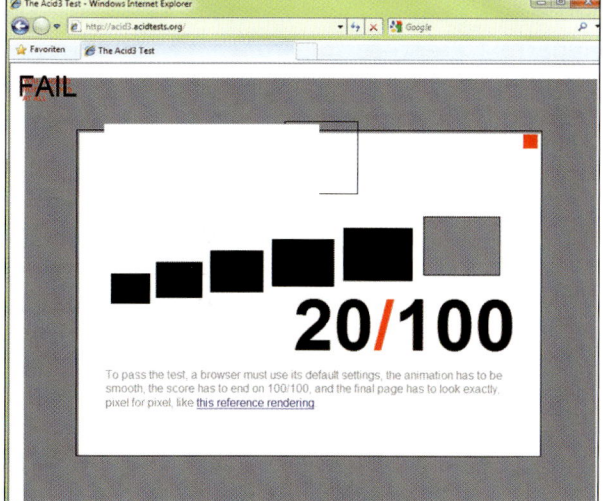
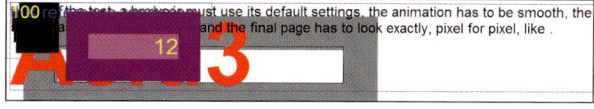

Abb. 3.3.1a: Der Acid-Test, durchgeführt mit 6 gängigen Browsern in der zum Zeitpunkt der Drucklegung aktuellen Version:
Links oben: Firefox 3.6.12. In der Version 4 beta 6 schafft der Firefox 97 Punkte.
Rechts oben: Opera 10.6
Links Mitte: Safari 5
Rechts Mitte: Google Chrome Version 7.
Links unten: Internet Explorer 8, in der Betaversion schafft der IE9 95 Punkte.
Rechts unten: Die weit verbreiteten Versionen des IE 6 und 7 erreichen ein so schlechtes Ergebnis, dass die Darstellung unlesbar ist.

Acid-Test: http://acid3.acidtests.org/

Technik und Design

Webstandards machen Webdesignern das Leben schwer, trotzdem ist es unabdingbar, nicht nur in Bezug auf Barrierefreiheit, sich an diese Standards zu halten.

Die *Acid-Browsertests* stellen anschaulich dar, welche Browser die Webstandards in welchem Maße unterstützen. Für den Webentwickler lohnt sich auf jeden Fall auch ein Blick auf eine Browser-Kompatibilitätstabelle.

Um Seiten für das World Wide Web zu erstellen, existieren einige Technologien, die es dem Webdesigner – wenn auch z. T. nur recht eingeschränkt – ermöglichen, das gewünschte Layout für das Web umzusetzen.

(X)HTML ist die Abkürzung für (Extended) Hyper Text Markup Language. *Hypertext* bezeichnet dabei die Eigenschaft, Texten und Grafiken *Hyperlinks* zu hinterlegen, die beim Anklicken andere Webseiten oder andere Bereiche derselben Seite oder Site aufrufen. „Markup" steht für Auszeichnungen, mit denen die Erscheinungsform, insbesondere von Texten, festgelegt wird. (X)HTML ist eine *Auszeichnungssprache*, keine echte Programmiersprache, da im eigentlichen Sinne nichts programmiert wird. Durch (X)HTML wird der Website die inhaltliche Struktur vermittelt.

Cascading Stylesheets (*CSS*) sind eine unmittelbare Ergänzung zu Auszeichnungssprachen wie (X)HTML und bieten die Möglichkeit, layoutspezifische und typografische Definitionen vorzunehmen. Vor allem – dank des Vererbungsprinzips – gestatten sie gestaffelte Definitionen und lassen sich dadurch ähnlich verwenden wie die aus DTP-Programmen bekannten Formatvorlagen.

JavaScript ist eine zumeist clientseitig eingesetzte Programmiersprache, deren Code zur Laufzeit vom Webbrowser interpretiert wird. In vernünftigem Maße eingesetzt, wie z. B. als Teil von Ajax-Anwendungen (vgl. Ajax, S. 120), kann JavaScript nicht nur die Benutzerfreundlichkeit der Seite erhöhen, sondern auch unnötige Ladezeiten vermeiden. Darüber hinaus erlaubt es dynamische Interaktionen mit dem Nutzer, die (X)HTML und CSS alleine nicht zu leisten vermögen.

Serverseitige Programmiersprachen wie *JSP* (Java Server Pages) oder *PHP* (PHP: Hypertext Preprocessor, früher: Personal Home Page Tools) erlauben die dynamische Generierung von Websites auf der Seite des Webservers.

3.3.2 Webdesign, ein Kompromissdesign

Beim Webdesign wird die Gestaltung wie nirgendwo anders durch technische Bedingungen beeinflusst. So wird unter anderem die Qualität einer Website von Nutzern danach beurteilt, wie zügig sie auf dem Bildschirm aufgebaut wird. Design wird hier also von Übertragungsraten bestimmt. Im Gestaltungsprozess wird daher den Webdesignern nicht allein gestalterische Qualifikation abverlangt, sondern zugleich die perfekte technische Umsetzung. So gilt auch heute noch für das Internet die Forderung nach kleinen, schnell ladbaren Dateigrößen. Dank schneller Backbone-, DSL- und

Die Acid-Tests
Mit den Acid-Tests stellt das Web Standards Project eine Reihe von Testwebseiten zur Verfügung, mit deren Hilfe die Konformität der Browser zu den Standards des W3C geprüft werden kann.
Die gängigen Browser bestehen den Acid2-Test, dessen Schwerpunkt auf CSS und HTML liegt, heute alle, lediglich beim Acid3-Test (Schwerpunkte: DOM und ECMA-Script sowie CSS3) gibt es insbesondere bei Microsofts Internet Explorer (auch in Version 8) noch Nachholbedarf.

ISDN-Anschlüsse verbessert sich zwar die Situation, aber je nach Zielgruppe ist auch auf Nutzer mit langsamer Internetanbindung, z. B. bei mobilen Endgeräten, Rücksicht zu nehmen.

Wenige und kleine Bilder, verlustbehaftete Kompressionsverfahren, Farbreduzierungen etc. führen zu Lösungen, die oft nicht dem entsprechen, was Webdesigner wollen. Also gilt es, z. B. noch gerade vertretbare Kompromisse in der Bildkompression zu erreichen (vgl. Bildformate für das WWW, S. 130).

Besonders ärgerlich, da zeitintensiv, sind Seitenanpassungen für unterschiedliche Plattformen und Browser, die entweder einen besonders aufwändigen Seitenaufbau oder browserspezifische Seitenversionen erfordern (vgl. Entwickeln für den unbekannten Anwender, S. 139).

Bei den Farben im Netz werden dem Entwickler schon sehr viel mehr Möglichkeiten geboten, als es beim Thema Typografie der Fall ist. Die Palette der *websicheren Farben* (websafe colors) und den diese Farben darstellenden Netscape-Würfel kann man getrost als überholt betrachten. In Ausnahmefällen, wie z. B. dem Entwickeln für mobile Geräte mit möglicherweise weniger Farben, kann man sich auf die websicheren Farben beschränken. In der Regel kann man aber davon ausgehen, dass die Nutzer wenigstens 65536 (16 Bit), in den allermeisten Fällen sogar 4 Milliarden Farben (32 Bit) zur Verfügung haben.

Linktipp:
Zur heutigen Relevanz von websafe colors vgl. Lynda Weinman: http://lynda.com

Freie Farbwahl bedeutet jedoch nicht, dass alle Farbkombinationen auch erlaubt oder erwünscht sind. Im Hinblick auf gute Lesbarkeit und barrierefreie Gestaltung der Website gibt es einige Einschränkungen, die im Kapitel „Designentwurf : Usability" (S. 197) detailliert behandelt werden.

Unabdingbar ist fundiertes Wissen um die möglichen Störeinflüsse auf das Design, die von unterschiedlichen Plattformen, von unterschiedlichen Browsern und von möglichen nutzerseitigen Eingriffen ausgehen. Nur dann können technische Konzepte entwickelt werden, die eine möglichst konstante ergonomische Nutzeroberfläche garantieren.

Die technischen Möglichkeiten zur Umsetzung, die sich Webdesignern bieten, erweitern sich ständig mit immer neuen Browsergenerationen, neuen HTML- und CSS-Spezifikationen und sonstigen Erweiterungen. Hier den aktuellen Stand zu kennen, ist für die kreative Entwicklung ebenso wichtig wie eine kritische und die Nutzerinteressen berücksichtigende Reflexion über den Sinn und Unsinn neuer Features.

Eine Einschränkung in der *Webtypografie* waren bis vor Kurzem die verfügbaren Schriften. Die Auswahl der geeigneten Schriften war deshalb so gering, weil eine Schrift nur dann dargestellt werden kann, wenn sie auf dem Computer des Nutzers installiert ist. Diese Einschränkung wurde inzwischen zum Teil aufgehoben, da moderne Browser die Einbindung von Schriften erlauben, die nicht nutzerseitig installiert sind. Doch nicht jeder Nutzer verwendet „den neusten Browser" und so sollte sich der Webdesigner darüber im

Technik und Design

Klaren sein, dass die gewünschte Schriftart nicht zwingenderweise auf dem Rechner der Nutzer angezeigt werden kann.
Die Schnittmenge der vorinstallierten Schriften auf den unterschiedlichen Systemen ist klein und es ist Microsoft zu verdanken, dass durch das 1996 gestartete und inzwischen leider wieder eingestellte „Core fonts for the Web"-Projekt wenigstens ein wenig Abwechslung in den Schrift-Alltag des Webdesigners kam. Auch heute noch können diese Schriften frei heruntergeladen werden, wenn auch nicht mehr von Microsoft selber (Abb. 3.3.2a).

Standardfonts, die immer funktionieren (oben: geglättet, unten: ungeglättet)

| Times (New Roman) Falsches Üben von Xylophonmusik quält jeden größeren Zwerg. | Arial / Helvetica Falsches Üben von Xylophonmusik quält jeden größeren Zwerg. | Courier (New) Falsches Üben von Xylophonmusik quält jeden größeren Zwerg. |
| Times (New Roman) Falsches Üben von Xylophonmusik quält jeden größeren Zwerg. | Arial / Helvetica Falsches Üben von Xylophonmusik quält jeden größeren Zwerg. | Courier (New) Falsches Üben von Xylophonmusik quält jeden größeren Zwerg. |

Zusätzliche Schriften des Core fonts for the Web-Projekts (oben: geglättet, unten: ungeglättet)

Andale Mono Falsches Üben von Xylophonmusik quält jeden größeren Zwerg.	Comic Sans MS Falsches Üben von Xylophonmusik quält jeden größeren Zwerg.	Georgia Falsches Üben von Xylophonmusik quält jeden größeren Zwerg.
Andale Mono Falsches Üben von Xylophonmusik quält jeden größeren Zwerg.	Comic Sans MS Falsches Üben von Xylophonmusik quält jeden größeren Zwerg.	Georgia Falsches Üben von Xylophonmusik quält jeden größeren Zwerg.
Impact Falsches Üben von Xylophonmusik quält jeden größeren Zwerg.	Trebuchet MS Falsches Üben von Xylophonmusik quält jeden größeren Zwerg.	Verdana Falsches Üben von Xylophonmusik quält jeden größeren Zwerg.
Impact Falsches Üben von Xylophonmusik quält jeden größeren Zwerg.	Trebuchet MS Falsches Üben von Xylophonmusik quält jeden größeren Zwerg.	Verdana Falsches Üben von Xylophonmusik quält jeden größeren Zwerg.

Abb. 3.3.2a: Sichere Webfonts (Grafik: Bensmann)

Tendenziell gilt für das Gestalten von Text auf dem Bildschirm, dass serifenlose Schriften besser geeignet sind als solche mit Serifen. Die feinen *Serifen*, also die Ausläufe an den Buchstaben, die die Lesbarkeit gedruckter Texte erhöhen, weil sie das Auge in der Zeile festhalten, werden am Bildschirm, insbesondere bei kleinen Schriftgrößen, nur schlecht dargestellt, da nicht genügend Bildpixel am Bildschirm zur Verfügung stehen.
Viele Schriftdefinitionen sind heute über CSS einstellbar. Noch nicht wirklich realisierbar sind jedoch Rau- oder Blocksatz, da in Browsern noch keine Trennprogramme integriert sind und bedingte Trennzeichen noch nicht browserübergreifend funktionieren.
Noch ein wenig eingeschränkter sind die Gestaltungsmöglichkeiten im *barrierefreien Webdesign* (vgl. Accessibility, S. 203). Bildtypografie und damit auch Bildbuttons sind hier verpönt und feinstufige

pastellige Farbnuancierungen liegen jenseits der geforderten Kontrastwerte zwischen Vorder- und Hintergrundfarben. Dennoch trägt gerade das Gedankengut des barrierefreien Webdesigns dazu bei, die Performance und die Usability von Websites zu optimieren, und kann zu ansprechenden, aufgeräumten Endergebnissen führen. Webdesign ist also noch immer ein Design mit Kompromissen, bei dem manches von dem, was Sie als Webdesigner gestalterisch erreichen wollen, nur mit Tricks oder auch gar nicht umsetzbar ist. Ein Kompromissdesign stellt aber auch eine große Herausforderung für Webdesigner dar, das Unmögliche möglich zu machen oder gleich gute alternative Lösungen zum Printdesign zu finden. Aber Dank CSS werden die gewollten Layoutumsetzungen immer einfacher und viele gute und sehr gute Websites belegen, dass trotz dieser Kompromisse hervorragende Gestaltung erreichbar ist.

3.4 Websitestrategien

Gutes Design allein reicht für die Erstellung einer guten Website nicht aus. Ausgangspunkt für eine gute Website ist der Adressat.
Die grundlegendste Entscheidung, die man treffen muss, ist die, welche Strategie der Internetauftritt verfolgen soll. Eine Website, die Produkte verkaufen soll, unterscheidet sich natürlich signifikant von einer, die Wissen vermitteln will. Eine Unternehmens-Website hat nur wenige Gemeinsamkeiten mit einer Auktionsplattform. Im Folgenden sind die verschiedenen Strategien kurz erläutert.

3.4.1 Unternehmensrepräsentation

Die am häufigsten anzutreffenden Websites sind wohl diejenigen, die ein Unternehmen, eine Organisation oder auch ein Produkt repräsentieren. Diese Art von Website wird auch als *Branding- oder Image-Site* bezeichnet. Es sollen keine Waren direkt verkauft werden, sondern es geht darum, das Unternehmen von der besten Seite zu zeigen (Abb. 3.4.1a).
Um einen solchen Internetauftritt zu planen, reicht es nicht aus, vorhandenes Informationsmaterial auf einzelne Webseiten aufzuteilen. Wichtig ist es, die Wünsche und Erwartungen der potenziellen Kunden und Besucher der Site herauszufinden und befriedigend zu bedienen.
Die Repräsentations-Site ist die Visitenkarte des Unternehmens. Der Eindruck, den der potenzielle Kunde von der Site hat, bestimmt, welchen Eindruck er von der Firma, der Organisation oder dem Produkt bekommt. Ein schlechter oder veralteter Internetauftritt kann hier das Vertrauen des (potenziellen) Kunden zerstören.
Die Zielgruppe einer Repräsentations-Site setzt sich wie folgt zusammen:
- (potenzielle) Kunden
- Journalisten
- Analysten und potenzielle Investoren
- (potenzielle) Mitarbeiter
- Flaneure

Websitestrategien

Es gilt, die Bedürfnisse aller genannten Besucher möglichst zu befriedigen. Der potentielle Kunde sucht Informationen zu Produkten. Journalisten suchen Fakten, Bilder und zitierbare Texte. (Potenzielle) Mitarbeiter möchten sich vielleicht über Aktuelles im Unternehmen informieren oder aber Familie, Freunden und Bekannten ihre Firma vorstellen. Flaneure wünschen sich schöne Bilder, strukturierte, interessante und prägnante, kurze Texte.
Eine Repräsentations-Website dient Unternehmen immer der Markenbildung und -pflege. Mit Hilfe der Site wollen sie darstellen, wer und was sie sind, und ihre Marke überzeugend präsentieren.

Abb. 3.4.1a: ABES Public Design
Beispiel für eine Unternehmens-Repräsentation
(www.abes-online.de)

3.4.2 Informationsplattformen

Oft ist der Übergang von Repräsentations-Sites zu Informationsplattformen fließend. Viele Unternehmen beginnen mit einem Repräsentations-Internetauftritt und entwickeln sich dann weiter. Ebenso gibt es Sites, die von Anfang an nur Informationen anbieten. Als Beispiel seien hier Tages- oder Wochenzeitungen oder Unternehmen, die Informationen verkaufen, genannt (Abb. 3.4.2a).
Ein Internetauftritt, der in erster Linie Informationen vermitteln will, muss bei der Informationsarchitektur und im Interaktionsdesign besonders sorgfältig gestaltet werden. Der Benutzer sollte die gesuchte Information so schnell wie möglich erhalten. Aus diesem Grund ist für eine Informationsplattform eine Suche unverzichtbar. Auch ein Newsfeed ist auf einer solchen Site ein sehr gewünschtes Feature. Alle angebotenen Informationen einer Informationsplattform müssen die folgenden Kriterien erfüllen:

GRUNDLAGEN DES WEBDESIGNS

Websitestrategien

- interessant
- relevant
- aktuell
- verlässlich
- so ausführlich wie nötig, so kurz wie möglich

Eine gut gemachte Informations-Site motiviert den Nutzer, regelmäßig vorbeizuschauen.

Abb. 3.4.2a: Online-Angebot der Wochenzeitung „Die Zeit". Zeitungen machen einen großen Teil der Informationsplattformen aus. (http://www.zeit.de)

3.4.3 Online-Shops

Ein Online-Shop hat nur dann eine Chance auf Erfolg, wenn einige grundlegende Anforderungen erfüllt werden. Abgesehen von einer benutzerfreundlichen Struktur und einem ansprechenden Design sind eine intuitive Navigation und eine komfortable Suche eine wichtige Voraussetzung.
Bevor man einen Online-Shop entwickelt, kann es sehr hilfreich sein, Kunden und deren Einkaufsverhalten in lokalen Geschäften zu beobachten und Verkäufer zu Kaufverhalten und Kundenwünschen zu befragen. Darüber hinaus lohnt es, sich bestehende Einkaufs-Sites anzusehen, um aus deren Aufbau zu lernen.
Je nach Größe des Shops kann es wichtig sein, mehrere Zugangswege zu den Produkten anzubieten. Kunden, die wissen, was sie suchen,

werden mit einer integrierten Suche fündig. Mit einem gut sortierten Katalog können sich Kunden einen Überblick verschaffen und ggf. verschiedene Produkte miteinander vergleichen. Für Flaneure bieten sich kurze Texte mit Produktfotos an, Bestsellerlisten oder aber Neuheiten-Kataloge. Egal welchen Zugang der Kunde wählt, wichtig ist, dass alle Produktseiten gleich aufgebaut sind, damit er nicht verwirrt wird (Abb. 3.4.3a).

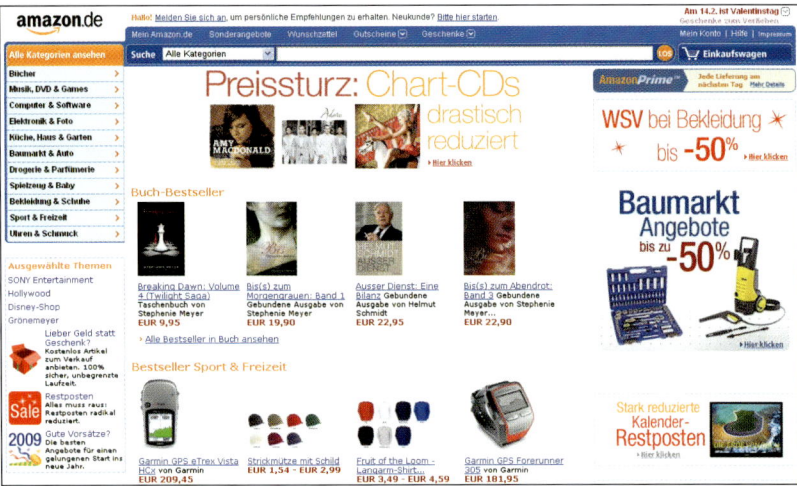

Abb. 3.4.3a: Vorzeige-Webshop: Amazon.de Katalog, Suche und Empfehlungen als Zugangswege für Kunden (http://www.amazon.de)

Neben verkaufspsychologischen Aspekten müssen auch rechtliche Rahmenbedingungen eingehalten werden. Ein Online-Shop sollte immer von einem Juristen überprüft werden, bevor die Site online geht. Denn seit dem Jahr 2002 gibt es verschärfte rechtliche Anforderungen an Online-Shops. Diese finden sich im BGB im §312e:

Quelle: Bundesministerium der Justiz: § 312e Pflichten im elektronischen Geschäftsverkehr: http://www.gesetze-im-internet.de/bgb/__312e.html

§ 312e Pflichten im elektronischen Geschäftsverkehr
(1) Bedient sich ein Unternehmer zum Zwecke des Abschlusses eines Vertrags über die Lieferung von Waren oder über die Erbringung von Dienstleistungen eines Tele- oder Mediendienstes (Vertrag im elektronischen Geschäftsverkehr), hat er dem Kunden
1. angemessene, wirksame und zugängliche technische Mittel zur Verfügung zu stellen, mit deren Hilfe der Kunde Eingabefehler vor Abgabe seiner Bestellung erkennen und berichtigen kann,
2. die in der Rechtsverordnung nach Artikel 241 des Einführungsgesetzes zum Bürgerlichen Gesetzbuche bestimmten Informationen rechtzeitig vor Abgabe von dessen Bestellung klar und verständlich mitzuteilen,
3. den Zugang von dessen Bestellung unverzüglich auf elektronischem Wege zu bestätigen und
4. die Möglichkeit zu verschaffen, die Vertragsbestimmungen einschließlich der Allgemeinen Geschäftsbedingungen bei Vertragsschluss abzurufen und in

*wiedergabefähiger Form zu speichern.
Bestellung und Empfangsbestätigung im Sinne von Satz 1 Nr. 3 gelten als zugegangen, wenn die Parteien, für die sie bestimmt sind, sie unter gewöhnlichen Umständen abrufen können.
(2) Absatz 1 Satz 1 Nr. 1 bis 3 findet keine Anwendung, wenn der Vertrag ausschließlich durch individuelle Kommunikation geschlossen wird. Absatz 1 Satz 1 Nr. 1 bis 3 und Satz 2 findet keine Anwendung, wenn zwischen Vertragsparteien, die nicht Verbraucher sind, etwas anderes vereinbart wird.
(3) Weitergehende Informationspflichten auf Grund anderer Vorschriften bleiben unberührt. Steht dem Kunden ein Widerrufsrecht gemäß 355 zu, beginnt die Widerrufsfrist abweichend von 355 Abs. 2 Satz 1 nicht vor Erfüllung der in Absatz 1 Satz 1 geregelten Pflichten.*

Diese Anforderungen erfüllen gute Online-Shops in der Regel sowieso. Gerade hier liegt es in eigenem Interesse, dass der Kunde Vertrauen zu dem Online-Shop hat.
Besonders heikel ist der Abschluss des Bestellvorgangs. Hier werden viele Fehler gemacht, die möglicherweise dazu führen, Kunden zu verlieren, die bereit waren, etwas zu kaufen. Folgende Richtlinien können helfen, diese Fehler zu vermeiden (Abb. 3.4.3b):

- Keine Registrierung vor dem Bestellvorgang fordern.
- Aktuellen Status des Bestellvorgangs, bereits erfolgte und noch folgende Bestellschritte anzeigen.
- Auf die Standardnavigation verzichten.
- Deutliche Links zu den Liefer- und Geschäftsbedingungen sowie zu einer Datenschutzerklärung setzen.
- Newsletter erst am Ende des Bestellvorgangs anbieten; die Voreinstellung für ein Abo sollte auf „nein" stehen.

Wenn Benutzer in einem Online-Shop zur Kasse gehen, erwarten sie meist Folgendes:

- Ansicht des Warenkorbs / Einkaufswagens
- Wahl einer Geschenkverpackung
- Wahl der Lieferbedingungen (Versandart, Adresse)
- Angabe der Rechnungsadresse
- Wahl der Zahlungsweise
- Eingabe der Konto- bzw. Kreditkartennummer
- Überprüfung der Daten auf einer einzigen Seite
- Bestellbestätigung auf der Website und per E-Mail

Wenn ein Unternehmen sich zum Aufbau eines Online-Shops entschließt, sollte dieser nach Möglichkeit eine direkte Anbindung an

Websitestrategien

das im Unternehmen verwendete Warenwirtschaftssystem erhalten. Nur das gewährleistet einen effizienten Betrieb ohne unnötige Doppelarbeit bei den Definitionen der Artikel und Preise.

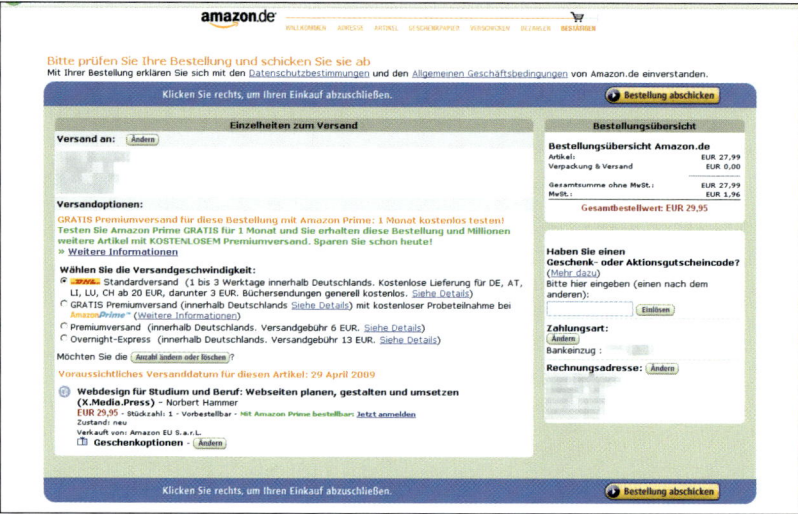

Abb. 3.4.3b: Bestellvorgang bei Amazon.de Auf jegliche störende Information wurde verzichtet. (http://www.amazon.de)

3.4.4 Auktionsplattformen

Die Anforderungen an Online-Shops gelten bei Auktionsplattformen ebenso. Darüber hinaus muss den Nutzern eine Plattform zur Verfügung gestellt werden, auf der sie sicheren Handel betreiben können, wobei die Rechte der Käufer und der Verkäufer gewahrt werden. Ein guter Kundenservice ist unverzichtbar, Missbrauch und Betrug müssen unterbunden, Käufer und Verkäufer geschützt werden. Eine Auktionsplattform darf sich nicht nur darauf beschränken, den Handel zu ermöglichen, es muss auch die korrekte Kaufabwicklung zwischen beiden Parteien gewährleistet sein (Abb. 3.4.4a).

Abb. 3.4.4a: Beispiel für ein Auktionshaus im World Wide Web: hood.de (http://www.hood.de)

3.4.5 Unterhaltung

Für Unterhaltungs-Websites gelten viele Regeln nicht, die für die bereits genannten Strategien von Unternehmens-Sites gelten. Allerdings ist es wichtig, bereits auf der Startseite klarzustellen, worum es bei dem Internetangebot geht. Es muss sichergestellt sein, dass der Benutzer die Website wenigstens so lange ansieht, bis er weiß, ob das Angebot nach seinem Geschmack ist, ob er dort die Art von Unterhaltung findet, die er sucht, und was die Benutzung kostet (Abb. 3.4.5a).

Abb. 3.4.5a: Das Browser-Game Wurzelimperium (http://www.wurzelimperium.de)

3.4.6 E-Learning

E-Learning beschränkt sich nicht auf das Abarbeiten von vorgefertigten Lernprogrammen, sondern sollte dem Nutzer auch Möglichkeiten zum Austausch und zur Teamarbeit bieten. Für die Organisation und Kommunikation der Lehrenden und Lernenden werden deshalb so genannte Anmeldesysteme, Chatrooms, Korrekturplattformen etc. genutzt. Auch Foren, Chats, Video- und Telefonkonferenzen bieten ausgezeichnete Möglichkeiten, um die Zusammenarbeit der Nutzer zu fördern. Bei großen E-Learning-Projekten sind über Fachwissen im Webdesignbereich hinaus Erfahrungen und Kenntnisse in der jeweiligen Fachdidaktik unabdingbar.

Die eigentlichen Lerninhalte werden meistens in Form von Online-Lernmodulen zur Verfügung gestellt (Abb. 3.4.6a). Hier ist eine übersichtliche Darbietung des Lernstoffes vonnöten sowie auflockernde, interaktive Elemente, wie Bildplayer, Videos oder Übungsaufgaben. In der Regel bieten Online-Lernmodule auch interaktive Quizfragen zur individuellen Selbstkontrolle des Lernstoffes.

Auch wenn das Hauptaugenmerk bei E-Learning-Sites auf der Wissensvermittlung liegt, müssen Lern-Sites auch unterhalten. Trockenes Faktenwissen sollte interessant aufbereitet werden. Dazu eignen sich neben Animationen und guten Grafiken, Spiele und Simulationen. Eine didaktische Aufbereitung des Inhalts ist ebenso Pflicht wie eine gute Informationsarchitektur.

Abb. 3.4.6a: Das Lernmodul „Webdesign" (http://www.mediendesign-online.net)

3.5 Websitetypen

3.5.1 Statische Website

Statische Websites empfehlen sich, wenn eine individuelle Gestaltung der einzelnen Seiten gewünscht ist oder aber keine regelmäßigen Änderungen der Inhalte während des Betriebs vorgesehen sind. Websites mit einem begrenzten Gesamtumfang und einem temporären Auftrag werden als statische Sites realisiert, da sich der Aufwand für ein dynamisches Angebot nicht lohnen würde (Abb. 3.5.1b).

Das Beispiel des ersten Internetauftritts des neugegründeten Unternehmens „Howatec" ist eine noch sehr überschaubare Site. Da nur wenig Material (Produktfotos, Referenzen etc.) zur Verfügung steht und nicht abzusehen ist, wie sich das Unternehmen entwickelt, ist hier zunächst eine statische Website vom Preis-Leistungs-Verhältnis eine gute Entscheidung (Abb. 3.5.1a).

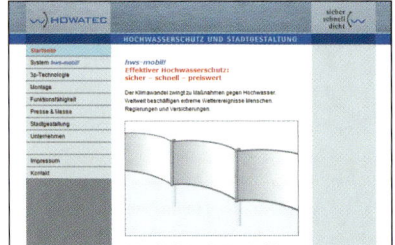

Abb. 3.5.1a: Die Howatec-Website (http://www.howatec-online.de.de)

Websitetypen

GRUNDLAGEN DES WEBDESIGNS 3

Abb. 3.5.1b: Erinnerung an Zomtec
Eine statische Website zur Erinnerung an vergangene Zeiten in der BiFi-Werbung
(http://www.zomtec.de)

3.5.2 Content-basierte dynamische Website

Dynamische Websites werden in der Regel aus Datenbankinhalten generiert. Inhalte, Navigations- und Gestaltungselemente werden dabei getrennt abgelegt und können unabhängig voneinander bearbeitet werden. Die Aktualisierung solcher Sites erfordert normalerweise keine Programmierkenntnisse, die einzelnen Inhalte können durch Upload- und Editierfunktionen ausgetauscht werden (Abb. 3.5.2a).

Technische Grundlage für viele dynamische Websites bilden *Content-Management-Systeme* (kurz *CMS*). Diese Systeme gibt es als volldynamische, statische und hybride Version. Die Site-Inhalte eines volldynamischen CMS werden bei jedem Aufruf dynamisch generiert, die zugehörigen inhaltlichen und gestalterischen Elemente werden (meistens) aus einer Datenbank abgerufen und

Abb. 3.5.2a: Das Portal von rewirpower.de basiert auf der CMS-Lösung Communiqué von Day.
(http://www.rewirpower.de)

Websitetypen

im vorgegebenen Gestaltungsraster angezeigt. Statische Systeme legen jede Webseite statisch in einer Datenbank oder als Datei ab. Hybride CMS kombinieren die Vorteile beider Verfahren, indem sie nur die oft ändernden Inhalte dynamisch generieren. Vorteile von Content-Management-Systemen sind:

- Die Pflege der Website erfordert keine Programmierkenntnisse.
- Inhalt und Layout sind voneinander getrennt und können demnach unabhängig voneinander bearbeitet werden.

Portale werden in der Regel auf Basis eines CMS realisiert, *Weblogs* basieren häufig auf einer Art abgespecktem / modifiziertem Content-Management-System.

Ein weiteres Beispiel für dynamische Websites sind *Wiki-Systeme*. Sie unterscheiden sich von Content-Management-Systemen dadurch, dass sie in der Regel von den Nutzern der Website nicht nur gelesen, sondern auch selbst verändert werden können (Abb. 3.5.2b).

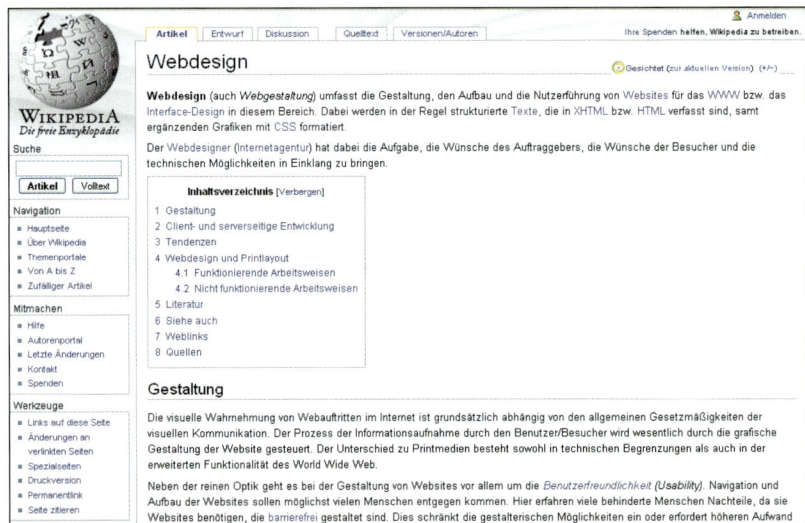

Abb. 3.5.2b: Wikipedia ist das wohl bekannteste Wiki weltweit. (http://de.wikipedia.org)

3.5.3 Rich Internet Applications

Bei Rich Internet Applications (RIA) handelt es sich um Webanwendungen, die viele Eigenschaften von Desktop-Anwendungen mitbringen, typischerweise durch ein Browser-PlugIn ermöglicht. Eingeführt wurde der Begriff im Jahre 2002 von Macromedia. Inzwischen sind neben Adobe *Flash* (ehemals Macromedia Flash) mit *Microsoft Silverlight* und *JavaFX* einige Produkte auf dem Markt, die es ermöglichen RIAs zu erstellen und darzustellen.

RIAs sind prädestiniert für die Umsetzung von Online-Spielen, doch mit den derzeit noch nicht in HTML enthaltenen Bedienelementen (den sogenannten Rich Controls) wie Schiebereglern, Kalendern, Menüs, Fenstern u.v.m. werden sie auch für herkömmliche Websites eingesetzt. Ein wichtiges Merkmal von Rich Internet Applications ist die Möglichkeit, multimediale Daten einbinden zu können. Diese Optionen werden noch um Interaktionsmöglichkeiten wie beispielsweise Drag & Drop erweitert. Vorteile von Rich Internet Applications sind ihr hohes Maß an Interaktivität sowie die multimedialen Möglichkeiten. Viele RIAs verwenden Vektorgrafiken, so dass sich die Anwendungen ohne Qualitätsverlust frei skalieren lassen. Nachteilig sind die Abhängigkeit von Browser-PlugIns, die schwierig umzusetzende Barrierefreiheit sowie höherer Entwicklungs- und Wartungsaufwand.

Abb. 3.5.3a: Das WM-Team stellt sich vor. Eine komplett in Flash gehaltene Website. (http://www.wmteam.de)

Zur Zeit lässt sich ein Trend hin zu Rich Internet Applications beobachten, viele Anwendungen, die bis vor einiger Zeit nur als Desktop-Anwendungen verfügbar waren, findet man nun auch online. Textverarbeitungen, Tabellenkalkulationen, Vektor- und Bitmap-Grafikprogramme u.v.m. lassen sich preisgünstig und flexibel online nutzen. Weiteren Vorschub leisten Technologien wie HTML5 und Ajax, die immer weiter in die Domäne von Flash, Silverlight, JavaFX und Co. eindringen, ohne proprietäre PlugIns auskommen und Zugänglichkeit sowie Barrierefreiheit leichter implementierbar machen.

3.6 Resümee
In diesem Kapitel haben Sie erfahren,

- dass Webdesign noch immer ein Kompromissdesign ist und welche Einschränkungen der Webdesigner gegenüber dem Printdesign hinnehmen muss,
- dass es unterschiedliche Arten von Websites gibt und dafür jeweils unterschiedliche Websitestrategien erforderlich sind,

- dass sich für einfache Websites eher ein statischer Aufbau anbietet, während komplexe Websites mit Content-Management-Systemen umgesetzt werden.

Mit den in diesem Kapitel erworbenen Kenntnissen sollten Sie in der Lage sein, die sich Ihnen bietenden Gestaltungsmöglichkeiten einzuschätzen, die Grenzen des Webdesigns zu erkennen und eine jeweils geeignete Websitestrategie für Ihre Projekte auszuwählen.

Link: Online-Quiz: http://www.mediendesign-online.net/xmediapress/

Überprüfen Sie das erworbene Wissen mit Hilfe der folgenden selbstevaluierbaren Multiple-Choice-Quizfragen. Die Lösungen zu allen Quizergebnissen finden Sie im Anhang.
Alternativ können Sie auch im Internet eine elektronische Quizversion nutzen, die Ihnen direkt eine Online-Auswertung liefert.

3.7 Quiz zu „Grundlagen des Webdesigns"

Lösungen (S. 353)

Im nachfolgenden Quiz prüfen Sie Ihren Kenntnisstand zu den Inhalten dieses Kapitels. Sollte die abschließende Auswertung ergeben, dass Ihr Kenntnisstand lückenhaft ist, wird empfohlen, die relevanten Unterkapitel nachzuarbeiten.

3.7.1 Warum ist Webdesign ein Kompromissdesign?
- (A) Weil sich zurzeit nicht alle Layoutideen mit HTML und CSS umsetzen lassen
- (B) Weil noch immer Informatikkenntnisse bei der Umsetzung erforderlich sind
- (C) Weil unterschiedliche Webtechnologien gemischt angewendet werden

3.7.2 (X)HTML ist eine ...
- (A) echte Programmiersprache
- (B) eine Auszeichnungssprache
- (C) eine Layoutsprache

3.7.3 Welche Schriftarten zählen zu den Standard-PC-Schriften? (mehrere Nennungen möglich)
- (A) Futura
- (B) Helvetica
- (C) Georgia
- (D) Adobe Garamond
- (E) Verdana

3.7.4 Wann sind Serifenschriften für die Bildschirmdarstellung schlecht geeignet?
- (A) Bei sehr kleinen Schriftgraden und Kursivschriften
- (B) Bei sehr großer Darstellung in Headlines
- (C) Bei geglätteter Darstellung in Bildtypografie

Quiz zu „Grundlagen des Webdesigns"

GRUNDLAGEN DES WEBDESIGNS 3

3.7.5 Warum ist der Blocksatz im Webdesign nur wenig verbreitet?
- (A) Weil es keine entsprechende CSS-Definition gibt
- (B) Weil sich Blocksatz am Bildschirm schlecht lesen lässt
- (C) Weil Browser zurzeit noch keine Trennprogramme beinhalten

Quizfrage 3.7.5
- ❏ Lösung (A)
- ❏ Lösung (B)
- ❏ Lösung (C)

3.7.6 Was sollten Sie bei einem Online-Shop unbedingt vermeiden?
- (A) Eine Zwangsregistrierung vor Beginn des Bestellvorgangs fordern
- (B) Deutliche Links zu den Liefer- und Geschäftsbedingungen setzen
- (C) Newsletterabo mit Voreinstellung „nein" anbieten

Quizfrage 3.7.6
- ❏ Lösung (A)
- ❏ Lösung (B)
- ❏ Lösung (C)

3.7.7 Worin besteht der Vorteil eines Content-Management-Systems (CMS)?
- (A) Das Einpflegen von Inhalten kann auf einer Redaktionsoberfläche ohne HTML-Kenntnisse erfolgen
- (B) Websites lassen sich im CMS kostengünstiger umsetzen
- (C) Ein CMS erfordert keine Datenbankanbindung

Quizfrage 3.7.7
- ❏ Lösung (A)
- ❏ Lösung (B)
- ❏ Lösung (C)

3.7.8 Worin liegt neben der Animationsfähigkeit der Vorteil einer Flash-basierten Website?
- (A) Bilder können im SVG-Format eingebunden werden
- (B) Es können beliebige Schriften eingebettet werden
- (C) Flash-Websites erfordern einen geringeren Erstellungsaufwand als HTML-Sites

Quizfrage 3.7.8
- ❏ Lösung (A)
- ❏ Lösung (B)
- ❏ Lösung (C)

Technische Grundlagen 4

Software and cathedrals are much the same -

first we build them, then we pray.

Anonym

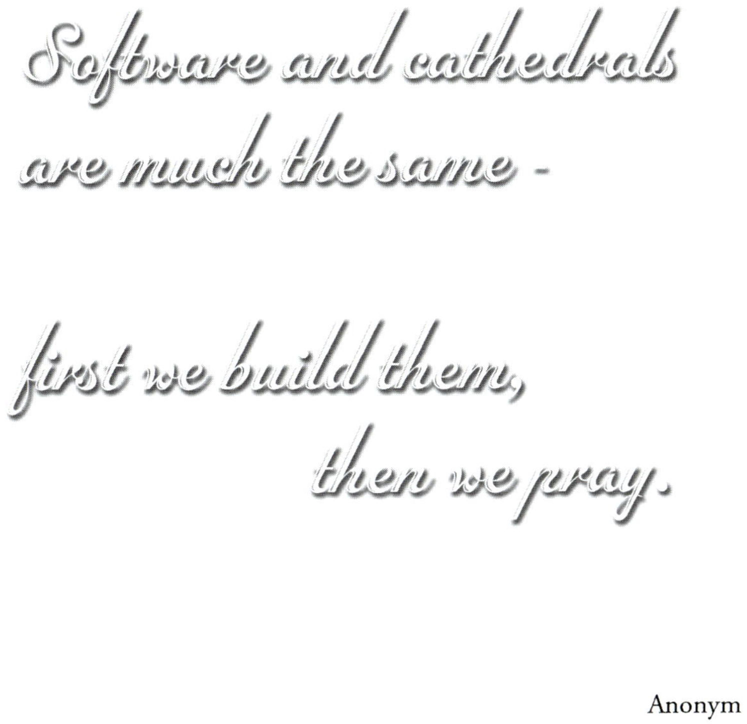

Abb. 4a: Anonymes Zitat (Grafik: Bensmann)

4.1 Lernziele

Dieses Kapitel bringt Ihnen die wichtigsten technischen Grundlagen des Webdesigns näher. Neben der Vorstellung der bedeutendsten Technologien lernen Sie die Markup-Sprache HTML sowie das Erstellen von Stylesheets (CSS) im Detail kennen. Dabei verstehen sich diese Ausführungen nicht als HTML- bzw. CSS-Referenz, vielmehr soll ein Verständnis für die Technologien vermittelt werden, so dass Sie eigenständig unter Zuhilfenahme einer Referenz Websites erstellen können.

Sie lernen im Einzelnen:

- wie Sie eine HTML-Seitenstruktur erstellen,
- wie Sie Cascading Stylesheets aufbauen,
- welche aktuellen und zukünftigen technologischen Trends sich im Web abzeichnen,
- was Sie mit weiterführenden Technologien erreichen,
- mit welchen Bildformaten Sie im Web arbeiten,
- was Plugins zu leisten vermögen,
- welche Entwicklerwerkzeuge geeignet sind und
- warum im Webdesign nicht alles vorherbestimmbar ist.

Prüfen Sie das erworbene Wissen im Multiple-Choice-Quiz. Vertiefen und erproben Sie Ihre Kenntnisse im CSS-Tutorial der begleitenden Web Design Gazette. Sie wenden sie später in einem kleinen Übungsprojekt, der „Tragamin"-Website, an.

4.2 Einleitung

Eine Webseite ist nicht einfach eine Druckseite auf dem Monitor. Monitore können groß oder klein sein, eine hohe oder eine geringe Auflösung haben. Der Benutzer kann seinen Browser beliebig groß oder klein ziehen oder ihn mit Toolbars überfrachten, so dass kaum Platz für die Webseiten an sich bleibt. Über das, was der Benutzer sieht, wenn er seinen Browser öffnet, können Sie nur Vermutungen anstellen. Die Kontrolle, die ein Designer über Papier hat, verliert er, wenn er für das Web entwickelt. Die Benutzer bestimmen Aussehen und Verhalten einer Website, der Autor kann nur Wünsche äußern.

Diese Flexibilität, die dem Designer das Leben möglicherweise schwer macht, bietet dem Benutzer ungeahnte Möglichkeiten:

„Sie gehen morgens aus dem Haus und kaufen eine Zeitung.
In der Straßenbahn ist es eng und die Zeitung verkleinert sich automatisch. A5 oder so.
Auf dem Fußmarsch zum Büro genießen Sie die Umgebung und lassen sich von Ihrem MP3-Player einen vorher markierten Artikel vorlesen.
Im Büro auf dem Schreibtisch vergrößert sich die Zeitung von selbst. A2 oder was immer an Platz vorhanden ist.
Abends geben Sie die Zeitung Ihrer Oma, die den Schriftgrad verdoppelt und als Schriftart Sütterlin einstellt, weil sie das immer noch am liebsten liest.
Und das alles mit ein und derselben Zeitung."
(M. Nahrath)

Quelle: Nahrath, M.: Darstellung von selbstgebauten Seiten – Hilfe!: http://groups.google.de/group/de.comp.sys.mac.internet/msg/7c32f5c541dfb051 (modifiziert von Müller, P: little boxes)

Doch „das Web" beschränkt sich nicht nur auf die Darstellung auf dem Bildschirm. Webseiten können in unterschiedlichen Formaten gespeichert und ausgedruckt werden. Sie können z. B. von Mobiltelefonen dargestellt und von Screenreadern vorgelesen werden. Dies alles müssen Sie berücksichtigen, wenn Sie eine Website entwickeln.

Mit dem Design allein ist es natürlich nicht getan. Eine Website benötigt Inhalte, und zwar in einer Form, die dem flüchtigen Internetnutzer angemessen ist. Kurze und prägnante Informationen lassen den Nutzer schnell finden, wonach er sucht, man fällt quasi mit der Tür ins Haus, damit der Besucher nicht gleich wieder geht. Die meisten Nutzer sind nicht bereit, lange Texte ohne aussagekräftige Informationen zu lesen.

Inhalt und *Design*, dies sind die beiden tragenden Säulen einer Website. Eine dritte Säule ist das *Verhalten* der Webanwendung. Damit die Flexibilität gewahrt bleibt, ist es wichtig, alle Säulen streng voneinander zu trennen. Nur so kann gewährleistet werden, dass eine Website mit all den zuvor genannten Medien funktioniert. Diese Trennung ermöglicht außerdem, dass sich jeder um das kümmern kann, was ihm liegt. Der Texter liefert Inhalt und Struktur, der Designer kümmert sich um das Layout und das User

Interface und der Programmierer sorgt für das Verhalten. So kann nach Absprache über die nötigen Schnittstellen jeder seine Arbeit machen, ohne sich groß um die jeweils anderen Säulen sorgen zu müssen.

Den flexiblen Kern einer Website bildet der Quelltext aus HTML. Der Quelltext enthält die Informationen inklusive der Struktur der Seite. Cascading Stylesheets (CSS) sorgen für das Aussehen bzw. die Darstellung, also das Design. Skriptsprachen wie PHP oder JavaScript steuern das Verhalten einer Website.

Alle drei Säulen werden in den folgenden Kapiteln behandelt. Dabei geht es hier erstmal nur um die technischen Aspekte. Natürlich können die hier vorgestellten Techniken nicht erschöpfend behandelt werden, die Einführung sollte aber ausreichen, um die Übungen am Ende des Kapitels durchführen zu können.

4.3 HTML

HTML ist ein Akronym für *„Hypertext Markup Language"*. XHTML erweitert das Ganze um ein vorangestelltes *„Extensible"* (erweiterbar). HTML ist weder eine Programmier- noch eine Seitenbeschreibungs-, sondern eine Auszeichnungssprache. Das bedeutet, HTML beschreibt lediglich Inhalt und Struktur eines Dokuments, nicht jedoch dessen Darstellung.

4.3.1 HTML oder XHTML?

Zurzeit ist noch die Version 4.01 von HTML aktuell, bei XHTML sind es die Versionen 1.0 und 1.1. XHTML ist die auf XML basierende Neuformulierung von HTML, das auf der Metasprache SGML (Standard Generalized Markup Language) basiert. XHTML wurde so konzipiert, dass die Rückwärtskompatibilität zu den verbreitetsten Browsern gegeben ist. Aus diesem Grund unterstützt XHTML 1.0 die drei HTML-Varianten „Strict", „Transitional" und „Frameset". XHTML 1.1 wurde nicht auf Rückwärtskompatibilität ausgelegt und verzichtet so auf diese drei Varianten. XHTML 1.1 entspricht in etwa XHTML 1.0 in der Variante „Strict" mit einigen kleineren Erweiterungen.

Bis Mitte 2009 wurden die Nachfolger von HTML4 und XHTML1, nämlich das nicht mehr auf SGML basierende HTML5 und XHTML2, parallel entwickelt, doch Ende 2009 wurde XHTML2 zu Gunsten von HTML5 eingestellt.

In diesem Buch und der begleitenden Web Design Gazette wird XHTML in der Variante 1.1 verwendet. Dies ist derzeit die aktuellste und sauberste Variante der Auszeichnungssprachen. Parallel dazu werden Sie mit dem passenden HTML5-Quelltext für die Zukunft gerüstet. Um Sie nicht mit ständig wechselnden Begrifflichkeiten zu verwirren, verwenden wir standardmäßig den Ausdruck HTML, wenn HTML oder XHTML gemeint ist, um Unterschiede hervorzuheben, verwenden wir die Schreibweisen XHTML und HTML5.

Wer bereits mit HTML4 vertraut ist, muss Folgendes beim Umstieg auf XHTML beachten:

Strict:
Diese Variante umfasst den Kernbestand an Elementen und Attributen. Es fehlen die meisten Elemente und Attribute zur Beeinflussung der Präsentation, deren Rolle sollen in Strict-Dokumenten Stylesheets übernehmen. Text und nicht blockbildende Elemente innerhalb der Elemente body, form, blockquote und noscript müssen sich grundsätzlich innerhalb eines Container-Elements befinden, zum Beispiel in einem <p>-Element.

Transitional:
Die Transitional-Variante enthält noch ältere Elemente und Attribute, die auch physische Textauszeichnung ermöglichen. Sie soll sicherstellen, dass bestehende Webseiten weiterhin durch aktuelle Webbrowser angezeigt werden können.

Frameset:
Diese Variante enthält zusätzlich zu allen Elementen der Transitional-Variante noch die Elemente für die Erzeugung von Framesets.

HTML

```
1  <!DOCTYPE HTML PUBLIC "-//W3C//DTD HTML 4.01//EN"
2    "http://www.w3.org/TR/html4/strict.dtd">
3  <head>
4    <title>HTML-Beispiel</title>
5  <body>
6  <h1>HTML-Beispiel</h1>
7  <p>Ein Absatz
8  <P>Noch ein<br>
9  Absatz
10 <ol>
11   <li>Listelement
12   <li>Listelement
13 </ol>
14 <p><img src=bild.gif alt="Bildmotiv">
```

```
1  <?xml version="1.0" encoding="iso-8859-1" ?>
2  <!DOCTYPE html
3    PUBLIC "-//W3C//DTD XHTML 1.0 Strict//EN"
4    "http://www.w3.org/TR/xhtml11/DTD/xhtml1-strict.dtd">
5  <html xmlns="http://www.w3.org/1999/xhtml" lang="de" xml:lang="de">
6  <head>
7    <title>XHTML-Beispiel</title>
8  </head>
9  <body>
10   <h1>XHTML-Beispiel</h1>
11   <p>Ein Absatz</p>
12   <p>Noch ein<br />
13   Absatz
14   </p>
15   <ol>
16     <li>Listelement</li>
17     <li>Listelement</li>
18   </ol>
19   <p>
20     <img src="bild.gif" alt="Bildmotiv" />
21   </p>
22 </body>
23 </html>
```

Abb. 4.3.1a, b: „Unordentlicher", aber valider HTML4-Quelltext (links) im Vergleich zu validem XHTML1-Quelltext (rechts)

- XHTML-Tags werden grundsätzlich klein geschrieben.
- Start- und End-Tags können nicht mehr einfach weggelassen werden.
- Tags ohne Inhalt, wie <br>, <img> oder <meta>, werden in XHTML wie folgt geschrieben: <br />, <img /> bzw. <meta />.
- Attributswerte werden immer in Anführungszeichen gesetzt.
- Ein paar Attribute, die in HTML gültig sind, sind in XHTML nicht mehr erlaubt oder umbenannt, hier hilft ein Validitätschecker weiter.
- Verwenden Sie & für das Et-Zeichen.

Zusammenfassend lässt sich sagen, dass beim Schreiben von XHTML-Quelltext mehr Sorgfalt erforderlich ist (Abb.4.3.1a, b). Prizipiell sollten Sie dieselbe Sorgfalt auch für die Entwicklung von HTML5-Code aufwenden.

Linktipp:
Neue, geänderte und weggefallene Elemente und Attribute: http://dev.w3.org/html5/html4-differences/

Im Vergleich zu HTML4 hat HTML5 eine Reihe neuer Elemente und Attribute spendiert bekommen, einige alte Elemente und Attribute wurden modifiziert, andere wurden aber z. T. nicht mit in den neuen Standard übernommen. Diese Elemente und Attribute müssen zwar von den Browsern weiterhin unterstützt werden, sollten von Ihnen jedoch nicht mehr eingesetzt werden.

4.3.2 Struktur eines HTML-Dokuments

Der HTML-Quelltext einer Webseite lässt sich in vier Abschnitte unterteilen:

- Die XML- und DOCTYPE-Deklarationen am Beginn des Dokuments
- Das Wurzelelement <html>, das <head> und <body> des Dokuments enthält

HTML

- Der <head>-Bereich mit dem Titel der Webseite, dem Verweis auf die zu verwendenden Stylesheets und den <meta>-Informationen
- Der <body> mit dem Inhalt, der im Browserfenster dargestellt wird

Diese Einzelteile bilden zusammen das Grundgerüst einer HTML-Datei.

XML- und DOCTYPE-Deklarationen
Die XML-Deklaration ist eine Erkennungszeichenfolge zu Beginn eines XML-Dokuments. Sie wird durch die Zeichenfolge <?xml eingeleitet und durch ?> abgeschlossen. Dazwischen werden die Version sowie optional die Zeichenkodierung notiert (Abb. 4.3.2a, b).
Die Dokumenttyp-Deklaration benennt die *Document Type Definition* (DTD), die für ein Dokument verwendet wird. Sie teilt der verarbeitenden Software (zum Beispiel einem Browser) mit, um welchen Dokumenttyp, das heißt um welche XHTML-Version, es sich bei einem Dokument handelt (Abb. 4.3.2a).

```
1  <?xml version="1.0" encoding="iso-8859-1" ?>
2  <!DOCTYPE html PUBLIC "-//W3C//DTD XHTML 1.1//EN"
3     "http://www.w3.org/TR/xhtml11/DTD/xhtml11.dtd">
4
```

Abb. 4.3.2a: XML- und DOCTYPE-Deklaration
In einem validen XHTML-Dokument stehen diese Deklarationen ganz am Anfang.

```
1  <!DOCTYPE html>
2
3
```

Abb. 4.3.2b: HTML5 benötigt keine XML-Deklaration, die DOCTYPE-Deklaration ist erfreulich kurz geworden.

Es gibt zwei unterschiedliche Browser-Darstellungsarten: Der erste Modus, bekannt als „*Quirks Mode*" oder „*Compatible Mode*", stellt eine Webseite wie alte, inkompatible Browser dar; der zweite Modus, bekannt als „*Standards Compliance Mode*" bemüht sich um eine Darstellung gemäß den W3C-Empfehlungen. Darüber hinaus unterteilen aktuelle Gecko- und Opera-Versionen den letzten Modus in einen „Full Standards Mode" und einen „Almost Standards Mode". Letzterer ist mit dem Full Standards Mode identisch, lediglich Grafiken innerhalb von Tabellenzellen werden wie im Quirks-Modus dargestellt.
Die Unterscheidung funktioniert in Gecko, Safari und Opera nach folgendem Schema: Wenn das Dokument keine Dokumenttyp-Deklaration hat oder eine aus einer Positivliste, dann gehe in den Quirks-Modus. In allen anderen Fällen gehe in den Standards Compliance Mode. Im Internet Explorer sieht die Regel im Allgemeinen so aus: Wenn die erste Zeile nicht mit einer Dokumenttyp-Deklaration beginnt, die in der Positivliste steht, gehe in den Quirks-Modus, es sei denn, es wurde ein Systembezeichner angegeben. Dieses Verfahren wird „*Doctype Switching*" oder „*Doctype Sniffing*" genannt.

HTML

`<html>`-, `<head>`- und `<body>`-Elemente

Das Element `<html>` ist das Wurzelelement (root element) eines HTML-Dokuments, also das Element, das das `<head>`- und `<body>`-Element enthält (Abb. 4.3.2c, d). Durch die obligatorische Angabe des Attributs `xmlns="http://www.w3.org/1999/xhtml"` werden standardmäßig alle Elemente eines XHTML-Dokuments dem XHTML-Namensraum zugeordnet. Das Attribut `xml:lang` definiert die Sprache des Dokuments.

```
1  <?xml version="1.0" encoding="iso-8859-1" ?>
2  <!DOCTYPE html PUBLIC "-//W3C//DTD XHTML 1.1//EN"
3    "http://www.w3.org/TR/xhtml11/DTD/xhtml11.dtd">
4
5  <html xmlns="http://www.w3.org/1999/xhtml" xml:lang="de" lang="de">
6
7    <!-- Kopfbereich des XHTML-Dokuments -->
8    <head>
9    </head>
10
11   <!-- Inhaltsbereich des XHTML-Dokuments -->
12   <body>
13   </body>
14
15 </html>
16
```

```
1  <!DOCTYPE html>
2
3  <html>
4
5    <!-- Kopfbereich des HTML-Dokuments -->
6    <head>
7    </head>
8
9    <!-- Inhaltsbereich des HTML-Dokuments -->
10   <body>
11   </body>
12
13 </html>
14
```

Abb. 4.3.2c, d: Das `<html>`-Element beherbergt Kopf- und Seitenbereich der Website. Bei XHTML (oben) muss das xmlns-Attribut im `<html>`-Tag angegeben werden, bei HTML5 (unten) wird auf diese Angabe verzichtet. Bei den grüngefärbten Texten handelt es sich um Kommentare.

`<head>`-Bereich

Das `<head>`-Element enthält Informationen über das aktuelle Dokument, beispielsweise seinen Titel, Verweise auf Stylesheets und andere Daten, die nicht als Dokumentinhalt betrachtet werden (Abb. 4.3.2e). Browser stellen Elemente, die im `<head>`-Bereich stehen, im Allgemeinen nicht als Inhalt dar. Sie können jedoch Informationen aus dem Dokumentkopf über andere Mechanismen für Nutzer verfügbar machen. Das einzige Element, das im `<head>`-Element jedes HTML-Dokuments enthalten sein muss, ist das Element `<title>`. Dieses Element stellt den Titel der Webseite in der Titelleiste des Browsers dar.

```
5  <html xmlns="http://www.w3.org/1999/xhtml" xml:lang="de" lang="de">
6
7    <!-- Kopfbereich des HTML-Dokuments -->
8    <head>
9      <title>Kleiner HTML-Kurs</title>
10     <link href="style.css" rel="stylesheet" type="text/css" />
11   </head>
12
```

Abb. 4.3.2e: Das title-Element im `<head>`-Bereich des Quelltextes Diese Information wird in den meisten Fällen in der Titelleiste des Browsers dargestellt. HTML5-Quelltext analog

HTML

TECHNISCHE GRUNDLAGEN 4

Der <head>-Bereich beinhaltet auch die Meta-Informationen des Dokumentes. Diese im <meta>-Element gemachten Angaben können nützliche Anweisungen für Webserver, Webbrowser und automatische Suchprogramme im Internet („Robots") enthalten. Für jede Meta-Angabe notieren Sie ein entsprechendes Tag im HTML-Dateikopf. Es ist also kein Problem, mehrere Meta-Tags zu notieren (vgl. Suchmaschinenoptimierung, S. 311).

<body>-Bereich

Der Dokumentrumpf <body> enthält den Inhalt des Dokuments. Alles, was zwischen <body> und </body> steht – mit Ausnahme der Kommentare –, wird im Browserfenster dargestellt (Abb. 4.3.2f, g).

```
 8  <head>
 9    <title>Kleiner HTML-Kurs</title>
10    <link href="style.css" rel="stylesheet" type="text/css" />
11  </head>
12
13  <!-- Inhaltsbereich des HTML-Dokuments -->
14  <body>
15    <!-- Kommentare werden im Browserfenster nicht angezeigt -->
16    <p>
17      HTML oder XHTML, das ist hier die Frage.
18    </p>
19  </body>
20
21  </html>
```

Abb. 4.3.2f, g: Ansicht des Quelltextes und der Datei im Browser
Damit der Quelltext valide ist, muss der auszugebende Text in einem <p>-Container stehen.

Kommentare im Quelltext werden durch die Zeichenkette <!-- eingeleitet und mit --> beendet. Der Text dazwischen darf über mehrere Zeilen gehen und wird im Dokument nicht angezeigt, ist im Quelltext jedoch sichtbar. Kommentare dienen hauptsächlich dazu, den Code lesbar und damit gut wartbar zu machen.

TIPP: *Benutzen Sie für die Erstellung Ihrer ersten Webseiten einfach das folgende XHTML- oder HTML-Grundgerüst:*

```
<?xml version="1.0" encoding="utf-8" ?>
<!DOCTYPE html PUBLIC "-//W3C//DTD XHTML 1.1//EN"
   "http://www.w3.org/TR/xhtml11/DTD/xhtml11.dtd">

<html xmlns="http://www.w3.org/1999/xhtml">

<head>
   <title></title>
</head>

<body>
</body>

</html>
```

XHTML 1.1-Quelltext

HTML

```
<!DOCTYPE html>

<html>

<head>
  <title></title>
</head>

<body>
</body>

</html>
```

HTML5-Quelltext

4.3.3 Die Webseite mit Inhalten füllen

HTML besteht aus einer Reihe von Elementtypen, von denen Sie bereits einige kennengelernt haben. Ein *Element* ist eine konkrete Ausprägung (Instanz) eines Elementtyps und wird wie folgt notiert:

```
<Elementname>Inhalt</Elementname>
z. B. <strong>hervorgehobener Inhalt</strong>
```

Der Inhalt wird von einem so genannten *Start-* und *End-Tag* eingerahmt. Ein Start-Tag besteht aus einer öffnenden spitzen Klammer gefolgt von dem Namen des Elements und einer schließenden spitzen Klammer. Das End-Tag enthält zusätzlich noch das Ende-Kennzeichen – einen Schrägstrich vor dem Elementnamen. Einige Elemente haben keinen Inhalt, wie das Element für den Zeilenumbruch. Hier werden bei XHTML Start- und End-Tag zu einem einzelnen Tag zusammengefasst und wie folgt notiert:

```
<Elementname />
z. B. <br />
```

In HTML5 ist auch <Elementname> als Schreibweise erlaubt, die XHTML-Schreibweise ist jedoch ebenfalls zulässig.
Oft hat ein Element Zusätze, um Eigenschaften zu beschreiben. Diese Zusätze nennt man *„Attribute"*, jedem Attribut wird ein *Attributswert* zugeordnet. Attribut-Werte-Paare stehen immer im Start-Tag, der Attributswert wird in Anführungszeichen gesetzt:

```
<Elementname Attribut="Wert">Inhalt</Elementname>
z. B. <a href="http://example.com">Link</a>
```

Um die Webseite nun mit Inhalt zu füllen, stehen eine große Anzahl von Elementen zur Verfügung. Doch bevor Sie sich an die Tastatur setzen, sollten Sie sich vergegenwärtigen, dass HTML den darzustellenden Inhalt lediglich strukturiert und nicht formatiert. Für das Aussehen sind die Stylesheets zuständig.

HTML

Alle Elemente einer Website haben eine bestimmte Bedeutung und sollten möglichst nur dafür eingesetzt werden, wofür sie gedacht sind. Es ist unumgänglich, sich der Bedeutung der Elemente bewusst zu sein und zu wissen, wann welche Elemente wie eingesetzt werden. Die *Semantik des Quelltextes* ist essenziell für die Qualität, Zugänglichkeit und Funktion der Website.

HTML-Elemente können hintereinander gereiht oder ineinander verschachtelt werden, sie dürfen sich jedoch nie überlappen. Anschaulich kann man sich das mit ineinander und übereinander gestapelten Boxen vorstellen. Überlappende Elemente sind hingegen nicht erlaubt (Abb. 4.3.3a-c).

HTML-Elemente lassen sich in zwei Gruppen unterteilen: *Block-* und *Inline-Elemente*. Im Allgemeinen können Blockelemente sowohl Text und Inline-Elemente als auch andere Blockelemente enthalten. Inline-Elemente können dagegen nur Text und andere Inline-Elemente enthalten.

In dieser strukturellen Entscheidung ist die Idee enthalten, dass Blockelemente größere Strukturen schaffen als Inline-Elemente. Blockelemente beginnen in einer neuen Zeile, während Inline-Elemente einzeilig dargestellt werden. Einen Sonderfall bilden die Elemente innerhalb von <head>. Da ihr Inhalt nicht angezeigt wird, stellt sich hier nicht die Frage nach Block- oder Inline-Element.

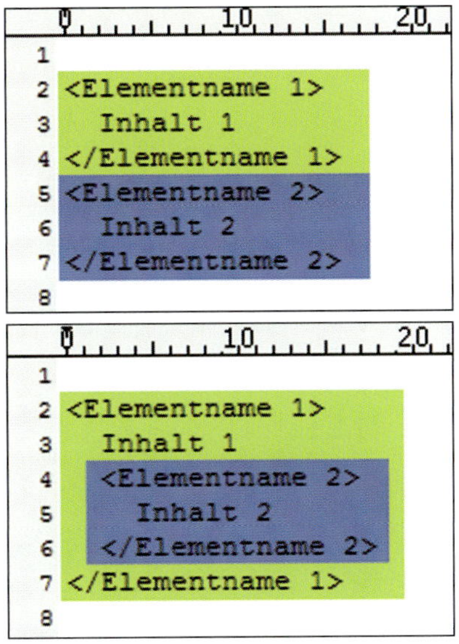

Abb. 4.3.3a, b: Valide Anordnung von Elementen, oben: hintereinander angeordnet, unten: verschachtelt (Grafik: Bensmann)

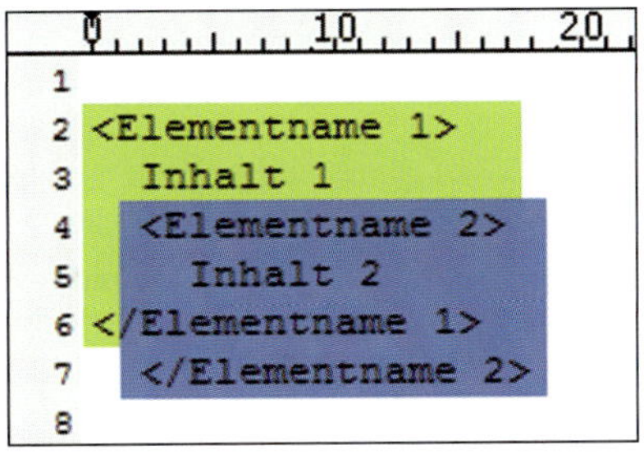

4.3.4 Sonderzeichen in Textinhalten

Dass ein muttersprachlicher Text im Herkunftsland korrekt dargestellt wird, ist relativ selbstverständlich. In Ländern mit anderen Umlautsystemen muss das aber nicht der Fall sein. Aus diesem Grund werden Umlaute und Sonderzeichen in einem Format angegeben, das weltweit verstanden wird. Durch so genannte *Character Entities* werden die einzelnen Zeichen durch ASCII-Zeichenketten ersetzt und später dann von allen Browsern korrekt dargestellt. Diese Entities können in Tabellen nachgeschlagen werden (Abb. 4.3.4a).

Abb. 4.3.3c: Ungültige Anordnung von Elementen: Überlappende Elemente sind nicht erlaubt. (Grafik: Bensmann)

4.3.5 Überschriften

Bei Überschriften handelt es sich um Blockelemente, sie werden mit den Elementen <h1>, <h2>, <h3>, <h4>, <h5> und <h6> ausgezeichnet. Dabei stellt <h1> eine Überschrift 1. Ordnung dar, <h2> eine Überschrift 2. Ordnung usw. Es ist wichtig, Überschriften inhaltlich und logisch richtig einzusetzen und keine Ordnungsebene auszulassen, so sollte es z. B. nur eine <h1>-Überschrift pro Seite geben, bei dieser könnte es sich z. B. um den Seitentitel handeln.

Für Nutzer von Technologien wie beispielsweise Screenreadern gehören Überschriften zu den wichtigsten Strukturelementen eines Dokuments. So kann aus den Überschriften ein Inhaltsverzeichnis generiert oder von Überschrift zu Überschrift gesprungen werden.

Zeichen	Ersetzung
ä	&auml;
Ä	&Auml;
ö	&ouml;
Ö	&Ouml;
ü	&uuml;
Ü	&Uuml;
ß	&szlig;
€	&euro;
¢	&cent;

Abb. 4.3.4a: Eine Auswahl von HTML-Entities

HTML

4.3.6 Absätze und Zeilenumbrüche

Das Blockelement `<p>` zeichnet einen Textabsatz aus. Im Gegensatz zu den meisten anderen Blockelementen darf es keine Blockelemente enthalten. Absätze dienen primär der Strukturierung des Textes Ihrer Website.

Das leere Element `<br />` bricht zwingend die aktuelle Textzeile um. Mehrere hintereinandergereihte `<br />`-Elemente sind zu vermeiden, hier sind Absätze sinnvoller. Trotz des erzwungenen Zeilenumbruchs ist `<br />` ein Inline-Element.

4.3.7 Links

Ein Hyperlink kann zu einem weiteren HTML-Dokument, zu einem Bild, einer anderen (herunterladbaren) Ressource oder aber auch zu einer Stelle innerhalb des aktuellen Dokuments verweisen. Der Elementtyp `<a>` kann, wenn ein Attribut name definiert wird, ein Zielanker für beliebig viele Hyperlinks sein oder ein Hyperlink sein, wenn ein Attribut href mit einer URL als Wert definiert wird (Abb. 4.3.7a). `<a>` ist ein Inline-Element.

```
<a href="#ziel">Interner Link zu einem Anker in diesem Dokument</a>

<a href="http://w3c.org">Externer Link</a>

<a name="ziel">Anker für obigen Link</a>
```

Abb. 4.3.7a: Drei verschiedene `<a>`-Elemente

rel und rev
Bei rel und rev handelt es sich um Attribute, die `<link>`- und `<a>`-Elementen zugeordnet werden können. Sie geben die Beziehung an, in der das aktuelle Dokument zum verlinkten steht. Ganz allgemein lässt sich sagen, dass rel eine Vorwärts- und rev eine Rückwärtsbeziehung beschreibt. So meint `<link href="help.html" rel="Hilfe">` beispielsweise, dass das Dokument help.html die Hilfe zum aktuellen Dokument enthält. `<link href="index.html" rev="Hilfe">` hingegen beschreibt das aktuelle Dokument als Hilfe zum Dokument index.html. rev wurde in HTML5 nicht übernommen.

Das leere Element `<link />` vermittelt Informationen über die Beziehungen zweier Ressourcen, die von Benutzerprogrammen auf unterschiedliche Weise wiedergegeben werden können. `<link />`-Elemente dürfen nur im `<head>` eines Dokuments stehen. Über das Attribut rel oder rev wird der Typ der Beziehung angegeben, href definiert das Verweisziel. Der gebräuchlichste Anwendungsfall für das `<link />`-Element ist das Einbinden von externen Stylesheets.

```
<!-- Kopfbereich des HTML-Dokuments -->
<head>
    <title>Kleiner HTML-Kurs</title>
    <link href="style.css" rel="stylesheet" type="text/css" />
</head>
```

Abb. 4.3.7b: Einbinden eines Stylesheets

4.3.8 Bilder

Das leere Element `<img />` bettet ein Bild an der Stelle in das aktuelle Dokument ein, an der das Element-Tag notiert ist. `<img />`-Elemente sind Inline-Elemente; sie verfügen üblicherweise über die Attribute src, width, height und alt. Das Attribut src gibt den Ort der Bildquelle über eine URI an. Die Attribute width und height in Pixel oder Prozent geben die Größe des darzustellenden Bildes an. Weichen die Werte von der tatsächlichen Bildgröße ab, wird das Bild entsprechend skaliert. Es ist sinnvoll, die Breite und Höhe eines Bildes stets anzugeben, damit Browser den benötigten Platz reservieren und das Dokument weiter aufbauen können, während die Bilddaten noch geladen werden.

Das Attribut alt gibt alternativen Text für Benutzerprogramme an, die Bilder nicht darstellen können, beispielsweise Screenreader oder Textbrowser, aber auch Suchmaschinen. Das alt-Attribut muss für jedes `<img />`-Element angegeben werden. Für reine Schmuck-Elemente kann der Wert des alt-Attributes "" sein.

4.3.9 Textauszeichnungen

XHTML enthält sowohl Elementtypen zur *logischen Auszeichnung* von Text als auch Elementtypen zur *physischen Textauszeichnung*. HTML5 beschränkt sich auf die logischen Auszeichnungselemente. Eine logische Auszeichnung versieht Inhalte mit einer bestimmten Semantik, während die physische Textauszeichnung eine Aussage über die Darstellung der Elemente trifft. Im Hinblick auf die Trennung von Struktur und Design beschränken wir uns hier auf die wichtigsten logischen Textauszeichnungs-Elemente. Alle folgenden Elemente sind Inline-Elemente.

- Das Element `<em>` kennzeichnet Text als betont. In HTML5 wird die Betonung verstärkt, wenn dieses Element ineinander verschachtelt wird.
- Das Element `<strong>` kennzeichnet Text als besonders stark betont. In HTML5 werden besonders stark betonte Textpassagen durch verschachtelte `<em>`-Elemente ausgezeichnet. Das `<strong>`-Element in HTML5 zeichnet größte Wichtigkeit aus.
- Das Element `<code>` kennzeichnet Text als Quelltext.
- Das Element `<abbr>` zeichnet eine Abkürzung aus. Das title-Attribut gibt die ausgeschriebene Form an.
- Das Element `<acronym>` zeichnet ein Akronym aus. Das title-Attribut enthält die ausgeschriebene Form, das xml:lang-Attribut gibt die Sprache des Akronyms an. In HTML5 wurde dieses Element durch das `<abbr>`-Element ersetzt.
- Das in HTML5 hinzugekomme Element `<mark>` kennzeichnet Textpassagen als markiert.

HTML5-Elemente, die ehemals physische Textauszeichnungen waren, sind ebenfalls Inline-Elemente. Diese Elemente sollten in XHTML nicht verwendet werden:

- Das Element `<i>` kennzeichnete früher kursiven Text, in HTML5 kennzeichnet es Text, der üblicherweise kursiv geschrieben wird, wie beispielsweise Gedanken.
- Das Element `<b>` formatierte früher den Text fett, in HTML5 dient es der stilistischen Auszeichnung von Passagen, die nicht besonders hervorgehoben werden sollen, wie Schlüsselwörter oder Markennamen.

Anekdote: „proposed new tag: IMG"
Marc Andreessen (marca@ncsa.uiuc.edu)
Thu, 25 Feb 93 21:09:02 -0800

I'd like to propose a new, optional HTML tag: IMG
Required argument is SRC="url".
This names a bitmap or pixmap file for the browser to attempt to pull over the network and interpret as an image, to be embedded in the text at the point of the tag's occurrence. An example is:
<IMG SRC="file://foobar.com/foo/bar/blargh.xbm">
(There is no closing tag; this is just a standalone tag.)
This tag can be embedded in an anchor like anything else; when that happens, it becomes an icon that's sensitive to activation just like a regular text anchor."

Quelle: http://1997.webhistory.org/www.lists/www-talk.1993q1/0182.html

Physische Textauszeichnung
Elemente wie `<b>` oder `<i>` trifft man im Web immer wieder an, auf sie sollte jedoch zugunsten der logischen Auszeichnungselemente verzichtet werden. In HTML5 sind physische Textauszeichnungselemente entweder verboten oder zu logischen umdefiniert worden.

- Das Element `<hr />` erzeugte früher eine Trennlinie, in HTML5 dient es der thematischen Trennung zweier Absätze.
- `<small>` formatierte früher Text kleiner als normal, in HTML5 kennzeichnet er „Kleingedrucktes".

4.3.10 Listen

Das Element `<ul>` zeichnet eine ungeordnete Liste aus, das heißt, deren Listenpunkte `<li>` unterliegen keiner bestimmten Ordnung, sind also gleichwertig. Durch Verschachteln der Listenpunkte sind mehrere Ebenen möglich.

Das Element `<ol>` zeichnet eine geordnete Liste aus, deren Listenpunkte `<li>` einer bestimmten Reihenfolge unterliegen. Durch Verschachteln der Listenpunkte sind ebenfalls mehrere Ebenen möglich.

Das Element `<dl>` zeichnet eine Definitionsliste aus. Diese unterscheidet sich von anderen Listenarten nur insoweit, als die Listeneinträge aus zwei Teilen bestehen: einer Bezeichnung und einer Beschreibung. Die Bezeichnung wird durch das `<dt>`-Element zugewiesen und ist auf Inline-Elemente beschränkt. Die Beschreibung wird mit dem Element `<dd>` angegeben und kann Blockelemente enthalten. Ein Listeneintrag kann mehrere `<dd>`-Elemente umfassen.

4.3.11 Tabellen

Das Tabellenmodell von HTML gestattet Webautoren die Anordnung von Text, Bildern, Links, Formularen, Formularfeldern oder anderen Tabellen in Zellen, die in Zeilen und Spalten angeordnet sind. Tabellen sind ausdrücklich nicht als Gestaltungsraster zu nutzen (Trennung von Inhalt und Design!), sondern sollten lediglich der Darstellung von tabellarischen Inhalten dienen.

Das Element `<table>` bildet den Container für die Auszeichnung von Tabellen. Das Element `<tr>` fungiert als Behälter für eine Zeile, die mehrere Zellen enthält. Tabellenzellen können zwei Informationsarten enthalten: Kopfinformationen und Daten. Diese Unterscheidung hilft Benutzerprogrammen, Kopf- und Datenzellen unterschiedlich darzustellen: Texte in Kopfzellen könnten in fett gedruckter Schrift angezeigt oder in einem anderen Tonfall vorgelesen werden. Das Element `<th>` definiert eine Zelle, die Kopfinformationen enthält. Das Element `<td>` definiert eine Zelle, die Daten enthält.

Das Attribut `rowspan` gibt die Anzahl der Zeilen an, über die sich die aktuelle Zelle erstreckt, das Attribut `colspan` entsprechend die Anzahl der Spalten. Der Standardwert beider Attribute ist 1. Der Wert 0 bedeutet, dass sich die Zelle von der aktuellen Zeile oder Spalte bis zur letzten Zeile oder Spalte des Tabellenabschnitts (Kopf, Fuß oder Rumpf) erstreckt, in dem die Zelle definiert ist.

Tabellenzeilen können mit den Elementen `<thead>`, `<tfoot>` und `<tbody>` in einen Tabellenkopf, einen Tabellenfuß und in einen oder mehrere Rumpfbereiche unterteilt werden. Diese Teilung

HTML

ermöglicht es Benutzerprogrammen, das Scrollen von Tabellenrümpfen unabhängig vom Tabellenkopf und -fuß zu unterstützen. Werden lange Tabellen gedruckt, können Informationen des Tabellenkopfs und -fußes auf jeder Seite mit Tabellendaten wiederholt werden. Tabellenkopf und -fuß sollten Informationen über die Tabellenspalten enthalten. Der Tabellenrumpf sollte aus Zeilen mit Tabellendaten bestehen. Die drei Bereiche werden in der Reihenfolge `<thead>`, `<tfoot>`, `<tbody>` notiert; der Tabellenfuß steht also nicht am Ende der Tabelle, damit Benutzerprogramme den Fuß darstellen können, bevor alle (der eventuell zahlreichen) Datenzeilen empfangen werden.

4.3.12 Zitate
Das Element `<q>` zeichnet ein kurzes Zitat aus, das keinen Zeilenwechsel erfordert, wohingegen das Element `<blockquote>` ein langes Zitat auszeichnet. Es erzeugt eine eigene Zeile und muss Blockelemente, wie beispielsweise ein `<p>`-Element beinhalten. Das Attribut `cite` im blockquote-Element gibt einen Link zur Quelle des Zitats an.

4.3.13 Struktur für das Dokument
Bevor Sie sich mit den Stylesheets befassen können, stellen wir Ihnen zwei Elemente vor, die im Gegensatz zu allen zuvor genannten Elementen keinerlei Semantik enthalten. Sie dienen lediglich der inhaltlichen Strukturierung der Website. Es handelt sich um leere Container ohne inhaltliche Bedeutung, die nicht die Darstellung eines Elements beeinflussen. Sie sollten daher nur dann verwendet werden, wenn kein anderes, geeigneteres, semantisch korrekteres Element existiert.

Mit dem Blockelement `<div>` können Webautoren Elemente zusammenfassen, mit dem Inline-Element `<span>` können sie (textuelle) Elementinhalte besonders kennzeichnen. Diese `<div>`- und `<span>`-Container stellen eine Schnittstelle zwischen „Programmierer" und Designer dar. Das reine HTML-Dokument enthält den linear aufgebauten Inhalt, den ein zeilenorientierter Browser in seiner logischen Folge darstellt. In `<div>`- und `<span>`-Containern gruppierte Inhalte können mit Hilfe der Stylesheets fast beliebig im Browserfenster positioniert werden.

In HTML5 sind eine Hand voll weitere strukturierende Elemente hinzugekommen. Mit Hilfe dieser Elemente lässt sich der Quelltext sehr viel besser lesbar gestalten. Diese Elemente sind dem allgemeinen `<div id="...">` vorzuziehen. So wird aus beispielsweise `<div id="navigation">` das `<nav>`-Element. Weitere Elemente in HTML5 sind:
- `<article>` umfasst einen unabhängigen Abschnitt, der auch in anderem Kontext weiterverwendet werden kann, wie beispielsweise ein Forenartikel, ein Zeitungsartikel oder ein Blogeintrag.

HTML

Abb. 4.3.13a: Die neuen Elemente `<figure>` und `<legend>` im Einsatz:
```
<figure>
<img src="stadtarchiv.jpg" alt="" />
<legend>Abb. 1: Das Stadtarchiv von Sienna (©Karen Bensmann)</legend>
</figure>
```

- `<aside>` kennzeichnet einen thematisch zum umschließenden Text passenden Inhalt, der aber nicht direkt dazugehört, ein Marginalientext beispielsweise.
- Das `<figure>`-Element ermöglicht es, ein Element mit einer Unterschrift, beispielsweise einer Bildunterschrift, zu versehen, das Element `<legend>` dient hierbei als Legende.
- `<footer>` definiert eine Fußzeile.
- `<header>` definiert eine Kopfzeile.
- Das `<nav>`-Element umschließt einen Navigationsbereich.
- Das `<section>`-Element definiert einen generischen Abschnitt eines Dokuments, wobei mit Abschnitt hier eine thematische Gruppierung von Inhalt, typischerweise mit einer Überschrift gemeint ist.

TIPP: *Leere `<div>`-Container im HTML-Quelltext ermöglichen einen größeren gestalterischen Spielraum, sind jedoch aus semantischer Sicht etwas fragwürdig, da sie weder Informationen transportieren noch den Quelltext strukturieren. Dennoch werden sie als Gestaltungsmittel eingesetzt, insbesondere dann, wenn ein und dieselbe Website auf unterschiedliche Arten dargestellt werden soll, beispielweise bei der Verwendung so genannter „Skins" oder „Themes".*
Auch der css Zen Garden bedient sich dieses Mittels, um den Gestaltern den Einbau zusätzlicher Elemente im Stylesheet zu ermöglichen.

4.3.14 HTML-Übung
Erstellen Sie eine einfache Webseite mit folgenden Inhalten:

Lorem ipsum...
ist ein Blindtext, der nichts bedeuten soll, sondern als Platzhalter im Layout verwendet wird. Die Verteilung der Buchstaben und der Wortlängen des pseudo-lateinischen Textes entspricht etwa der natürlichen (lateinischen) Sprache. Der Text ist (absichtlich) unverständlich, damit der Betrachter nicht durch den Inhalt abgelenkt wird.

Linktipp:
Lorem ipsum: http://www.loremipsum.de/

- Seitentitel: Meine erste Webseite
- Überschrift 1. Ordnung: Meine erste Webseite
- Überschrift 2. Ordnung: HTML macht Spaß
- Zwei Absätze Blindtext.
- Überschrift 3. Ordnung: 1. Spalte
- Ein Absatz Blindtext.
- Überschrift 3. Ordnung: 2. Spalte
- Ein Absatz Blindtext sowie eine ungeordnete Liste mit 5 Einträgen.
- Überschrift 3. Ordnung: 3. Spalte
- Es folgt ein Bild und ein Absatz Blindtext.
- Fügen Sie Ihrer Seite nun vier `<div>`-Container hinzu. Drei umschließen jeweils eine der Überschriften 3. Ordnung mit dem dazugehörigen Text inklusive Bild oder Liste. Der vierte `<div>`-Container umschließt alle drei anderen `<div>`-Container. Wenn Sie HTML5 verwenden, ersetzen Sie die `<div>`-Container durch semantisch geeignetere Elemente.

Link:
Lösung unter: http://mediendesign-online.net/xmediapress

Anschließend überprüfen Sie Ihre Webseite auf Validität, beispielsweise mit einem Browser-Addon.

4.4 CSS

Nachdem Struktur und Inhalte der Website stehen und die semantischen Aspekte beachtet wurden, geht es nun daran, die Elemente der Website zu gestalten.

Cascading Stylesheets (CSS) ermöglichen es, den HTML-Quellcode von Formatierungsbefehlen und Layoutanweisungen zu befreien. Diese werden in einem Stylesheet getrennt notiert. Dabei lassen sich Stylesheets mit Formatvorlagen, wie man sie aus Textverarbeitungen kennt, vergleichen. Durch Änderung des Stylesheets lassen sich ein und demselben HTML-Dokument unterschiedliche Aussehen geben, ebenso können für unterschiedliche Ausgabegeräte unterschiedliche Stylesheets zur Verfügung gestellt werden.

TIPP: *Derzeit ist CSS Level 2.1 aktuell, aber auch die Entwicklung von CSS Level 3 ist schon ziemlich weit fortgeschritten. Es spricht nichts dagegen, CSS3 in Ihren Projekten zu verwenden. Wenn wir hier CSS3-Anweisungen verwenden, weisen wir Sie explizit darauf hin.*

4.4.1 CSS in die Website einbinden

Es gibt drei Möglichkeiten, den HTML-Quelltext mit Style-Angaben zu versehen: Mit einem externen Stylesheet, mit internen Style-Angaben im `<head>`-Bereich jeder Webseite und durch das direkte Verwenden von Style-Angaben innerhalb des Start-Tags eines HTML-Elements.

Die Nachteile der letztgenannten Variante liegen klar auf der Hand, denn sie ruiniert die Trennung von Inhalt und Design. Die interne Möglichkeit bläht den HTML-Quelltext nur unnötig auf und vermindert die Wartbarkeit des Codes dadurch, dass Änderungen im Stylesheet u.U. in mehreren Dateien vorgenommen werden müssen. Aus diesem Grund beschränken wir uns in diesem Kapitel auf die externen Stylesheets.

Um externe Stylesheets in ein Dokument einzubinden, stehen zwei Möglichkeiten zur Verfügung, die sowohl einzeln als auch kombiniert zum Einsatz kommen können. Die verbreitetste Methode, um Stylesheets in den HTML-Code einzubinden, ist die Verwendung des `<link />`-Elements innerhalb des `<head>`-Bereichs. Die Anweisung könnte z. B. so aussehen:

```
<link rel="stylesheet" type="text/css" href="style.css" />
```

Die Attribute `rel` und `type` geben dabei an, dass es sich um ein Stylesheet vom MIME-Typ `text/css` handelt. Das Attribut `href` enthält den Pfad zur CSS-Datei. Das optionale Attribut `media` ermöglicht die Angabe eines Ausgabemediums. Mögliche Werte sind hier: all, aural, braille, embossed (für Braille-Drucker), handheld, print, projection (für Beamer), screen, tty (für nicht grafische Ausgabemedien mit fixer Breite) und tv. In der CSS-Version 3 wurde „aural" durch „speech" ersetzt. Mit Hilfe des

Linktipps:
Der css Zen Garden ist ein fabelhaftes Beispiel dafür, was allein durch den Einsatz von Stylesheets erreicht werden kann. Wichtiger Hinweis: Alle Designs basieren auf ein und demselben HTML-Quelltext.
css Zen garden: http://www.csszengarden.com/

Am 05. April ist der jährliche CSS Naked Day. Vielleicht möchten Sie ja die Gelegenheit nutzen, sich die „nackten", CSS-freien Websites der Teilnehmer anzusehen. Es gibt dort sicher einiges zu lernen.
CSS Naked Day: http://naked.dustindiaz.com/

Abb. 4.4.1a: Teilnahme am CSS Naked Day

Abb. 4.4.1b: So sieht die Seite normalerweise aus.

Link: Eine umfangreiche HTML- und CSS-Referenz finden Sie bei SELFHTML
SELFHTML: http://de.selfhtml.org/.

media-Attributes können mehrere Stylesheets in ein und demselben Dokument verwendet werden.

Die zweite Möglichkeit, externe Stylesheets einzubinden, besteht in der Verwendung des @import-Befehls (s. auch Kapitel 4.4.3 zum Thema @-Regeln). Dieser Befehl wird wie auch das `<link />`-Element im `<head>`-Bereich der Seite untergebracht:

```
<style type="text/css">
  @import url("style.css");
</style>
```

Diese Methode hat den Nachteil, dass sehr alte Browser diese Stylesheets nicht laden können. Auf der anderen Seite haben Sie hierdurch die Möglichkeit, ein durch `<link />` eingebundenes Stylesheet (teilweise) mit Anweisungen für modernere Browser zu überschreiben und somit für ältere Modelle zu verbergen.

Schließlich können Style-Informationen auch im `<head>`-Bereich der Seite und direkt im Start-Tag eines HTML-Elements untergebracht werden:

```
<head>
  <style type="text/css">
  <!--
  h1 {
    color:red;
  }
  </style>
</head>
```

```
<div style="text-align:center">Inhalt</div>
```

4.4.2 Regeln und Selektoren

Stylesheets bestehen aus einer oder mehreren Regeln oder Anweisungen. Jede dieser Regeln enthält einen *Selektor* und einen in geschweiften Klammern eingeschlossenen *Deklarationsblock*. Der Deklarationsblock wiederum setzt sich aus einer oder mehreren Deklarationen zusammen, die durch Semikolons voneinander getrennt werden. Eine Deklaration besteht aus einer Eigenschaft und einem Wert, getrennt durch einen Doppelpunkt.

Zusätzlich zu den Regeln können Stylesheets Kommentare enthalten, die sich innerhalb und außerhalb der Regeln befinden können. Kommentare beginnen mit der Zeichenkette /* und enden auf */.

```
/* Beispiel für eine CSS-Regel: */
Selektor { /* Beginn des Deklarationsblocks */
  Eigenschaft 1: Wert 1;            /* Deklaration 1 */
  Eigenschaft 2: Wert 2a 2b 2c;     /* Deklaration 2 */
} /* Ende des Deklarationsblocks */
```

CSS

Über die Selektoren wird bestimmt, auf welche Elemente im HTML-Quelltext die CSS-Regeln angewendet werden sollen. Diese Selektoren können von einfachen Elementnamen bis hin zu umfassenden Kontextmustern reichen. Wenn alle Bedingungen eines Musters für ein bestimmtes Element zutreffen, stimmt der Selektor mit dem Element überein, und die Regeln können auf das Element angewandt werden.

Universalselektor

Der *Universalselektor* „*" bezieht sich auf alle Elemente im HTML-Quellcode. Das bedeutet, die Regeln werden auf alle Elemente angewendet. Folgende Regel setzt demnach alle Innen- und Außenabstände auf 0:

```
* {
  margin: 0;
  padding: 0;
}
```

Da der Universalselektor auf alle Elemente zutrifft, darf er auch weggelassen werden. Das folgende Beispiel ist mit obigem bedeutungsgleich:

```
{
  margin: 0;
  padding: 0;
}
```

Typselektor

Der *Typselektor* spricht Elemente anhand des Elementnamens an. Die Regel wird auf alle Elemente des entsprechenden Typs angewandt, egal an welcher Stelle des Dokuments sie notiert sind:

```
Elementname {
  Deklaration;
}
```

Tab. 4.4.2a, b: Beispiele für einen Universal- und einen Typselektor

CSS	HTML	Ergebnis

`* {`
`  color: #ff0000;`
`}`
	`Dieser <em>Text</em> ist <strong>rot</strong>.`	Dieser *Text* ist **rot.**

CSS	HTML	Ergebnis

`p {`
`  font-family:fantasy;`
`}`
	`<p>Dieser Text sieht komisch aus.</p>`	Dieser Text sieht komisch aus.

Klassen- und ID-Selektoren

Das Universalattribut class kann für fast alle HTML-Elemente vergeben werden und wird mit CSS über den Klassenselektor angesprochen, indem man den Klassennamen mit einem führenden Punkt ohne Leerzeichen direkt hinter den einfachen Selektor setzt. Die Regel

```css
.rot {/* alternativ: *.rot /*
  color: ff0000;
}
```

spricht alle Elemente an, deren Attribut class den Wert „rot" enthält, und färbt den entsprechenden Text rot:

```html
<h3 class="rot">Überschrift</h3>
<p>
  Dieses Wort ist <em class="rot" unterstrichen>rot</em>.
</p>
```

Mehrere Klassen können durch ein Leerzeichen getrennt in einem Klassenattribut angegeben werden.

Das Universalattribut id funktioniert fast analog wie der Klassenselektor, hat in HTML-Dokumenten jedoch insofern eine besondere Bedeutung, weil sein Wert pro Dokument nur ein Mal auftreten darf und Elemente mit diesem Attribut als Zielanker eines Links dienen können. Aus der zweiten Eigenschaft ergibt sich auch die Notation des ID-Selektors in CSS: Es wird eine Raute (#) vorangestellt:

```css
#kopf {
  margin: 0;
  padding: 0;
}
```

Attributselektoren

Seit CSS 2 können Webautoren Elemente mit Hilfe von vier *Attributselektoren* auch über ihre Attribute ansprechen:

```css
E[att] {} /* Element E mit Attribut att */

E[att="wert"] {} /* Element E mit Attribut att und Wert "wert" */
```

Tab. 4.4.2c: Beispiele für einen Klassen- und einen ID-Selektor

CSS	HTML	Ergebnis

`.gruen {`
`  color:#00ff00;`
`}`
	`Dieser <span class="gruen">Text</span> ent-hält <em class="gruen">grüne</em> <strong class="gruen">Worte.</strong>`	Dieser Text enthält *grüne* **Worte**.

`#kopf {` `  margin: 1em;` `}`	`<span id="kopf">Kopf</span> ` `Normaler Text`	Kopf Normaler Text

CSS

```
E[att~="wort"] {} /* Element E mit Attribut att, dessen
durch Leerzeichen getrennte Liste von Werten "wort"
enthält */

E[att|="wortanfang"] {} /* Element E mit Attribut att,
dessen durch Trennstriche (-) getrennte Liste von Werten
mit "wortanfang-" beginnt */
```

CSS 3 liefert noch drei weitere Attributselektoren:

```
E[att^="wertanfang"] {} /* Element E mit Attribut att,
dessen Wert mit "wertanfang" beginnt */

E[att$="wertende"] {} /* Element E mit Attribut att,
dessen Wert mit "wertende" endet */

E[att*="zeichenkette"] {} /* Element E mit Attribut att,
das die Zeichenkette "zeichenkette" enthält */
```

Nicht alle Browser unterstützen alle Attributselektoren.

Tab. 4.4.2d: Beispiele für Attributselektoren

CSS	HTML	Ergebnis

`a[title] {`
`  background-color:#ffff00;`
`}`
	Dies ist ein `<a href="../"` `title="Link">Link</a>`.	Dies ist ein Link.

`a[title="besonders"] {`
`  background-color:#ccff00;`
`}`
	Dies ist ein `<a href="../"` `title="besonders">besonderer Link</a>`.	Dies ist ein besonderer Link.

`a[title~="gruen"] {`
`  background-color:#99ff00;`
`}`
	Dies ist ein `<a href="../" title="sehr gruen">sehr grüner Link</a>`.	Dies ist ein sehr grüner Link.

`a[title|="dunkel"] {`
`  background-color: #339900;`
`}`
	Dies ist ein `<a href="../" title="dunkel-grün">dunkel-grüner Link</a>`.	Dies ist ein dunkel-grüner Link.

`a[href^="http:"] {`
`  background:url(ext.gif) no-repeat right;`
`  padding:0 15px 0 0;`
`}`
	Dies ist ein `<a href="http://selfhtml.org/">ext. Link</a>`.	Dies ist ein ext. Link.

`a[href$="pdf"] {`
`  background:url(pdf.gif) no-repeat right;`
`  padding:0 15px 0 0;`
`}`
	Dies ist ein `<a href="datei.pdf">Link zu einer PDF-Datei</a>`.	Dies ist ein Link zu einer PDF-Datei.

`a[href*="rss"] {`
`  background:url(rss.jpg) no-repeat right;`
`  padding:0 15px 0 0;`
`}`
	Dies ist ein `<a href="/rss.xml">Feed-Link</a>`.	Dies ist ein Feed-Link.

Kombinierte Selektoren

Man unterscheidet drei Arten von kombinierten Selektoren. Der Nachfahren-Selektor trifft auf alle Elemente zu, die in einem Element enthalten sind, also Nachfahren desselben Elternelements sind:

```
E1 E2 {}
```

Während der Nachfahren-Selektor auf alle Nachfahren eines Elements zutrifft, trifft der Kind-Selektor nur auf die Elemente zu, die direkt innerhalb des Elternelements liegen:

```
E1>E2 {}
```

Nachbar-Selektoren wirken sich nur auf Elemente aus, denen ein Element direkt vorausgeht und die dasselbe Elternelement haben.

```
E1+E2 {}
```

Pseudo-Selektoren:

Wenn die bisher genannten Selektoren nicht ausreichen, um das Element anzusprechen, verwendet man Pseudo-Selektoren. Grundsätzlich unterscheidet man hier Pseudoelemente, die nur bestimmte Teile eines Elements ansprechen, und Pseudoklassen, die bestimmte Zustände eines Elements mit Style-Angaben verknüpfen. Folgende Pseudoelemente gibt es:

Die Schreibweise mit zwei Doppelpunkten für Pseudoelemente wurde mit CSS3 eingeführt. Bis einschließlich CSS2.1 ist auch ein einzelner Doppelpunkt zulässig.

```
E::before {} /* Fügt vor dem Element Inhalt (Text,
Bilder etc.) ein */

E::after {} /* Fügt nach dem Element Inhalt (Text,
Bilder etc.) ein */
```

Tab. 4.4.2e: Beispiele für kombinierte Selektoren

CSS	HTML	Ergebnis

`li a {`
`border: 1px dashed silver;`
`}`
	`<ul>`
	`  <li>Ein <a href="../">Link</a></li>`
	`  <li>Noch <em>ein <a href="../">Link</a></em></li>`
	`</ul>`
		• Ein Link
		• Noch *ein* Link

`li>span {`
`background-color: #00ffcc;`
`}`
	`<ul>`
	`  <li>Ein <span>Wort</span></li>`
	`  <li>Noch <em>ein <span>Wort</span></em></li>`
	`</ul>`.
		• Ein Wort
		• Noch *ein* Wort

`dd+dd {`
`background-color: #00cc99;`
`}`
	`<dl>`
	`  <dt>Wort 1</dt>`
	`  <dd>Def 1</dd>`
	`  <dt>Wort 2</dt>`
	`  <dd>Def 2</dd>`
	`  <dd>Def 3</dd>`
	`  <dd>Def 4</dd>`
	`</dl>`
		Wort 1
		　　Def 1
		Wort 2
		　　Def 2
		　　Def 3
		　　Def 4

```
E::first-letter {} /* Spricht den ersten Buchstaben des
Elements an */

E::first-line {} /* Spricht die erste Zeile des Elements
an */
```

Zurzeit kann pro Selektor nur ein Pseudoelement vergeben werden, dies könnte sich in der Zukunft aber ändern.
Pro Selektor können mehrere Pseudoklassen angewendet werden. Die Reihenfolge der Pseudoklassen :link, :visited, :hover und :active (z. B. um einen Hyperlink auszuzeichnen) ist unbedingt einzuhalten. Eine falsche Reihenfolge kann unerwünschte Ergebnisse zur Folge haben, beispielsweise, dass ein bereits besuchter Link beim Darüberfahren mit der Maus nicht mehr in den hover-Zustand wechselt.
Die folgenden Pseudoklassen stehen zur Verfügung:

```
E:link {} /* Wird nur auf Hyperlinks angewendet, spricht
den Link im normalen Zustand an */

E:visited {} /* Wird nur auf Hyperlinks angewendet,
spricht bereits besuchte Links an */

E:hover {} /* Kann auf Links und andere Objekte ange-
wendet werden, spricht Elemente an, über die mit dem
Mauszeiger gefahren wird. /*

E:active {} /* Kann auf Links und andere Objekte ange-
wendet werden, spricht Elemente an, die gerade ange-
klickt werden. */
```

Tab. 4.4.2f: Beispiele für Pseudoelemente

CSS	HTML	Ergebnis

`abbr::before {`
`  content: "Abk: ";`
`}`
	Nehmen wir `<abbr title="zum Beispiel">z. B.</abbr>` eine Abkürzung.	Nehmen wir Abk: z.B. eine Abkürzung. [zum Beispiel]

`acronym::after {`
`  content: " (Akronym)";`
`}`
	Akronyme können `<acronym title="In my humble Opinion">IMHO</acronym>` den Text schwer lesbar machen.	Akronyme können IMHO (Akronym) den Te[In my humble opinion] machen.

`p::first-letter {`
`  font-family: fantasy;`
`  font-size: xx-large;`
`  float: left;`
`}`
	`<p>Mit Initialen kann man Texte beginnen lassen.</p>`	**M**it Initialen kann man Texte beginnen lassen.

`p::first-line {`
`  color:#cc3300;`
`}`
	`<p>Manchmal möchte man nur die erste Zeile eines Textes hervorheben. Warum auch immer. ;)</p>`	Manchmal möchte man nur die erste Zeile eines Textes hervorheben. Warum auch immer. ;)

```
E:first-child {} /* Spricht das erste Kindelement an */

E:focus {} /* Das Element, das gerade den Fokus hat,
wird angesprochen */

E:lang {} /* Spricht die Elemente an, für die eine
bestimmte Sprache eingestellt ist. */
```

4.4.3 @-Regeln

@-Regeln (auch At-Regeln oder At-Rules) erweitern die CSS-Syntax um Deklarationen, die über die einfachen Selektor/Stil-Paarbildungen hinausgehen. Bei @-Regeln handelt es sich um Anweisungen für den CSS-Parser. Diese Regeln beginnen mit einem @ unmittelbar gefolgt von dem entsprechenden Schlüsselwort. Einfache Anweisungen (z. B. @charset oder @import) enden mit einem Semikolon, komplexere Anweisungen (z. B. @media, @page, @font-face) erhalten einen eigenen Deklarationsblock aus geschweiften Klammern.

Tab. 4.4.2g: Beispiele für Pseudoklassen

CSS	HTML	Ergebnis
```a:link { background-color:#ffff00;}a:visited { background-color:#ff3300;}a:hover { background-color:#ff9900;}a:active { background-color:#ff0000;}```	Dies ist ein `<a href="foo">Link</a>`, der alle Zustände demonstriert.	Dies ist ein Link, der alle Zustände demonstriert.Dies ist ein Link, der alle Zustände demonstriert.Dies ist ein Link, der alle Zustände demonstriert.Dies ist ein Link, der alle Zustände demonstriert.
```li:first-child { color: #0099cc;}```	```<ol> <li>eins</li> <li>zwei</li> <li>drei</li></ol>```	1. eins2. zwei3. drei
```input:focus { background-color:#33ff33;}```	Ein Klick in das `<input type="text" size="10" value="Eingabefeld" />` demonstriert :focus.	Ein Klick in das Eingabefeld demonstriert :focus.Ein Klick in das Eingabefeld demonstriert :focus.
```:lang(en) { /* Nur HTML und XHTML 1.0 */ background-color:#00ff66;}```	Anglizismen lassen die deutsche Sprache `<span xml:lang="en">cool</span>` und `<span lang="en">trendy</span>` erscheinen.	Anglizismen lassen die deutsche Sprache cool und trendy erscheinen.

Die @import-Regel ist Ihnen bereits bekannt:

```
@import "style.css";
```

Alternativ können Sie eine URL angeben:

```
@import url("/css/style.css");
```

Optional kann der Medientyp angegeben werden:

```
@import url(braille.css) braille, emboss;
```

Die @import-Regeln müssen vor jeder anderen Regel im Stylesheet stehen (Ausnahme: @charset), ansonsten werden sie ignoriert. Mehrere aufeinanderfolgende @import-Anweisungen sind jedoch möglich.

Die @charset-Regel darf nur einmal pro Dokument vorkommen und zwar als allererste Anweisung. Sie gibt die Zeichenkodierung an und wird eher selten verwendet.

```
@charset "UTF-8";
```

Lediglich der Browser Opera unterstützt die @page-Regel. Sie dient dazu, Seiten zu formatieren und ist damit für die Druckausgabe prädestiniert. Ob und wann mit der Unterstützung durch andere Browser zu rechnen ist, ist unklar, dennoch soll die @page-Regel hier zumindest erwähnt werden.
Ohne Angabe einer Pseudoklasse, gelten die Deklarationen für alle Seiten, z. B.

```
@page {
   margin: 2.5cm;
}
```

Pseudoklassen für die erste Seite (:first), die linke (:left) oder rechte (:right) Seite erlauben eine individuellere Gestaltung der Seiten, beispielsweise für den doppelseitigen Druck.

Die @media-Regel schränkt den Geltungsbereich der darin enthaltenen Regeln auf bestimmte Ausgabemedien ein. So können innerhalb eines Stylesheets Angaben für unterschiedliche Ausgabegeräte gemacht werden:

```
@media screen, projection {
  html {
    background: #fffef0;
    color: #300;
  }
}
```

```css
body {
  max-width: 35em;
  margin: 0 auto;
  }
}

@media print {
  html {
    background: #fff;
    color: #000;
  }
  body {
    padding: 1in;
    border: 0.5pt solid #666;
  }
}
```

TIPP: Werden mehrere Ausgabemedien innnerhalb eines Stylesheets angegeben, kann dieses sehr schnell unübersichtlich werden. Sie sollten in Erwägung ziehen, unterschiedliche Stylesheets für die verschiedenen Ausgabemedien bereitzustellen.

Auf S. 78 finden Sie einen Exkurs zu den CSS Media Queries, die von der @media-Regel Gebrauch machen.

In der CSS 2-Spezifikation war zum Einbetten von Fonts die Regel @font-face vorgesehen. Wegen mangelnder Umsetzung durch die Browserhersteller wurde sie allerdings nicht in die Zwischenversion 2.1 übernommen; mit dem CSS 3 Web Fonts Modul ist sie wieder in die W3C-Empfehlungen aufgenommen worden. @font-face ermöglicht das Einbinden von Schriften in das Dokument. Um Schriften in Websites einbinden zu können, werden die Fonts temporär auf den Rechner des Nutzers heruntergeladen und anschließend dort installiert. In der Darstellung im Browserfenster existiert so kein Unterschied zu Schriften, die nativ auf dem Rechner installiert sind. Selbstverständlich sind bei dieser Vorgehensweise die Lizenzbedingungen der Schriften zu berücksichtigen, denn die meisten kommerziellen Schriften sind nicht für eine derartige Nutzung vorgesehen.

Als Schriftformate werden True Type Fonts (ttf) und Open Type Fonts (otf) unterstützt, der Internet Explorer benötigt ein besonderes Format, das Embedded Open Type Format (eot). Die Schriften werden beim Benutzer temporär installiert, so dass die entsprechende Webseite in der gewünschten Schrift angesehen werden kann.

```css
@font-face {
  font-family: Gentium;
  src: url(http://site/fonts/Gentium.ttf);
}
```

Verwendet wird die Schrift dann z. B. folgendermaßen:

CSS

TECHNISCHE GRUNDLAGEN 4

```
p {
  font-family: Gentium, serif;
}
```

Wie die Schrifteinbindung im Detail und vor allem Browser übergreifend funktioniert, zeigt der folgende Exkurs:

Exkurs: Schrifteinbettung
In diesem Exkurs lernen Sie Schritt für Schritt, Schriften in Ihre Website einzubinden.

Schritt 1: Geeignete Schriften bereitstellen
Schriften liegen in den unterschiedlichsten Formaten vor. Für die Einbettung in eine Website sind die folgenden Schriftformate relevant:

- TrueType-Schriften (*.ttf)
- OpenType-Schriften (*.ttf, *.otf)
- Embedded Open Type-Schriften (*.eot)

Darüber hinaus ist es möglich, Schriften einzubinden, die in einem SVG-Dokument festgelegt wurden.

In unserem Fall werden die gewünschten Schriftarten in einem Verzeichnis fonts bereitgestellt. Wir haben uns für eine Handschrift und einen Sütterlin-Font entschieden. Beide Schriften sind frei verfügbar.

Schritt 2: Schriften im StyleSheet einbinden
Die @font-face-Regel erlaubt das Einbinden der bereitgestellten Schriften. Pro Schriftfamilie ist eine @font-face-Anweisung nötig.

```
@font-face {
  font-family: "AdAstra";
  src: url(fonts/AdAstra.ttf);
}

@font-face {
  font-family: "Suetterlin";
  src: url(fonts/GL-Suetterlin.otf);
}
```

Schritt 3: Schriften zuweisen
Die Schriften werden nun den gewünschten HTML-Elementen zugewiesen:

```
h1 {
  font-family: "AdAstra", serif;
}
```

Browserunterstützung für @font-face
Die meisten aktuellen Browser bieten die Möglichkeit, Schriften mittels @font-face einzubinden. Webkit-Browser (Safari/Chrome) können das seit Version 3.1 (Safari) bzw. 4 (Chrome), Opera seit Version 10, der Internet Explorer seit Version 4 und die Mozilla Firefox seit Version 3.5. Der Support für Smartphone-Browser ist noch nicht so weit fortgeschritten.
Um sicher zu gehen, dass die Seite auf einem alten oder besonders exotischen Browser trotzdem gut aussieht, sollten Sie als "Fallback" immer eine der in Kapitel 3.3.2 aufgeführten "Core Fonts" im Stylesheet mit angeben.

@font-face Kits
Um das Einbinden zu vereinfachen, bieten manche Free-Fonts-Seiten und Schrift-Mietservices sogenannte @font-face Kits an. Diese enthalten die benötigten Schriften für die unterschiedlichen Browser (inklusive vieler Smartphones) sowie den Code zum Einbinden in das Stylesheet.

Linktipps:
FontSquirrel: http://www.fontsquirrel.com/fontface
Google font directory: http://code.google.com/webfonts
Typekit: http://typekit.com/

Abb. 4.4.3a: Die per @font-face eingebetteten Schriften im Browser

```
p.suetterlin {
  font-family: "Suetterlin", serif;
  font-size: 2em;
}
```

Das Ergebnis ist vielversprechend. Zumindest in allen Browsern außer dem Internet Explorer. Um den IE kümmern wir uns im nächsten Schritt.

Schritt 4: Schriften für den Internet Explorer umwandeln
Microsoft selbst stellt mit WEFT ein Tool zur Schriftkonvertierung zur Verfügung, dieses läuft jedoch nur unter Windows und ist wenig bedienerfreundlich. Alternativen findet man jedoch im Netz. Entscheidend ist, dass Sie von jeder gewünschten Schrift, eine eot-Variante erstellen und am gewünschten Ort (hier: font-Verzeichnis) bereitstellen. Die Einbettung für den IE erfolgt genau wie für die anderen Browser, nur dass die eot-Datei als Schriftquelle angegeben wird. Der @font-face-Aufruf erfolgt vor dem für die anderen Browser:

Linktipps: Tools zur eot-Konvertierung

WEFT: http://www.microsoft.com/typography/WEFT.mspx

ttf2eot online: http://www.kirsle.net/wizards/ttf2eot.cgi

@font-face Generator: http://www.fontsquirrel.com/fontface/generator

```
/* für den IE */
@font-face {
  font-family: "AdAstra";
  src: url(fonts/AdAstra.eot);
}

@font-face {
  font-family: "Suetterlin";
  src: url(fonts/GL-Suetterlin.eot);
}
```

Schritt 5: Finetuning
Prinzipiell ist es keine schlechte Idee, das Format der gewählten Schriftart mit anzugeben. Insbesondere deshalb, weil *.ttf-Dateien das TrueType- und das OpenType-Format enthalten können. Hierzu dient die format-Eigenschaft:

```
@font-face {
  font-family: "AdAstra";
  src: url(fonts/AdAstra.ttf) format("truetype");
}
```

Mögliche Werte für diese Eigenschaft sind truetype, opentype, truetype-aat (ein von Apple erweitertes TrueType-Format), embedded-opentype und svg.

Möglicherweise hat der ein oder andere Benutzer die von Ihnen eingebettete Schriftart auf seinem Rechner installiert. In diesem Fall wäre es schneller, die lokale Version der Schrift zu verwenden,

CSS

statt die von Ihnen bereitgestellte Schrift zu installieren. Die local-Eigenschaft ermöglicht das:

```
@font-face {
  font-family: "AdAstra";
  src: local(AdAstra), url(fonts/AdAstra.ttf
       format("truetype");
}
```

Den korrekten Namen entnehmen Sie der Schrift, z. B. indem Sie sie doppelklicken.

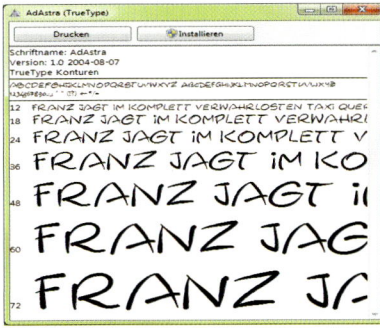

Abb. 4.4.3b: Ihren korrekten Namen verrät Ihnen die Schrift selber.

Bonusschritt: Schriften aus dem Google font directory einbinden
Mit dem font directory stellt Google eine Hand voll webtauglicher Schriften zur Verfügung, die Sie in Ihre Websites einbinden können. Sie sind schnell eingebunden, statt selbst eine @font-face-Deklaration vorzunehmen, importieren Sie einfach das entsprechende von Google bereitgestellte Stylesheet und verwenden die Schrift dann so, als hätten Sie die @font-face-Deklaration selbst vorgenommen:

Ihren HTML-Quelltext erweitern Sie um den folgenden Aufruf:

```
<link rel="stylesheet" type="text/css" href="http://
fonts.googleapis.com/css?family=Reenie+Beanie">
```

Der Aufruf in Ihrem Stylesheet könnte z. B. so aussehen:

```
p.google {
  font-family: "Reenie Beanie", serif;
  font-size: 2em;
}
```

Im Browser sieht das Ganze dann so aus:

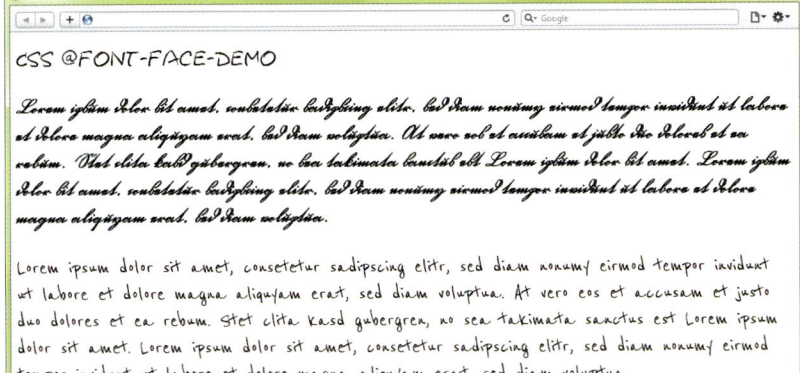

Abb. 4.4.3c: Das Google font directory

Link: http://code.google.com/webfonts

Abb. 4.4.3d: @font-face funktioniert in allen gängigen Browsern.

Exkurs: CSS Media Queries

Richtig spannend wird die @media-Regel (s. S. 73) durch die in CSS 3 eingeführten CSS Media Queries. Mit ihnen ist es möglich, die Einbindung der Stylesheets von bestimmten Merkmalen des Ausgabegeräts abhängig zu machen. So kann z. B. ein mehrspaltiges Layout für unterschiedlich breite Bildschirme auch unterschiedlich dargestellt werden. Ein sehr schönes Beispiel, wie so etwas aussehen kann, finden Sie bei A list apart.

 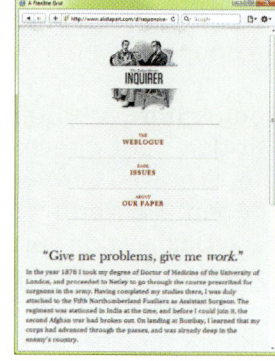

Abb. 4.4.3e, f: Ein schönes Beispiel für den Einsatz von CSS Media Queries. Verringert sich die Breite des Browsers, wird irgendwann das Spaltendesign aufgebrochen und die Inhalte der schmaleren Breite angepasst.

Quelle: A list apart: http://www.alistapart.com/articles/responsive-web-design/

Die Verwendung von CSS Media Queries erleichtert vor allem den Umgang mit unterschiedlichen Bildschirmauflösungen enorm, man denke hier nur an Computermonitore, Notebooks, Netbooks, Tablets und Smartphones, die in großer Anzahl und mit jeweils eigenen Auflösungen auf den Markt kommen. An einem einfachen Beispiel soll die Funktionsweise der CSS Media Queries kurz erklärt werden.

Bei Media Queries handelt es sich um Ausdrücke, die die Angabe von Ausgabemedien und bestimmten Medienmerkmalen miteinander logisch verknüpfen. Die Ausgabemedien (s. S. 65) sind Ihnen bereits bekannt, einige der wichtigsten Medienmerkmale sind beispielsweise:

width, height, device-width, device-height, und orientation, wobei einige der Merkmale ein vorangestelltes min oder max unterstützen. Eine vollständige Liste finden Sie beim W3C.

W3C: http://www.w3.org/TR/css3-mediaqueries/

Als logische Verknüpfungen können Und-Verknüpfungen (and), Oder-Verknüpfungen (,), Negationen (not) und das only-Behelfskonstrukt zum Ausschließen älterer Browser verwendet werden. Die Queries können überall dort eingesetzt werden, wo Sie die media-Eigenschaft verwenden können:

```
<link rel="stylesheet" type="text/css" href="style.css" media="screen" />

@import url("style.css") screen;

@media screen {
   ...
}
```

CSS

Um die Verwendung der Queries zu veranschaulichen, erstellen wir nun ein einfaches Beispiel. Eine Website soll unterschiedliche Hintergrundfarben erhalten, je nachdem, ob der Benutzer einen großen Computermonitor (Bildschirmbreite größer als 1024 Pixel - dunkelblau), ein Netbook (bis maximal 1024 Pixel Breite - gelbgrün) oder ein Smartphone im Quer- (hellblau) oder Hochformat (rot) verwendet.

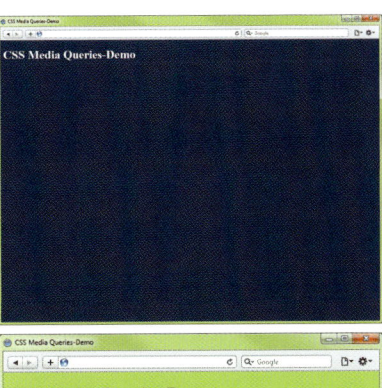
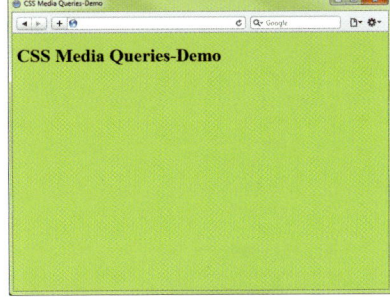
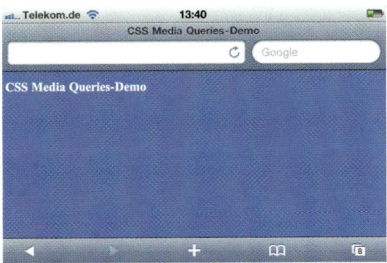
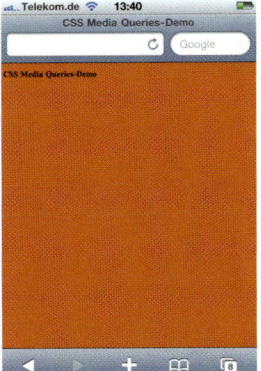

```css
@media screen and (min-width: 1025px) {
  body {
    /*dunkelblau*/
    background-color: #203e5d;
    color: #ffffff;
  }
}
@media screen and (max-width: 1024px){
  body {
    /*gelb-grün*/
    background-color: #cad652;
    color: #000000;
  }
}

@media screen and (max-device-width: 480px) and (orien-
tation: landscape) {
  body {
    /*hellblau*/
    background-color: #5c7eba;
    color: #ffffff;
  }
}

@media screen and (max-device-width: 480px) and (orien-
tation: portrait) {
  body {
    /*rot*/
    background-color: #c65324;
    color: #000000;;
  }
}
```

Abb. 4.4.3g-j: Auswirkungen der CSS Media Queries

4.4.4 Vererbung und Kaskaden

Im Grunde genommen ist eine HTML-Datei nichts anderes als eine hierarchische Verschachtelung von HTML-Elementen. Lädt nun ein Browser einen Quelltext ein, verschafft er sich als Erstes einen Überblick über diese Hierarchie, die auch *Document Object Model* (*DOM*) genannt wird. Die durch das Document Object Model gebildetet Hierarchie ist eine wesentliche Voraussetzung für Vererbung (Abb. 4.4.4a).

CSS

Vererbung ist sehr ein wichtiges Konzept in CSS. Eigenschaften, die einem Element zugewiesen werden, vererben sich auf die Kinder und die Kindeskinder. Eine Eigenschaft, die sich von den Eltern auf die Nachkommen vererbt, bezeichnet man als „inhärent". Inhärente Stile können jedoch durch Stile der Kinder überschrieben werden (Abb. 4.4.4b, c).

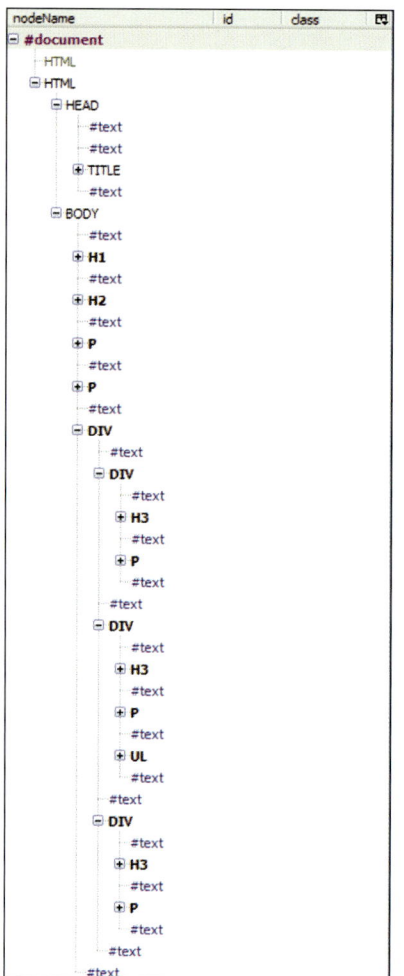

Abb. 4.4.4a: DOM-Tree Ihrer XHTML-Übungsaufgabe

```
1   <?xml version="1.0" encoding="utf-8" ?>
2   <!DOCTYPE html PUBLIC "-//W3C//DTD XHTML 1.1//EN"
3       "http://www.w3.org/TR/xhtml1/DTD/xhtml11.dtd">
4   <html xmlns="http://www.w3.org/1999/xhtml" xml:lang="de">
5     <head>
6       <title>Vererbung</title>
7       <style>
8         body { color: #009966; }
9         div  { color: #006699; }
10      </style>
11    </head>
12    <body>
13      <h1>Überschrift</h1>
14      <p>
15        Alle Kinder erben die inhärenten Eigenschaften
16        von &lt;body&gt;.<br />
17        Ebenso die Kinder der <em>Kinder</em>
18      </p>
19      <div>
20        Kindelementen können spezifische Stile zugewiesen werden,
21        die dann wiederum an die <em>Kinder</em> vererbt werden.
22      </div>
23    </body>
24  </html>
25
```

Abb. 4.4.4b, c: Vererbung in CSS

Nicht alle Eigenschaften sind inhärent. Es erscheint durchaus logisch, dass einige Eigenschaften nicht automatisch an die Kinder vererbt werden. Hierbei handelt es sich um die Eigenschaften background, border, clear, display, float, height, margin, padding, text-decoration, vertical-align und width.

Die nicht inhärenten Eigenschaften eines Elternelements können jedoch durch die Angabe „inherit" ausdrücklich geerbt werden:

```
div.container {
  border: 1px solid #000000;
}
```

```
div.imContainer {
   border: inherit;
}
```

Das „C" in CSS steht für „cascading", zu deutsch kaskadierend. Dass es namensgebend für die Stylesheets ist, zeigt deutlich, dass es sich dabei um ein wichtiges Konzept handelt. Das Konzept der Kaskade ermöglicht es, dass mehrere Stylesheets zusammenwirken können, parallel, nacheinander, selbst dann, wenn sie konkurrierende Regeln enthalten.
Das *Browser-Stylesheet* wird als Erstes auf die Website angewandt. Darin stehen bestimmte Regeln, die sich zum größten Teil an die Initialwerte der CSS-Empfehlung anlehnen, aber auch teilweise von ihnen abweichen. Jeder Browser bringt Standardeinstellungen mit, die sich alle leicht voneinander unterscheiden. So erzeugt z. B. Opera den Abstand des Elements <body> zum Rand der Anzeigefläche mit der Eigenschaft padding, während Gecko und der Internet Explorer hierfür margin verwenden. Um den Abstand zu entfernen, müssen Webautoren daher beiden Eigenschaften den Wert 0 zuweisen und damit zwei unterschiedliche Browser-Stylesheets überschreiben. Browser-Stylesheets werden von den User-Stylesheets überschrieben.
Bei *User-Stylesheets* handelt es sich um Stylesheets, die der Benutzer des Browsers festlegen kann, um bestimmte Vorlieben durchzusetzen, etwa eine bestimmte Schriftgröße oder eine Kombination aus Vorder- und Hintergrundfarben. All diese nutzerspezifischen Einstellungen überschreiben die generellen Einstellungen im Browser-Stylesheet.
Bei *Autoren-Stylesheets* handelt es sich um die Stylesheets, die Sie als der Entwickler der Website bereitstellen. Sie überschreiben die User-Stylesheets. Alle vom Autor eingebundenen Stylesheets kaskadieren zu einem Gesamtstylesheet, wobei externe CSS-Anweisungen von internen überschrieben werden, diese wiederum durch style-Anweisungen direkt im HTML-Tag. Das heißt konkret: Je näher sich die Anweisung am HTML-Element befindet, desto mächtiger ist sie.
Das Schlüsselwort !important kennzeichnet eine Deklaration als wichtiger gegenüber einer vergleichbaren Deklaration ohne dieses Schlüsselwort. Die Deklaration einer zusammenfassenden Eigenschaft (zum Beispiel background) als !important ist äquivalent zur Deklaration aller ihrer untergeordneten Eigenschaften als !important. Hieraus ergibt sich folgende Kaskadierung von unwichtig zu wichtig:

Browser-Stylesheet > User-Stylesheet > Autoren-Stylesheet > Autoren-Stylesheet !important > User-Stylesheet !important

Das letzte Wort hat also im Endeffekt immer noch der Benutzer, wenn er das !important-Schlüsselwort verwendet.

Selektor	A	B	C	D
style="..." (HTML)	1	0	0	0
#nav a.xy	0	1	1	1
#nav li a	0	1	0	2
#nav a	0	1	0	1
#nav	0	1	0	0
ul li .xy	0	0	1	2
a:link	0	0	1	1
a.xy	0	0	1	1
ul[id="nav"]	0	0	1	1
*.xy	0	0	1	0
li a	0	0	0	2
a:first-line	0	0	0	2
a	0	0	0	1

A enthält den Wert 1, wenn CSS-Deklarationen dem Element direkt per style-Attribut zugewiesen wurden.
B entspricht der Anzahl der selektierten ID-Attribute.
C entspricht der Anzahl der selektierten anderen Attribute (z.B. Klassen und Pseudoklassen).
D entspricht der Anzahl der selektierten Elementnamen und Pseudoelemente.
Die Spezifität kann aus den Spalten A, B, C, D abgelesen werden, z. B. 101 für #nav a.
Quelle: http://de.selfhtml.org/

Welche Regeln sich in den Autoren-Stylesheets überschreiben, hängt von deren Spezifität ab. Der Wert für die Spezifität berechnet sich wie folgt:
Handelt es sich um eine style-Anweisung im Tag, dann ist der Wert für die Spezifität immer 1000. Ansonsten multipliziert man die Anzahl der ID-Attribute in dem Selektor mit 100, addiert diesen Wert mit 10-mal der Anzahl der anderen Attribute und Pseudoklassen und addiert das Ganze dann zu der Anzahl der Pseudoelemente und Elementnamen.
Je höher der berechnete Wert, desto wichtiger die Anweisung.

Übungsexkurs zum Vererbungsprinzip:
Erweitern Sie die `<div>` und `<section>`-Container in Ihrem HTML-Quelltext um folgende Angaben:

- Äußerer `<div>`-Container: class="dreispaltig"
- Erster innerer `<div>`- bzw. `<article>`-Container: class="spalte1"
- Zweiter innerer `<div>`- bzw. `<article>`-Container: class="spalte2"
- Dritter innerer `<div>`- bzw. `<article>`-Container: class="spalte3"

Erzeugen Sie im Header ein `<link>`-Element, das auf ein externes Stylesheet im selben Verzeichnis wie die (X)HTML-Dateien verweist.
Das Stylesheet soll folgende Zeilen enthalten:

```
.dreispaltig {
  padding: 2px;
  margin: 2px;
  border: 1px solid black;
}
```

Schauen Sie sich im Browser an, wie dieses Stylesheet Ihre Webseite verändert.

Ergänzen Sie nun Ihr Stylesheet um folgende Zeilen und sehen sich die Auswirkungen auf Ihre Webseite an:

```
.spalte1, .spalte2, .spalte3 {
  padding: inherit;
  margin: inherit;
  border: inherit;
}
```

Sehen Sie, wie die Rahmen- und Abstandseigenschaften für alle Container übernommen werden.

4.4.5 Das Boxmodell

Alle HTML-Blockelemente werden im Rahmen von CSS als rechteckige Kästen behandelt. Diese Boxen lassen sich mit den folgenden Eigenschaften beschreiben: Der Innenabstand (padding) schließt sich direkt an den Inhaltsbereich an. Eine Hintergrundfarbe wird sowohl dem Inhaltsbereich als auch dem Innenabstand zugewiesen. Ein Rahmen (border) wird außerhalb des Innenabstands hinzugefügt. Außerhalb des Rahmens befindet sich der Außenabstand (margin), also der Abstand zum umgebenden Objekt. Dieser hat immer einen transparenten Hintergrund.

Die Eigenschaften width und height beziehen sich immer auf den Inhaltsbereich, durch Abstände und Rahmen wird die Box in der Regel also größer als im Inhaltsbereich angegeben. Rahmen und Abstände lassen sich für alle vier Seiten getrennt anwenden, die Werte für die Abstände können auch negative Werte annehmen.

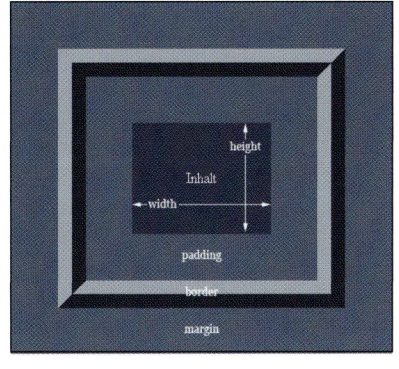

Abb. 4.4.5a: Das Boxmodell von CSS

Das Zusammenspiel zweier oder mehrerer Boxen kann unter Umständen zu Verwirrung führen. Die Außenabstände werden bei aneinander angrenzenden Boxen nämlich nicht addiert, sondern es wird nur einer der beiden Außenabstände verwendet. Dies ist immer der mit dem größeren Wert. Dieses „Verschmelzen" der Außenabstände nennt man „margin-collapse" (Abb. 4.4.5b).

Abb. 4.4.5b: margin-collapse bei angrenzenden und bei ineinander verschachtelten Boxen

4.4.6 Farben in CSS

CSS bietet unterschiedliche Möglichkeiten, Farben zu definieren. Die gebräuchlichste Art ist die Angabe im Hexadezimalsystem. Folgende Deklaration ändert die Vordergrundfarbe in Rot:

```
color: #ff0000;
```

Wichtig ist die Voranstellung des #, danach folgen die 3 Farbwertpaare im Bereich von 00 bis ff, wobei ff für den maximalen Farbwert steht. Das erste Wertepaar bestimmt den Rotanteil, das zweite den Grün- und das dritte den Blauanteil, gemäß dem RGB-Farbschema.

Es gibt eine verkürzte hexadezimale Schreibweise mit nur drei einzelnen Farbwerten, hierbei steht z. B. „f" für „ff" oder aber „3" für „33". Die obige Farbeigenschaft lässt sich demnach auch wie folgt schreiben:

```
color: #f00;
```

Für die verkürzte Schreibweise stehen selbstverständlich weniger Farben zur Verfügung als für die normale Schreibweise.

Wem die hexadezimale Angabe der Farbe nicht liegt, der kann auch auf eine dezimale Farbangabe zurückgreifen. Der Maximalwert liegt hier bei 255, die rote Vordergrundfarbe sieht in der dezimalen Notation wie folgt aus:

```
color: rgb(255, 0, 0);
```

Nachkommastellen sind nicht erlaubt.

Die prozentuale Farbangabe erlaubt hingegen eine Nachkommastelle, 100 entspricht dem Wert 255, damit ergibt sich für die rote Vordergrundfarbe die folgende Deklaration:

```
color: rgb(100.0%, 0.0%, 0.0%);
```

Oder kürzer:

```
color: rgb(100%, 0%, 0%);
```

Von einer gemischten Deklaration, die dezimale und prozentuale Farbwerte enthält, wird abgeraten, da dies zu unerwarteten Browserreaktionen führen kann. Farbwerte können auch mit Hilfe von Schlüsselwörtern angegeben werden, CSS 2.1 unterstützt 17 dieser Farbwerte, die 16 aus CSS 2 und zusätzlich noch orange:

Farbe	Schlüsselwort	Farbwert	RGB-Wert
	maroon	#800000	rgb(128, 0, 0)
	red	#ff0000	rgb(255, 0, 0)
	orange	#ffa500	rgb(255, 165, 0)
	yellow	#ffff00	rgb(255, 255, 0)
	olive	#808000	rgb(128, 128, 0)
	green	#008000	rgb(0, 128, 0)
	lime	#00ff00	rgb(0, 255, 0)
	white	#ffffff	rgb(255, 255, 255)
	fuchsia	#ff00ff	rgb(255, 0, 255)
	purple	#800080	rgb(128, 0, 128)
	navy	#000080	rgb(0, 0, 128)
	blue	#0000ff	rgb(0, 0, 255)
	aqua	#00ffff	rgb(0, 255, 255)
	teal	#008080	rgb(0, 128, 128)
	gray	#808080	rgb(128, 128, 128)
	silver	#c0c0c0	rgb(192, 192, 192)
	black	#000000	rgb(0, 0, 0)

Abb. 4.4.6a: CSS Farbdefinitionen
Link:
CSS 3 Color Module: http://www.w3.org/TR/css3-color/

Unser Rot würde durch Schlüsselwörter also wie folgt deklariert:

```
color: red;
```

CSS

Weitere Schlüsselwörter ermöglichen nicht die Angabe einer konkreten Farbe, sondern die im Betriebssystem voreingestellte Farbe des Benutzers. Dies kann insbesondere dann nützlich sein, wenn sich die Farbgebung in die Betriebssystemumgebung des Benutzers einfügen soll (Abb. 4.4.5b).
CSS 3 wird aller Voraussicht nach noch weitere Möglichkeiten für die farbliche Gestaltung bieten, Details finden sich im CSS 3 Color Module.

Schlüsselwort	Element
ActiveBorder	Aktiver Fensterrahmen
ActiveCaption	Aktiver Fenstertitel
AppWorkspace	Hintergrundfarbe einer MDI-Anwendung
Background	Desktop-Hintergrundfarbe
ButtonFace	Schriftfarbe für Schaltflächen
ButtonHighlight	Helle Farbe für Schaltflächen
ButtonShadow	Schattenfarbe für Schaltflächen
ButtonText	Text auf Schaltflächen
CaptionText	Text in Überschriften
GrayText	Deaktivierter, „ausgegrauter" Text
Highlight	Markierte Elemente
HighlightText	Text von markierten Elementen
InactiveBorder	Inaktiver Fensterrahmen
InactiveCaption	Inaktiver Fenstertitel
InactiveCaptionText	Textfarbe in einem inaktiven Fenstertitel
InfoBackground	Hintergrundfarbe von Tooltips
InfoText	Textfarbe von Tooltips
Menu	Menühintergrund
MenuText	Menütext
Scrollbar	Grauer Bereich der Rollbalken
ThreeDDarkShadow	Dunkler Schatten für 3D-Anzeigeelemente
ThreeDFace	Schriftfarbe für 3D-Anzeigeelemente
ThreeDHighlight	Hervorhebungsfarbe für 3D-Anzeigeelemente
ThreeDLightShadow	Helle Farbe für 3D-Anzeigeelemente
ThreeDShadow	Dunkler Schatten für 3D-Anzeigeelemente
Window	Fensterhintergrund
WindowFrame	Fensterrahmen
WindowText	Text in Fenstern

Abb. 4.4.6b: Appearance Values
Diese Systemfarben werden mit dem Erscheinen von CSS 3 durch die so genannten „Appearance values" ersetzt.

Link:
Appearance values: http://www.w3.org/TR/css3-ui/#appearance-val

4.4.7 Absolute und relative Maßeinheiten

Jede CSS-Deklaration besteht aus einer Eigenschaft und einem oder mehreren Werten, deshalb kommt den Werten in CSS eine ebenso hohe Bedeutung zu wie den Eigenschaften selbst. Die Größenangaben stellen die bei weitem größte und wichtigste Gruppe dar. Diese Werte lassen sich grob in zwei Gruppen unterteilen: in absolute und relative Werte.

Absolute Maße werden direkt und ohne Umrechnung dargestellt. Das bedeutet, dass sie auf Druckmedien in genau der richtigen Größe wiedergegeben werden. Für die Bildschirmausgabe sind sie dagegen nicht geeignet. Dort ist die Größe der Darstellung von vielen Faktoren abhängig, letztlich werden absolute Größen aber in Pixel umgerechnet und ausgegeben. Deshalb sind durch absolute Größenmaße formatierte Elemente auf dem Bildschirm praktisch nie in ihrer gewünschten Größe dargestellt. Absolute Maße eignen sich daher am besten für Medien, deren Abmessungen bekannt sind. Die in CSS verwendeten absoluten Maßeinheiten sind:
Zentimeter (cm), Millimeter (mm), Zoll/Inch (in), Points (pt) und Picas (pc), wobei ein Point als 1/72 Inch und ein Pica als 12 Points oder 1/6 Inch definiert ist.

Darüber hinaus gibt es folgende Schlüsselwörter für absolute Größen, wobei diese in den meisten Browsern unterschiedlich skaliert werden. Laut CSS 2-Empfehlung sollen sie sich jeweils um den Faktor 1,2 unterscheiden. Die Schlüsselwörter lauten: xx-small, x-small, small, medium, large, x-large, xx-large.

Relative Maße werden als Verhältnismaße zu anderen Größen definiert. Die Größen, auf die sie sich beziehen, sind Benutzervoreinstellungen der Schriftgröße und die Größen, die der Browser verwenden würde, wenn der Autor des Stylesheets keine Größe festlegt. Die Größen der Kindelemente errechnen sich aus den eigenen relativen Wertangaben und den berechneten Werten der Elternelemente.

Relative Maßeinheiten eignen sich für die Bildschirmdarstellung besser als absolute Einheiten, da sie skalierbar sind. Das bedeutet, Nutzer können die Ausgabe an ihre eigenen Bedürfnisse anpassen, etwa die Schrift vergrößern, wenn sie durch eine Sehschwäche so sehr eingeschränkt sind, dass sie Texte in Standardschriftgröße auf dem Bildschirm nicht oder nur sehr mühevoll lesen können. Der Umgang mit relativen Maßeinheiten ist für die Gestaltung für den Bildschirm die erste Wahl, man muss sich aber vor Augen halten, dass für die Berechnung der tatsächlichen Größe immer die Elternelemente berücksichtigt werden. Die in CSS verwendeten relativen Maßeinheiten sind:

- *em (Geviertbreite):* 1 em ist die Zeilenhöhe der vom Benutzer im Browser angegebenen Standardschrift. Gibt der Benutzer als Standardschrift eine 12px-große Schrift an, beträgt 1 em auch eben diese 12 Pixel.

- *ex (x-Höhe):* Die Einheit ex bezieht sich auf die Höhe des kleinen x der aktuellen Schriftart. Diese Höhe ist genau genommen für jede Schrift unterschiedlich, liegt meistens jedoch zwischen 3/10 und 7/10 der Schrifthöhe. Leider wird diese Einheit von fast allen Browsern noch nicht korrekt interpretiert und für alle Schriften mit 0,5em gleichgesetzt.
- *%: Prozentwerte* bestehen aus einem optionalen Vorzeichen (+ oder -), einer Zahl und der Einheit %. Sie sind immer relativ zu einem anderen Wert und verhalten sich in etwa so wie Werte mit der Einheit em. Folgende Schlüsselwörter sind ebenfalls möglich: larger, smaller.
- *Pixel (px)* nehmen eine Sonderstellung ein: Sie verhalten sich nicht relativ zur eingestellten Schrift oder anderen (vererbten) Größen, sondern relativ zur Auflösung des Anzeigegeräts. Untergeordnete Elemente erben nicht die für ihre Vorfahrenelemente angegebenen relativen Werte, sondern erhalten den absolut angegebenen Pixelwert.

4.4.8 CSS-Eigenschaften

Wir beschränken uns in diesem Kapitel auf eine kleine Auswahl von Eigenschaften und legen den Schwerpunkt auf deren korrekte Verwendung und ihre Besonderheiten.
CSS-Eigenschaften werden immer mit dem Namen der Eigenschaft und einem oder mehreren Werten angegeben.

Farben und Hintergründe

Die Vordergrundfarbe wird mit der Eigenschaft color angegeben, sie ist inhärent und gültige Werte sind die unter „Farben in CSS" (S. 83) angegebenen Farbwerte. Die Hintergrundfarbe funktioniert ähnlich wie die Vordergrundfarbe, ist allerdings nicht inhärent. Die Eigenschaft heißt „background-color".
Hintergrundbilder können diverse Eigenschaften haben, die Angaben sind jedoch optional (Standardwerte sind in kursiv gesetzt):

background-image:
    Werte: url, *none*
    Legt ein Hintergrundbild fest.

background-repeat:
    repeat, repeat-x, repeat-y, no-repeat
    Legt fest, ob das Hintergrundbild gar nicht, horizontal und/oder vertikal gekachelt wird.

background-position:
    Ein horizontaler und/oder ein vertikaler (absoluter / relativer) Wert oder top, center, bottom, left, center, right
    Legt die linke obere Ecke des Hintergrundbildes fest.

background-attachment:
> *scroll*, fixed
> Legt fest, ob das Hintergrundbild mitscrollt.

Es ist auch möglich, zwei bis fünf der o.g. Eigenschaften in einer Eigenschaft „background" unterzubringen, die Reihenfolge der Werte ist hierbei egal, die einzelnen Werte werden durch ein Leerzeichen voneinander getrennt.

Rahmen

Für einige Border-Eigenschaften gilt: Es können bis zu vier Werte angegeben werden. Wird nur ein Wert angegeben, gilt dieser für den gesamten Rahmen, bei Angabe von zwei Werten gilt der erste für die obere und untere, der zweite für die rechte und linke Seite. Bei Angabe von drei Werten wird die obere Rahmenseite durch den ersten, die rechte und linke Rahmenseite durch den zweiten und die untere Rahmenseite durch den dritten Wert dargestellt. Werden vier Werte angegeben, ist die Reihenfolge oben, rechts, unten und links. (Abb. 4.4.7a)

Abb. 4.4.8a: Wirkweise der Parameter bei Rahmen- und Abstandsangaben

border-color:
> Legt die Rahmenfarbe fest.
> 1-4 Farbwerte
> Soll nicht die gesamte Rahmenfarbe gesetzt werden, können die einzelnen Seiten mit border-top-color, border-bottom-color, border-left-color und border-right-color gesetzt werden.

border-style:
> Legt den Rahmenstil fest.
> 1-4 Werte: none, hidden, dotted, dashed, solid, double, groove, ridge, inset, outset
> Soll nicht der gesamte Rahmenstil gesetzt werden, können die einzelnen Seiten mit border-top-style, border-bottom-style, border-left-style und border-right-style gesetzt werden.

border-width:
> Legt die Rahmenbreite fest.
> 1-4 Werte: absoluter oder relative Wert, thin, medium, thick
> Soll nicht die gesamte Rahmenbreite gesetzt werden, können die einzelnen Seiten mit border-top-width, border-bottom-width, border-left-width und border-right-width gesetzt werden.

Ebenso wie bei den Hintergründen können die Border-Eigenschaften auch zu border bzw. border-top, border-bottom, border-left oder border-right zusammengefasst werden. Auch hier ist die Reihenfolge egal.

Schriftformatierung

font-family:
> Legt die Schriftart fest.
> Werte können ein oder mehrere Font-Namen und/oder generische Font-Familien (z. B. serif, sans-serif, cursive, fantasy, monospace) sein. Die einzelnen Werte werden durch ein Komma getrennt und vom Browser nacheinander abgearbeitet. Wird eine vorhandene Schrift gefunden, wird diese verwendet. Aus diesem Grund sollte am Schluss der Liste immer eine generische Font-Familie stehen.

font-size:
> absoluter oder relativer Wert
> Legt die Schriftgröße fest. Hier ist zu beachten, dass sich die Schriftgröße bei Angabe relativer Werte aus den Werten der Elternelemente und der gesetzten Größe errechnet.

font-style:
> *normal*, italic, oblique
> Legt die Schriftlage fest.

font-variant:
> normal, small-caps
> Stellt die Schrift in Kapitälchen dar.

font-weight:
> *normal*, bold, bolder, lighter, 100, 200, 300, 400, 500, 600, 700, 800, 900
> Legt die Schriftstärke fest. Achtung, nicht alle Schriftarten unterstützen alle Werte.

Auch für die Schriftart gibt es eine zusammenfassende Eigenschaft: font. Als Wert wird eine Mischung aus erlaubten Werten für font-style, font-variant, font-weight, font-size, line-height und font-family durch Leerzeichen getrennt notiert, die Reihenfolge ist einzuhalten.
Für den Zeilenabstand gibt es die Eigenschaft „line-height".

Innen- und Außenabstände

Die Innen- und Außenabstände wurden bereits im Kapitel „Das Boxmodell" (S. 83) erwähnt. Sowohl für margin als auch für padding können analog zum Rahmen bis zu vier absolute oder relative Werte angegeben werden. Die einzelnen Abstände können durch margin, bzw. padding-top, -bottom, -left, -right gesetzt werden. Ein Sonderfall ist der Wert „auto" für die Eigenschaft „margin". margin-top: auto und margin-bottom: auto setzen den jeweiligen Wert auf 0. margin-left: auto funktioniert nur zusammen mit margin-right: auto und zentriert das Blockelement horizontal.

Dimensionen

Für Größenangaben von Blockelementen stehen die Eigenschaften height, width, max-height, max-width, min-height und min-width zur Verfügung, die jeweils absolute und relative Werte erlauben.

4.4.9 Positionierung mit CSS

HTML und CSS erlauben drei verschiedene Möglichkeiten der Positionierung: die Positionierung im Textfluss des Dokuments (flow), die absolute und die „schwebende" Positionierung (float). Um alle drei Varianten verstehen zu können, ist es wichtig, den normalen Textfluss eines HTML-Dokumentes zu kennen.

Der „Flow"

Werden Elemente im Quelltext nicht positioniert, werden sie im Textfluss dargestellt. Das bedeutet, links oben beginnend werden Text und Inline-Elemente so lange rechts aneinandergefügt, bis der rechte Browserrand erreicht ist. Dann wird die Zeile umbrochen und es wird wieder rechts angefügt.

Wird das Browserfenster vergrößert oder verkleinert, ändert sich das Aussehen ständig, da sich der Zeilenumbruch jedes Mal ändert. Blockelemente hingegen erzwingen einen Zeilenumbruch und stehen somit nie nebeneinander oder neben dem umgebenden Inhalt, sondern haben ihre eigene Zeile. Darüber hinaus sind sie auch (sofern nicht anders angegeben) immer so breit wie eine Browserzeile.

```xml
<?xml version="1.0" encoding="iso-8859-1" ?>
<!DOCTYPE html PUBLIC "-//W3C//DTD XHTML 1.1//EN"
   "http://www.w3.org/TR/xhtml11/DTD/xhtml11.dtd">
<html xmlns="http://www.w3.org/1999/xhtml">
  <head>
    <title>Der "Flow"</title>
  </head>
  <body>
    <h1>Der <q>Flow</q></h1>
    <p>
      Mit Blindheit per Definition geschlagen, dennoch nicht
      unsichtbar,präsentiere ich mich als unbeachtetes und
      ungeliebtes Stiefkind zeitgenössischer Literatur.
      <img src="img75x75.png" alt="75x75px" />
      Meine Bestimmung liegt
      <img src="img100x75.png" alt="100x75px" />
      - wie ich selbst - in engen Grenzen und ist rein
      platzhalterischer Natur. Kann ein missbrauchtes
      Wortgefüge eigentlich noch Schlimmeres erleiden, als als
      Blindtext erdacht und vor der Öffentlichkeit versteckt
      werden?
    </p>
```

CSS

TECHNISCHE GRUNDLAGEN 4

```
    <div style="border: 1px solid #cc3333;">
      Blockelement
    </div>
    <div style="border: 1px solid #cc3333;">
      Blockelement
    </div>
    <div style="border: 1px solid #cc3333;">
      Blockelement
    </div>
  </body>
</html>
```

Der "Flow"

Mit Blindheit per Definition geschlagen, dennoch nicht unsichtbar, präsentiere ich mich als unbeachtetes und ungeliebtes Stiefkind zeitgenössischer Literatur. Meine Bestimmung liegt - wie ich selbst - in engen Grenzen und ist rein platzhalterischer Natur. Kann ein missbrauchtes Wortgefüge eigentlich noch Schlimmeres erleiden, als als Blindtext erdacht und vor der Öffentlichkeit versteckt zu werden?

Blockelement
Blockelement
Blockelement

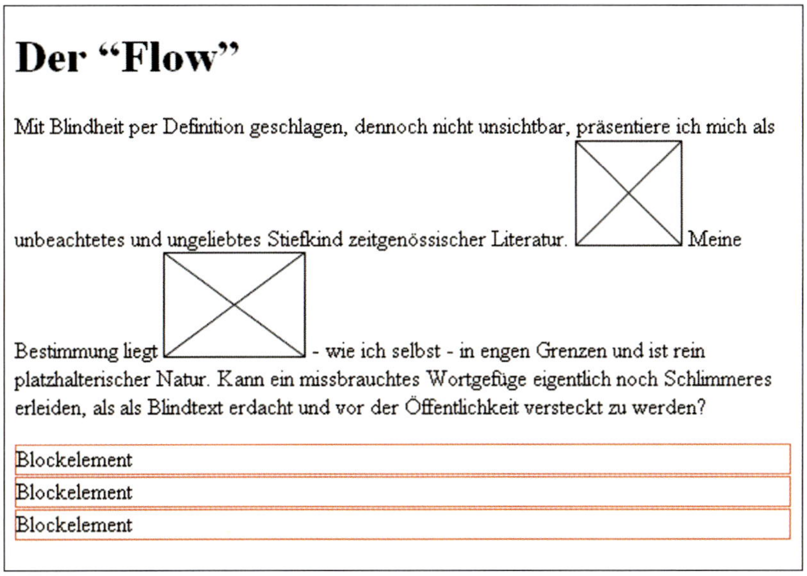

Abb. 4.4.9a: Standardmäßig werden die HTML-Elemente im Textfluss positioniert. Dieses Verhalten kann per CSS auch mit position: static; gesetzt werden.

Die einfachste Möglichkeit, auf die Position eines Elements Einfluss zu nehmen, ist die Umwandlung von Block- zu Inline-Elementen und umgekehrt. Dies geschieht mit Hilfe der display-Eigenschaft in CSS:

display: block;
    Erzwingt einen Zeilenumbruch, das Element wird wie ein Blockelement behandelt.

display: inline;
    Element wird im laufenden Textfluss angezeigt und wie ein Inline-Element behandelt.

Darüber hinaus bietet die display-Eigenschaft noch weitere nützliche Funktionen, von denen hier nur die gebräuchlichsten kurz vorgestellt werden:

display: none;
> Das Element wird nicht angezeigt.

display: inline-block;
> Erzeugt äußerlich einen Block, für den Breite, Höhe und Außenabstand angegeben werden kann, belässt das Element jedoch im laufenden Textfluss.

display: list-item;
> Funktioniert wie „block" jedoch mit einem Aufzählungszeichen davor.

Relative Positionierung

Ausgehend vom normalen Textfluss können Elemente mit Hilfe relativer Positionierung platziert werden. Das funktioniert folgendermaßen:

1. Die relative Positionierung eines Elements verschiebt es von seiner normalen Position im Flow an eine andere.
2. Der ursprüngliche Platz des Elements wird als „geschützt" markiert und die anderen Elemente im Dokument verhalten sich so, als befände sich das verschobene Element immer noch an seinem ursprünglichen Platz (Abb. 4.4.9b).

```html
<h1>Relative Positionierung</h1>
<div class="rahmen">
   Blockelement
</div>
<div class="rahmen2">
   Blockelement
</div>
<div class="rahmen">
   Blockelement
</div>
```

```css
.rahmen {
   border: 1px solid #cc3333;
   margin-bottom: 1px;
   width: 250px;
}
.rahmen2 {
   border: 1px solid #33cc33;
   margin-bottom: 1px;
   width: 250px;
   position: relative;
   top: 10px;
   left: 10px;
}
```

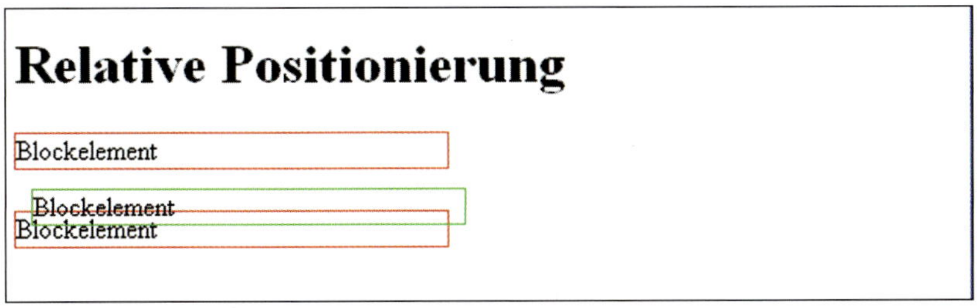

CSS

TECHNISCHE GRUNDLAGEN 4

Relative Positionierung

Blockelement
Blockelement
Blockelement

Abb. 4.4.9b: Die mittlere Box wird ausgehend von ihrer normalen Position im Flow um 10 Pixel nach rechts und unten verschoben, die beiden anderen Boxen verhalten sich so, als wenn sich die mittlere Box an ihrer normalen Position im „Flow" befände.

Elemente können mit den Eigenschaften top, bottom, left und right positioniert werden, natürlich muss die position-Eigenschaft auf „relative" gesetzt werden. In obigem Beispiel verschiebt sich das Element durch die Angabe top: 10px; um 10 Pixel nach unten und durch die Angabe left: 10px; um 10 Pixel nach rechts. Alle Angaben sind relativ zur ursprünglichen Position und geben an, wo der Wert eingefügt werden soll, und nicht, in welche Richtung die Box verschoben wird.

Absolute Positionierung

Im Gegensatz zur relativen Positionierung wird ein absolut positioniertes Element aus dem Dokumentenfluss herausgenommen und mit Hilfe von top, bottom, left und right positioniert. Das Element liegt über den anderen Elementen und nimmt selbst keinen Raum ein. Die Werte für die vier Eigenschaften orientieren sich nicht mehr an der ursprünglichen Position des Elements. Der „Nullpunkt", von dem aus platziert wird, bezieht sich auf das umgebende Element, das absolut oder relativ positioniert wurde. Gibt es ein solches Element nicht, bezieht es sich auf den Pixel ganz links oben im Browserfenster (Abb. 4.4.9c).

```html
<h1>Absolute Positionierung</h1>
<div class="rahmen">
  Blockelement
</div>
<div class="rahmen2">
  Blockelement
</div>
<div class="rahmen">
  Blockelement
</div>
```

```css
.rahmen {
  border: 1px solid #cc3333;
  margin-bottom: 1px;
  width: 250px;
}
.rahmen2 {
  border: 1px solid #33cc33;
  margin-bottom: 1px;
  width: 250px;
```

```
  position: absolute;
  top: 15px;
  left: 25px;
}
```

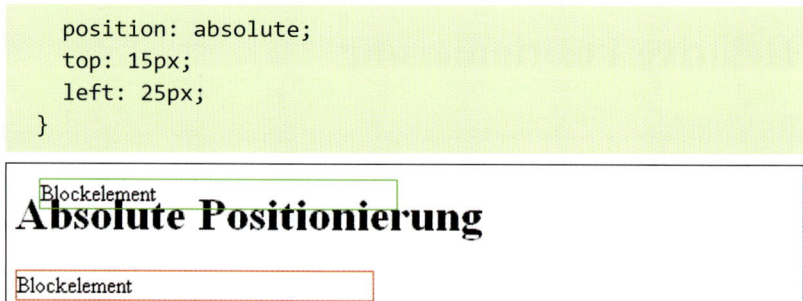

Abb. 4.4.9c: Absolut positionierte Elemente werden am umgebenden Container ausgerichtet, in diesem Fall an dem html-Element, und nehmen keinen Raum ein, wie man an den umgebenden Blöcken erkennen kann.

Ein besonderer Fall der absoluten Positionierung ist die Platzierung mittels position: fixed;. Derartig platzierte Elemente verhalten sich wie absolut positionierte Elemente, allerdings scrollt ein fixiertes Element nicht mit.

Daraus ergibt sich, dass der Nullpunkt immer der linke obere Pixel des Browserfensters ist und nicht ein absolut oder relativ positioniertes Elternelement (Abb. 4.4.9d, e).

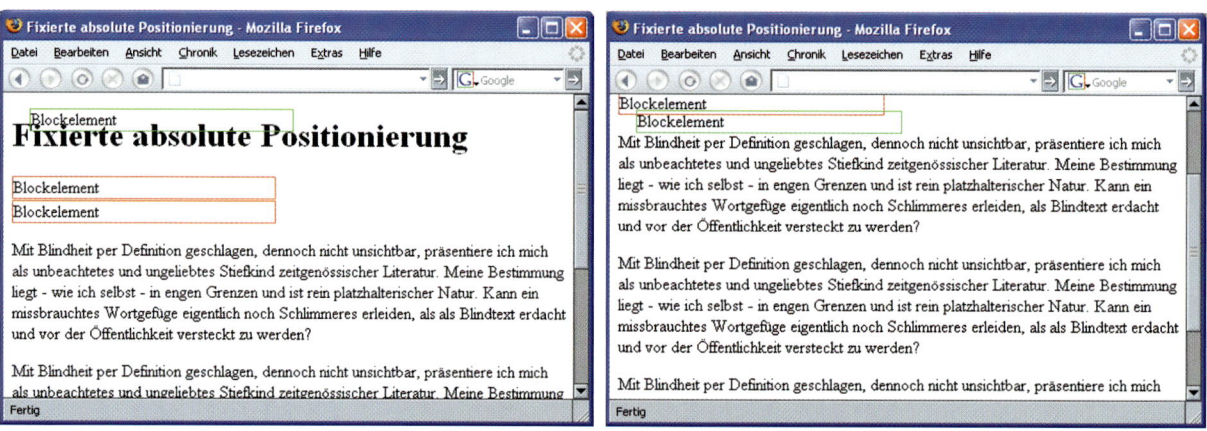

Abb. 4.4.9d, e: Die fixierte Positionierung ist lediglich ein Sonderfall der absoluten Positionierung. Auf dem rechten Bild erkennt man, dass Text und die roten Boxen mitgescrollt sind, die grüne Box ihre Position im Browserfenster jedoch beibehalten hat.

```
.rahmen {
  border: 1px solid #cc3333;
  margin-bottom: 1px;
  width: 250px;
}
.rahmen2 {
  border: 1px solid #33cc33;
  margin-bottom: 1px;
  width: 250px;
  position: fixed;
  top: 15px;
  left: 25px;
}
```

CSS

Schwebende Positionierung mit „float"

Float ist im Gegensatz zu static, relative, absolute und fixed eine eigenständige CSS-Eigenschaft. Ein schwebendes Element ist aus dem normalen Textfluss herausgelöst, das nachfolgende Element umfließt das schwebende Element so lange, bis es entweder „zu Ende" ist oder bis es mit „clear" beendet wird.

Dieses Verhalten ist insofern interessant, als dass die nachfolgenden Elemente ein „float" auch dann noch umfließen, wenn es sich um Blockelemente wie z. B. Absätze (<p>) handelt. Erst die Eigenschaft „clear" kann das Umfließen beenden (Abb. 4.4.9f).

```
<h1>Schwebende Elemente</h1>
<p>
  <img class="floatLeft" src="img100x75.png" alt="">
  Absatz 1
</p>
<p>
  Absatz 2
</p>
<p>
  Absatz 3
</p>
<p>
  Absatz 4
</p>
<p>
  <img class="floatLeft" src="img100x75.png" alt="">
  Absatz 5
</p>
<p class="clear">
  Absatz 6 (clear)
</p>
<p>
  Absatz 4
</p>
```

```
.floatLeft {
  float: left;
  padding-right: 0.5em;
}
.clear {
  clear: both;
}
```

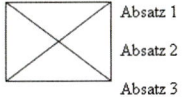

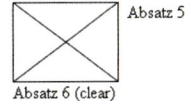

Abb. 4.4.9f: Schwebende Elemente. Das obere Bild wird bis zum Ende umflossen. Erst das „clear" von Absatz 6 beendet das Umfließen des 2. Bildes vorzeitig.

float:
> left, right, *none*
> Legt fest, wie die nachfolgenden Elemente das Element umfließen.

clear:
> left, right, both, *none*
> Das Umfließen wird abgebrochen und die Fortsetzung unterhalb des umflossenen Elements wird erzwungen. Es spricht nichts dagegen, statt „left" oder „right" immer den Wert „both" zu verwenden.

Die Eigenschaft „float" ist sehr mächtig und nicht so trivial, wie sie auf den ersten Blick zu sein scheint. Damit das Kapitel nicht den Rahmen dieses Buches sprengt, belassen wir es bei dieser kurzen Einführung. Im Kapitel „Schritt für Schritt zur XHTML-Seite mit Stylesheet" (S. 97) gehen wir noch einmal auf die schwebende Positionierung ein. Zusätzlich gibt es sehr viele Referenzen und auch Lehrbücher zum Thema CSS, die sich ausführlich mit den unterschiedlichen Arten der Positionierung befassen.

Tipps und Tricks zur Positionierung

Dieser Absatz soll lediglich ein paar häufig verwendete „Rezepte" zur Positionierung zur Verfügung stellen.

Um z. B. einen div-Container horizontal zu zentrieren, werden die folgenden Angaben verwendet:

```css
.center {
margin-left: auto;
margin-right: auto;
}
```

Eine flexiblere Variante der absoluten Positionierung stellt die Platzierung innerhalb eines relativ positionierten Elements ohne „Verschiebung" dar. So wird nicht an der linken oberen Ecke, sondern am Elternelement ausgerichtet:

```css
.container {
position: relative;
}
.container p {
position: absolute;
bottom: 10px;
right: 10px;
}
```

4.4.10 Hacks und Weichen

Insbesondere die Unzulänglichkeiten älterer Internet Explorer (auch noch in der Version 7) nötigen den Webdesigner zu allerlei Tricks, um die Websites in allen Browsern annähernd identisch darstellen zu können. Die meisten CSS-Hacks nutzen daher Schwächen einzelner Browser aus, um Bugs zu umgehen. Microsoft selber hat erkannt, dass der Internet Explorer massive Schwächen im Bereich

CSS hat, und stellt mit den Conditional Comments ein eigenes Werkzeug zur Verfügung, um den „IE" explizit anzusprechen oder auszuschließen.
Hier alle zur Verfügung stehenden Hacks zu erklären, würde den Rahmen dieses Buches sprengen. Sie finden die entsprechenden Hacks aber sowohl im Internet als auch in der CSS-Literatur.

4.5 Schritt für Schritt zur HTML-Seite mit Stylesheet

Mit dem bisher Erlernten sollten Sie nun in der Lage sein, den Entwurf einer einfachen Webseite in HTML und CSS umzusetzen. Am Beispiel der Web Design Gazette wird dieser Prozess nun noch einmal Schritt für Schritt veranschaulicht.

So soll die fertige Seite aussehen:

Abb. 4.5a: Startseite der Web Design Gazette mit Blindtext

Dies ist die Vorlage für das entstehende Dokument. Eine Skizze oder besser ein Photoshop-Entwurf sind als Vorlage gut geeignet.

4.5.1 Schritt 1: Seite strukturieren

Um die zukünftige Webseite zu strukturieren, ist es sinnvoll, sich als Erstes Gedanken über eine zweckmäßige Textauszeichnung zu machen. Überschriften, Absätze, Listen, Links, Tabellen werden als solche gekennzeichnet. Überlegen Sie, welche Elemente hervorgehoben werden sollen.
Bei der Textauszeichnung sollten Sie darauf achten, die HTML-

Elemente nur semantisch korrekt einzusetzen. Hier ist der sinnvolle Einsatz der Elemente gefragt. Verwenden Sie Überschriften in der richtigen und lückenlosen Reihenfolge. Ungeordnete Listen sind sehr gut für Menüs geeignet.

Abb. 4.5.1a: Strukturierung der Seite mit Hilfe von Textauszeichnungen

4.5.2 Schritt 2: Den HTML-Code mit Textauszeichnung erstellen

Steht die Struktur der Seite erst einmal fest, ist die Umsetzung in XHTML nur noch Fleißarbeit:

```
<?xml version="1.0" encoding="iso-8859-1" ?>
<!DOCTYPE html PUBLIC "-//W3C//DTD XHTML 1.1//EN"
  "http://www.w3.org/TR/xhtml11/DTD/xhtml11.dtd">
<html xmlns="http://www.w3.org/1999/xhtml"
xml:lang="de">

<!-- Kopfbereich -->
<head>
  <link href="style.css" rel="stylesheet" type="text/css" media="screen" />
  <title>Web Design Gazette</title>
</head>

<!-- Seitenbereich -->
<body>
  <h1>Web Design Gazette</h1>
  <h2>Serving all your web design needs since 2007</h2>
  <ul>
    <li><a href="index.php">Home</a></li>
```

TECHNISCHE GRUNDLAGEN

Schritt für Schritt zur HTML-Seite mit Stylesheet

```
      <li><a href="...">...</a></li>
    </ul>
    <h3>Teaser</h3>
    <p>Lorem ipsum ...</p>
    <blockquote>
      <p>Sch&ouml;nheit wirkt ...</p>
      <p>(George Bernhard Shaw)</p>
    </blockquote>
    <p>Lorem ipsum ...</p>

    <h3>Mittlere Spalte</h3>
    <p>Lorem ipsum ...<br />Lorem ipsum ...</p>

    <h3>Linke Spalte</h3>
    <p>Lorem ipsum ...<br />Lorem ipsum ...</p>

    <h3>Rechte Spalte</h3>
    <p>Lorem ipsum ...</p>
    <ul>
      <li>At vero eos et accusam</li>
      <li>...</li>
    </ul>
    <p>Lorem ipsum ...</p>
  </body>
</html>
```

Alternativ der Code in HTML5:

```
<!DOCTYPE html>

<!-- Kopfbereich -->
<head>
  <link href="style.css" rel="stylesheet" type="text/css" media="screen" />
  <title>Web Design Gazette</title>
</head>

<!-- Seitenbereich -->
<body>

  /*
  Der <body>-Bereich unterscheidet sich bisher nicht
  von der XHTML-Variante.
  */

</body>
</html>
```

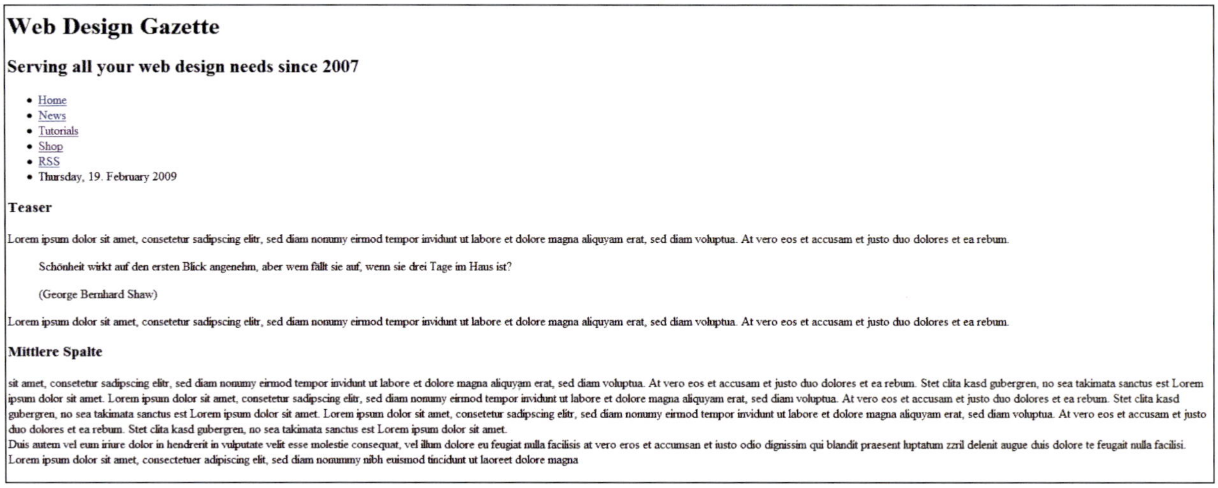

Schritt für Schritt zur HTML-Seite mit Stylesheet

Abb. 4.5.2a: Die in HTML realisierte Seite

4.5.3 Schritt 3: Strukturierende Container

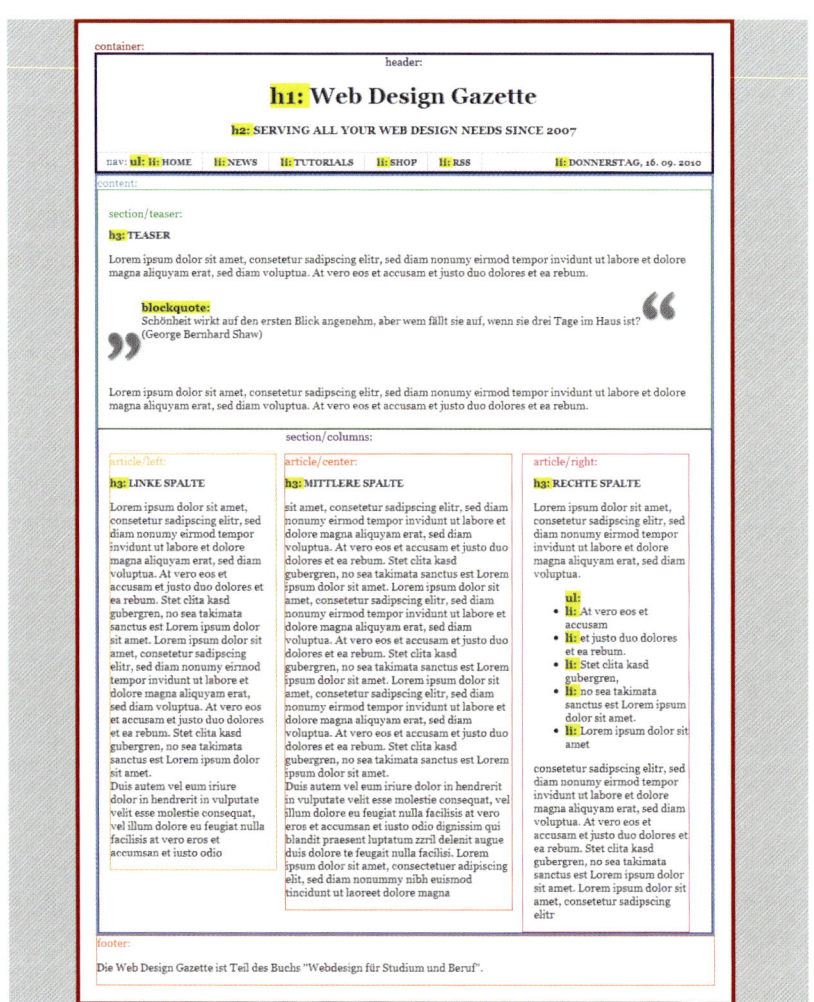

Abb. 4.5.3a: Weiter gehende Struktur mit `<div>`-Containern

Schritt für Schritt zur HTML-Seite mit Stylesheet

Bis jetzt ist der Inhalt zwar durch Textauszeichnungen strukturiert, für das gewünschte Aussehen ist diese Struktur jedoch nicht ausreichend. Mit Hilfe von Containern kann der Quelltext weiter gehend strukturiert werden. Die so erzeugten „Boxen" können später mit Hilfe der Stylesheets bequem positioniert und formatiert werden.
Nachdem die Container-Struktur feststeht, kann diese in das XHTML- bzw. HTML5-Dokument übertragen werden.

```html
<!-- Seitenbereich -->
<body>

  <div id="container">

    <div id="header">
      <h1>Web Design Gazette</h1>
      <h2>Serving all...</h2>

      <div id="nav">
      <ul>
            <li><a href="index.php">Home</a></li>
            <li><a href="...">...</a></li>
      </ul>
      </div> <!-- nav Ende -->

    </div> <!-- header Ende -->
    <div id="content">
      <div id="teaser">
      <h3>Teaser</h3>
      <p>
            Lorem ipsum ...
      </p>
      <blockquote>
            <p>Sch&ouml;nheit ...
            </p>
            <p>
                  (George Bernhard Shaw)
            </p>
      </blockquote>
      <p>
            Lorem ipsum ...
      </p>
      </div> <!-- teaser Ende -->

      <div id="columns">

      <div class="float-wrapper">

            <div id="center">
```

XHTML-Code

```
                        <h3>Mittlere Spalte</h3>
                        <p>
                                Lorem ipsum ...<br />
                                Lorem ipsum ...
                        </p>
                </div> <!-- center Ende -->

                <div id="left">
                        <h3>Linke Spalte</h3>
                        <p>
                                Lorem ipsum ...<br />
                                Lorem ipsum ...
                        </p>
                </div> <!-- left Ende -->

        </div> <!-- float-wrapper Ende -->

        <div id="right">
                <h3>Rechte Spalte</h3>
                <p>
                        Lorem ipsum ...
                </p>
                <ul>
                        <li>At vero eos et accusam</li>
                        <li>...</li>
                </ul>
                <p>
                        Lorem ipsum ...
                </p>
        </div> <!-- right Ende -->

        <div class="clear"></div>

        </div> <!-- columns Ende -->
    </div> <!-- content Ende -->
    <div id="footer" class="clear">
      <p>Die Web Design Gazette ist...</p>
    </div><!-- footer Ende -->
  </div> <!-- container Ende -->
</body>
```

XHTML-Code (Fortsetzung)

In der HTML5-Variante werden einige der `<div>`-Container durch andere ersetzt, der Rest des Quelltextes ändert sich nicht:

```
<!-- Seitenbereich -->
<body>
  <div id="container">
    <header>
      ...
```

HTML5-Code

Schritt für Schritt zur HTML-Seite mit Stylesheet

TECHNISCHE GRUNDLAGEN 4

```
      <nav>...</nav>
    </header>
    <div id="content">
      <section id="teaser">
      ...
      </section> <!-- teaser Ende -->
      <section id="columns">
      <div class="float-wrapper">
          <article id="center">
              ...
          </article> <!-- center Ende -->
          <article id="left">
              ...
          </article> <!-- left Ende -->
      </div> <!-- float-wrapper Ende -->
      <article id="right">
          ...
      </article> <!-- right Ende -->
      <div class="clear"></div>
      </section> <!-- columns Ende -->
    </div> <!-- content Ende -->
    <footer class="clear">...</footer>    </div> <!--
container Ende -->
  </body>
```

HTML5-Code (Fortsetzung)

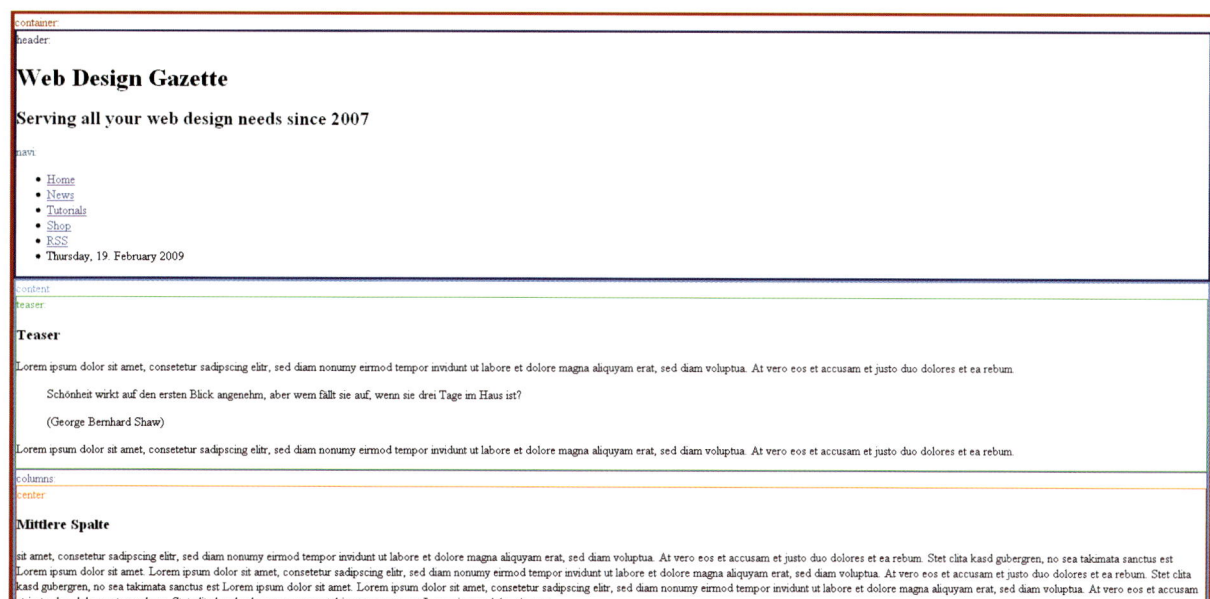

Abb. 4.5.3b: Die eingefügten Container wurden hier farbig markiert

TIPP: Achten Sie auf die hier gewählte Möglichkeit der schwebenden Positionierung dreier nebeneinanderliegender Spalten. Durch einen Wrapper gelingt es auf einfache Weise, die Spalten flexibel anzuordnen. Siehe auch Schritt 6.

4.5.4 Schritt 4: <body>-Element formatieren

Nachdem der HTML-Quelltext so weit fertiggestellt ist, kann das Stylesheet in Angriff genommen werden. Das <body>-Tag enthält die grundlegenden Designelemente der Website, wie den Hintergrund, die Standardschriftart, -größe, Farbe usw.

```css
body {
    font-family: Georgia, serif;
    font-size: 2ex;
    color: #404040;
    background-image:url(images/tiles1.gif);
    margin: 0px;
    padding: 0px;
}
```

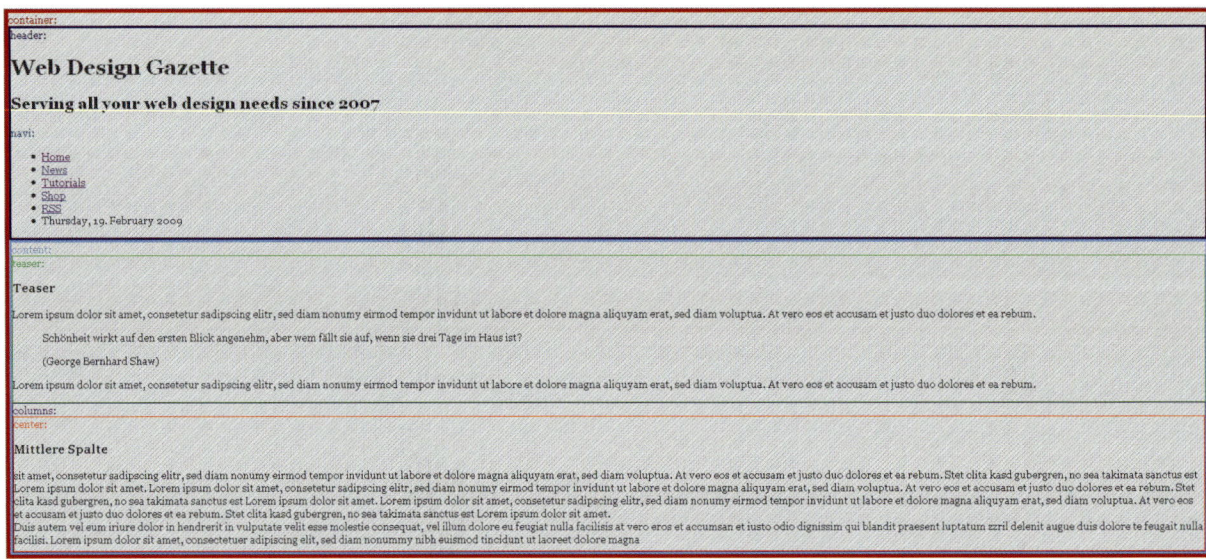

Abb. 4.5.4a: Auswirkungen des Stylesheets auf das <body>-Element

4.5.5 Schritt 5: Der umgebende Container

Der umgebende Container bringt die Seite „in Form" und positioniert sie. Mit nur wenigen Zeilen erhält die Seite nun ein Aussehen, das dem gewünschten Ergebnis bereits sehr ähnlich sieht. Mit margin: 0px auto; wird der den gesamten Inhalt umfassende Container am oberen Rand ausgerichtet und horizontal zentriert.

```css
#container {
    margin: 0px auto;
    width:56em;
    background-color: #ffffff;
    padding: 1.5em;
}
```

Schritt für Schritt zur HTML-Seite mit Stylesheet

TECHNISCHE GRUNDLAGEN 4

Abb. 4.5.5a: Der die gesamte Seite umfassende Container wurde formatiert

4.5.6 Schritt 6: Den Inhaltsbereich formatieren

Eine, wenn nicht sogar die flexibelste Möglichkeit, den Contentbereich zu gestalten, besteht darin, die Container mit Hilfe von „floats" zu positionieren. Für ein dreispaltiges Layout wird ein so genannter Wrapper verwendet, der es erlaubt 2 Spalten aufzunehmen, die dann links und rechts schwebend positioniert werden. Der Wrapper selber wird dann ebenfalls schwebend positioniert (Abb. 4.5.6a).

```
<div id="columns">
  <div class="float-wrapper">
    <div id="center">
      <!-- Mittlere Spalte -->
    </div> <!-- center Ende -->
    <div id="left">
      <!-- Linke Spalte -->
    </div> <!-- left Ende -->
  </div> <!-- float-wrapper Ende -->
  <div id="right">
    <!-- Rechte Spalte -->
  </div> <!-- right Ende -->
  <div class="clear"></div>
```

Abb. 4.5.6a: Die Positionierung von 3 Spalten mittels float.

Es ist wichtig, den schwebend positionierten Bereich am Ende mit einem „clear" wieder aufzulösen, um unerwünschten Nebeneffekten vorzubeugen.

```
#columns {
  padding: 0 18em 0 17em; /* Rückt den Contentbereich der Spalten ein. */
}
```

105

```css
.float-wrapper {
  float: left;
  width: 100%;
  position: relative;
}

#center {
  float: right;
  width: 100%;
}

#left {
  float: left;
  margin-left: -16em; /* Schafft Platz, um die linke Spalte links von der mittleren zu positionieren. */
}

#right {
  float: right;
  margin-right: -16em; /* Schafft Platz, um die rechte Spalte rechts von der mittleren zu positionieren. */
}

.clear {
  clear: both;
}
```

Nachdem alle Spalten positioniert sind, erfolgt der Feinschliff. Die Spalten werden oben und am Rand eingerückt, indem die entsprechenden margin-Werte gesetzt und Begrenzungslinien hinzugefügt werden.

```css
#left {
  float: left;
  margin-left: -16em; /* Schafft Platz, um die linke Spalte links von der mittleren zu positionieren. */
  margin-top: 1em;
  border-right: 1px solid #cccccc;
  padding-right: 1em; /* Abstand zum Rahmen */
}

#right {
  float: right;
  margin-right: -16em; /* Schafft Platz, um die rechte Spalte rechts von der mittleren zu positionieren. */
  margin-top: 1em;
  border-left: 1px solid #cccccc;
  padding-left: 1em; /* Abstand zum Rahmen */
}
```

Schritt für Schritt zur HTML-Seite mit Stylesheet

TECHNISCHE GRUNDLAGEN 4

Die Container der linken und rechten Spalten erhalten die Klasse „sidecol", um die Spalten in der Breite anzupassen. Überschriften, Teaser-Bereich und Zitat werden formatiert:

```css
.sidecol {
  position: relative;
  width: 14em; /* Breite der äußeren Spalten */
  overflow: hidden;
}
```

Abb. 4.5.6b: Die fertig positionierten Spalten

```css
#teaser {
  padding: 1.5em 1em 0.5em;
  border-bottom: 1px solid #cccccc;
}

h3 {
  font-weight: bold;
  font-size: 85%;
  text-transform: uppercase;
}
blockquote {
  background:url(images/q2.png) no-repeat top right;
  margin: 1em 2em;
  padding: 1em;
}

blockquote p:last-child {
  height: 46px;
  background:url(images/q1.png) no-repeat bottom left;
```

```
    margin-left: -45px;
    padding: 0 45px;
}

blockquote p {
    margin: 0;
    padding: 0;
}
```

4.5.7 Schritt 7: Kopfbereich gestalten

Im nächsten Schritt werden Header und Subheader positioniert und gestaltet. Ein Bild soll die Hauptüberschrift ersetzen. Die „alte" Überschrift wird allerdings nicht entfernt, sondern lediglich in der Ansicht ausgeblendet.

```
<div id="logo">
   <h1 class="none">Web Design Gazette</h1>
</div> <!-- logo Ende -->
<h2 class="subtitle">Serving all...</h2>
```

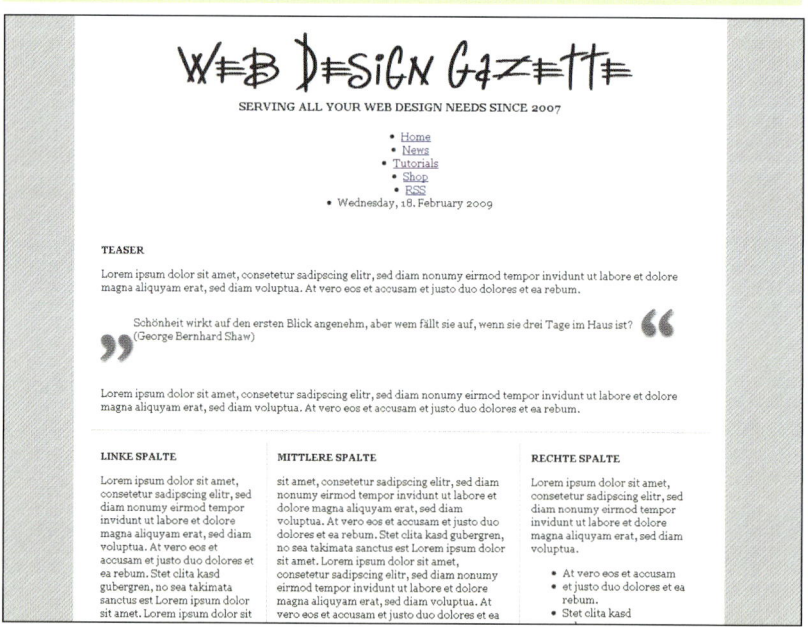

Abb. 4.5.7a: Der fertige Kopfbereich

```
#header {
    text-align: center;
}

#logo {
    width: 56em;
    height: 7em;
    background-image:url(images/titel.png);
    background-repeat: no-repeat;
```

```css
    background-position: center;
}

.none {
  display: none;
}

h2.subtitle {
  font-weight: bold;
  font-size: 100%;
  text-transform: uppercase;
  margin-top: 0;
  margin-bottom: 20px;
}
```

4.5.8 Schritt 8: Der Navigationsbereich

Zu guter Letzt wird aus der ungeordneten Liste mit den Navigationspunkten eine waagerechte Navigationszeile gemacht. Damit die Liste horizontal dargestellt werden kann, muss das <ul>-Element von einem Block- in ein Inline-Element umgewandelt werden. Die genaue horizontale und vertikale Ausrichtung von Text und Rahmen, vor allem die rechtsbündige Positionierung des Datums (li.day), ist etwas trickreich und sollte unbedingt in unterschiedlichen Browsern ausprobiert werden.

```css
#navigation {
  padding: 0.15em 0 0.3em 0;
  border: 1px solid #cccccc;
  text-align: center;
}

#navigation ul {
  display: inline;
  padding: 0;
}

#navigation li {
  display: inline;
  padding: 0.5em 1.2em 0.5em 1em;
  border-right: 1px solid #cccccc;
  font-weight: bold;
  font-size: 80%;
  text-transform: uppercase;
}

#navigation li:first-child {
  padding-left: 0;
}
```

Schritt für Schritt zur HTML-Seite mit Stylesheet

```
#navigation li.day {
  border-right: none;
  padding-left: 16em;
  padding-right: 0;
}

#navigation a {
  margin: 0;
  padding: 0;
  text-decoration: none;
  color: #404040;
}
```

CSS-Übung zur Positionierung
Ergänzen Sie Ihren Quelltext aus Kapitel 4.3.14 bzw. 4.4.4 um die benötigten Container und ein Stylesheet, damit Sie ein dreispaltiges Layout erhalten. Entfernen Sie jedoch zuvor die Rahmen. Lassen Sie das Bild vom Text umfließen.
Ihre Lösung könnte in etwa so aussehen:

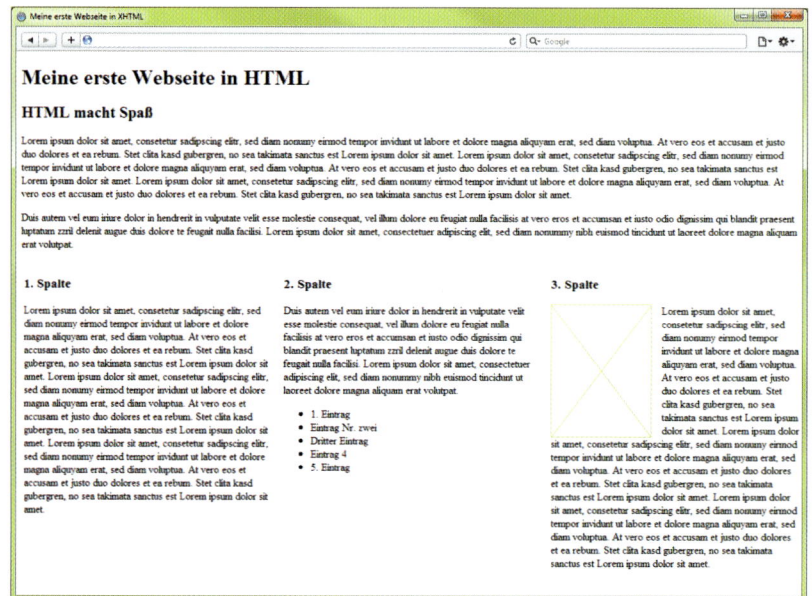

Abb. 4.5.8a: Mögliche Lösung der HTML/CSS Übungen

Lösung unter: http://mediendesign-online.net/xmediapress

Wenn Sie Lust haben, können Sie die Seite nun nach Ihren Wünschen gestalten. Verwenden Sie doch eine schönere Schriftart und experimentieren Sie mit ein paar Farben. Doch vergessen Sie nicht, Ihre Seite in den gängigsten Browsern zu testen.

Eine umfangreichere Übung finden Sie auch am Ende dieses Kapitels.

4.6 Alte versus neue Technologien

Bis vor einigen Jahren war es gang und gäbe, Websites mit Hilfe von Frames und Tabellenlayouts zu gestalten. Ohne Cascading Stylesheets waren diese beiden Möglichkeiten, zusammen mit der proprietären, CSS-ähnlichen Layer-Technologie die einzigen Wege, aufwendiges Design für das Web umzusetzen. Die „CSS vs. den Rest"-Diskussionen sind noch nicht ganz verklungen, doch sie werden deutlich seltener und leiser geführt.

Stylesheets machen Frames und Layer überflüssig, Tabellen haben ihren eigenen Anwendungszweck. Dieser liegt, wie der Name vermuten lässt, in der Darstellung von Tabellen und tabellarischen Inhalten, nicht jedoch in der Verwendung als Gestaltungsraster für Websites. Grafiken ohne Inhalt, so genannte „blinde" oder „leere" 1 px große transparente GIFs, dienten bis vor ein paar Jahren als Abstandhalter, doch diese Technik ist dank CSS inzwischen weitgehend verschwunden.

Die vorangegangenen Kapitel haben verdeutlicht, warum die Trennung von Inhalt und Design die Grundlage für gutes Webdesign bildet, doch die veralteten Technologien wie *Frames* und die inzwischen fast ausgestorbenen *Layer* hatten noch weitere Nachteile. So können Frameseiten nicht ohne weiteres als Lesezeichen abgelegt werden. Eine weitere Schwäche von Frames ist, dass sie nicht so einfach gedruckt werden können. Auch Suchmaschinen haben Probleme mit Frames, so landen nicht selten Besucher auf einer Seite ohne den dazugehörigen Kontext.

Tabellen gepaart mit blinden GIFs waren eine Zeit lang das Layoutwerkzeug Nummer eins und sind auch heute noch nicht ganz wegzudenken. So verwendet z. B. der Webshop Amazon *Layouttabellen* zur Gestaltung der Website. Daran hat auch das Redesign 2007 nichts geändert.

Im Hinblick auf Usability, Zugänglichkeit, Wartbarkeit und der mehrfach erwähnten Trennung von Inhalt und Design sollte man von Layouttabellen jedoch unbedingt Abstand nehmen.

Abb. 4.6a: Beispiel für ein Tabellenlayout mit transparenten GIFs: Die Amazon-Startseite

4.7 Weiterführende Technologien

4.7.1 Flash
Adobe (früher Macromedia) *Flash* ist ein proprietäres Format zur Darstellung multimedialer Inhalte (Rich Internet Applications). Diese Inhalte liegen in Form von Vektordaten vor, was zu kleinen Dateigrößen und schnellen Ladezeiten führt. Für das Abspielen von Flash-Dateien ist ein Player nötig, der für die meisten Browser als PlugIn zur Verfügung steht.
Die Flash-eigene Programmiersprache „*ActionScript*" erlaubt die Erstellung komplexer Websites und die Programmierung browserbasierter Anwendungen.
Bis vor kurzem war das Flash-Format so gut wie konkurrenzlos, das ebenfalls aus dem Hause Adobe stammende *Scalable Vector Format* (SVG, S. 133) fristete ein Schattendasein, doch inzwischen steht mit Microsofts Silverlight, Oracles JavaFX, Ajax und dem mit HTML5 eingeführten <canvas>-Element Konkurrenz ins Haus. Auch SVG gewinnt langsam aber sicher an Popularität.
Websites komplett in Flash umzusetzen ist inzwischen nicht mehr so populär, wie es noch vor ein paar Jahren der Fall war. Da es sich um ein proprietäres Format handelt, ist nicht überall gewährleistet, dass Flash-Inhalte (fehlerfrei) dargestellt werden können. Ein weiterer Kritikpunkt an Flash ist die fehlende Zugänglichkeit. Für ein barrierefreies Internet ist Flash somit oft ungeeignet, bzw. mit einem sehr hohen Aufwand verbunden.

4.7.2 Silverlight
Microsoft Silverlight kam 2007 auf den Markt und ist eine direkte Konkurrenz zu Adobe Flash. Wie Flash ist es ein proprietäres Format, das ein Browser-PlugIn benötigt. Anstatt auf ActionScript setzt Microsoft auf diverse Scriptsprachen, um Silverlight zu programmieren. Mit JavaScript, Python, Ruby und anderen hat der Programmierer eine recht ansehnliche Auswahl an verbreiteten Scriptsprachen zur Entwicklung zur Verfügung.

4.7.3 JavaFX
Wie Flash und Silverlight ist *JavaFX* ebenfalls ein Framework für Rich Internet Applications. Es wird mit Hilfe von JavaFX Script programmiert, das von der Programmiersprache Java abgeleitet ist. Um JavaFX im Browser ausführen zu können, muss Java zur Verfügung stehen, im Hinblick auf die Sicherheit muss der Anwender die erste Ausführung von JavaFX-Anwendungen bestätigen.

4.7.4 Das <canvas>-Element
Das <canvas>-Element ist Teil von HTML5 und erlaubt ein dynamisches Rendern von 2D-Grafiken. Ursprünglich wurde es von Apple für Webkit entwickelt, der Rendering-Bibliothek des Apple-eigenen Browsers Safari. Das <canvas>-Element definiert in HTML5 einen Bereich, der mit den 2D-Zeichenfunktionen von JavaScript gestaltet werden kann. Animationen sind ebenso möglich wie komplexe

Weiterführende Technologien

Transformationen. Canvas wird zur Zeit bereits nativ (ohne PlugIn) von Firefox, Opera, Safari und Chrome unterstützt, der Internet Explorer unterstützt es erst mit der kommenden Version 9, ältere Versionen von Microsofts Browsern können mit einem PlugIn nachgerüstet werden.

Das von Apple 2010 auf den Markt gebrachte iPad kommt (genau wie das iPhone) ganz bewusst ohne Flash-, Silverlight- oder JavaFX-Unterstützung aus. Der große Marktanteil, den diese Geräte im Tablet- und Smartphone-Sektor ausmachen, leistet den in HTML5 neu eingeführten Multimedia-Elementen starken Vorschub.

4.7.5 XML

XML steht für „*Extensible Markup Language*" und ist der derzeitige Standard zur Erstellung maschinenlesbarer Dokumente. XML wird für den Austausch von Daten verwendet, und das nicht nur im Internet.

Im Gegensatz zu HTML oder dem von XML abgeleiteten XHTML dürfen bei XML die Namen der Strukturelemente frei gewählt werden. Dies ermöglicht es, Daten maschinenlesbar zu machen, und ist ein wichtiger Schritt in die Richtung „Semantisches Web" (S. 126). Ein XML-Dokument ist nur dann gültig, wenn es „wohlgeformt" ist, einen Hinweis auf eine Grammatik enthält und das durch die Grammatik beschriebene Format einhält. Die Grammatik eines XML-Dokuments wird mittels einer DTD (Document Type Definition) oder eines XML-Schemas festgelegt.

Wie (X)HTML-Dokumente können XML-Dokumente mit Hilfe von Cascading Stylesheets formatiert werden. Darüber hinaus bieten XSL-Stylesheets die Möglichkeit, XML-Dateien in weitere Ausgabeformate zu transformieren.

XSL-Transformation
XSL (Extensible Stylesheet Language) ist eine in XML notierte Familie von Transformationssprachen zur Definition von Layouts für XML-Dokumente. Die XSL-Subsprache XSLT (XSL-Transformation) wird außerdem zur Übersetzung / Transformation eines XML-Formats in ein anderes XML- oder Textformat genutzt.
Quelle: Wikipedia

4.7.6 Serverseitige Programmiersprachen

Um einer Website Dynamik und Interaktivität zu verleihen, kommt man um Programmierung nicht herum. Serverseitige Programmiersprachen werden, wie der Name schon sagt, serverseitig interpretiert. Das bedeutet, der Quelltext wird durch einen Interpreter auf dem Webserver ausgeführt und die erzeugte Ausgabe – meist ein HTML-Dokument – wird an den Browser geschickt. Es gibt eine Hand voll solcher Programmiersprachen; welche man verwendet, hängt vom Anwendungsfall, den persönlichen Vorlieben und unter Umständen natürlich auch vom Leistungsangebot des Webhosters ab.

Einige der verbreitetsten serverseitigen Programmiersprachen sollen hier kurz vorgestellt werden:

Dynamische Stylesheets
Dynamische Webseiten zu erstellen ist recht weit verbreitet, aber auch Stylesheets können dynamisch erzeugt werden. Server- und clientseitige Programmiersprachen eignen sich dazu, dynamisches CSS zu erzeugen. Probieren Sie es aus, sie werden überrascht sein, welche Möglichkeiten sich Ihnen bieten.

CGI:

Das *Common Gateway Interface* (*CGI*) ist die älteste Variante, Websites dynamisch und interaktiv zu gestalten. CGI-Programme können in unterschiedlichen Programmiersprachen geschrieben sein, am häufigsten kommen Skriptsprachen wie z. B. Perl zum Einsatz.

PHP:
PHP stand früher für „Personal HomePage Tools" und wurde später – der Coolness wegen – in das rekursive Backronym „PHP: Hypertext Preprocessor" umdefiniert. Es handelt sich bei PHP um eine sehr leicht zu erlernende, an C bzw. C++ angelehnte Skriptsprache, die zum Erstellen dynamischer Websites verwendet wird. PHP bietet eine breite Datenbankunterstützung und eine große Anzahl von Funktionsbibliotheken. Die Sprache ist sicherlich die verbreitetste der serverseitigen Programmiersprachen.

JSP / Servlets:
Bei den *Java Server Pages* (*JSP*) besteht der Quellcode aus normalem (X)HTML mit eingebetteten JSP-Codeschnipseln aus Java-Code. Hierbei steht der gesamte Java-Sprachumfang samt Bibliotheken zur Verfügung. Java Server Pages werden mittels eines JSP-Compilers in Java-Bytecode umgewandelt. Diesen Code nennt man *„Servlet"*. Das Servlet nimmt dann die Anfragen des Clients entgegen.
Java zählt zu den modernen, gut strukturierten und auf heutige Belange zugeschnittenen Programmiersprachen mit guter Netzwerkfähigkeit sowie komfortabler und schneller Datenbankanbindung. Einfache Anwendungen profitieren von der umfangreichen standardisierten Laufzeitumgebung. Große Anwendungen können skaliert und um verteilte Komponenten, Enterprise-Funktionen, Transaktionsmanagement, Sicherheitsmechanismen, Load Balancing und Fail-over-Schutz erweitert werden. JSP-Anwendungen laufen unverändert z. B. sowohl unter Linux und Apache als auch unter Windows und IIS (Microsoft Internet Information Services) sowie auf beliebigen Web Application Servern. Alle größeren Application Server bieten mittlerweile Java/JSP/J2EE-Unterstützung.

ASP:
Die *Active Server Pages* (*ASP*) sind eine von Microsoft propagierte Technik zur Einbettung serverseitiger Skripte. Früher wurde hierzu fast ausschließlich die Skriptsprache VBScript verwendet, mit der Ablösung von ASP durch ASP.NET können inzwischen theoretisch alle .NET-Programmiersprachen eingesetzt werden. ASP läuft mittlerweile auch auf Nicht-Microsoft-Systemen.

CFML:
Die *Cold Fusion Markup Language* (*CFML*) ist eine Technologie von Adobe (früher Macromedia), die auf speziell ausgerüsteten Webservern läuft. Im Gegensatz zu den anderen bisher vorgestellten Techniken ist CFML eine kommerzielle Skriptsprache für den Cold Fusion Application Server. CFML hat eine Ähnlichkeit mit HTML und ist deshalb eher bei Nicht-Programmierern und Gestaltern beliebt, die ihre Webseiten mit Tools bearbeiten wollen.

4.7.7 Clientseitige Programmiersprachen

Im Gegensatz zu serverseitigen Programmiersprachen werden clientseitige Programmiersprachen direkt auf dem Rechner des Benutzers (Client) ausgeführt. Dies bietet sowohl Vor- als auch Nachteile. Der wichtigste Vorteil ist sicherlich die hohe Geschwindigkeit, insbesondere bei Reaktionen auf Benutzereingaben, die so direkt erfolgen können. Nachteile sind unter anderem mögliche Sicherheitsrisiken für den Benutzer sowie die Gefahr der Codemanipulation durch den Nutzer.

Bekannte Vertreter für überwiegend clientseitig eingesetzte Programmiersprachen sind das lange Jahre in Verruf geratene JavaScript sowie VBScript. Inzwischen ist JavaScript jedoch insbesondere durch die zunehmende Verbreitung in Ajax-Anwendungen wieder rehabilitiert.

4.7.8 Datenbanken und SQL

Die in den vorangegangenen Kapiteln vorgestellten Programmiersprachen ermöglichen nicht nur die Gestaltung dynamischer und interaktiver Websites, sondern darüber hinaus auch den Zugriff auf Datenbanken. Mit der *Structured Query Language* (*SQL*) steht eine Abfragesprache zur Definition, Abfrage und Manipulation von Daten in relationalen Datenbanken zur Verfügung. SQL hat eine recht einfache Syntax und ist syntaktisch an die englische Umgangssprache angelehnt. Die meisten verbreiteten Datenbanksysteme implementieren Teile des von ANSI (American National Standards Institute) und ISO (Internationale Organisation für Normung) standardisierten SQL-Sprachstandards. Dadurch ist es möglich, Anwendungen zu erstellen, die vom verwendeten Datenbanksystem unabhängig sind. Im Internet weit verbreitete Datenbanken sind MySQL, PostgreSQL und Oracle, die hier kurz vorgestellt werden sollen.

MySQL:
MySQL ist eine freie Software, die unter der General Public License (GPL) steht. Sie ist unter den meisten Betriebssystemen lauffähig und ist insgesamt sehr weit verbreitet. Das bevorzugte Einsatzgebiet von MySQL ist die Datenspeicherung für Webservices. MySQL wird häufig in Verbindung mit dem Webserver Apache und PHP eingesetzt. Diese Kombination wird entsprechend den Anfangsbuchstaben der beteiligten Software als LAMP, MAMP bzw. WAMP (XAMPP) bezeichnet, je nachdem ob als Betriebssystem Linux, Mac OS oder Windows benutzt wird.
Seit Version 5 entspricht der Sprachumfang von MySQL weitgehend dem von SQL 3.

PostgreSQL:
PostgreSQL ist eines der ältesten und am weitesten fortgeschrittenen objektrelationalen Datenbanksysteme im Bereich der freien Software. Es ist weitgehend konform mit dem SQL-Standard, d. h.

alle im Standard geforderten Funktionen stehen zur Verfügung und verhalten sich so, wie vom Standard gefordert.

Oracle:
Oracle ist eine extrem mächtige kommerzielle Datenbank. Sie bietet ein umfangreiches Sicherheitskonzept und ist in der Lage, mit extrem großen Datenmengen und einer sehr großen Anzahl von Anfragen umzugehen. In großen datenbanklastigen Projekten, wie z. B. Amazon oder eBay ist Oracle daher die erste Wahl.

Übungsexkurs: MySQL-Abfragen in PHP
Ziel dieses Exkurses ist es, die Startseite der Web Design Gazette mit Inhalten aus einer Datenbank zu füllen. Bevor Sie jedoch mit der Programmierung beginnen können, benötigen Sie einige Informationen, anhand derer Sie sich mit der Datenbank verbinden können, um dann später die Abfragen vorzunehmen. Folgende Daten brauchen Sie:

- Die Adresse des Servers (oft „localhost")
- Den Benutzernamen eines Datenbankbenutzers, der befugt ist, Abfragen vorzunehmen
- Das Passwort des o.g. Benutzers
- Den Namen der Datenbank, in der sich die Tabellen mit den benötigten Informationen befinden

Aus Sicherheitsgründen empfielt es sich, diese Informationen nicht direkt in die Datei zu schreiben, die von den Benutzern aufgerufen wird. Deswegen erstellen wir in diesem Exkurs eine Datei „connection.php", die später per include()-Befehl eingebunden wird. Die Datei enthält dann die o.g. Informationen.

```php
<?php
    $server = "localhost";
    $user = "DB_User";
    $pw = "DB_Password";
    $db = "gazette";
?>
```

Die Datei connection.php

Auch wenn auf der Startseite der Web Design Gazette dreimal auf die Datenbank zugegriffen wird, benötigen Sie nur eine Verbindung zur Datenbank. Diese Verbindung können Sie beispielsweise unmittelbar nach Einbinden der connection.php-Datei vornehmen, spätestens jedoch vor der ersten Abfrage.
Nach dem Öffnen der Verbindung teilen Sie Ihrem PHP-Skript auch noch mit, welche Datenbank verwendet werden soll. Am Ende der Datei wird die geöffnete Datenbank wieder geschlossen.

Weiterführende Technologien

TECHNISCHE GRUNDLAGEN 4

```php
<?php
  echo "<?xml version=\"1.0\"?>\n";
  include("connection.php");

  $dbconn = mysql_connect($server, $user, $pw);
  if (!$dbconn) {
    die("DB-Verbindung gescheitert: " .mysql_error());
  } else {
    echo "<em>Verbindung zum Datenbankserver erfolgreich.</em>";
  }

  mysql_select_db($db) or die("DB-Auswahl gescheitert");
?>
...
<?php
  mysql_close($dbconn);
?>
```

Auszug aus der Datei index.php

Die Ausgabe im Falle der erfolgreich hergestellten Verbindung zur Datenbank sieht wie folgt aus:

Verbindung zum Datenbankserver erfolgreich.

Wenn alles zu Ihrer Zufriedenheit funktioniert hat, sollten Sie den else-Teil der if-Abfrage entfernen, dieser würde sich auf der Webseite nur mittelgut machen. :-)

Die Tabelle, in der die Daten für die Web Design Gazette gespeichert sind, ist sehr einfach aufgebaut:

id	Eindeutige uuid (Universally Unique Identifier) des Eintrags
date	Datum im Timestamp-Format
cat	Kategorie mit 1 für die News, 2 für die Tutorials und 3 für die Shop-Items
title	Titel des Eintrags
entry	Text des Eintrags
link	Link (bei Tutorials und Shop-Items)
image	Link zum Bild der Shop-Items

Die Startseite soll einen Schnellzugriff auf alle angebotenen Tutorials ermöglichen. Diese sollen in chronologischer Reihenfolge aufgelistet und mit den passenden Links versehen werden. Die Formatierung der Ausgabe erfolgt in Form einer Liste.

Weiterführende Technologien

Die Ergebnismenge aus der Datenbank wird in PHP in Form von Variablenstrukturen zur Verfügung gestellt. Diese sollte, nachdem sie nicht mehr gebraucht wird, aus Speicher- und Performancegründen wieder freigegeben werden.

```php
...
<?php
  $query = "SELECT * FROM wdg where cat=2 order by date asc";
  $result = mysql_query($query) or die("Anfrage fehlgeschlagen: " . mysql_error());

  echo "<ul>\n";
  while ($line = mysql_fetch_array($result, MYSQL_ASSOC)) {
    echo "<li><a href=\"$line[link]\">$line[title]</a></li>\n";
  }
  echo "</ul>\n";
  mysql_free_result($result);
?>
...
```
Auszug aus der Datei index.php

Die Shop-Rubrik auf der Startseite soll die zwei neusten Shop-Artikel anzeigen. Dazu müssen Sie die Ergebnisse der Abfrage umgekehrt chronologisch sortieren lassen und auf zwei begrenzen.

```php
...
<?php
  $query = "SELECT * FROM wdg where cat=3 order by date desc limit 2";
  $result = mysql_query($query) or die("Anfrage fehlgeschlagen: " . mysql_error());
  while ($line = mysql_fetch_array($result, MYSQL_ASSOC)) {
    echo "<h4>$line[title]</h4>";
    echo "<p>";
    echo "<a href=\"$line[link]\"><img src=\"$line[image]\" alt=\"$line[title]\" /></a>";
    echo "</p>";
  }
  mysql_free_result($result);
?>
...
```
Auszug aus der Datei index.php:

Der News-Bereich zeigt die drei neusten Nachrichten in umgekehrt chronologischer Reihenfolge an. Zusätzlich wird dem Nachrichtentitel das Datum im Format TT.MM.JJJJ vorangestellt.

Weiterführende Technologien

Die umfassende Dokumentation der Datumsformate finden Sie auf der MySQL-Website, in unserem Fall genügen die Werte %d für den Tag, %m für den Monat (mit führender Null) und %Y für das vierstellige Jahr.

Linktipp:
Datumsformate: http://dev.mysql.com/

```
...
<?php
  $query = "SELECT title, entry, date_format(date,
'%d.%m.%Y')
      as datum FROM wdg where cat=1 order by date desc
limit 3";
  $result = mysql_query($query) or die("Anfrage fehlge-
schlagen: " . mysql_error());
  while ($line = mysql_fetch_array($result, MYSQL_AS-
SOC)) {
    echo "<h4>$line[datum]: $line[title]</h4>";
    echo "<p>";
    echo "$line[entry]<br />";
    echo "</p>";
  }
mysql_free_result($result);
?>
...
```

Auszug aus der Datei index.php

Wenn Sie nun die Codefragmente zu der Datei index.php zusammenfügen und als optischen Rahmen den Code aus dem Kapitel „Schritt für Schritt zur XHTML-Seite mit Stylesheet" (S. 97) verwenden, erhalten Sie die Startseite der Web Design Gazette!

Abb. 4.7.8a: Die fertige Startseite der Web Design Gazette

Weiterführende Technologien

4.7.9 Ajax

Linktipp:
Ajax: A New Approach to Web Applications:
http://www.adaptivepath.com/ideas/essays/archives/000385.php

Ajax steht für *„Asynchronous JavaScript and XML"* und ist keine eigene Technik, sondern ein Konglomerat unterschiedlicher Technologien, von denen einige bereits in dem Akronym „Ajax" genannt werden. Einige Ajax-Techniken wurden schon in den 90er Jahren eingesetzt.

Ajax soll ein besseres Gleichgewicht zwischen client- und serverseitiger Funktionalität herstellen, deshalb besteht eine Ajax-Anwendung auch aus Skripten bzw. Programmen sowohl auf Client- als auch auf Serverseite sowie einem Objekt für die Client-Server-Kommunikation auf asynchroner Basis.

Eine Ajax-Anwendung setzt sich aus den folgenden Teilen zusammen:

Client
Die von den Browsern am besten unterstützte Skriptsprache JavaScript übernimmt in der Regel den clientseitigen Teil der Anwendung. Mit Hilfe des DOM können JavaScript-Funktionen Teile der (X)HTML-Seite bearbeiten.

Server
Mit JSP, PHP, Active Server Pages (ASP), um nur ein paar Beispiele zu nennen, stehen eine Menge Techniken für die serverseitige Programmierung (S. 113) zur Verfügung.

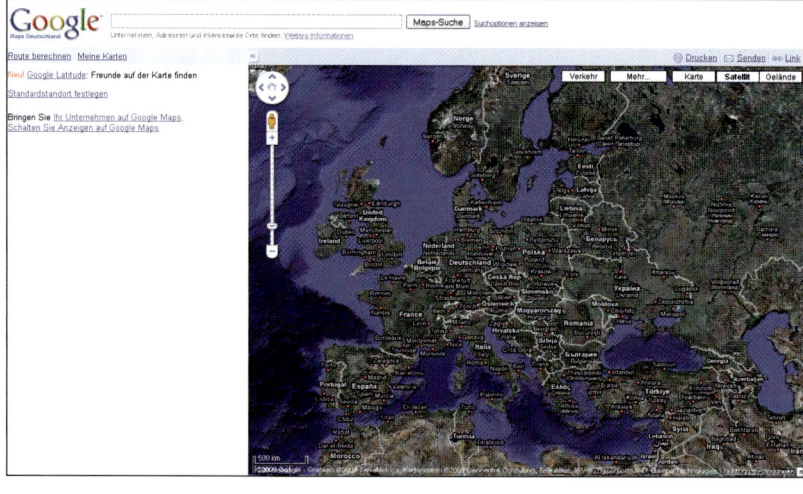

Abb. 4.7.9a, b: Beispiel für eine Webanwendung, die ohne Ajax aufgrund des immensen Datenaufkommens schleichend langsam wäre: Google Maps mit Streetview (http://maps.google.com) (©2009 Google-Grafiken, ©2009 TerraMetrics, Kartendaten, ©2009 PPWK, Basarsoft, AND, Europa Technologies)

Kommunikation und Datenaustausch
Das von Microsoft entwickelte XMLHttpRequest-Objekt ermöglicht es, asynchron auf den Server zuzugreifen, während der Benutzer weiterarbeiten kann. Der Datenaustausch erfolgt im Hintergrund. Das Serverskript sendet seine Antworten per http zurück, und zwar in Formaten, die von JavaScript leicht geparst werden können. Dies muss nicht zwangsläufig XML sein, eine beliebte Alternative stellt hier die JavaScript Object Notation (JSON) dar.

TECHNISCHE GRUNDLAGEN 4

Weiterführende Technologien

Ajax ermöglicht Websites ein Maß an Interaktion, das bislang nur Desktop-Anwendungen vorbehalten war. Nach Erscheinen des Artikels „Ajax: A New Approach to Web Applications" von Jesse James Garret wurde Ajax insbesondere durch diverse Google-Anwendungen extrem populär.

Übungsexkurs Ajax

Bei der Anwendung, die in diesem Exkurs programmiert wird, handelt es sich um eine einfache Funktion, die nach Auswahl eines Bildnamens das entsprechende Bild ausgibt. Dazu ist weder ein Abschicken per Submit-Button noch ein erneutes Laden der Seite erforderlich.

Das XHTML-Gerüst in der Anwendung besteht anfangs nur aus einer Klappliste ohne Funktion, die in den weiteren Schritten durch Ajax erweitert wird.

```
<form id="formular" action="#">
  <div>
    Welches Bild möchten Sie sehen?
    <select name="bild" size="1">
      <option>Blatt mit Rauhreif</option>
      <option>Blatt mit Regentropfen</option>
      <option>Gefrorene Steine</option>
    </select>
  </div>
</form>
<br />
<span id="bild"></span>
```

Abb. 4.7.9c: Die mit HTML umgesetzte Klappliste

Kern der JavaScript-Anwendung ist das XMLHttpRequest-Objekt, das zur Kommunikation und zum Datenaustausch zwischen Client und Server dient. Dieser von JavaScript initiierte Zugriff auf den Server erfolgt asynchron.

```
var responseObject;
if(navigator.appName.search("Microsoft") > -1) {
  //responseObject = new ActiveXObject("Microsoft.
XMLHTTP");
  responseObject = new ActiveXObject("MSXML2.XMLHTTP");
} else {
  responseObject = new XMLHttpRequest();
}
```

Die sendRequest()-Funktion soll die Anfrage an das bislang noch nicht vorhandene PHP-Dokument senden. Dazu sendet es die ID des gewünschten Bildes an das PHP-Skript und bittet um Ausgabe des Fotos.

Weiterführende Technologien

```
function sendRequest() {
  var f = document.getElementById("formular");
  for (i=0; i<12; i++) {
    if (f.bild.options[i].selected) {
      responseObject.open('get', 'bilder.php?nr='+i, true);
      responseObject.onreadystatechange = handleResponse;
      responseObject.send(null);
      break;
    }
  }
}
```

Die handleResponse()-Funktion baut den gelieferten Code nun in das XHTML-Dokument ein.

```
function handleResponse() {
  if(responseObject.readyState == 4) {
    document.getElementById("bild").innerHTML = responseObject.responseText;
  }
}
```

Das PHP-Skript verarbeitet die erhaltene Bild-ID und liefert den gewünschten HTML-Codeschnipsel als Antwort zurück.

```
<?php
  echo "Hier kommt das gew&uuml;nschte Bild:<br />";
  switch($_REQUEST['nr']) {
    case 0: echo "<img src=\"1.jpg\" alt=\"\">"; break;
    case 1: echo "<img src=\"2.jpg\" alt=\"\">"; break;
    case 2: echo "<img src=\"3.jpg\" alt=\"\">"; break;
  }
?>
```

Nachdem der funktionierende JavaScript- und PHP-Code vorliegt, muss dieser nur noch aufgerufen werden. Dazu werden dem XHTML-Code noch zwei Aufrufe hinzugefügt:
Das <select>-Element wird um ein onClick="sendRequest()" erweitert und im Header-Bereich muss noch auf die JavaScript-Datei verwiesen werden:

```
<html>
<head>
  <title>Bilder nachladen</title>
  <script type="text/javascript" src="bilder.js"></script>
</head>
```

Weiterführende Technologien

TECHNISCHE GRUNDLAGEN 4

```
<body>
<br />
<form id="formular">
  Welches Bild möchten Sie sehen?
  <select name="bild" size="1" onclick="sendRequest()">
    <option>Blatt mit Rauhreif</option>
    <option>Blatt mit Regentropfen</option>
    <option>Gefrorene Steine</option>
  </select>
</form>
<br />
<span id="bild"></span>
</body>
</html>
```

Abb. 4.7.9d: Die fertige Ajax-Anwendung

4.7.10 Abonnementendienste

(News)Feeds ermöglichen es, Informationen zu abonnieren. Ob es sich hierbei um Nachrichten, E-Mails, Weblog-, Foreneinträge oder Ähnliches handelt, die Funktionalität ist dieselbe. Mittels der Abonnentendienste wird die Information in einem standardisierten Format bereitgestellt. Neue Inhalte werden automatisch heruntergeladen und dem Benutzer durch ein geeignetes Programm angezeigt.

Abb. 4.7.10a: Der Google Reader: Ansicht auf einem Mobiltelefon

Abb. 4.7.10b: Der Google Reader Ansicht im Browser (http://reader.google.de)

Tim O'Reilly, der den Begriff des „Web 2.0" geprägt hat, beschreibt diesen Webservice als einen der wichtigsten Fortschritte in der Architektur des Webs. Darüber hinaus zählt man Newsfeeds zu den ersten Anwendungsgebieten des semantischen Webs.

Ein Feed besteht aus einer XML-Datei, die den rein strukturierten Inhalt ohne Layout, Navigation oder sonstige Zusatzinformationen enthält. Der Benutzer kann einen Feedreader benutzen, um die für ihn wichtigsten Schlagzeilen automatisch herunterzuladen und geordnet anzeigen zu lassen. Hierfür benötigt der Feedreader lediglich den Link auf einen *RSS-Feed*. Somit muss der Benutzer nicht mehr alle ihn interessierenden Webpräsenzen separat aufrufen, um sich auf dem Laufenden zu halten, sondern kann stattdessen alle Neuigkeiten und Nachrichten zentral abrufen, sortieren und archivieren. Der Fachausdruck für den regelmäßigen Austausch aktueller Informationen zwischen Websites heißt „*Content Syndication*" oder auf Deutsch „*Syndikation*".

Im Laufe der Zeit haben sich diverse Feed-Standards herausgebildet. Welches Format man verwendet, oder ob mehrere Formate verwendet werden sollen, hängt vom Anwendungsfall ab. Aus der Fülle von möglichen Formaten bieten sich seit Mitte 2005 die Really Simple Syndication (RSS 2.0) und Atom zur Verwendung an.

Die folgenden zwei Beispiel-Feeds zeigen Gemeinsamkeiten und Unterschiede beider Formate.

```xml
<?xml version="1.0" encoding="utf-8"?>
<feed xmlns="http://www.w3.org/2005/Atom">
  <title>Beispiel-Feed</title>
  <subtitle>...mit Atom 1.0</subtitle>
  <link href="http://example.com/"/>
  <updated>2007-11-25T17:00:00Z</updated>
  <author>
    <name>Michael Mustermann</name>
    <email>mm@example.com</email>
  </author>
  <id>urn:uuid:60a76c80-d399-11d9-b93C-0003939e0af6</id>
  <entry>
    <title>Titel des Eintrags</title>
    <link href="http:/example.com/2007/11/25/">
    <id>urn:uuid:1225c695-...</id>
    <updated>2007-11-25T17:00:00Z</updated>
    <summary>Text des Eintrags</summary>
  </entry>
</feed>
```

Atom-Feed

```xml
<?xml version="1.0" encoding="utf-8"?>
<rss version="2.0">
  <channel>
    <title>Beispiel-Feed</title>
    <description>...mit RSS 2.0</description>
```

```
   <link>http://example.com/</link>
   <lastBuildDate>Sun, 25 Nov 2007 17:00:00 GMT</lastBuildDate>
   <managingEditor>mm@example.com (Michael Mustermann)</managingEditor>
   <item>
     <title>Titel des Eintrags</title>
     <link>http://example.com/2007/11/25/</link>
     <guid isPermaLink="false">urn:uuid:1225c695-cfb8-4ebb-aaaa-80da344efa6a</guid>
     <pubDate>Sun, 25 Nov 2007 17:00:00 GMT</pubDate>
     <description>Text des Eintrags</description>
   </item>
  </channel>
</rss>
```

RSS-Feed

4.8 Aktuelle Trends im World Wide Web

4.8.1 Das Web 2.0

Ajax, Blogs, CSS, Mitmach-Web, Podcasts, RSS, Screencasts, soziale Netzwerke, Tagging, Wikis – dies sind nur ein paar Schlagworte, die zur Beschreibung des Web 2.0 herhalten müssen. Doch was unterscheidet den Trend Web 2.0 vom alten Internet? Neue Verhaltensmuster und Gewohnheiten veränderten die Gestalt

Abb. 4.8.1a-d: Beispiele für Web 2.0-Angebote Flickr, Gliffy, kuler, Aviary
(http://flickr.com/
http://www.gliffy.com/
http://kuler.adobe.com/
http://aviary.com/)

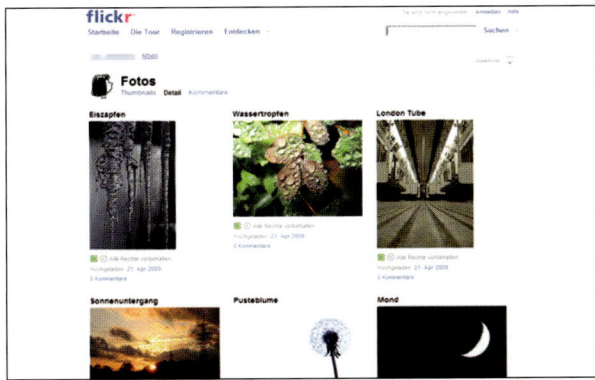
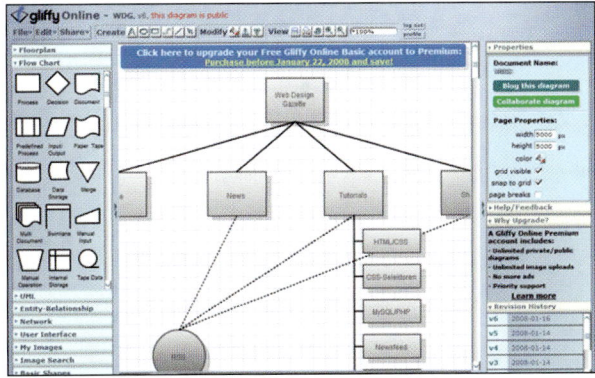
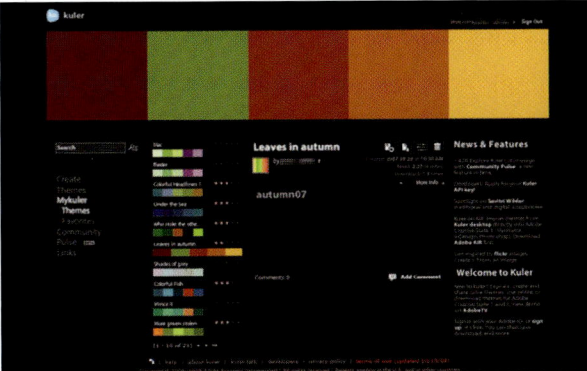

des Internets rasant. Daraus entstand eine neue Web-Kultur, die des Mitmach-Webs. Hier etablierten sich neue Designs, Technologien und Plattformen, die dem Web eine neue Dynamik verliehen. Diese Dynamik, diese neue Interaktivität macht das Web 2.0 aus. Der Begriff Web 2.0 wurde von dem Verleger Tim O'Reilly in seinem Essay „What Is Web 2.0?" geprägt. Doch das Web 2.0 ist keine revolutionäre Neuentwicklung des Internets, sondern eine Erneuerung des alten Webs, wie die Versionsnummer 2.0 anschaulich macht. Viele der verwendeten Techniken waren schon früher zu finden, doch die Art und Weise, wie sie zu einem Mitmach-Web verknüpft werden, ist neu. Im neuen Web nehmen die Nutzer aktiv teil und gestalten das Netz durch einzelne Veränderungen mit.

4.8.2 Semantisches Web

Im Grunde genommen ist das semantische Web der gegenteilige Ansatz zum Web 2.0. Hier steht nicht der Mensch, sondern die Maschine im Vordergrund, denn Ziel des semantischen Webs ist es, „das Internet" möglichst maschinenlesbar und für Computer verständlich zu machen. Konkret bedeutet das: Websites werden derart erweitert, dass Computer mit den für den Menschen gedachten Informationen auch etwas anfangen, sie interpretieren und weiterverarbeiten können. Gelegentlich wird die Zusammenfassung von Web 2.0 und dem semantischen Web auch als „Web 3.0" bezeichnet.

Eine Technologie, die es ermöglicht, diesem Ziel näherzukommen, ist XML bzw. das *Resource Description Framework* (*RDF*), ein XML-basierter Standard. RDF dient konkret dazu, Metadaten im WWW bereitzustellen. RDF-Statements beschreiben eine Ressource (die durch eine URI identifiziert wird), die Eigenschaften einer Ressource und die Werte dieser Eigenschaften. Diese Statements bezeichnet man als Triplets, sie bestehen aus Subjekt (der Ressource), Prädikat (einer Eigenschaft dieser Ressource) und Objekt (dem Eigenschaftswert). Ausgezeichnet werden die Statements mittels XML. Mit RDF können Maschinen logische Annahmen auf Basis der Assoziationen zwischen Subjekt und Objekt machen. Da RDF URIs zum Identifizieren der Ressourcen verwendet, ist jede Ressource mit einer eindeutigen Definition verknüpft, die im Internet zur Verfügung steht. RDF bietet zwar ein Modell und eine Syntax (die Regeln, mit denen die Elemente eines Satzes definiert werden) zum Beschreiben der Ressourcen, gibt aber keinen Aufschluss über die Semantik der Ressourcen. Zur Definition der Semantik wird das RDF Schema (RDFS) sowie die Web Ontology Language (OWL) benötigt.

RDFS dient zum Erstellen von Vokabularen, die die Gruppen verwandter RDF-Ressourcen und die Beziehungen zwischen diesen Ressourcen beschreiben. Ein RDFS-Vokabular definiert, welche Eigenschaften den RDF-Ressourcen zugewiesen werden können. Mit RDFS können außerdem Ressourcenklassen erstellt werden, die gemeinsame Eigenschaften haben.

Das World Wide Web der Zukunft

TECHNISCHE GRUNDLAGEN 4

OWL ist die dritte W3C-Spezifikation zur Erstellung von semantischen Webapplikationen. Aufbauend auf RDF und RDFS definiert OWL die Arten von Beziehungen, die in RDF mittels eines XML-Vokabulars ausgedrückt werden können, um die Hierarchien und Beziehungen zwischen verschiedenen Ressourcen zu veranschaulichen.

Die Erweiterung der Websites mit RDF, RDFS und OWL erfolgt schrittweise, doch es ist davon auszugehen, dass dieser Ansatz im Laufe der nächsten Zeit sehr stark an Bedeutung gewinnen wird.

4.9 Das World Wide Web der Zukunft

Das „neue" Web 2.0 hat den Grundstein für die zukünftige Weiterentwicklung gelegt. In Zukunft wird das Web nicht nur für den Menschen, sondern darüber hinaus auch für Maschinen benutzbar sein. Einige Webtrends zeichnen sich bereits ab (beispielsweise CSS 3, Font-Einbindung in Websites), manches andere Problem wartet seit langem auf eine Lösung und bislang gibt es erst einige unbefriedigende Ansätze (z. B. die Silbentrennung). Einige dieser Trends behandelt dieses Kapitel.

Entwicklungsprozess von W3C-Empfehlungen
Im Laufe einer Entwicklung durch das World Wide Web Consortium (W3C) durchlaufen die Kandidaten verschiedene Entwicklungsstadien. Diese sind Arbeitsentwurf (Working Draft), letzter Aufruf (Last Call Working Draft), Empfehlungskandidat (Candidate Recommendation) und der Empfehlungsvorschlag (Proposed Recommendation). Nach dem Empfehlungsvorschlag wird die endgültige Empfehlung durch das W3C ausgesprochen.

4.9.1 HTML5

Vieles von dem, was HTML5 an Neuerungen bringen soll, wird von den Browsern bereits umgesetzt. Spätestens mit Erscheinen des Internet Explorer 9 wird HTML5 auch flächendeckend einsetzbar sein. Wann HTML5 letztendlich den Empfehlungsstatus vom W3C erhält, ist noch unklar, doch auch ohne die offizielle Empfehlung kann HTML5 bereits verwendet werden, solange die Browser dies unterstützen.

Link:
HTML5-Unterstützung der Browserengines:
http://en.wikipedia.org/wiki/Comparison_of_layout_engines_%28HTML5%29

Spannende Neuerungen, auf Sie sich freuen können, sind beispielsweise die neuen Formularfunktionen, von denen wir Ihnen einige in Kapitel 9.5.1 vorstellen. Die neuen Multimediafunktionen von HTML5 werden in Kapitel 8.7 angesprochen. Mit der Möglichkeit Inhalte dynamisch zu verändern (Attribut: contenteditable) und den aus HTML5 inzwischen ausgelagerten Modul Web Storage eröffnen sich völlig neue Möglichkeiten der Browsernutzung. Mit dem auf OpenGL basierenden WebGL wird das `<canvas>`-Element auf 3D-Zeichenfunktionen aufgerüstet. Es lohnt sich, die Weiterentwicklung und die Umsetzung durch die Browserentwickler im Auge zu behalten.

4.9.2 CSS Level 3

Wie HTML5 befinden sich die *Cascading Stylesheets Level 3* in der Entwicklung; wann die endgültige Empfehlung des W3C ausgesprochen wird, ist noch ungewiss. Da CSS 3 im Gegensatz zu seinen Vorgängern modular entwickelt wird, befinden sich die unterschiedlichen Module in verschiedenen Entwicklungsstadien. Es lohnt sich, jetzt schon einen Blick auf CSS 3 zu werfen, immerhin

Der jeweils aktuelle Stand der CSS 3-Entwicklung kann auf den Webseiten des W3C eingesehen werden:
Link:
CSS 3-Stand: http://www.w3.org/Style/CSS/current-work

hält es einige spannende Neuerungen bereit, die teilweise von den Browserherstellern schon implementiert wurden.

Drei der CSS 3-Attributselektoren sind Ihnen bereits aus dem Kapitel „CSS: Regeln und Selektoren" (S. 66) bekannt. Hierbei handelt es sich um die Selektoren E[attribut^="wert"], E[attribut$="wert"] und E[attribut*="wert"]. Mit diversen neuen Pseudoklassen können nun das Wurzelelement selber, das erste bis n-te Kindelement, die einzelnen Geschwisterelemente u.v.m. komfortabel angesprochen werden. Weitere neue Pseudoklassen sowie ein neues Pseudoelement erlauben den Zugriff auf Nutzereingaben in Form von Auswahlen. Ein neuer kombinierter Selektor ermöglicht mit CSS 3 den Zugriff auf Elemente, denen ein bestimmtes Elternelement vorangeht.

Link: CSS Selektoren: http://www.w3.org/TR/css3-selectors/

Dem herkömmlichen Boxmodell wird eine Alternative zur Seite gestellt. Während sich beim CSS 1-Boxmodell die Breite einer Box aus der Breite des Inhaltsbereichs, dem Innenabstand (padding) und dem Rahmen (border) errechnet, wird im Alternativmodell die Gesamtbreite mit der box-sizing-Eigenschaft bestimmt. Dank dieser Änderungen haben Rahmen und Innenabstand keinen Einfluss mehr auf die Gesamtbreite einer Box, was den Umgang mit verschiedenen Einheiten und flexiblen Breiten enorm vereinfacht. Beide Boxmodelle können nebeneinander verwendet werden, die Umschaltung erfolgt mittels der Eigenschaften box-sizing:content-box; (altes Boxmodell) bzw. box-sizing:border-box; (neues Boxmodell).

Link: Boxmodell: http://www.w3.org/TR/css3-box/

Mit CSS 3 wird es endlich möglich sein, echte Mehrspaltigkeit zu realisieren. Die Anzahl der Spalten, die Breite und die Zwischenräume können einfach im Stylesheet festgelegt werden, eine zusätzliche Regel erlaubt die Angabe, ob es sich um eine rechte oder eine linke Spalte handelt. Mit diesem Rüstzeug werden viele Hacks und Skripte der Vergangenheit angehören. In Firefox und Safari / Chrome lässt sich ein Mehrspaltenlayout schon heute realisieren:

Link: Mehrspaltigkeit: http://www.w3.org/TR/css3-multicol//

Hinweis: Ein noch nicht als Empfehlung veröffentlichtes neues CSS-Feature wird von den Browserherstellern häufig mit einem Präfix versehen. Hierbei steht das Präfix -moz für Mozilla/Firefox, -webkit für Webkit-Browser (Safari/Chrome), -o für Opera und -ms für den Internet Explorer.

```
div#multicolumn {
    -moz-column-count: 3;
    -webkit-column-count: 3;
    -moz-column-gap: 20px;
    -webkit-column-gap: 20px;
    height: 250px;
}
```

Mit der calc()-Funktion wird es möglich sein, innerhalb von CSS-Definitionen Berechnungen durchzuführen. Darüber hinaus ist auch eine Implementierung von MathML in CSS 3 geplant.

*Links: calc(): http://www.w3.org/TR/css3-values/#calc
MathML: http://www.w3.org/TR/mathml-for-css/*

Viele neue Hintergrund-, Rahmen- und Text-Eigenschaften werden den Webdesignern in Zukunft ganz neue Gestaltungsmöglichkeiten bieten. Abgerundete Ecken, aufwändigere grafische Rahmen, Schlagschatten, Halbtransparenzen u.v.m. wird mit CSS 3 Einzug in den Webdesign-Alltag halten. Vieles davon ist auch heute schon nutzbar.

*Links: Hintergrund-Eigenschaften: http://www.w3.org/TR/css3-background/
Text-Eigenschaften: http://www.w3.org/TR/css3-text/#decoration*

TECHNISCHE GRUNDLAGEN 4

Das World Wide Web der Zukunft

Progressive Enhancement
Mit dem Begriff „Progressive Enhancement" (schrittweise Steigerung/Verbesserung) bezeichnet man eine Webdesignstrategie, die auf Steven Champeon zurückgeht. Ziel ist es, Verbesserungen einzuführen, ohne dabei die Nutzer älterer oder weniger fortschrittlicher Browser zu benachteiligen.

Im Gegensatz zur traditionellen Strategie, Websites für die neuste Browsergeneration zu entwerfen und diese dann für ältere Browser anzupassen, geht das „Progressive Enhancement" genau umgekehrt vor. Ausgehend von einem schlichten, kompatiblen Design wird die Website schrittweise mit neuen Technologien verbessert, so dass die ursprüngliche Funktionalität jedoch erhalten bleibt. Mit dieser Strategie ist es möglich, die zukünftigen CSS 3-Technologien schon heute einzusetzen, ohne große Gruppen von Nutzern zu benachteiligen.

Link:
Progressive Enhancement: http://dev.opera.com/articles/view/progressive-enhancement-with-css-3-a-be/

4.9.3 Silbentrennung

Um Block- oder Rausatz zu realisieren, ist die Silbentrennung ein unverzichtbares Mittel. Leider ist diese in Browsern noch nicht implementiert, so dass man sich anderweitig behelfen muss. Ob und wann es die Silbentrennung in allen Browsern geben wird, ist ungewiss, deswegen ist es wichtig, eine Möglichkeit zu finden, diese mit anderen Mitteln zu erreichen.

HTML sieht zu diesem Zweck die ­-Entität vor. Mittels ­ können mögliche Trennstellen als solche markiert werden. Dies funktioniert inzwischen in allen neueren Browsern zuverlässig, allerdings leidet die Lesbarkeit des Codes sehr darunter:

```
<p style="text-align: justify; width: 200px;">
  Mit der Sil&shy;ben&shy;tren&shy;nung
  lie&szlig;en sich ellen&shy;lange
  Band&shy;wurm&shy;w&ouml;r&shy;ter ab&shy;so&shy;lut
  kom&shy;pli&shy;ka&shy;tions&shy;los auch in
  en&shy;gen Mehr&shy;spal&shy;ten&shy;lay&shy;outs
  mit Block&shy;satz un&shy;ter&shy;brin&shy;gen.
</p>
```

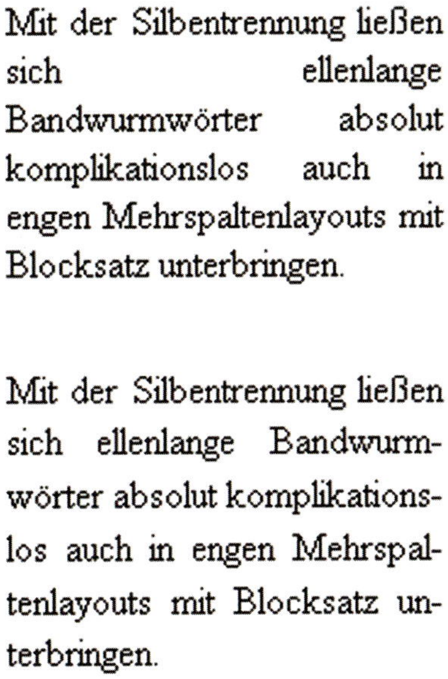

Ein zweiter Nachteil dieses Verfahrens ist die Auffindbarkeit in manchen Suchmaschinen. Suchte man beispielsweise in Bing oder Exalead nach „Silbentrennung", würde das Wort „Silben­trennung" nicht gefunden werden, da die Entität ­ durch ein sogenanntes Punktuationszeichen, den bedingten Trennstrich, ersetzt wird. Auch lesen manche Screenreader den bedingten Trennstrich mit vor. Aus Gründen der Zugänglichkeit sollte demnach von übermäßigem Gebrauch dieses Zeichens Abstand genommen werden.

Um Auffindbarkeit, Zugänglichkeit und gute Lesbarkeit des Codes zu garantieren, kommt man demnach um eine clientseitige Lösung der Silbentrennung nicht herum. Die ultimative Lösung gibt es leider noch nicht, optimal wäre die browserseitige Silbentrennung.

Mit der Silbentrennung ließen sich ellenlange Bandwurmwörter absolut komplikationslos auch in engen Mehrspaltenlayouts mit Blocksatz unterbringen.

Mit der Silbentrennung ließen sich ellenlange Bandwurmwörter absolut komplikationslos auch in engen Mehrspaltenlayouts mit Blocksatz unterbringen.

Abb. 4.9.3a: Silbentrennung im Browser mit ­ (Grafik: Bensmann)

Link:
Hyphenator: http://code.google.com/p/hyphenator/

Bildformate für das WWW

Ein vielversprechender Ansatz sind JavaScript-Lösungen, wie beispielsweise der „Hyphenator".

4.10 Bildformate für das WWW

Was muss ein Bildformat leisten können, wenn man es im Webdesign einsetzen will? Zum einen sollten die Bilder eine möglichst kleine Dateigröße aufweisen, zum anderen sollte das Format vielseitig sein: Unterschiedlichste Motive wollen dargestellt werden, gerne auch mit Transparenzeffekt oder animiert.

Dieser Abschnitt gibt einen Überblick über die drei wichtigsten Web-Bitmap-Bildformate GIF, JPEG und PNG sowie über die Vektorformate Flash und SVG.

4.10.1 GIF

GIF steht für *Graphics Interchange Format*, das älteste gebräuchliche Webbildformat. 1987 veröffentlichte Compuserve das GIF-Format in seiner ersten Version, GIF 87a. Zwei Jahre später folgte das GIF 89a, das einige neue Features aufweisen konnte. Im Folgenden wird stets von Letzterem ausgegangen.

Abb. 4.10.1a-c: Indiziertes GIF-Bild mit 256 (Mitte) und 64 Farben (rechts) im Vergleich zum Original (links) (Foto: Bensmann)

GIF liegt der nach seinen Erfindern Lempel-Ziv und Welch benannte LZW-Kompressionsalgorithmus zugrunde. LZW ersetzt horizontale Sequenzen gleichfarbiger Pixel durch eine Zahl, die die Länge der Sequenz angibt (Run Length Encoding). Ein vereinfachtes Beispiel: die Sequenz rot rot rot rot rot rot kann ohne Informationsverlust durch 6 x rot ersetzt werden. Identische horizontale Linien werden zusätzlich zeilenweise zusammengefasst. GIF komprimiert also verlustfrei, besitzt jedoch eine Beschränkung auf 256 verschiedene Farben pro Bild. Der größte und schwerwiegendste Verlust entsteht bei GIF also schon vor der eigentlichen Komprimierung, wenn das Ausgangsbild mehr als 256 Farben aufweist.

Um ein Bild mit 24 Bit Farbinformation (> 16 Millionen Farben) als GIF abzuspeichern, muss eine reduzierte Farbpalette errechnet werden, die üblicherweise die 256 häufigsten Farbwerte des Ursprungsbildes übernimmt. Die restlichen Farbwerte werden verworfen und mit dem nächstliegenden Wert überschrieben.

Bildformate für das WWW

TECHNISCHE GRUNDLAGEN 4

Diesen Vorgang bezeichnet man als *Indizierung*, da jedem Pixel nun ein Palettenindex statt eines konkreten Farbwertes zugeordnet wird. Die Erstellung dieser Palette kann durch eine Vielzahl an Einstellungen stark beeinflusst werden. Zusätzlich ist es möglich, einzelne Paletteneinträge per Hand zu editieren. Die Palette kann sogar noch verkleinert werden, um die Dateigröße weiter zu reduzieren, was, je nach Motiv, auf Kosten der Darstellung geht (s. Abb. 4.10.1a-c).
GIF bietet die Möglichkeit, Farben, die nicht in der Palette enthalten sind, durch das so genannte *Dithering* (Zittern, Unruhe) zu simulieren. Dabei werden Pixel der jeweiligen Nachbarfarbe zusätzlich eingefügt, um die Wirkung einer Mischfarbe zu erreichen. Dies funktioniert mit zunehmender Bildschirmauflösung natürlich immer besser. Am roten Schein des Ampellichts erkennt man deutlich, dass das nicht gedithered Bild klar abgegrenzte Farbbänder aufweist (*Banding*, s. Abb. 4.10.1d).

Abb. 4.10.1d: Banding-Effekt (Foto: Bensmann)

Durch Dithering wird Banding vermieden, allerdings enthält das Bild dann weitaus weniger homogene Farblinien und -flächen, was den LZW-Algorithmus aushebelt. Dithering schlägt sich deshalb stets in einer höheren Dateigröße nieder.
Da man aber bei den meisten Programmen den Grad des Ditherings einstellen kann, gilt es, hier den besten Kompromiss zu finden (Abb 4.10.1e, f).
Die Beschränkung auf wenige, aber genau definierte Farben bietet dennoch Vorteile, zum einen eine geringe Dateigröße, zum anderen die Möglichkeit, einer bestimmten Farbe einen Transparenzwert zuzuweisen. Dies ist bei verlustbehafteter Kompression unmöglich, da sich die Farbwerte durch die Kompression ändern können. Allerdings sind die Transparenzfähigkeiten von GIF eingeschränkt: Es lässt nur eine einzige komplett transparente Farbe in der Palette zu. Diese Farbe ist also absolut unsichtbar, nicht etwa halbtransparent durchscheinend. Damit kann z. B. ein einfarbiger Hintergrund um ein Motiv herum durchsichtig gemacht werden, um dieses freigestellt vor einem Hintergrund(bild) zu zeigen. Hierbei muss darauf geachtet werden, dass ein geglätteter Motivrand mit der richtigen Hintergrundfarbe erstellt wird, sonst entstehen unschöne Farbbänder (vgl. Assetdesign: Grafiken und Bilder im Web: Freistellen, S. 277).
GIFs können animiert werden (*Animated GIF*), doch der diesbezügliche Modetrend ist inzwischen deutlich abgeklungen, so dass diese Technik kaum noch Verwendung findet.

Abb. 4.10.1e, f: Indiziertes Bild mit und ohne Dithering (Foto: Bensmann)

4.10.2 JPEG

JPEG wurde von der *Joint Photographic Experts Group* entwickelt und ist inzwischen ebenso verbreitet wie das GIF-Format.
Technisch gesehen bestehen zwischen den beiden jedoch immense Unterschiede: Während GIF auf verlustfreie Kompression einer reduzierten Farbpalette setzt, erhält JPEG die 24 Bit Farbinformation; dafür ist aber der Kompressionsalgorithmus verlustbehaftet. Intern

werden in JPEG-Bildern keine RGB-Werte gespeichert, sondern eine äquivalente Umrechnung in Luminanz (Helligkeitsinformation) und Chrominanz (Farbinformation). Da das menschliche Auge Helligkeitsunterschiede weitaus besser differenzieren kann als Farbunterschiede, wird die Farbinformation unumkehrbar verringert. Dies führt zu einer beträchtlichen Datenreduktion bei einem immer noch sehr ansprechenden Ergebnis. Durch geschickte mathematische Transformationen und anschließendes Quantisieren (Runden) kann die Anzahl der zu speichernden Werte weiter verringert werden.

Wie stark gerundet wird, ist über den Qualitätsregler beim Speichern eines JPEG-Bildes einstellbar und beeinflusst Dateigröße und Bildqualität erheblich. Bei einem stark komprimierten JPEG fallen blockförmige Artefakte auf (Abb. 4.10.2a). Sie entstehen dadurch, dass JPEG ein Bild als viele kleine 8 x 8 Pixel große Bilder betrachtet, die untereinander nur in ihrer räumlichen Anordnung in Beziehung stehen. Trotz der Reduzierung der Farbinformation ist JPEG besonders gut zum Speichern von Bildern mit 24 Bit Farbtiefe geeignet. Der eingesetzte Algorithmus kann sanfte Farb- und Helligkeitsunterschiede weitaus besser verarbeiten als scharfe Kanten, deshalb bilden sich dort bei starker Kompression deutlich sichtbare Artefakte.

Abb. 4.10.2a: Artefaktbildung mit abnehmender Bildqualität (Grafik: Bensmann)

Viele Bildbearbeitungsprogramme bieten deshalb die Möglichkeit, beim Speichern als JPEG die Schärfe zu verringern, da dies die Artefaktbildung abschwächt und gleichzeitig die Komprimierungseffizienz erhöht, also zu geringeren Dateigrößen führt. Der Einsatz des verlustbehafteten Kompressionsalgorithmus schlägt sich in erstaunlich niedrigen Dateigrößen nieder, schließt aber die Verwendung von Transparenz aus. Freigestellt wirkende Bilder sind also nur durch den Einsatz gleicher Hintergrundfarben möglich. Da JPEG aber nicht farbecht ist, entstehen häufig trotzdem unschöne Übergänge!

4.10.3 PNG

Portable Network Graphics oder kurz *PNG* nennt sich das modernste, immer häufiger anzutreffende Bildformat. Seine Entwicklung begann Anfang 1995, direkt nachdem Compuserve Lizenzgebühren für jedes Programm, das in der Lage ist, GIFs zu speichern, angekündigt hatte. Dieser Schritt ging von der Firma Unisys aus, die das LZW-Patent schon lange Zeit besessen, aber bis dato keine Gebühren erhoben hatte.

PNG sollte nun gleichzeitig alle Schwächen von GIF ausmerzen und trotzdem frei verfügbar bleiben. Eine informelle Arbeitsgruppe um Thomas Boutell schaffte es, bereits am Ende des Jahres die Standardisierung des Formates einzuleiten. Seit Anfang 1997 ist PNG offizieller Internetstandard.

Die Liste an Features kann sich sehen lassen; PNG ist weitaus mehr als nur das bessere GIF. An erster Stelle steht hierbei sicherlich die Unterstützung von 24 Bit Farbtiefe (TrueColour). Außerdem kann

Bildformate für das WWW

TECHNISCHE GRUNDLAGEN 4

PNG 32-, 48- und sogar 64-Bit-Bilder speichern. Die drei letzteren sind allerdings für das Internet noch von keiner praktischen Bedeutung. Das 24-Bit-Format ermöglicht Bilder mit echten Transparenzen. Diese werden über einen 8-Bit-Alphakanal verwirklicht, der 256 Transparenzstufen ermöglicht. Es sei aber angemerkt, dass solche 24-Bit-Bilder recht hohe Dateigrößen mit sich bringen. Da man PNG-Bilder aber auch indizieren, also mit reduzierten Farbpaletten anlegen kann, ist eine direkte Vergleichbarkeit von PNG und GIF gegeben.

Allerdings erlaubt PNG zusätzlich zur singulären Transparenz auch im indizierten Modus mehrere Transparenzfarben. Der Kompressionsalgorithmus von PNG ist genau wie der von GIF verlustfrei, aber trotz seiner freien Verfügbarkeit effizienter: Eine PNG-Datei ist bei gleicher Farbtiefe immer kleiner als eine GIF-Datei, teils nur wenig, teils dramatisch. Sehr interessant ist auch die Möglichkeit, Darstellungsunterschiede auf unterschiedlichen Plattformen zu kompensieren, da auch Informationen über den Gammawert der Erzeugerplattform mit abgespeichert und beim Anzeigen ausgewertet werden. Jeder Webdesigner wird sich schon einmal über die unterschiedlichen Gammawerte auf Windows- und Macintosh-Plattformen geärgert haben, dies könnte dank PNG ein Ende haben. Nicht verschwiegen werden soll auch MNG, das PNG-Gegenstück zum animierten GIF.

So überzeugend die Features von PNG auf dem Papier sind, so muss man gestehen, dass es noch Probleme bei der Unterstützung gibt. Bis einschließlich Version 6 kann der Internet Explorer transparente PNGs nicht korrekt darstellen. Dies ist besonders ärgerlich, da fast alle anderen wichtigen Browser – Internet Explorer für Mac eingeschlossen – dies schon länger beherrschen. Mit Version 7 des „IE" konnte Microsoft dieses Versäumnis jedoch nachholen.

Abb. 4.10.3a: In Photoshop gespeicherte PNG-Dateien (oben: 24-bit, unten: 8-bit). Obwohl auch die 8-bit-Version des PNG-Formats (PNG-8) volle Transparenzen unterstützt, ist dies bis einschließlich Photoshop CS5 noch nicht implementiert. Für echte Halbtransparenz in PNG-8-Bildern sollten Sie deswegen entweder Fireworks einsetzen oder in Photoshop erstellte 24-bit PNG-Grafiken mit einem Tool wie PNGQuant oder PNGNQ konvertieren.

Linktipps:
PNGQuant: http://www.libpng.org/pub/png/apps/pngquant.html
PNGNQ: http://pngnq.sourceforge.net/

Blogartikel zum Thema: http://blogs.adobe.com/jnack/2010/08/do-you-care-about-png-8-with-transparency.html

4.10.4 SVG

Das offene Format *Scalable Vector Graphics* (*SVG*) ist ein Standard zur Beschreibung zweidimensionaler Vektorgrafiken in der XML-Syntax. SVG wurde im September 2001 vom W3C als Empfehlung veröffentlicht und ein Großteil des Sprachumfangs kann von den meistverwendeten Webbrowsern von Haus aus dargestellt werden. Beim Internet Explorer ist die Darstellung erst ab Version 9 nativ, für frühere Versionen durch ein Plugin wie den SVG-Viewer von Adobe möglich. Auch viele mobile Geräte unterstützen sogar ohne Plugin eine mehr oder weniger große Untermenge des SVG-Formats.

4.10.5 Formatentscheidungen

Aufgrund seiner technischen Fähigkeiten und Einschränkungen eignet sich das GIF-Format besonders gut für Grafiken mit wenigen Farben und größeren gleichfarbigen Flächen. Außerdem sind die Transparenzfähigkeit sowie die garantierte Farbechtheit hervorzuheben, die immer dann entscheidend sein können, wenn mehrere Grafiken mit gleicher Hintergrundfarbe kombiniert werden

Abb. 4.10.4a: Beispiel für eine SVG-Grafik (Quelle: Wikipedia)

sollen. Kleine Sprünge in ansonsten homogenen Flächen werden vom menschlichen Auge nämlich besonders stark wahrgenommen. Für sehr detaillierte Grafiken und Fotos ist GIF hingegen nicht gut geeignet.
JPEG ist ein Format, das besonders gut geeignet ist, Bilder mit hoher Farbtiefe und ausgewogener Detaildichte zu speichern. Für freigestellte Motive sowie Grafiken mit starken Kontrasten und scharfen Kanten ist es hingegen nicht zu empfehlen.
PNG könnte in naher Zukunft das GIF komplett ersetzen, da es dessen Stärken aufgreift und übertrifft sowie zusätzlich True Color- und Alphakanalunterstützung bietet.
JPEG bietet bei Fotos aufgrund der verlustbehafteten Komprimierung jedoch einfach ein besseres Dateigrößen-Qualitäts-Verhältnis.
Versuchen Sie stets, eine gute Datenkompression zu erreichen, achten Sie aber auch darauf, eine noch wirklich befriedigende Darstellungsqualität zu erhalten. Verwaschene und farbverfälschte Fotos verärgern die Besucher Ihrer Site und werden auch nicht durch kurze Ladezeiten entschuldigt.

4.11 Plugins
Im Bereich der Informatik bezeichnet man Programme zur Erweiterung von Programmen als *Plugin*. Plugins gibt es in eigentlich allen Software-Sparten. Von Audio- oder Grafiksoftware bis hin zu Warenwirtschaftssystemen – sie alle lassen sich durch Plugins mit neuen Funktionen erweitern und aufwerten.
Eines der bekanntesten Einsatzfelder ist die Erweiterung von Internetbrowsern. Die fehlende Unterstützung von Multimediadateien früherer und auch heutiger Browser und der Wunsch, bestimmte Dokumenttypen direkt im Browser betrachten zu können, haben eine Vielzahl von Browser-Plugins hervorgebracht.
Um Plugins einsetzen zu können, muss die Software dem Plugin eine Schnittstelle zur Verfügung stellen. Bei den Browsern haben sich hier die Schnittstelle für Netscape-kompatible Plugins sowie Microsofts ActiveX-Schnittstelle etabliert.
Plugins sollten nur äußerst sparsam eingesetzt werden, um die Zugänglichkeit Ihrer Website so wenig wie möglich einzuschränken.

4.11.1 Adobe Flash
Adobe (früher Macromedia) *Flash* ist eine vektorbasierte, streamingfähige (d.h. die Animation kann schon beim Herunterladen abgespielt werden) Rich Internet Application und hatte sich über die letzten Jahre zum Quasistandard für interaktive Vektorgrafiken und Animationen entwickelt. Inzwischen sind mit Microsoft Silverlight, JavaFX und dem HTML5-eigenen `<canvas>`-Element einige Konkurrenten herangewachsen. Flash enthält eine eigene an den Sprachstandard ECMA-262 angelehnte Skriptsprache und unterstützt die Verwendung von Pixelbildern, Videos und mp3-kodierten Musikdateien.

Eingabefelder, Interaktionsfähigkeit sowie die Möglichkeit, mit Internetservern Daten auszutauschen, erlauben es, mit Flash neben Animationen auch Einzel- und Multiplayer-Spiele sowie komplexe Bedienoberflächen und Anwendungen zu erstellen.

4.11.2 Microsoft Silverlight
Microsoft Silverlight ist eine Erweiterung für Webbrowser, die die Ausführung von Rich Internet Applications ermöglicht. Wie Flash ist es streamingfähig und unterstützt Pixel- sowie Vektorgrafiken (jedoch nicht SVG), Videos und mp3- und wma-kodierte Audiodateien.

4.11.3 Java
Java wurde als plattformunabhängige, objektorientierte Programmiersprache ab 1991 von Sun (jetzt Oracle) entwickelt. Bereits 1994 erschien der erste Java-fähige Browser, der Programme aus dem Internet laden und lokal ausführen konnte. Mit der Integration in den Navigator 2.0 durch Netscape begann der große Boom von Java. Inzwischen ist Java in viele Bereiche vorgedrungen. Serverseitig kommen Java-Servlets zum Einsatz, aktuelle Mobiltelefone und Organizer können Java ausführen und für fast alle Betriebssysteme existieren Java-Interpreter.
Java abstrahiert von der eigentlichen Hardware und stellt dem Programm eine einheitliche Umgebung zu Verfügung. Die dadurch erreichte Plattformunabhängigkeit geht allerdings zu Lasten der Performance.
Java-Applets unterliegen im Browser einigen Sicherheitsbeschränkungen, sie können z. B. nicht ohne Erlaubnis des Benutzers lesend und schreibend auf die Festplatte zugreifen. Häufige Anwendungen reichten von E-Banking-Clients über Ticker und grafische Spielereien bis hin zu Bedienoberflächen für Maschinen. Zeitweilig wurden Java-Applets mit Ausnahme von ein paar speziellen Einsatzbereichen fast vollständig verbannt. Mit JavaFX haben die Java-Applets jedoch neue Popularität erlangt.
Eine Alternative zu Applets stellt Java Web Start dar, das die Ausführung von Java- / JavaFX-Anwendungen ohne Browser und somit ohne PlugIn ermöglicht.

4.11.4 X3D
Extensible 3D (*X3D*) ist der offizielle Nachfolger des *VRML* (*Virtual Reality Modeling Language*)-Standards und ist seit Dezember 2004 als ISO-Standard spezifiziert. X3D ist eine objektorientierte, interaktive und multimediale Modellierungssprache für dreidimensionale Szenen im WWW. Genau wie in VRML lassen sich auch in X3D dreidimensionale virtuelle Welten, Spiele, wissenschaftliche Visualisierungen und interaktive Lernanwendungen in Echtzeit realisieren. Gegenüber VRML stehen jedoch bei X3D wesentlich mehr standardisierte Möglichkeiten und Schnittstellen bereit. Dreidimensionale Objekte werden in X3D mitsamt ihrer

Bewegung beschreiben. Der Benutzer kann sich in den erzeugten Welten frei bewegen und die Objekte von jedem Blickwinkel aus betrachten.

Zum Erstellen einer X3D-Welt genügt ein einfacher Texteditor, viele 3D-Programme bieten aber auch einen X3D-Export an. Um sich eine X3D-Datei im WWW anschauen zu können, benötigt man ein Plugin für den Browser, an einer nativen Browserunterstützung wird derzeit jedoch gearbeitet.

4.11.5 PDF

Das *Portable Document Format* (*PDF*) wurde von der Firma Adobe entwickelt. Es erlaubt eine originalgetreue Nutzung elektronischer Dokumente unabhängig von einem bestimmten Textverarbeitungsprogramm oder Betriebssystem.

Innerhalb eines PDF-Dokumentes lassen sich Sprungmarken zur Navigation, zum Ein- und Ausblenden bestimmter Elemente, zum Senden von Formulardaten oder zum Starten multimedialer Elemente setzen.

Um PDF-Dokumente betrachten zu können, braucht man den kostenlosen Adobe Reader. Er lässt sich auch als Browser-Plugin nutzen, so dass die Dokumente direkt im Browser angezeigt werden können. Aufgrund seiner Eigenschaft, Gestaltung plattformübergreifend zu erhalten und gleichzeitig die Dateigröße niedrig zu halten, wird PDF als Standard im Bürowesen, im Printbereich und für Präsentationen verwendet. Dieses Format ermöglicht praktischerweise, datenintensive Druckdateien einer Printbroschüre komprimiert in die Website einzubinden, um dem Kunden eine (auch ausdruckbare) Präsentation zur Verfügung zu stellen. Verlage stellen z. B. gerne ihre Preislisten als PDF ins Netz, so dass ständige Kunden diese Mediadaten für ihre Unterlagen archivieren können. Dokumente aller Art können schnell und originalgetreu im Internet zur Verfügung gestellt oder als E-Mail-Anhang verschickt werden. Dies gilt auch für Bewerbungsunterlagen oder Portfolios.

Linktipps:
PDF-Erstellung: http://www.pdfforge.org/, http://de.openoffice.org/, https://www.webpdf.net/, http://www.dmoz.org/World/Deutsch/Computer/Datenformate/Dokumente/PDF/

Zum Erstellen eines PDFs benötigen Sie die Software „Adobe Acrobat" oder eine der kostenlosen Alternativen. Mit dieser Software installieren Sie einen virtuellen Drucker, mit dem Sie beliebige Dokumente in PDF-Dateien drucken können. Inzwischen gibt es auch einige kostenlose Alternativen, um PDF-Dokumente zu erstellen. Beispielsweise verfügen die meisten Grafik- und Textverarbeitungsprogramme über eine eigene Speicherungsfunktion. Der Funktionsumfang liegt aber unter dem von Acrobat.

4.12 Entwicklerwerkzeuge

4.12.1 HTML-Editoren

Es gibt sehr viele *HTML-Editoren* auf dem Markt, angefangen von kommerzieller Software bis hin zur Freeware. Man unterscheidet zwei verschiedene Arten von HTML-Editoren: *WYSIWYG-Editoren* (what you see is waht you get) und *Quelltexteditoren*. Obwohl die modernen WYSIWYG-Editoren wie beispielsweise Dreamweaver recht brauchbare Ergebnisse liefern, raten wir zu Lernzwecken von der Benutzung ab. Zumindest für die begleitenden Übungen dieses Buches sollten Sie die volle Kontrolle über das behalten, was Sie entwickeln.

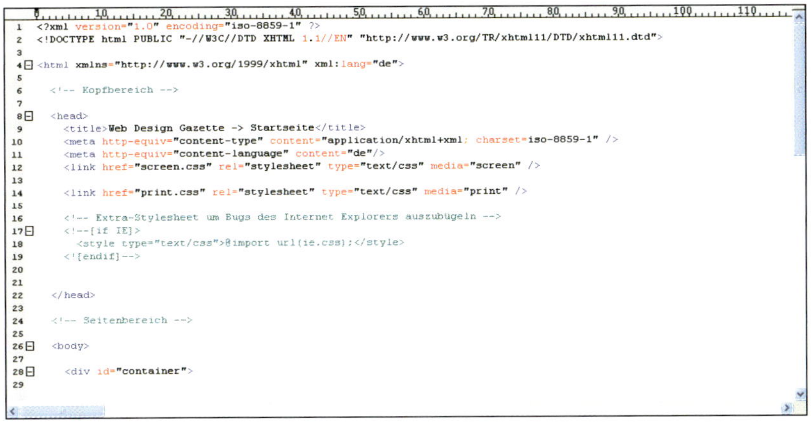

```
<?xml version="1.0" encoding="iso-8859-1" ?>
<!DOCTYPE html PUBLIC "-//W3C//DTD XHTML 1.1//EN" "http://www.w3.org/TR/xhtml11/DTD/xhtml11.dtd">

<html xmlns="http://www.w3.org/1999/xhtml" xml:lang="de">

  <!-- Kopfbereich -->

  <head>
    <title>Web Design Gazette -> Startseite</title>
    <meta http-equiv="content-type" content="application/xhtml+xml; charset=iso-8859-1" />
    <meta http-equiv="content-language" content="de"/>
    <link href="screen.css" rel="stylesheet" type="text/css" media="screen" />

    <link href="print.css" rel="stylesheet" type="text/css" media="print" />

    <!-- Extra-Stylesheet um Bugs des Internet Explorers auszubügeln -->
    <!--[if IE]>
      <style type="text/css">@import url(ie.css);</style>
    <![endif]-->


  </head>

  <!-- Seitenbereich -->

  <body>

    <div id="container">

```

Abb. 4.12.1a: Editor mit Syntax-Highlighting

Quelltexteditoren zeigen, wie der Name bereits andeutet, nur den Quelltext an. Ein komfortables Feature, um den Überblick zu behalten, ist das so genannte Syntax-Highlighting (Abb. 4.12.1a). Quelltexteditoren sind sehr gut geeignet, um die Entwicklung von Websites von Grund auf zu lernen, und es ist wichtig, seinen Quelltext gut zu kennen. Nicht immer hat man das gewohnte Tool zur Verfügung, wenn man später z. B. Wartungsarbeiten vornehmen muss, deshalb ist es unumgänglich, sich in seinen eigenen Quelltexten auszukennen, diese gut zu kommentieren und leserlich und aufgeräumt zu gestalten.
Es verbietet sich von selbst, in Textverarbeitungen verfasste Dokumente einfach in HTML zu konvertieren. Derartig erstellte Websites sind nicht nur besonders unübersichtlich und wartungsunfreundlich, sondern auch weit davon entfernt, dem Standard zu entsprechen.

4.12.2 Content-Management-Systeme

Content-Management-Systeme (*CMS*) gestatten den modularen Aufbau eines Webangebotes, wobei das CMS Inhalte und Präsentation getrennt verwaltet. Dies ermöglicht die Bearbeitung der Inhalte auch ohne jegliche HTML- oder Programmierkenntnisse. Zu diesem Zweck stellen die Systeme meist ein Frontend für Redakteure zur Verfügung. Durch eine geschickte Rechtevergabe ist es darüber hinaus auch möglich, unterschiedlichen Benutzern Zugriff auf bestimmte Bereiche des Contents zu erlauben. Mehrere Personen können so mit unterschiedlichen Aufgaben am Publishing-Prozess beteiligt sein.

Link:
CMS-Übersicht: http://en.wikipedia.org/wiki/List_of_Content_Management_Systems

Viele Content-Management-Systeme bieten ein so genanntes Life-Cycle-Management an, um Inhalte zeitlich begrenzt zu veröffentlichen oder zu archivieren.

4.12.3 Bildbearbeitungssoftware

Eine Bildbearbeitungssoftware ist für einen Webdesigner unverzichtbar. Die Anwendung der Wahl ist hier sicherlich die Profi-Software Photoshop von Adobe. Aber auch Freeware-Tools wie z. B. „Gimp" können gute Dienste leisten. Viel wichtiger als die teure Software ist das Wissen darum, wie man Bilder wirkungsvoll und technisch korrekt für das Web aufbereitet. Ein teures Tool allein macht keinen guten Webdesigner.

4.12.4 Toolbars und Browsertools

Für die unterschiedlichen Browser gibt es eine riesige Anzahl unterschiedlicher *Toolbars* und Hilfsmittel, allen voran den Firefox mit einer nahezu unerschöpflichen Fülle von Toolbars und Tools. Die wichtigsten und nützlichsten Tools sind hier kurz vorgestellt:

Link: Web Developer: https://addons.mozilla.org/de/firefox/addon/60

Web Developer
Die Erweiterung für Firefox, Flock, Mozilla und Seamonkey, wenn es um (X)HTML und Stylesheets geht. Sie können sich eigene und fremde Webseiten und Stylesheets nicht nur in allen vorstellbaren Variationen anzeigen lassen, sondern diese auch verändern und den Effekt gleich im Browser ansehen. Unverzichtbar für Webdesigner!

Link: Internet Explorer Developer Toolbar: http://www.microsoft.com/downloads/details.aspx?familyid=e59c3964-672d-4511-bb3e-2d5e1db91038

Internet Explorer Developer Toolbar
Die Alternative zur Web Developer Extension für den Internet Explorer

Link: Firebug: https://addons.mozilla.org/de/firefox/addon/1843

Firebug
Diese Extension für den Firefox bietet die Möglichkeit, HTML, CSS und JavaScript im Livebetrieb zu testen, zu überwachen und zu debuggen.

Link: Html Validator: https://addons.mozilla.org/de/firefox/addon/249

Html Validator
Damit lassen sich HTML-Quelltexte in Firefox oder Mozilla auf Validität testen.

Link: CSS validator: https://addons.mozilla.org/de/firefox/addon/2289

CSS validator
Prüft Stylesheets auf Validität. Erweiterung für den Browser Firefox.

Link: Total Validator: https://addons.mozilla.org/de/firefox/addon/2318

Total Validator
Testet neben (X)HTML auch auf Barrierefreiheit sowie auf defekte Links und bietet darüber hinaus noch ein paar weitere nützliche Funktionalitäten.

Entwickeln für den unbekannten Anwender

TECHNISCHE GRUNDLAGEN 4

Favelets
    Viele nützliche Favelets für den IE. Mit diesem Tool können Websites ebenfalls auf Validität geprüft werden. Für (X)HTML, CSS, Skripte, Links ist alles dabei. Und noch vieles mehr.

Link:
Favelets: http://tantek.com/favelets/

MeasureIt
    Sehr praktische Firefox-Erweiterung, um schnell und unkompliziert zu messen.

Link:
MeasureIt: https://addons.mozilla.org/de/firefox/addon/539

ColorZilla
    Farbwerte werden schnell und einfach ausgelesen.

Link:
ColorZilla: https://addons.mozilla.org/de/firefox/addon/271

4.13 Entwickeln für den unbekannten Anwender

Sie wissen nicht, wer am anderen Ende der Leitung vor dem Monitor sitzt. Sie wissen weder, welches Computersystem diese Person benutzt, noch welches Betriebssystem und welchen Browser sie verwendet. Sie wissen auch nicht, wie der Browser konfiguriert ist, ob mit Toolbars oder ganz spartanisch, ob er im Vollbildmodus läuft oder das Fenster im Hochformat aufgezogen wurde.

Vielleicht nutzt der Anwender am anderen Ende gar keinen Computer, sondern ein Handy oder PDA, eine Spielekonsole mit Internetanschluss, eine Braillezeile oder einen Screenreader. Wer auch immer da sitzt, diese Person möchte vielleicht die von Ihnen entwickelte Website betrachten. Und im Optimalfall geht das ohne Einschränkungen. Das zu ermöglichen ist Ihre Aufgabe als Webdesigner.

4.13.1 Plattformen, Browser und Toolbars

Durch das WWW gibt es die Möglichkeit, auf Informationen von allen Rechnern und Plattformen aus zuzugreifen. Aus Sicht des Gestalters ergeben sich hierdurch allerdings einige Herausforderungen. Neben den offensichtlichen Unterschieden, die zwischen den verschiedenen Systemen durch Auflösung und Farbtiefe gegeben sind, existieren auch Unterschiede in der Darstellung zwischen einzelnen Browsern und deren Versionen, auch auf derselben Plattform.

Die Anzahl der am Markt verfügbaren Browser ist groß, vor allem wenn man spezielle Versionen für PDAs, Internetfernsehen sowie Browser für WAP, reine Textbrowser und Browser für Menschen mit Sehbehinderung einschließt. In der Praxis sind jedoch vor allem die aktuell verbreiteten Browser und deren Versionen interessant. Ein Blick in ein der im Internet verfügbaren Browser-Rankings zeigt Ihnen einen Überblick über die aktuelle Nutzungsverteilung.

Linktipp:
Browser-Ranking: http://marketshare.hitslink.com/

Vor allem Schrift wird in Abhängigkeit von Betriebssystem und Browser sehr unterschiedlich dargestellt; pauschal kann man sagen, dass Mac-Systeme zu einer geringfügig kleineren Schriftdarstellung neigen. Dies kann aber der Schritt von gerade noch lesbar zu unlesbar sein. Viele Browser erlauben es, Schrift unabhängig

Entwickeln für den unbekannten Anwender

von den Angaben in der HTML-Seite darzustellen: Dies reicht von der Angabe von Standardschriften bis hin zu der Verwendung von eigenen Stylesheets durch den Browser. Hiervon sind je nach Browser auch die durch CSS definierten Schriften betroffen. Wenn Sie pixelgenaue Layouts für Websites erstellen, sollten Sie bedenken, dass diese schon durch geringfügig größere Schrift gesprengt werden können. Leichte Unterschiede gibt es auch in der Positionierung von Seitenelementen relativ und absolut zum Hintergrund, zueinander und zu den Browserrändern. Browser unterscheiden sich zudem in einem unterschiedlichen Potenzial an Funktionalitäten, etwa in der Unterstützung von Skriptsprachen, Interaktivität oder CSS. Prüfen Sie deshalb frühzeitig, ob die gewünschten Funktionen in den jeweiligen zielgruppenspezifischen Browsern verfügbar sind.

Von der Plattform wird auch die Farbdarstellung beeinflusst. PCs stellen hier im Allgemeinen Farben etwas dunkler dar als Macintosh-Systeme. Bei sehr feinen Farbunterschieden im Grenzbereich (sehr helle oder sehr dunkle Farben) kann die gewünschte Differenzierung gänzlich verschwinden. Auch die Farbtiefe – also die Anzahl der darstellbaren Farben – beeinflusst die Darstellung nachhaltig.

Wichtig ist es, sich diese Unterschiede bewusst zu machen, sie bei der Erstellung von Websites zu berücksichtigen und bereits in frühen Entwicklungsstadien die Kompatibilität zu anderen Browsern und Systemen zu überprüfen.

4.13.2 Monitore und Auflösungen

Je nach Monitorgröße und möglicher *Bildschirmauflösung* stellen sich Internetseiten anders dar. Eine auf 800 x 600 Pixel ausgelegte Site erscheint auf einem hochauflösend eingestellten Monitor verschwindend klein, umgekehrt ist eine auf 1280er-Größe ausgelegte Site bei einer niedrigeren Auflösung vergrößert und nur teilweise zu sehen. Bei der Sitekonzeption hat die Größenentscheidung daher einen wichtigen Stellenwert. Diese ist mit Blick auf die technische Ausstattung der anvisierten Zielgruppe zu treffen.

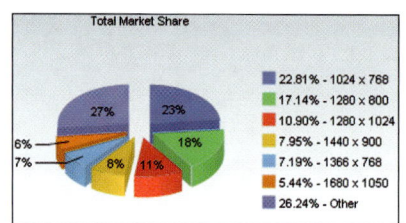

Abb. 4.13.2a: Monitorauflösungen Mitte 2010
(Quelle: http://marketshare.hitslink.com/)

Als Bürostandard gelten ein 17-Zoll-Monitor mit 16-Bit-Farbtiefe und einer Auflösung von 1024 x 768. Immer noch gute 2% aller Grafikkarten sind zurzeit auf 800 x 600 eingestellt, ungefähr 23% der Anwender in Deutschland nutzt eine Auflösung von 1024 x 768. Zwar entwickelt sich der Trend hin zu größeren Auflösungen, doch die Popularität der Netbooks mit Auflösungen von meist 1024x768 bzw. 1024x600 Pixeln bremst diese Entwicklung aus. Die zunehmende Verbreitung von Widescreen-Monitoren sorgt derzeit für ungewohnte Formate für Webdesigner. Smartphones und Tablets kommen zwar mit vergleichsweise geringen Auflösungen auf den Markt, die Browseransicht wird jedoch skaliert dargestellt, so dass Smartphone- und Tablet-Auflösungen in der Regel hier nicht ins Gewicht fallen.

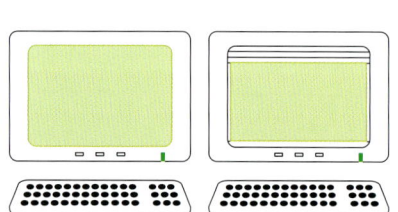

Abb. 4.13.2b: Monitorscreen und Browserfläche

Für welche Auflösung Sie auch entwickeln, vergessen Sie dabei nicht, dass die Auflösung nicht identisch mit der zur Verfügung stehenden Browserfläche ist (Abb. 4.13.2b). Aus diesem Grund kann es ratsam sein, sich beim Webdesignentwurf Screenshots von unterschiedlichen Browserfenstern mit der gewünschten Auflösung anzufertigen und das Design der Browserflächen anzupassen.

4.14 Resümee

Diese Lerneinheit hat Ihnen im Überblick die technischen Grundlagen der Websiteentwicklung vorgestellt. Sie haben u. a. gelernt,

- worin der Unterschied zwischen den Auszeichnungssprachen HTML und XHTML besteht,
- wie Sie eine XHTML Struktur erstellen und mit Inhalt füllen,
- dass CSS im Webdesign ein mächtiges Layoutinstrument darstellt,
- dass Sie möglichst mit externen Stylesheets arbeiten,
- dass relative Maßeinheiten für die Bildschirmanpassung besser geeignet sind als feste Maße,
- dass Tabellen heute nicht mehr als Layoutwerkzeug benutzt werden,
- dass für spezielle Anwendungen weiterführende Technologien wie Ajax, client- und serverseitige Programmiersprachen und Datenbanken erforderlich sind,
- dass durch aktuelle und zukünftige technologische Entwicklungen im Web neue Funktionalitäten möglich werden,
- dass im Web unterschiedliche Bildformate ihre Daseinsberechtigung haben,
- dass Plugins oft eine Zugangshürde darstellen,
- dass trotz komfortabler HTML-Editoren ein Verständnis des Quellcodes unumgänglich ist und
- dass man beim Webdesign fast immer für einen unbekannten Anwender entwickelt.

Evaluieren Sie Ihre erworbenen Kenntnisse im folgenden Multiple-Choice-Quiz.
Nach dem Durcharbeiten dieses Kapitels und der dazugehörigen Übung haben Sie das Handwerkszeug für die Umsetzung des Übungsprojektes, das in den nachfolgenden Kapitenl beschrieben wird.

4.15 Quiz zu „Technische Grundlagen"

Lösungen (Seite 353)

Im nachfolgenden Quiz prüfen Sie Ihren Kenntnisstand zu den Inhalten dieses Kapitels. Sollte die abschließende Auswertung ergeben, dass Ihr Kenntnisstand lückenhaft ist, wird empfohlen, die relevanten Kapitel nachzuarbeiten.

Quizfrage 4.15.1

❑ Lösung (A)
❑ Lösung (B)
❑ Lösung (C)
❑ Lösung (D)

4.15.1 Ein HTML-Element wird normalerweise definiert durch...
- (A) ein Start-Tag
- (B) ein Start-Tag und ein End-Tag
- (C) ein Stylesheet
- (D) sein Wurzelelement

Quizfrage 4.15.2

❑ Lösung (A)
❑ Lösung (B)
❑ Lösung (C)
❑ Lösung (D)

4.15.2 Wie schreiben Sie in XHTML ein img-Element?
- (A) `<img></img>`
- (B) `<img/>`
- (C) `<img />`
- (D) `<img/ >`

Quizfrage 4.15.3

❑ Lösung (A)
❑ Lösung (B)
❑ Lösung (C)
❑ Lösung (D)

4.15.3 An welche Stelle eines XHTML-Dokuments muss die XML-Deklaration geschrieben werden?
- (A) Zwischen `<head>` und `<body>`
- (B) Nach der DOCTYPE-Deklaration
- (C) In der ersten Zeile des HTML-Dokuments
- (D) Innerhalb des `<html>`-Elements

Quizfrage 4.15.4

❑ Lösung (A)
❑ Lösung (B)
❑ Lösung (C)
❑ Lösung (D)
❑ Lösung (E)

4.15.4 Wo wird der XML-Namensraum festgelegt?
- (A) In der DOCTYPE-Deklaration
- (B) Im `<title>`-Element
- (C) Im `<html>`-Element
- (D) In der XML-Deklaration
- (E) In der ersten Zeile des HTML-Dokuments

Quizfrage 4.15.5

❑ Lösung (A)
❑ Lösung (B)
❑ Lösung (C)
❑ Lösung (D)
❑ Lösung (E)

4.15.5 Welche der folgenden Aussagen ist/sind richtig? (mehrere Nennungen möglich)
- (A) Blockelemente können nicht innerhalb von Inline-Elementen vorkommen
- (B) Inline-Elemente können nicht innerhalb von Blockelementen vorkommen
- (C) Nach jedem Inline-Element entsteht automatisch eine leere Zeile
- (D) Das `<title>`-Element kann weitere Inline-Elemente enthalten
- (E) Das `<img>`-Element ist ein Inline-Element

Quiz zu „Technische Grundlagen"

4.15.6 Worauf sollten Sie achten, wenn Sie in Ihrem HTML-Dokument Überschriften verwenden?
(A) Es darf nur <h1> bis <h6> vorkommen
(B) Es müssen alle Elemente <h1> bis <h6> verwendet werden
(C) Wenn Sie <h1> bis <h4> verwenden, dürfen Sie <h3> nicht auslassen
(D) Sie sollten <div>-Elemente statt <h>-Elementen verwenden, um die Trennung von Inhalt und Design zu gewährleisten

Quizfrage 4.15.6
❏ Lösung (A)
❏ Lösung (B)
❏ Lösung (C)
❏ Lösung (D)

4.15.7 Welches Attribut definiert in einem <a>-Element das Verweisziel?
(A) target
(B) name
(C) id
(D) href

Quizfrage 4.15.7
❏ Lösung (A)
❏ Lösung (B)
❏ Lösung (C)
❏ Lösung (D)

4.15.8 Wie schreiben Sie eine CSS-Regel in einem Stylesheet?
(A) <p background-color="red">
(B) p { background-color="red" }
(C) p { background-color: red; }

Quizfrage 4.15.8
❏ Lösung (A)
❏ Lösung (B)
❏ Lösung (C)

4.15.9 Wie definieren Sie einen Inline-Style für ein einzelnes Element?
(A) <div text-align="center">
(B) <div style="text-align:center">
(C) <div { text-align:center }>
(D) <div style="{ text-align: center; }">

Quizfrage 4.15.9
❏ Lösung (A)
❏ Lösung (B)
❏ Lösung (C)
❏ Lösung (D)

4.15.10 Wie binden Sie ein externes Stylesheet in ein HTML-Dokument ein?
(A) Mit einem <meta>-Tag
(B) Zwischen <head> und <body> mit <style>-Element
(C) Im Kopfbereich mit einem <link>-Element

Quizfrage 4.15.10
❏ Lösung (A)
❏ Lösung (B)
❏ Lösung (C)

4.15.11 Können Sie in CSS für eine Gruppe von Elementen gleichzeitig denselben Style zuweisen?
(A) ja
(B) nein

Quizfrage 4.15.11
❏ Lösung (A)
❏ Lösung (B)

Quiz zu „Technische Grundlagen"

Quizfrage 4.15.12

❏ Lösung (A)

❏ Lösung (B)

❏ Lösung (C)

4.15.12 Welche Regeln gelten für die Vererbung von Styles?

(A) Kindelemente übernehmen, mit wenigen Ausnahmen, die Style-Eigenschaften von ihren Elternelementen

(B) CSS-Styles vererben sich nur über kontextsensitive Selektoren

(C) Elternelemente vererben dann Style-Eigenschaften an Kindelemente, wenn in der Deklaration des Elternelements „inherit" steht.

Quizfrage 4.15.13

kleine Datei _____
_____
_____
_____

große Datei _____

4.15.13 Sortieren Sie die folgenden GIF-Grafiken nach aufsteigender Dateigröße.

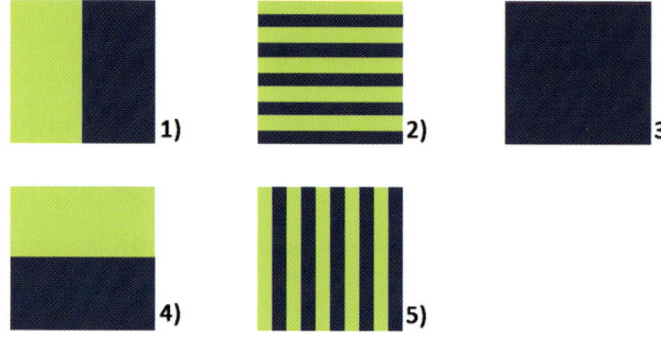

Quizfrage 4.15.14

(A) ⇨
(B) ⇨
(C) ⇨

4.15.14 Ordnen Sie das jeweils geeignete Bildformat den Abbildungen zu.

Übung: „Tragamin" Webseite aufbauen

4.16 Übung: „Tragamin" Webseite aufbauen

Wenden Sie das Gelernte aus diesem Kapitel an, indem Sie eine einzelne Übungswebseite nach vorgegebenem Layout und mit vorbereiteten Inhaltsmaterialien erstellen (vgl. Schritt für Schritt zu HTML-Seite und Stylesheet).

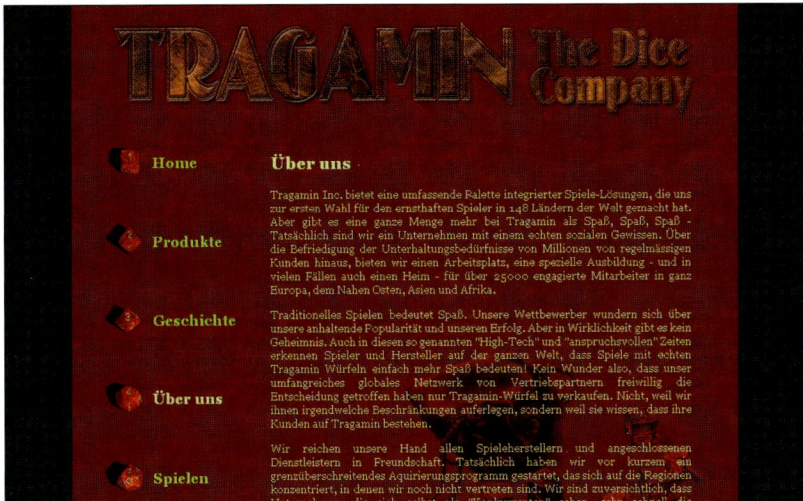

Abb. 4.16a: Vorlage Tragamin Webseite
So sollte die Tragamin-Website am Schluss aussehen.

Bauen Sie zunächst die erforderliche HTML-Struktur auf. Definieren Sie dann das Aussehen gemäß der Vorlage mit geeigneten CSS-Definitionen. Achten Sie auf die strikte Trennung von Struktur und Inhalt. Die Website sollte in allen gängigen Browsern funktionieren.
Alle benötigten Dateien und Informationen sowie eine vergrößerte Ansicht der Website erhalten Sie im Downloadpaket zu Übung 4.

Downloadlink:
Tragamin-Übung: http://mediendesign-online.net/xmediapress

Siteplanung 5

*I love deadlines.
I love the ~~whooshing~~
sound they make as
they fly by.*

Douglas Adams

Abb. 5a: Zitat Douglas Adams
(Grafik: Bensmann)

5.1 Lernziele

Mit diesem Kapitel steigen Sie nun in die Realisierung von Webangeboten ein. Sie lernen die Arbeitsschritte zur Planung eines Internetauftritts kennen. Diese gehen dem eigentlichen Webdesign voraus.

Sie lernen im Einzelnen:
- in welchem Umfang eine technische Vorplanung erforderlich ist,
- was zu einem sorgfältigen Briefing gehört,
- warum eine frühe Materialsichtung sinnvoll ist,
- welche unterschiedlichen Sitestrukturmodelle verbreitet sind,
- wie man ein Strukturdesign visualisieren kann,
- welches gebräuchliche Interaktionselemente sind und wie diese sinnvoll eingesetzt werden,
- was Sie im Interaktionsdesign erarbeiten,
- wie Sie ein Navigationslayout erstellen und
- wie Sie ein Webprojekt effizient organisieren.

Überprüfen Sie Ihre erworbenen Kenntnisse mit dem selbstevaluierbaren Quiz.
Das Kapitel endet mit einer Übung, dem ersten Teil Ihrer eigenen Umsetzung der Website für die fiktive Agentur der „pixographen".

"A lot of people think designers are there to make things pretty, but our purpose is to communicate to the audience. We must discover what information the audience needs, then deliver it to them in a way they can absorb."
(Anonym)

5.2 Einleitung

Als Designer kommt man in Versuchung, sich bereits nach einer vagen Beschreibung der Aufgabe in die kreative Entwurfsarbeit zu stürzen. Fehlinterpretationen der Aufgabenstellung und daraus resultierende unerfreuliche Auseinandersetzungen mit dem Auftraggeber sind nicht selten die Folge.

Aus diesem Grunde ist ein sorgfältiges *Webprojektmanagement* dringend zu empfehlen. Es dient vor allem dazu, die Arbeit für alle Projektbeteiligten transparent zu machen und Ordnung in die Abfolge der zu leistenden Arbeitsschritte zu bringen. Es ist deshalb gleichzeitig ein hervorragendes Instrument zur Kommunikation mit dem Auftraggeber, zur Planung, Kalkulation, Arbeitsfortschritts- und Kostenkontrolle. Unumgänglich ist ein detailliertes Webprojektmanagement, wenn mehrere Personen in den Erstellungsprozess eingebunden sind. Dann sind die Abhängigkeiten der Arbeitsschritte jedes Teammitglieds festzulegen und einzelne Aufgaben und Bearbeitungszeiten zu definieren, um reibungslose Teamarbeit zu gewährleisten.

Aus diesem Grunde ist es notwendig, zu Beginn in einem detaillierten *Briefing* die Ziele des Projektes zu kommunizieren.

Zielsetzung von Websites ist in der Regel die Vermittlung ausgesuchter Informationen an eine bestimmte Zielgruppe. Die Informationen gestalterisch für diese Zielgruppe aufzubereiten, ist die Hauptaufgabe von Webdesignern. Um diese Aufgabe zu bewältigen, reichen originelle Gestaltungskreationen allein nicht aus. Seriös kann die Aufgabe nur bewältigt werden, wenn dem eigentlichen Gestalten eine gewissenhafte Analyse der zu vermittelnden Inhalte und der anvisierten Zielgruppe vorausgeht und daraus eine geeignete Site- oder Informationsarchitektur abgeleitet wird.

Die Qualität guten Webdesigns liegt deshalb nicht allein in der Gestaltung der Gesamterscheinungsform und der Benutzeroberfläche begründet, sondern auch in einer intelligenten Informationsarchitektur und einem einsichtigen Navigationskonzept. Gemeint sind damit die strukturelle Organisation der Informationen, das „Strukturdesign", und die Schaffung geeigneter Wege, die gewünschten Informationen schnell und zuverlässig zu erreichen, das „Interaktionsdesign". Die Konzeption der Informationsarchitektur stellt daher den ersten wichtigen Schritt im Webdesign dar.

5.3 Briefing und Projektplanung

Die Grundlage eines jeden Websitekonzeptes sollte eine klare Zielformulierung und die Herleitung einer so genannten *„Main Idea"* sein.

Zu Beginn eines Projektes steht in der Regel ein Briefing durch den Auftraggeber (*Kunden-Briefing*), d.h. eine Sammlung von Vorstellungen, Wünschen und Anforderungen, die ein Auftraggeber vorgibt.

Briefing und Projektplanung

SITEPLANUNG 5

In einer gemeinsam verabschiedeten Projektdefinition sollten die Festlegung der allgemeinen Zielsetzung des geplanten Webauftritts, die Definition der Zielgruppe und die Eingrenzung von Corporate- Design-Vorgaben festgeschrieben werden. Danach ist ein Ablauf- und Kostenplan zu erstellen.

5.3.1 Kundenanforderungen

Im *Kunden-Briefing* erfahren Sie die Vorstellungen und Vorgaben, die Ihr Auftraggeber für das zu bearbeitende Projekt hat. Diese sind oft anfangs noch sehr vage und nicht ausgereift. Sinnvoll ist es, in einem Briefing-Gespräch die Wünsche und Vorstellungen des Auftraggebers genauestens zu erfragen, um von Beginn an sicherzustellen, dass zwischen Auftraggeber und den Ausführenden ein gleiches Verständnis der zu bearbeitenden Gestaltungsaufgabe besteht.

Zunächst einmal geht es darum, die generellen Zielsetzungen des geplanten Webauftritts abzustimmen:

- Soll über das Unternehmen informiert, sollen Produkte vorgestellt oder online verkauft werden?
- Soll es sich um einen Image-Auftritt handeln, oder geht es darum, einfach auch im Internet präsent zu sein?
- Sollen auf diesem Wege aktuelle Informationen oder Angebote vermittelt werden?
- Sollen Hilfestellungen zu möglichen Problemen über einen angeschlossenen E-Mail-Service oder eine FAQ-Site gegeben werden?
- Soll ein direkter Kontakt aufgebaut werden?
- Bietet man kostenfreie Angebote wie Softwareupdates oder weiterführende Serviceangebote, z. B. nützliche Links, Adressenlisten, Literaturempfehlungen, Kalenderservice an?
- Sollen Diskussionsforen und Gästebücher eingebunden werden?

Bedenken Sie, es geht nicht darum, möglichst viele Webfunktionalitäten in der Site unterzubringen, sondern darum, das eigentliche Ziel des Webauftritts optimal zu erreichen.

Oft handelt es sich bei einem Webdesignprojekt nicht um die erstmalige Erstellung einer Website, sondern um das *Redesign* einer bestehenden. Hieran kann man sofort diskutieren, was unbedingt zu verändern ist und was sich bisher bewährt hat.

In der Praxis hat es sich als geeignet erwiesen, anhand einer *Briefing-Checkliste* alle relevanten Informationen im Briefing-Gespräch abzufragen (Abb. 5.3.1a).

Nachfolgend sehen Sie eine vereinfachte Checkliste mit Punkten, auf die Sie im Briefing eingehen sollten (Abb. 5.3.1b). Generell möchte der Kunde dahingehend von Ihnen beraten werden, ob seine Ideen Erfolg versprechend und umsetzbar sind, der Aufwand gerechtfertigt ist, dem Budget entspricht usw.

Abb. 5.3.1a: Formblatt für eine Briefing-Checkliste (Quelle: hammer.runge)

Briefing-Checkliste Webdesign

1. Allgemeine Daten
1.1. Projektthema (Kurzdefinition)
1.2. Auftraggeber
(Unternehmen, Unternehmensstruktur, Unternehmensdaten, Erzeugnisse)
1.3. Projektbeteiligte
(Projektleitung, Kontakt, Entscheidungsträger, Teammitglieder, Ansprechpartner bei Partnerfirmen, Ansprechpartner bei Zulieferern)

2. Projektziele
2.1. Unternehmensziele
(Unternehmensstrategie, Unternehmenspositionierung, Designanspruch, Imageziele)
2.2. Marketingziele
(Zielgruppe(n), Ziele der Website, Maßnahmen zur Bekanntmachung der Site, Angestrebte Userzahl, Nachhaltigkeit, Launchtermin, Kooperationssites)

3. Ausgangssituation
3.1. Unternehmenspotenzial (imagebildend darstellbar)
(Produkte, Leistungen, Serviceangebote, Fertigungskapazität, Fertigungstiefe, Fertigungsstandorte, spezielles Knowhow, Marktanteile, bisherige Designaktivitäten, bisherige Designorientierung, bisherige Awards, Corporate Image, eigene Schutzrechte, Distributionskonzept)
3.2. Bisheriger Internetauftritt
(Zielsetzung, Inhalte, Technologie, Zuständigkeiten)
3.3. Stärken/Schwächen bisheriger Site
(Inhalte, Technologie, Performance, Pflegbarkeit)
3.4. Wichtige Wettbewerber (im Internetauftritt)
(Stärken/Schwächen, Positivfeatures)

4. Sitedefinition
4.1. Sitespezifikation
(Definition vorläufiges Pflichtenheft, Ziele der Site, Sprachversionen)
4.2. Technologische Anforderungen
(Webtechnologien, Eingabesystem, Plattformen, Ausgangsauflösung, Browserkompatibilität, Sonderfunktionen, Provider, Barrierefreiheit, Sicherheit)
4.3. Designvorgaben
(Logodesign, CI-Farbgebung, Typografie, Bildgestaltung, Cross Media Design)
4.4. Kommunikative und Designanforderungen
(Anmutungsqualität, Stilrichtung, Vorbilder, Site-Familiencharakter, zielgruppenspezifische Sitezugänge, Alternativnavigation, Marginalien/Zusatzlinks)
4.5. Site-Inhalte
(Unternehmensdarstellung, Produktpräsentation, Unternehmens USPs, E-Shop, Aktuelle Informationen, Angebote, Foren, Downloadangebote, Kontaktseiten, Verzeichnisse, Werbebanner, Metanavigation, Sonderinhalte)
4.6. Vorhandenes Material
(Texte, Fotos, Grafiken, CI-Elemente, Animationen, PDF-Downloads, Videos, Sounds)
4.7. Zuständigkeiten
(Textredaktion, Bildredaktion, Fotoerstellung, Umsetzung, weitere Pflege)

Abb. 5.3.1b: Inhalt einer Briefing-Checkliste
Komprimierte Darstellung
(Quelle: hammer.runge)

Briefing und Projektplanung | **SITEPLANUNG** 5

Die Beantwortung aller dieser Fragen bildet den Rahmen der zu leistenden Arbeit.

5.3.2 Main Idea

Aus dem Briefing-Gespräch sollte idealerweise das zentrale Zielkonzept, die „Main Idea", abgeleitet und formuliert werden. Diese Main Idea ist die Leitidee des Projektes und muss gleichermaßen vom Auftraggeber wie vom gesamten Projektteam getragen und verinnerlicht werden.

Folgende Kriterien können helfen, aus den erarbeiteten Ideen die Main Idea herauszuarbeiten:

- Ist die Idee einzigartig und kreativ oder nur ein Me-Too-Angebot?
- Wie hoch ist der Nutzwert des Internetauftritts für die Besucher?
- Passt die Idee zur Marke und zur Zielgruppe?
- Ist die Umsetzung der Idee innerhalb des geplanten Zeitrahmens mit dem geplanten Budget und der vorhandenen Technik durchführbar?

Angenommen, die Besucher Ihrer Site möchten sich über Ihre Produkte informieren, um diese Produkte dann online zu kaufen, dann ist es vermutlich Ihr wichtigstes Ziel, den Verkauf Ihrer Produkte über Ihre Website zu ermöglichen. Eventuell verfolgen Sie das Ziel, Ihre Marke oder ein bestimmtes Produkt publik zu machen.
Oder ist es das Ziel Ihrer Website, Ihr Markenimage aufzubauen und zu pflegen? Alles, was Sie auf Ihren Internetseiten präsentieren, wird Ihr Firmenimage prägen und Ihren Besuchern einen Eindruck über Ihr Unternehmen und ggf. Ihre Produkte vermitteln. Bevor Sie sich also an die Beschaffung der Materialien und an die Ausarbeitung eines Feinkonzeptes machen, sollten Ihre Ziele klar definiert sein und Ihre Main Idea feststehen.
Alles wird in einer vorläufigen *Projektbeschreibung* festgehalten. So ersparen Sie sich unnötige Arbeit und Sie behalten leichter den Überblick und verhindern, dass sich Ihr Webauftritt in eine unerwünschte Richtung entwickelt.
Sobald Ihre Ziele feststehen, sollten Sie diese mit den Zielen des Nutzers in Einklang bringen. Die Ziele Ihrer Website und damit Ihre Main Idea entstehen nun aus dem Gemisch Ihrer und der Ziele der Nutzer. Sie sollten bei der Entwicklung Ihrer Main Idea also weder Ihre Ziele noch die Bedürfnisse der Nutzer aus den Augen verlieren.

5.3.3 Ablauf- und Projektplanung

Fast allen Webprojekten liegt ein Standardablauf zugrunde, je nach der spezifischen Situation mit individuellen Abweichungen. Es ist sinnvoll, die Ablaufschritte des Projektes vorab mit dem Auftraggeber abzustimmen und Termine für die gewünschten

Briefing und Projektplanung

Zwischenpräsentationen und Entscheidungsschritte (Meilensteine) festzulegen.

Einen *Projektzeitplan* können Sie in einem Projektplanungsprogramm erstellen, auf Papier von Hand führen oder vereinfacht als Exceltabelle anlegen (Abb. 5.3.3a).

Die Vorgehensweise ist stets die gleiche:

- Listen Sie alle Arbeitsschritte (Vorgänge) in der Reihenfolge ihrer Bearbeitung auf. Beachten Sie dabei notwendige Abhängigkeiten.
- Schätzen Sie für jeden Arbeitsschritt die voraussichtliche Bearbeitungszeit (Tage oder Stunden).
- Legen Sie die Zuständigkeiten fest.
- Überlegen Sie, welche Arbeitsschritte von unterschiedlichen Personen parallel ausgeführt werden können.
- Planen Sie die wesentlichen Entscheidungstermine (Meilensteine) ein, an denen Ergebnisse der Projektphasen präsentiert und (hoffentlich) freigegeben werden.
- Tragen Sie die Arbeitsschritte als Zeitbalken gemäß ihrer Dauer in einem Kalenderplan ein.
- Kennzeichnen Sie eventuell den „kritischen Pfad", d. h. alle Arbeitsschritte, die keine Pufferzeiten beinhalten.

Sinn eines *Projektplanes* ist es, alle anstehenden Bearbeitungsschritte, deren Dauer und Abhängigkeiten sowie die jeweilige Bearbeitungszuständigkeit anschaulich darzustellen. Er dient damit als wichtiges Kommunikationsmittel mit dem Auftraggeber. Eine gut funktionierende Kommunikation vermindert dabei die Gefahr, dass die Vorstellungen von Auftraggeber und Designer voneinander abweichen. Das erspart Ärger und Zeit.

Während der Projektbearbeitung wird der Projektfortschritt im Zeitplan visualisiert. Auf diese Weise können Projektverzögerungen

Abb. 5.3.3a: Projektplan Webdesign (Beispiel: Eschenröder, Ausschnitt aus MS Project)

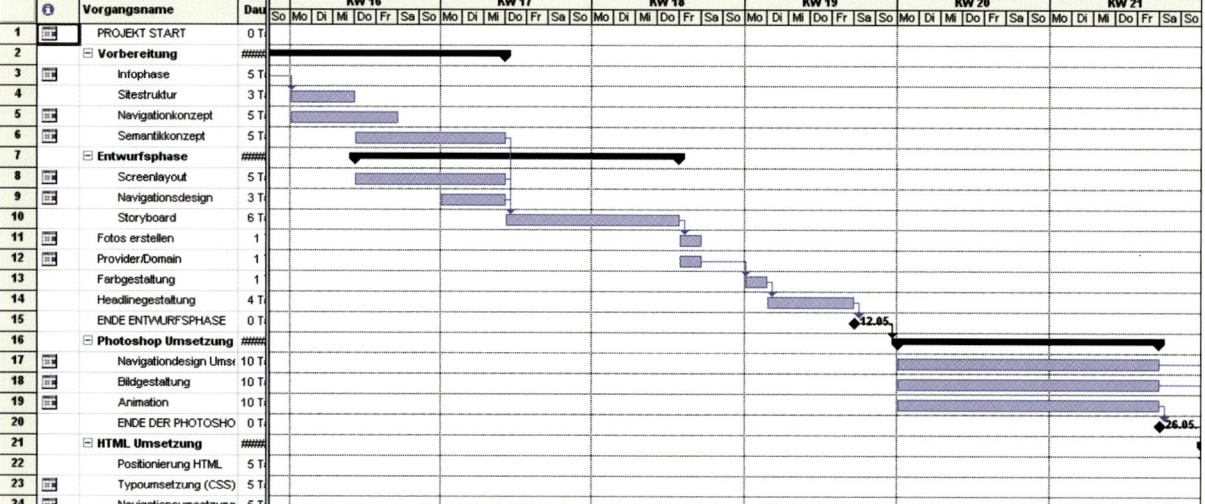

Briefing und Projektplanung

SITEPLANUNG

und durch umfangreichere Bearbeitung entstehende Mehrkosten sofort erkannt und Gegenmaßnahmen eingeleitet werden.

5.3.4 Angebot / Kostenplanung

Mit einem Projektzeitplan wird zugleich Transparenz bezüglich der zu erwartenden Kosten geschaffen. In Kombination mit einer überschlägigen Sitestruktur, aus der die konkrete Anzahl der zu erstellenden Webseiten hervorgeht, wird dadurch die Basis für eine realistische Angebotskalkulation geschaffen. Wichtig ist dabei, den Aufwandfaktor von normalen und umfangreichen Seiten sowie von Seiten mit zusätzlichen Funktionalitäten zu differenzieren.
Bei der *Angebotskalkulation* orientiert man sich an einer üblichen Stundenaufwandzahl. Diese Angaben können als Grundlage dienen. Eine Rolle spielt auch, ob der Designer weiter gehende Nutzungsrechte, z. B. für den Printbereich oder eine CD-Produktion, mitverkauft. Mit Hilfe einer Aufwandsaufstellung kann man auch Festpreise veranschlagen, die später dem tatsächlichen Aufwand recht nahe kommen. Von den errechneten Summen kann man prozentweise Rabatte abziehen, wenn man dem Kunden entgegenkommen will.

Literaturtipp:
Breßler, F., Hübner und Rohlof: Was kostet Web-Design?, 2003

Die eigentliche Preisgestaltung ist von mehreren Faktoren abhängig. Als Newcomer kann man nicht Preise realisieren, wie sie eine etablierte Agentur fordert. Kalkulieren Sie aber unbedingt unter Einbeziehung Ihrer betriebswirtschaftlichen Kosten und verkaufen Sie Ihre Leistungen nicht unter Wert.
In dem dargestellten Angebotsbeispiel (Abb. 5.3.4a) ist das Projekt in einzeln abrechenbare Arbeitspakete untergliedert. Da meist zu Projektbeginn noch nicht feststeht, wie viele Seiten erstellt werden sollen, ist für die technische Umsetzung eine Kalkulation auf Seitenbasis sinnvoll. Kommen dabei unterschiedlich aufwändige Seitentypen vor, sollte man dies preislich abstufen. Auch für die Leistungen „Photoshop-Entwurf" und HTML-Prototyp sollte zuvor ein Umfang festgelegt werden.
Zusätzlich zu erbringende Leistungen (z. B. Bildbearbeitung, Grafikerstellung, Logodesign, Eintrag in Suchmaschinen, Shop-Funktionalitäten) müssen im Vorhinein bedacht, kalkuliert und abgestimmt werden. Sie sollten optional auf Stunden- oder Stückbasis angeboten werden, damit deutlich wird, dass diese nicht automatisch in der Websiteerstellung enthalten sind.
Muten Sie sich nichts zu, was Sie nicht beherrschen. Es ist keine Schande, eine Logoentwicklung an einen Grafikdesigner abzugeben oder das Texten einem Journalisten zu überlassen.

TIPP: *Wenn Sie selbst freiberuflich tätige Designer unterbeschäftigen, werden Abgaben an die Künstlersozialversicherung fällig. Berücksichtigen Sie dies bei Ihrer Kalkulation.*

Linktipp:
Künstlersozialkasse: http://www.kuenstlersozialkasse.de

Ein transparentes Angebot ist eine faire Basis für eine erfolgreiche Zusammenarbeit und gibt Designern und Auftraggebern glei-

Angebot über Websiteentwicklung

Unter Bezug auf unser Briefing-Gespräch darf ich Ihnen folgendes Angebot für die Erstellung der gewünschten Website unterbreiten:

Phase I Konzeption und Designentwurf
1.1 Aufbau der Sitestruktur
1.2 Erstellung eines Navigationskonzeptes (Navigationslayout)
1.3 Entwickeln des Screen- und Interfacedesigns als Photoshop-Layout (Umfang: drei alternative Entwürfe)

XXXX,XX €
Bearbeitungszeitraum 1,5 KW

Phase II Designausarbeitung
2.1 Weitere Ausarbeitung und Spezifizierung des ausgewählten Entwurfs
(Detailentwurf, zusätzliche Seitentypen, Mouseover, Navigationsgrafiken, Textlinks etc. und endgültige Definition von Typografie, Farben und Standpositionen)

XXX,XX €
Bearbeitungszeitraum 0,5 KW

Phase III HTML-Prototyping
3.1 Aufbau eines HTML-Prototyps mit Stylesheet (CSS) (Umfang: 5 typische Seiten und exemplarische Navigation in allen Ebenen)
3.2 Anpassung an unterschiedliche Browser
3.3 Testen des Prototyps

XXXX,XX €
Bearbeitungszeitraum 2 KW

Phase IV Storyboarding und Assetdesign
4.1 Erstellen eines Storyboards für alle Seiten und Planung der noch zu erstellenden Bild/Grafikmaterialien

XXXX,XX €
Bearbeitungszeitraum 2 KW

Optionale Arbeiten:
4.2 Auswahl geeigneter Bilder aus Stockfotoarchiven
4.3 Weiter gehende Aufbereitung der Fotomaterials (Bildretuschen, Freistellen, neue Hintergründe etc.)
4.4 Erstellen von Grafiken und Tabellen
4.5 Texterstellung durch professionelle Texter

Berechnung nach Aufwand
(Stundensatz XX €)

Phase V Umsetzung
5.1 Einpflegen der Inhalte (Texte, Bilder etc.) (eingeschlossen ist das webgerechte Speichern der Bilder)
5.2 Aufbau einer Formularseite (PHP)

XX,XX € je Seite
XXX,XX €

5.3 Aufbau der kompletten Navigation und aller Templateseiten
5.4 Entwicklung eines Druckstylesheets
5.5 Implementierung auf dem Kundenserver
5.6 Suchmaschinenoptimierung
5.7 Endgültiges funktionales Testing
5.8 Freischaltung für das World Wide Web

XXX,XX €
Bearbeitungszeitraum 4 KW

Eingeschlossen sind 2 Präsentationstermine (Photoshop-Layout und HTML-Prototyp). Zusätzliche Termine werden nach Aufwand berechnet.
Mit Begleichung der Kosten für Arbeitsphase I bis V gehen die Nutzungsrechte am Designentwurf der Website auf den Auftraggeber über.

Abb. 5.3.4a: Angebotsbeispiel (Quelle: hammer.runge)

SITEPLANUNG

chermaßen Sicherheit in finanziellen Fragen. Der Auftraggeber sollte über die zu erwartenden Kosten möglichst klar informiert werden. Falls diese sein Budget übersteigen, kann man zusammen überlegen, an welchen Stellen des Projekts am sinnvollsten gespart werden kann, ohne die Zielaussage zu gefährden.

5.4 Information und Analysen

Die erste Arbeitsphase in einem Gestaltungsprojekt ist immer eine *Informations- und Analysephase*. Üblicherweise findet diese erst nach der Erteilung eines Auftrages statt, denn das Durchführen unterschiedlicher Analysen kostet Zeit und stellt deshalb eine abzurechnende Position dar.

Welche Analysen vom Webdesigner durchzuführen sind und welche von Dritten erstellt werden, ist im Einzelfall zu klären. Meist wird man eine *Zielgruppenanalyse* machen und die Webauftritte der konkurrierenden Unternehmen recherchieren. Handelt es sich um ein Redesign, wird man die Stärken und Schwächen der bestehenden Website herausarbeiten.

Am Ende dieser Arbeitsphase steht meistens eine Überarbeitung und Detaillierung der Projektformulierung.

5.4.1 Zielgruppenanalyse

Eine Analyse der anvisierten Zielgruppen ist unumgänglich, um auf diese Weise spezielle gestalterische Anforderungen je nach Zielgruppe zu ergründen und so zur Gestaltungsanregung nutzen zu können. Denn nur wenn Sie wissen, wer Ihre Website besuchen wird, können Sie sich auch die folgenden grundlegenden Fragen beantworten:

- Was soll in Ihrer Website enthalten sein?
- Womit können Sie Ihre Zielgruppe begeistern?
- Worauf müssen Sie bei ihrer speziellen Zielgruppe Rücksicht nehmen?

Sie sollten also herausfinden, mit welcher Absicht jemand Ihre Site besuchen wird. Will der Interessent unterhalten werden? Will man sich über das Unternehmen informieren? Will man Produkte direkt online kaufen? Und wer sind die zukünftigen Besucher? Handelt es sich um ältere Personen, die eventuell eine zusätzliche Benutzerführung benötigen und größere, besser lesbare Schriften? Oder zielt man auf experimentierfreudige User ab, deren Kundenbindung man eher mit Flash-Animationen und unterhaltsamen Zusatzeffekten sicherstellen kann?

Da in der Regel von heterogenen Zielgruppen mit unterschiedlichen Zielabsichten auszugehen ist, beinhalten Websites fast immer unterschiedliche Bereiche wie Unternehmensdarstellung, Produktinformation, Serviceangebote etc. Wenn aber das Hauptanliegen eines Webauftritts der Produktverkauf ist, sollte dieser

Bereich auch vorrangig zugänglich und besonders übersichtlich gestaltet sein.

Im direkten Zielgruppenbezug sind auch die technischen Briefing-Vorgaben bezüglich Auflösung, Browserfenstergröße, Plattform etc. zu sehen. Nutzt die Zielgruppe noch zu einem großen Anteil ältere Rechner und Browserversionen, ist mit einer geringeren Auflösung und Verzicht auf neuere Browserfunktionalitäten darauf Rücksicht zu nehmen.

5.4.2 Websiteanalysen

Bevor Sie eine neue Website konzipieren, ist es selbstverständlich, sich die bereits bestehenden Websites zum gleichen Thema anzusehen. Das betrifft vor allem die Webauftritte der Wettbewerber. Mit welchen Konzepten stellen sich diese dar? Was ist an diesen Auftritten positiv, was negativ?

Die gleichen Fragen sind auch dann zu stellen, wenn es sich bei Ihrem Auftrag um ein Redesignprojekt handelt, wenn also bereits eine Website besteht. Auch diese sollte unbedingt analysiert werden hinsichtlich ihrer Stärken und Schwächen, idealerweise unter Beteiligung potenzieller Nutzer.

Für die Analyse bieten sich unterschiedliche Instrumente an:

Pro-und-Contra-Argumentation

Am einfachsten, im Ergebnis dennoch interessant, ist die *Pro-und-Contra-Argumentation*. Dazu sammelt man im Team oder in Einzelabfragen potenzieller Nutzer Argumente für und gegen die Website. Diese werden anschließend im Entwicklungsteam diskutiert.

Polaritätenprofil

Will man ein Meinungsbild zur Wirkung von Websites erhalten, eignet sich hierzu das *Polaritätenprofil* (auch: Semantisches Differenzial). Dazu werden geeignete Wortbegriffe zur Charakterisierung der Site gegenübergestellt und in einer Ratingskala gewertet. In der Auswertung ergeben sich einzeln oder über alle Probanden gemittelt Profile, die verdeutlichen, welchen Eindruck die Website auf Nutzer macht. Bei diesem Verfahren kommt es darauf an, gut geeignete Begriffspaare zu bilden (Abb. 5.4.2a).

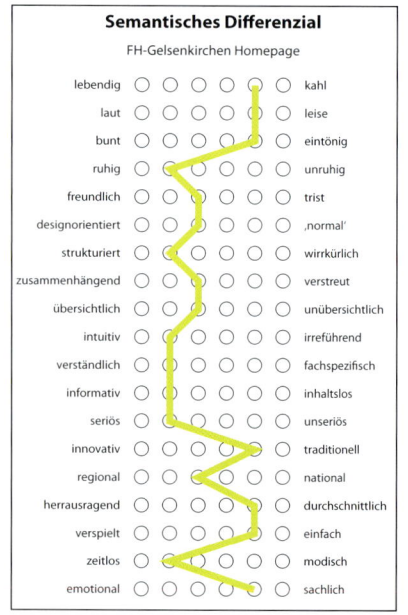

Abb. 5.4.2a: Polaritätenprofile (Grafik: Klettke)

Online-Umfrage

Man kann die Diskussion über die eigene Website auch öffentlich führen, indem man eine *Online-Umfrage* zur Verbesserung der Website ins Netz stellt. Darin kann man Urteile zum Erscheinungsbild, zur Usability und den Inhalten abfragen und Anregungen zur Verbesserung erhalten. Interessant sind auch Fragen danach, wie der Besucher auf die Website gelangt ist und welche Suchbegriffe er eingegeben hat.

Die möglichen Arten der Fragen sind vielfältig, achten Sie jedoch auf gut verständliche Fragen und überlegen Sie zuvor, was Sie

Information und Analysen

SITEPLANUNG

Wie wurden Sie auf diese Website aufmerksam?
○ durch Suchmaschinen ○ durch Printwerbung ○ durch Empfehlung

Wie gefällt Ihnen dieser Internetauftritt?
○ sehr gut ○ durchschnittlich ○ gar nicht

Wie wirkt die Website auf Sie?
○ hochaktuell ○ normal ○ traditionell

Wie beurteilen Sie den Informationsgehalt der Website?
○ sehr informativ ○ ausreichend ○ kaum informativ

Wie erschließt sich Ihnen die Organisation der Website?
○ klar gegliedert ○ wesentlich erkennbar ○ nicht nachvollziehbar

Wie kommen Sie mit der Navigation zurecht?
○ intuitiv bedienbar ○ ausreichend ○ nicht einsichtig

Was sollte Ihrer Meinung nach an der Website verbessert werden?
....

Abb. 5.4.2: Mögliche Fragestellungen für eine Online-Umfrage (Beispiel: Hammer)

genau erfahren wollen. Begrenzen Sie die Menge der Fragen auf ca. 7 bis 10, sonst wird der Aufwand für die Nutzer zu groß. Das Beispiel zeigt einige Fragemöglichkeiten (Abb.5.4.2b).

Logfile-Auswertung
Zur Analyse bereits bestehender Websites ist auch die Auswertung der Logfiles, die der Internetprovider bereithält, zwingend erforderlich. Daraus geht hervor, welche Seiten vorrangig besucht werden bzw. bei welchen Seiten regelmäßig Ausstiege erfolgen. Dies lässt Rückschlüsse auf bevorzugte Inhalte oder ungeeignete Navigationsmöglichkeiten zu (vergl.: Tests und Launch : Auswertung der Logfiles, S. 329).

5.4.3 Materialsichtung

In dieser Arbeitsphase geht es nicht um die Erschaffung neuer Inhalte, sondern darum, bereits vorhandenes Material zu sichten und zur Weiterverarbeitung einzuplanen. Erst nach einer erfolgten Bestandsaufnahme ist es sinnvoll, sich um die Beschaffung neuer Inhalte zu kümmern. Mittels Zielvorgabe und des bereits vorhandenen Materials lässt sich eine erste Inhaltsstruktur entwickeln, danach wird automatisch klar, was noch beschafft werden muss, um den Webauftritt zu komplettieren. Sich in der aktuellen Planungsphase bereits um neues Material zu kümmern, würde bedeuten, das „Pferd von hinten aufzuzäumen", und resultiert ggf. in zeitraubender, unnötiger Arbeit.

Bei der Auswahl der Medieninhalte sollte, wie während des gesamten Projektes, die Main Idea im Vordergrund stehen. Die Main Idea sollte mit Hilfe der Inhalte so umgesetzt werden, dass sie auf der Website, wenn auch unbewusst, für den Nutzer erlebbar wird. Es geht also in der Regel nicht darum, die gedruckte Werbebroschüre webtauglich aufzuarbeiten, sondern vorhandene und neue Inhalte zur Umsetzung der Leitidee zu verwenden. Trotzdem ist es sinnvoll, das bereits vorhandene Material bereitzuhalten und zur Entwicklung der inhaltlichen Struktur einzusetzen und durch neue Materialien zu ergänzen.

5.4.4 Corporate-Design-Vorgaben

Fast alle Unternehmen und Institutionen, die einen Webauftritt planen, sind bereits mit einer gestalterischen Erscheinungsform in der Öffentlichkeit vertreten; sie haben bereits ein Corporate-Identity-Konzept. Daraus abgeleitet bestehen in der Regel *Corporate-Design-Elemente* wie Firmenlogos, -farben und -schriften.

Falls dies nicht bereits im Briefing erfolgt ist, erfassen Sie nun, welche Corporate-Design-Vorgaben für den Webauftritt verbindlich sind, und beschaffen sich Dateien oder reprofähige Vorlagen eines Firmenlogos sowie die Definition von Farben und Schriften. Prüfen Sie, ob es typische Unternehmensschriften gibt, die Sie möglicherweise in Siteheadlines wieder verwenden können. Existieren typische Hausfarben? Sind sie möglicherweise für den Seitenhintergrund und/oder als Auszeichnungsfarbe geeignet? Kann man sie für Navigationsbuttons, für Bildrahmen oder für Grafikelemente verwenden, um die Wiedererkennbarkeit des Unternehmens zu sichern?

Bedenken Sie dabei, dass Farben durch die Übertragung aus dem CMYK-System der Printmedien ins RGB-System sich u. U. geringfügig ändern und dass durch nicht kalibrierte Monitore der Nutzer ohnehin keine absolute Farbidentität mit der Original-Unternehmensfarbe

Abb. 5.4.4a: Logo, Farben und Hausschrift der Deutschen Post AG
Der Nutzer erkennt sofort, bei welchem Unternehmen er sich befindet.
(http://www.deutschepost.de)

Technische Vorplanung

gewährleistet ist. Die besten Voraussetzungen für Farbkonsistenz sind gegeben, wenn sich die Hausfarbe einer websicheren Farbe zuordnen lässt.

Existiert im Unternehmen ein Design-Manual (*Styleguide*) mit Gestaltungsvorschriften? Was davon ist auch für den Webauftritt verbindlich, was darf neu gestaltet werden? Bedenken Sie dabei immer, dass Styleguides für Printmedien nicht 1 : 1 auf elektronische Medien übertragbar sind.

Die websicheren Farben
Wem hier ein Widerspruch zum Kapitel „Webdesign, ein Kompromissdesign" (S. 34) aufgefallen ist, der hat sich nicht verlesen. Die Palette der websicheren Farben ist als ausschließliche Grundlage für die Farbgestaltung von Websites sicherlich überholt, sie stellt aber dennoch die Palette mit den browser- und systemübergreifend einheitlichsten Farben dar.

5.4.5 Überarbeitete Projektformulierung

In Ihrer Informations- und Analysephase haben Sie sicherlich neue und zusätzliche Erkenntnisse gewonnen, die möglicherweise Auswirkungen haben auf Ihr bisher definiertes Projektkonzept.

Vor allem können Sie nach Sichtung der Medieninhalte überblicken, wie umfangreich die zu erstellende Website wird, welche Materialien bereits vorhanden und verwendbar sind und was neu erstellt oder gestalterisch aufbereitet werden muss.

An dieser Stelle ist deshalb in der Regel eine Überarbeitung und Detaillierung der Projektformulierung erforderlich. Gegebenenfalls ist damit ein Nachtragsangebot für einen erforderlichen Mehraufwand verbunden.

Auf der Basis der überarbeiteten und mit dem Auftraggeber abgestimmten Projektformulierung können dann die weiteren Bearbeitungsschritte folgen.

5.5 Technische Vorplanung

Eine Website benötigt für ihren Betrieb verschiedene Komponenten, die in diesem Kapitel beschrieben werden. Das beginnt mit der Festlegung und Registrierung von geeigneten Domainnamen, setzt sich mit der Auswahl eines dem Projekt angemessenen Webhosting-Angebotes fort und umfasst die Einrichtung bzw. den Betrieb des eigentlichen Webservers.

5.5.1 Domains

Domains bestimmen die Namen, unter denen eine Website im Internet erreichbar ist. Ein geeigneter Domainname ist aus diesem Grund ein sehr wichtiger Bestandteil eines Webangebotes. Der Domainname wird im Allgemeinen an den Firmennamen des Auftraggebers, den Zweck bzw. das Thema der Website oder des Projekts, das auf der Website behandelt wird, angepasst sein. Beispiele sind Domains wie maschinenbau-meier.de (Thema, Firmenname) oder datenschutz.de (Thema). Ein vernünftig gewählter Domain-Name erleichtert die Auffindbarkeit der Website bei der jeweiligen Zielgruppe und sorgt für eine entsprechende Assoziation zwischen Website und Name.

Der Name einer Domain ist hierarchisch aufgebaut, wobei die einzelnen Ebenen der Hierarchie durch einen Punkt getrennt werden und die oberste Hierarchieebene am Ende des Namens steht.

Technische Vorplanung

Diese obersten Ebenen können Sie nicht beliebig wählen, vielmehr steht hierfür nur eine bestimmte Anzahl von *Top-Level-Domains* zur Verfügung, unter denen eigene Domainnamen eingerichtet werden können. Top-Level-Domains sind entweder landesbezogen (.de für Deutschland, .ch für Schweiz, .uk für Großbritannien usw.) (Abb. 5.5.1a) oder orientieren sich an abstrakten Organisationseinheiten (.com für kommerziell, .org für Organisationen usw.). Die Auswahl einer geeigneten Top-Level-Domain sollte im Idealfall nicht nur davon abhängig gemacht werden, unter welcher Top-Level-Domain der gewünschte Domain-Name noch frei ist. So werden es die meisten Kunden als befremdlich empfinden, wenn ein deutsches Unternehmen sein Webangebot unter der Italienischen Top-Level-Domain .it betreibt, ebenso gilt die Top-Level-Domain .org als ungeeignet für kommerzielle Unternehmen. Sie wird eher für Non-Profit-Organisationen wie Greenpeace usw. verwendet. Einige Top-Level-Domains schränken den Kreis derer, die einen Namen unterhalb der betreffenden Domain beantragen können, von vornherein stark ein. So führen z. B. die Betreiber der Top-Level-Domain .edu (Educational) ein strenges Auswahlverfahren durch, bei dem der Antragstellende nachweisen muss, dass er in der Tat Aktivitäten aus dem Umfeld der schulischen oder universitären Bildung betreibt. Nur solchen Organisationen wird überhaupt die Gelegenheit gegeben, einen eigenen Namen unterhalb der .edu-Domain zu registrieren.

Ein weiterer wichtiger Aspekt bei der Auswahl des Domain-Namens ist die Beachtung der juristischen Rahmenbedingungen aus dem Markenrecht, dem Namensrecht und dem Warenzeichen-Register. Hier sollten Sie streng darauf achten, mit Ihrem Domain-Namen nicht die entsprechenden Rechte anderer zu verletzen. In bestimmten Fällen gilt dies sogar, wenn der entsprechende Name nicht bereits ausdrücklich markenrechtlich bzw. als Domain beantragt wurde. Sie sollten sich also selbst den Ärger und die vergeudete Zeit

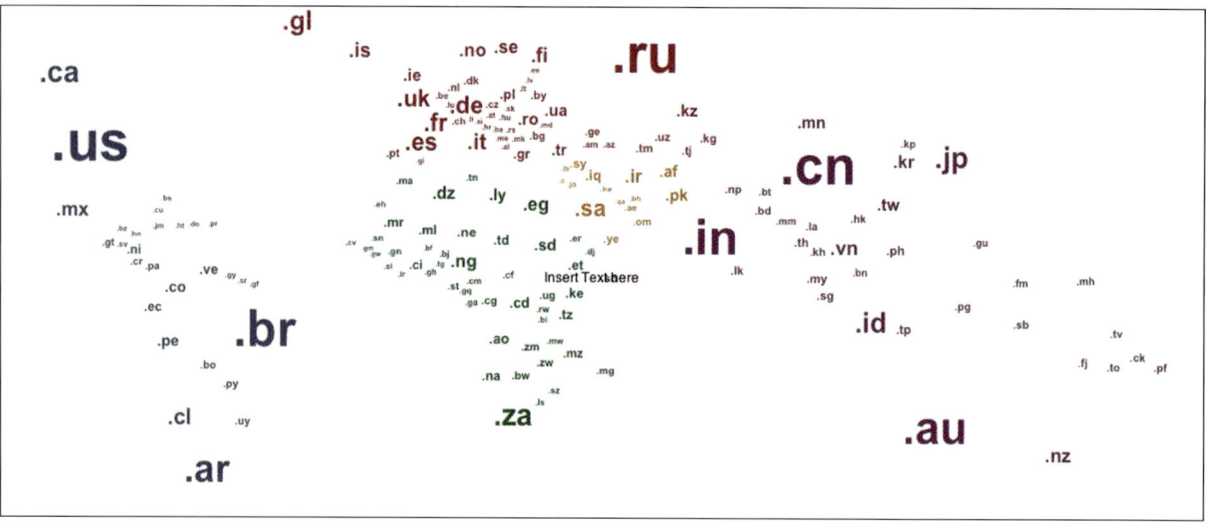

Abb. 5.5.1a: Top-Level-Domains weltweit
(Design: John Yunker)
Poster und Websitereport erhältlich von Byte Level Research LLC
(http://www.bytelevel.com)

ersparen, die aus dem Versuch resultieren würde, z. B. die Domain bundesrepublik-deutschland.de auf Ihren Namen zu registrieren, selbst wenn diese vermutlich kein registriertes Markenzeichen ist.

Bei der Einrichtung bzw. Beantragung einer Domain spielen technische und organisatorische Aspekte zusammen. Aus technischer Sicht benötigen Sie zuallererst einmal einen Name-Server, auch *Domain Name Server* (DNS) genannt, auf dem die betreffende Domain namentlich verwaltet wird. Nur die wenigsten Firmen betreiben tatsächlich eigene DNS-Server; in den allermeisten Fällen wird man hierzu auf Server zurückgreifen, die von Domain-Registrierungsunternehmen bzw. Webhosting-Anbietern für ihre Kunden betrieben werden. Grundsätzlich leisten alle DNS-Server mehr oder weniger das Gleiche, große Unterschiede finden sich jedoch in der Tiefe der Konfigurationsmöglichkeiten, die die DNS-Serverbetreiber ihren Kunden zur Verfügung stellen. Ein hohes Maß an Flexibilität ist an dieser Stelle wünschenswert und zeichnet einen guten Anbieter aus.

Aus organisatorischer Sicht spielen neben den o.g. rechtlichen Aspekten vor allem das Eigentumsrecht, die Zuständigkeiten und die Verfügungsgewalt über die Domain eine Rolle. Im Zuge der Registrierung einer Domain werden Domain-Inhaber sowie administrative und technische Zuständigkeiten definiert und vergeben. Insbesondere die Zuordnung von Domaininhaber und administrativem Kontakt will wohl überlegt sein, da diese Rollen weitreichende Verfügungsgewalt über die Domain haben. Bei einer im Kundenauftrag realisierten Website sollte im Normalfall Domain-Inhaber und administrativer Kontakt beim Kunden selbst angesiedelt sein. Es gilt als extrem schlechter Stil, sich als Webhoster oder realisierendes Webdesign-Unternehmen selbst als Domain-Inhaber bzw. administrativer Kontakt einzutragen.

5.5.2 Webhosting

Der Begriff *Webhosting* steht für das Betreiben der technischen Einrichtungen, die für das korrekte Funktionieren einer Website notwendig sind. Umfang und Komplexität dieser Komponenten hängen stark von den Bedürfnissen des jeweiligen Webangebotes ab, so dass ein dem jeweiligen Projekt angemessenes Webhosting nur ausgewählt werden kann, wenn die operativen Anforderungen der Website erkannt und formuliert sind. Diese Anforderungen lassen sich in technische und organisatorische Aspekte unterteilen. Die technischen Bedingungen, die ein Webangebot an eine Webhosting-Lösung stellt, können sich unter anderem an folgenden Fragestellungen orientieren:

- Wird eine Datenbank benötigt? Wenn ja, welche? Muss diese bestimmte Bedingungen erfüllen, wie z. B. Transaktionssicherheit oder einen besonderen SQL-Dialekt?

- Welche Programmiersprachen muss der Server unterstützen? PHP4? PHP5? Perl? Eine bestimmte Variante von ASP? Oder muss es Java sein?
- Wie wird die IT-Sicherheit des Webhostings sichergestellt und überwacht? Welche Maßnahmen sind vorhanden, um die Website vor Einbruchs- und Manipulationsversuchen von Crackern, Spionen und Script-Kiddies zu schützen? Wie wird sichergestellt, dass die Website nicht von Dritten in ihrer Funktion beeinträchtigt werden kann (Verhinderung von Denial-of-Service-Attacken)?
- Wie viele Zugriffe pro Sekunde muss die Website in Spitzenzeiten leisten können?

Bei den organisatorischen Aspekten sollte man unter anderem die folgenden Punkte bedenken:

- Wie viel Speicherplatz benötigt das Projekt auf dem Webserver und ggf. auf der Datenbank?
- Wie hoch ist das Datenvolumen durch Internetzugriffe pro Monat?
- Welche Zugriffsmöglichkeiten hat man für die Pflege und Aktualisierung der Inhalte der Website? FTP? WebDAV? SSH/SCP/SFTP? Hier sind sichere Verfahren zu bevorzugen, die Verschlüsselung unterstützen.
- Besteht die Möglichkeit, die Website bei Bedarf mit einem SSL-Zertifikat zu betreiben?
- Welche Aussagen macht der Webhosting-Betreiber zu Fragen des Datenschutzes, d. h., wie geht er mit den Daten um, die Sie auf den Servern und Datenbanken ablegen? Wie stellt er sicher, dass Ihre Daten nicht gegen Ihren Willen in die Hände Dritter fallen? Wie sehen die Haftungsregelungen in einem solchen Fall aus?
- Wie hoch muss die Verfügbarkeit der Website sein, d. h., wie viel Ausfallzeit pro Monat können Sie bzw. Ihr Kunde tolerieren? Hier ist auf ein entsprechendes Service Level Agreement (SLA) zu achten.

Abhängig von den Ergebnissen, die man bei der Betrachtung der oben genannten Aspekte im Kontext eines jeweiligen Projektes ermittelt, wird sich die Frage stellen, ob man die Website extern bei einem Webhosting-Dienstleister betreibt oder ob man eine geeignete Serverlandschaft selbst aufbaut und betreibt. Beide Ansätze haben ihre Vor- und Nachteile. Der Betrieb bei einem externen Webhosting-Dienstleister geht im Allgemeinen schnell und ist problemlos eingerichtet. Nachteile entstehen immer dann, wenn man mit den Leistungen des Dienstleisters nicht zufrieden ist oder die gebotene Flexibilität und Leistungsfähigkeit die Anforderungen des Projektes nicht erfüllen. Der Aufbau und Betrieb einer eigenen Serverlandschaft für das Projekt bieten ultimative

Technische Vorplanung

SITEPLANUNG

Flexibilität und die Möglichkeit, das System optimal abzustimmen. Nachteile ergeben sich dabei jedoch in Form von oftmals erheblichen Kosten und einem immensen Bedarf an technischem Know-how, das nicht in jedem Projektteam zu finden ist.

5.5.3 Webserver

Der *Webserver* ist die zentrale Hardware- und Softwarekomponente für den Betrieb einer Website. Er dient als Ansprechpartner für die Anfragen der Browser und liefert über das HTTP-Protokoll die Inhalte der Webseiten an die Betrachter. Die Anforderungen, die ein Projekt an einen Webserver stellt, können sehr unterschiedlich sein.

Auch bei Webservern gilt, dass man sich hohe Flexibilität und Leistung durch hohe Komplexität, mehr Aufwand und steigende Kosten erkauft. Derzeit sind folgende Webserver-Optionen am Markt vertreten, die unterschiedliche Zielgruppen ansprechen, so dass sich für jedes Projekt eine passende Lösung findet:

- *Shared Virtual Hosting*, *Webhosting-Pakete*
  Diese stellen die kostengünstigste Variante dar, eine Website zu betreiben. Hierbei werden die Websites vieler Kunden (oftmals tausende oder sogar zehntausende) auf einem gemeinsamen physikalischen Server betrieben. Da in einem solchen Szenario alle gemeinsam betriebenen Websites vom Webhosting-Anbieter mehr oder weniger gleich behandelt werden müssen, bietet diese Lösung entsprechend wenig Platz für Flexibilität und Sonderwünsche.
- *Dedicated Virtual Hosting*
  Diese Lösung setzt auf Virtualisierungstechnologien auf Betriebssystemebene, d. h., es werden mehrere logisch voneinander abgekapselte Instanzen eines Betriebssystems auf einer gemeinsamen Hardware betrieben. Vertreter dieser Technologie sind Produkte wie VMware oder Xen, aber auch Lösungen wie IBM LPARs, die Jail-Technologie von FreeBSD und die Zonen bzw. Container von Sun Solaris ab Version 10. Diese Verfahren liefern praktisch alle Vorteile eines eigenständigen Servers, können aber aufgrund der gemeinsam genutzten Hardware und den operativen Vorteilen für den Webhosting-Betreiber recht günstig angeboten werden.
- *Dedicated Server*, *Rootserver*
  Hierbei handelt es sich um einen exklusiv genutzten eigenen physikalischen Server. Diese Lösung bietet ein Höchstmaß an Flexibilität und Leistung, fordert aber im Gegenzug auch die meiste Arbeit und das größte Know-how, da man sich um praktisch alle Aspekte des Serverbetriebs selbst kümmern muss. Aufgrund der exklusiv zur Verfügung gestellten Hardware ist diese Lösung oftmals auch mit den höchsten monatlichen Kosten verbunden.

5.6 Strukturdesign

Nach der Projektformulierung und der Materialsichtung besteht der erste wesentliche Arbeitsschritt im Webdesign im Erstellen einer Organisationsstruktur der vorgesehenen Informationen.

Das Erstellen dieser „Informationsarchitektur" bezeichnen wir hier als „Strukturdesign", da es sich hierbei durchaus um konzeptionelle Designarbeit handelt, von der das spätere Interaktions- und Interfacedesign beeinflusst werden. Ziel des Strukturdesigns ist es, alle vorgesehenen Websiteinhalte in einer logischen Beziehungsstruktur einander zuzuordnen.

Literaturtipp:
Zu unterschiedlichen Ausführungen von Strukturdiagrammen und Flowcharts vergleiche Stapelkamp: Interaktionsdesign, S. 217ff., 2007

In der Regel wird die Informationsarchitektur in Form von *Strukturdiagrammen* oder *Flowcharts* aufbereitet. Eine festgelegte Ausführungsform gibt es jedoch nicht.

5.6.1 Inhaltlicher Aufbau

Zu Beginn der Sitestrukturierung sollte die eindeutige Leitidee des Auftraggebers stehen, es sollte herausgearbeitet werden, was mit der Site vorrangig beabsichtigt wird. Danach entscheidet sich, welche Informationen überhaupt dargeboten werden und welchen Stellenwert einzelne Informationsschwerpunkte einnehmen sollen. Dabei steht nicht im Vordergrund, möglichst viele Informationen auf der Site unterzubringen, vielmehr sollte ausgewählt werden, was wirklich für die Nutzer interessant und wichtig ist. Auch hier gilt: Weniger ist mehr, weil kleinere Sites einfach übersichtlicher und dadurch nutzerfreundlicher sind.

Ordnen Sie zunächst die beabsichtigten Informationen in sinnvolle Rubriken. Achten Sie dabei auf logische Einteilungen, vermischen Sie nach Möglichkeit nicht Klassifikationen und Hierarchien. Das heißt: Stellen Sie nicht Äpfel, Birnen und Obst oder Tischleuchten, Wandleuchten, Außenleuchten und Glühbirnen nebeneinander.

Ein oft anzutreffender Fehler in der Informationsarchitektur besteht darin, dass im Web die im Unternehmen vorhandenen und dort bekannten Strukturen abgebildet werden. Die Kunden als Zielgruppe haben aber einen bestimmten Informationsbedarf oder ein bestimmtes Problem und suchen dafür eine Lösung. In der Regel möchte man sich über das Warenangebot informieren und eine Auswahl treffen. Diese Zielsetzung ist ausschlaggebend, nicht etwa realistische Gegebenheiten im Betrieb.

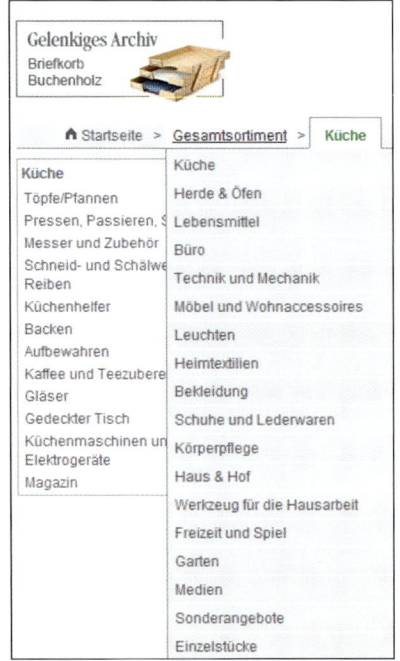

Abb. 5.6.1a: Navigationsbegriffe (http://www.manufactum.de)
Im Manufactum-Shop sieht man sehr gut, wie wichtig die Sortierung nach den richtigen Kategorien sein kann, um komfortabel einzukaufen.

Versuchen Sie, Ihre Informationsangebote nutzergerecht zu organisieren. Wenn Sie beispielsweise eine Begriffsreihe wie Kleinmöbel, Tee, Schränke, Elektrowerkzeuge, Kaffee, Werkzeugaufbewahrung und Süßwaren vor sich haben, könnten Sie diese einfach in eine alphabetische Abfolge bringen. Sie könnten diese aber auch zu Inhaltsclustern umbilden und dadurch eine sinnvolle Vororientierung anbieten:

- Lebensmittel: Kaffee, Süßwaren, Tee
- Möbel & Wohnen: Kleinmöbel, Schränke
- Werkzeug: Elektrowerkzeuge, Werkzeugaufbewahrung

Strukturdesign — SITEPLANUNG

Das empfiehlt sich insbesondere dann, wenn auf diese Weise eine größere Anzahl von Einzelkategorien zu übergeordneten Hauptkategorien zusammengefasst werden kann.

5.6.2 Sitestrukturmodelle

Die Struktur einer Website beschreibt ihren logischen Aufbau und die Beziehung zwischen den verwendeten Elementen. Die Besucher müssen den Aufbau gut verstehen können; dieser sollte nur so komplex wie nötig sein. Die Seite wird dadurch übersichtlich und die Besucher werden bleiben, um sich zu informieren.
Man unterscheidet in der Theorie für den Aufbau von Websites eine Reihe unterschiedlicher Strukturmodelle. Ansatzweise findet man diese Modelle auf vielen Websites wieder, sie kommen jedoch nur selten in der hier geschilderten Reinform vor.

Linearstruktur

Die einfachste Strukturform ist die *Linearstruktur*, bei der sich der Nutzer von einer Seite zur nächsten durchklickt. Per Rücksprung besteht immer die Möglichkeit, zurück zur vorangegangenen Seite zu springen. Das entspricht im Wesentlichen der sehr eingeschränkten Browsernavigation und ist analog zu einem Buch ohne Seitenzahlen zu sehen (Abb. 5.6.2a, b).
In Reinkultur kommt diese Struktur bei Webauftritten kaum vor. Selbst wenn eine Site z. B. nur aus sieben Seiten besteht, bietet man normalerweise auf der ersten Seite bereits eine direkte Navigationsmöglichkeit auf alle anderen Seiten an, ohne eine zwingende Abfolge vorzuschreiben.
Als Unterstruktur komplexer Sites wird das lineare Strukturmodell jedoch manchmal eingesetzt, um zu einer bestimmten Seite Detailinformationen anzubieten. Von dort ist nur ein Rücksprung auf diese Seite möglich. Eine an dieser Stelle eingeschränkte Navigation bezeichnet ein so genanntes Dead End (Sackgasse) im Web. Eine Linearstruktur macht nur dann einen Sinn, wenn eine logische Reihenfolge im Seitenabruf notwendig ist, beispielsweise bei einem fortlaufenden Text, der aus optischen Gründen auf mehrere Seiten verteilt wird.

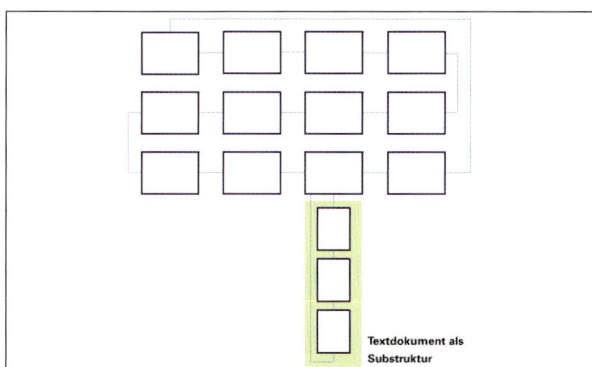 

Abb. 5.6.2a,b: Linearstruktur (Grafik: Ruske)

Strukturdesign

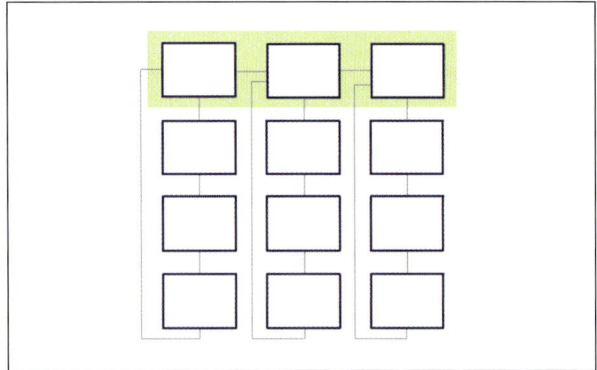 

Abb. 5.6.2c, d: Leiterstruktur (Grafik: Ruske)

Leiterstruktur
Die klassische *Leiterstruktur* ist eine Erweiterung des linearen Modells um eine vorgeschaltete Parallelauswahl. Aufgrund der seltenen linearen Abfolge von Seiten kommt es in Reinkultur jedoch ebenfalls kaum vor (Abb. 5.6.2c, d). Interpretiert man es jedoch freier im Sinne der Navigationsreihenfolge eines Hauptmenüs und einem nachgeschalteten Untermenü, ist es häufig vorzufinden.
Über die Hauptauswahl sucht man einen Obermenüpunkt aus und hat danach die Auswahlmöglichkeit im folgenden Untermenü. Erst über einen Homebutton gelangt man wieder in das Hauptmenü.
Das Leitermodell findet man häufig auf einfachen Sites, die ohne technischen Aufwand gebaut sind. Vorteilhaft ist die Übersichtlichkeit der eingeschränkten Navigation, allerdings hat diese einen unbequemen Wechsel in einen anderen Bereich des Hauptmenüs zur Folge.

Baumstruktur
Die *Baumstruktur* ist weit verbreitet, da viele Informationen durch eine hierarchische Struktur gegliedert und dargestellt werden können. Für den Benutzer sind Baumstrukturen meist sehr transparent und helfen ihm so bei der Orientierung auf der Website (Abb. 5.6.2e, f).

Abb. 5.6.2e, f: Baumstruktur (Grafik: Ruske)

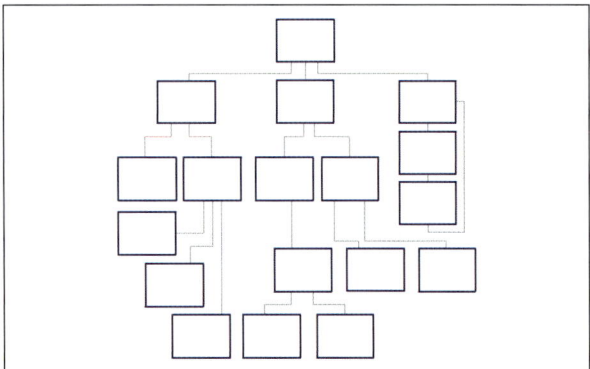 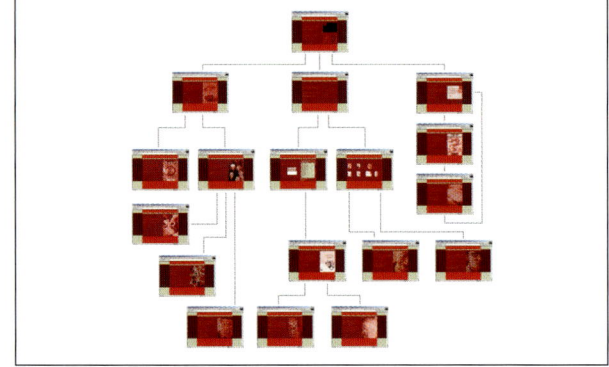

Strukturdesign **SITEPLANUNG** 5

Für das Interaktionsdesign stellt sich die Herausforderung, eine brauchbare Möglichkeit für Navigationssprünge in andere Äste oder Zweige des Baumes zu realisieren. Die permanente Präsentation der Gesamtstruktur ist aber ab einer bestimmten Baumgröße nicht mehr möglich. Dafür kann allenfalls eine separat zugängliche Sitemap angelegt werden.
Eine Alternative zur zusätzlich angelegten Sitemap ist die Gestaltung einer Haupt- und Subnavigation erster und zweiter Ordnung, so dass aus einer zweiten und dritten Ebene nur ein Sprung in die nächst höhere Hauptkategorie möglich ist. Von dort kann der Nutzer wieder tiefer navigieren.
Themenpfade (auch: *Breadcrumbtrails*) bieten dem Nutzer eine interessante Orientierungshilfe bei tieferen Baumstrukturen. Zudem dienen sie oft als Headline einer Seite und sind gleichzeitig Teil der Navigation. Dieses Konzept ist häufig bei Anbietern großer Webportale zu finden.

Matrixstruktur
Werden in einer Baum- und Leiterstruktur unterschiedlichen Hauptkategorien gleiche Unterkategorien zugeordnet, so bietet sich die *Matrix- oder Gitterstruktur* als Gliederungsmodell an, da es sehr transparent und einfach vom Nutzer nachvollziehbar ist. (Abb. 5.6.2g, h).
Die Matrixstruktur enthält meistens in einer Achse die unterschiedlichen Themengebiete und in der anderen Achse die Serviceangebote, so dass in jedem Knotenpunkt ein bestimmtes Serviceangebot zu einer bestimmten Kategorie verfügbar ist. Außergewöhnlich und charakteristisch ist, dass man in der Navigation zwei Parameter auswählen muss, um zu einer Seite zu kommen.
Museen verwenden diese Struktur z. B., um unterschiedliche Themengebiete und ihre entsprechenden Beziehungen (z. B. Chronologie) zu verknüpfen. Unternehmen listen gerne horizontal ihre Produkte auf und kreuzen diese mit ihren Serviceangeboten (z. B. Produktinfo, technische Daten, Onlineshop, Test). Ein gutes Navigationsdesign bietet dabei auch die Möglichkeit, in einer bestimmten Informationskategorie, z. B. Produktspezifikationen, zu

Abb. 5.6.2g, h: Matrixstruktur
(Grafik: Ruske, Screenentwurf: Jägers)

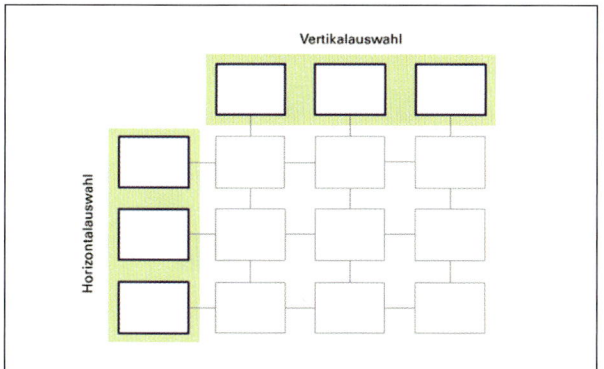
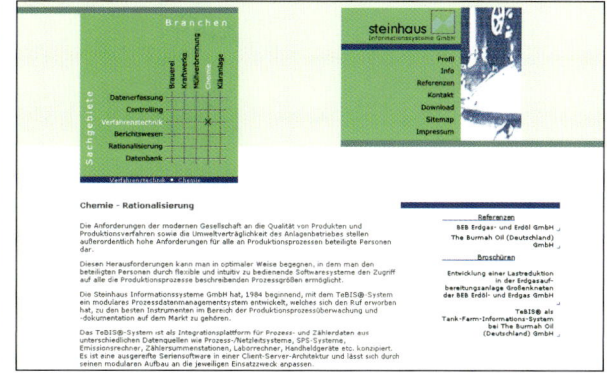

Strukturdesign

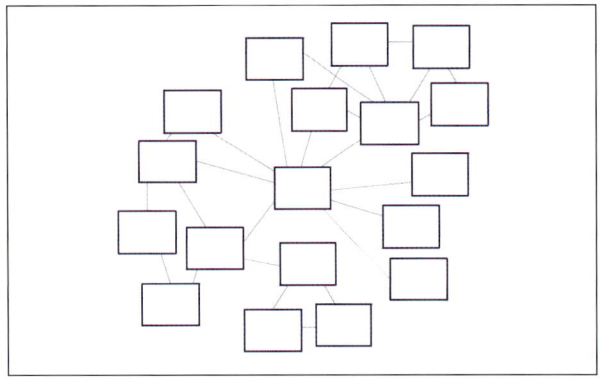
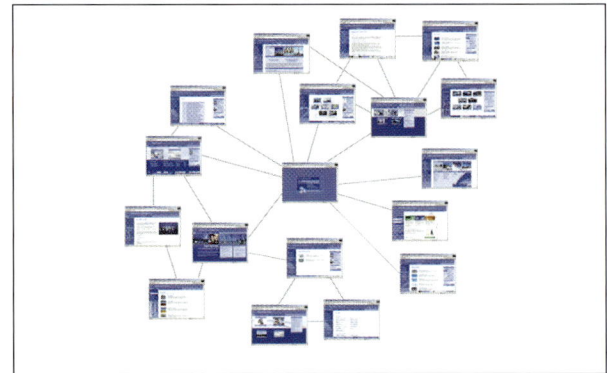

Abb. 5.6.2i, j: Netzstruktur (Grafik: Ruske)

einem anderen Produkt zu springen. Der Nutzer hat dann direkte Vergleichsmöglichkeiten mit anderen Produkten.

Netzstruktur
Die Idee der *Netzstruktur* beruht darauf, beliebige Verknüpfungen von einem Thema zum nächsten zu erlauben (Abb. 5.6.2i, j). Dennoch sind in der Praxis ungeordnete Netzmodelle, die beliebige Sprünge von Seite zu Seite zulassen, eher ungebräuchlich. Technisch ist dies über Textlinks gar kein Problem. In der Praxis ist jedoch ein dazu passendes, ausreichend transparentes Interaktionsdesign kaum zu realisieren. Die Nutzer verlieren sich deshalb in solchen freien Netzstrukturen allzu schnell im Nirwana des Hyperspace. Ein Anwendungsbeispiel für Websites mit netzartigen Strukturen sind Enzyklopädien.

5.6.3 Strukturlayout
Welches Strukturmodell für Ihre Site geeignet ist, hängt von den Kommunikationsabsichten und dem verfügbaren Material ab. Es ist empfehlenswert, Dokumente zu verknüpfen, die auf einer Ebene liegen und logisch eine Gruppe bilden. Setzen Sie nur überlegt und sparsam Hyperlinks und bedenken Sie dabei immer den Vorteil, den der Benutzer inhaltlich haben soll. Verbreitet sind Mischformen der zuvor aufgeführten Strukturmodelle. (Abb. 5.6.2k, l).

Abb. 5.6.2k, l: Mischform aus den o. g. Strukturmodellen (Grafik: Ruske)

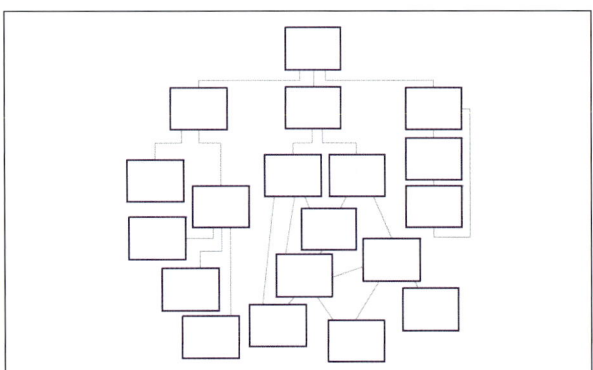
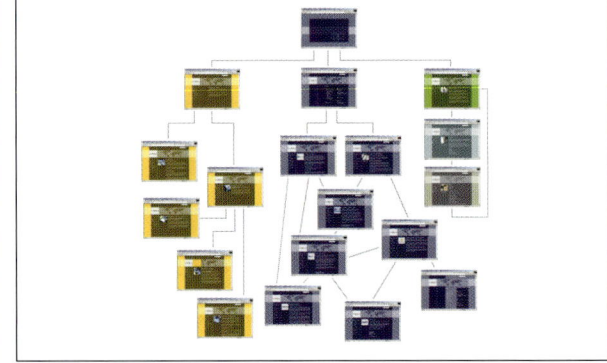

Strukturdesign

SITEPLANUNG

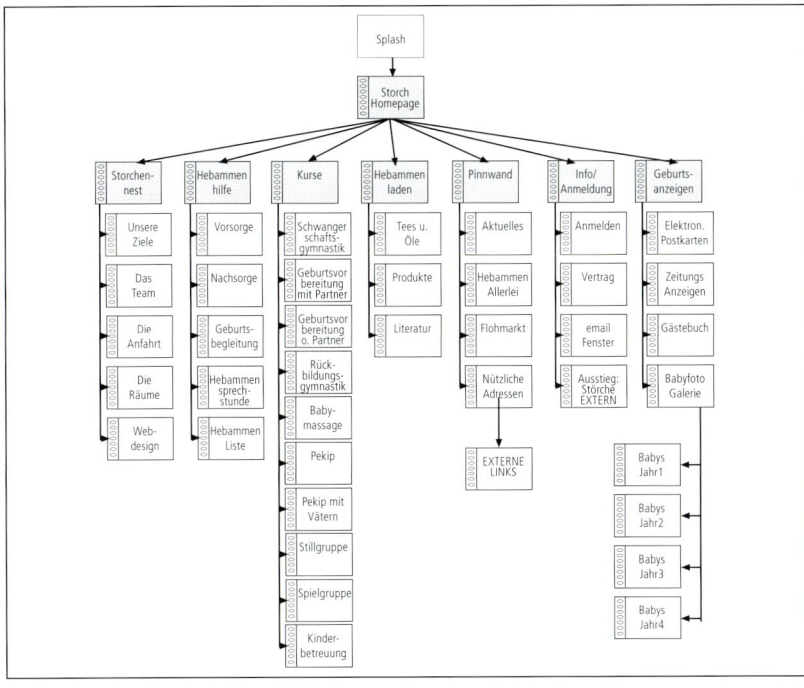

Abb. 5.6.3a: Grafisches Strukturlayout (Grafik: Hammer)

Für Ihre Arbeit und die Kommunikation mit dem Auftraggeber ist es sinnvoll, die beabsichtigte Struktur zu visualisieren. Beginnen Sie mit einer einfachen Handskizze. Für die Kundenpräsentationen sollte die Strukturskizze jedoch qualitativ aufbereitet werden, sei es in einem Layout-, Zeichen- oder Strukturierungsprogramm. Das Anlegen der Sitestruktur dient im Projektablauf nicht allein zur Datenorganisation und der inhaltlichen Vollständigkeitskontrolle, es ist vor allem ein wichtiges Mittel zur Kostenkalkulation, da hier der erforderliche Umfang der zu erstellenden Seiten sichtbar wird. Somit ist die Sitemap eine wichtige Unterstützung zur Argumentation gegenüber dem Auftraggeber.

TIPP: *Die Darstellungsform der Informationsarchitektur in Strukturdiagrammen oder Flowcharts dient als Kommunikationsmittel mit Ihrem Auftraggeber und sollte deshalb sauber ausgearbeitet sein. Grafische Strukturdiagramme sehen gut aus, sind aber aufwändig und funktionieren nur bei kleinen Sites (Abb. 5.6.3a). Verschwenden Sie Ihre Zeit deshalb nicht im Erstellen eines „Strukturkunstwerks", sondern nutzen Sie hierfür ein Strukturierungsprogramm.*
Eine gute Technik für das Erstellen von Strukturen ist das Mindmapping, sei es von Hand oder mittels diesbezüglicher Programme. Die Verwendung von Mindmap-Programmen wie z. B. „Freemind" ermöglicht auch im Nachhinein noch einfache Veränderungen und Ergänzungen und liefert zudem noch präsentable Ausgabeformen (Abb. 5.6.3b). Auch eine einfache Strukturkaskade aus einem Textverarbeitungsprogramm erfüllt ihren Zweck (Abb. 5.6.3c).

Linktipps:
Mindmap-Programme sind auch als Freeware oder Netware verfügbar:
Freemind: http://www.SmartDraw.com
Mindmeister: http://www.mindmeister.com

Interaktionsdesign

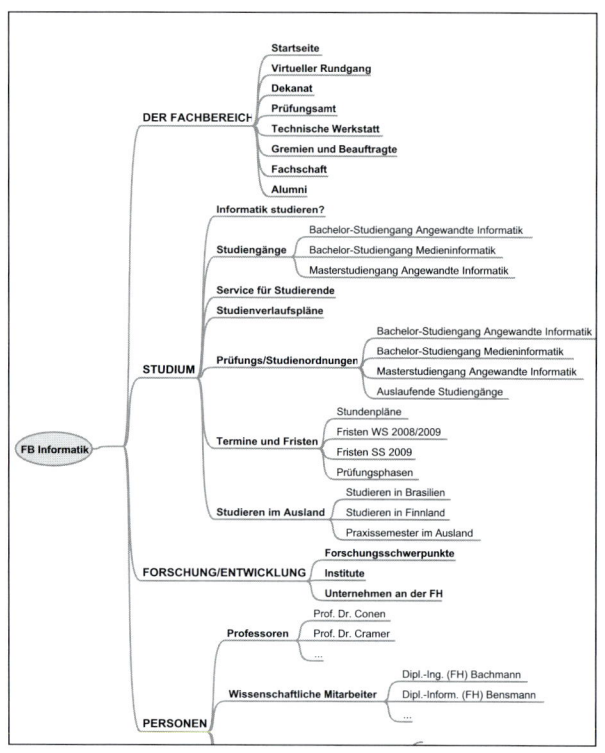

Abb. 5.6.3b,c: Strukturlayouts (Ausschnitte) als Mindmap und als Strukturkaskade (Grafik: Hammer)

Wie Sie bemerken, ist das Erstellen der Sitearchitektur eng verknüpft mit dem zugehörigen Interaktionsdesign. In der Praxis läuft daher beides ungefähr zeitgleich ab. Parallel zur Sitearchitektur wird deshalb in der Regel das Interaktionskonzept erarbeitet.

5.7 Interaktionsdesign

Nachdem im Strukturdesign eine logische Ordnung der vorhandenen Informationen geschaffen wurde, geht es im anschließenden Arbeitsschritt darum, ein Navigationskonzept zu entwickeln, um einen für den Nutzer einsichtigen Zugang zu diesen Informationen zu schaffen. Das ist das Aufgabengebiet des *Interaktionsdesigns*. Wie findet der Nutzer die für ihn relevante Information? Wie findet er Zusatzinformationen? Wie können ihm die Navigationsinhalte übersichtlich dargeboten werden? Wie lassen sich die vorhandenen Informationen sinnreich verknüpfen?

In der Arbeitsphase des Interaktionsdesigns werden noch keine gestalterischen Entwürfe erstellt, sondern die grundsätzlichen und speziellen Zugangswege zu den Informationsinhalten konzipiert. Das kann dennoch bedeuten, dass man die Art der Navigation festlegt und eine bestimmte Positionierung der Navigationselemente innerhalb der Screenfläche der Webseite vorsieht, z. B. eine klassische linksorientierte Navigationskaskade oder eine Horizontalnavigation mit Pull-down-Menüs.

„Navigation ist die klare Vermittlung einer Seitenstruktur, die den Anwender bei der Entwicklung eines mentalen Modells unterstützt."
(Jeffrey Veen, 2001)

Interaktionsdesign

SITEPLANUNG 5

Interaktionsdesign ist deshalb nicht losgelöst von der späteren formalen Konkretisierung der Navigationselemente im Interfacedesign zu sehen. Im Interaktionsdesign liegt jedoch die Aufgabe darin, zunächst eine für den Nutzer leicht erfassbare Bedienlogik zu erarbeiten.

Üblicherweise erstellt man dazu ein so genanntes *Navigations- oder Funktionslayout*, d. h., man skizziert die möglichen Interaktionsprozesse auf Papier. Anhand solcher *„Papierprototypen"* lassen sich die Navigationsvorgänge durchspielen und optimieren.

Die Navigationsstruktur sollte so einfach wie möglich gehalten werden. Die oberste Gliederungsebene darf nicht allzu viele Navigationspunkte umfassen. Die Besucher sollen sich bei der Navigation durch die Website gut zurechtfinden. Dabei ist es wichtig, von überall her eine Möglichkeit anzubieten, zurück zu den übergeordneten Navigationsbegriffen und zur Startseite zu gelangen. Links sollten als solche klar zu erkennen sein und der Besucher sollte stets wissen, wo er sich gerade befindet. Das Interaktionsdesign erfüllt zwei Aufgaben: Es dient als Wegweiser und Transportmittel zum neuen Ziel sowie als Orientierungshilfe.

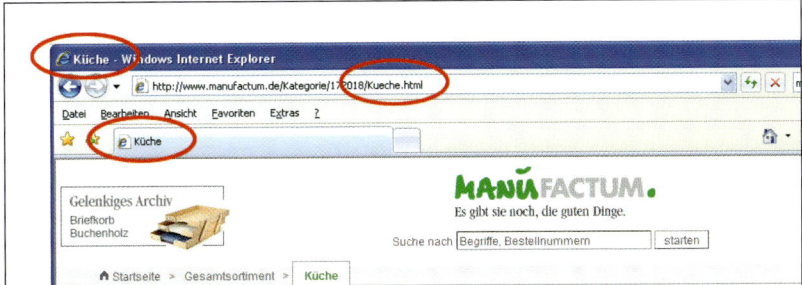

Abb. 5.7a: Seitentitel und Dateiname auf der Website der Firma Manufactum (http://www.manufactum.de)

Wenn man per URL eine neue Seite aufgerufen hat, sollte man sofort erkennen, wo man sich befindet. Ein Seitentitel, der in der oberen Leiste des Browserfensters angezeigt wird, ist nützlich, wird aber nicht vorrangig wahrgenommen. Eine aussagekräftige, gut formulierte und auffallend gestalte Seiten-Headline fällt dagegen sofort auf. Unternehmensspezifische Identifikationsmerkmale wie Logo und Hausfarbe liefern die Basisbestätigung zur aufgerufenen Unternehmensadresse.

Es ist wichtig, den Anwender wissen zu lassen, welchen Nutzen die aufgerufene Seite bietet. Gut strukturierte Informationsfelder in Form von Navigationsleisten geben die Antwort auf einen Blick. Ist man innerhalb einer komplexeren Sitestruktur tief eingedrungen, ist ein *Navigationspfad* (der so genannte Breadcrumbtrail) nützlich, der den Weg und somit den Standort der ausgewählten Kategorie innerhalb der Gesamtstruktur erkennen lässt.

5.7.1 Navigationskonzept

Die Wahl eines geeigneten Navigationskonzeptes hängt wesentlich vom Umfang der navigierbaren Kategorien, der Breite und der Tiefe

Interaktionsdesign

Die 7 +/- 2-Regel
Eine gute Faustregel für die Entscheidung, wie flach oder tief Sie die Struktur anlegen, ist die 7 +/- 2-Regel. Sie besagt, dass das menschliche Gehirn bis zu sieben Elemente optimal aufnehmen kann. Versuchen Sie also, dem Benutzer auf der Start- und möglichst auch auf den Folgeseiten sieben Wahlmöglichkeiten zu geben. Weniger als fünf (7-2) Elemente wirken mager, es entsteht nicht der Eindruck einer wirklichen Auswahl. Mehr als neun (7+2) Elemente kann der Benutzer nicht mehr so leicht erfassen, die Seite wirkt unübersichtlich.

der gewählten Navigationsstruktur ab. Nach kognitionspsychologischen Erkenntnissen sollen den Nutzern nicht mehr als etwa 7 Informationseinheiten (*information chunks*) präsentiert werden, da das menschliche Gehirn eine größere Anzahl im Kurzzeitspeicher nicht gleichzeitig verarbeiten kann.

Eine private Website mag vielleicht mit sieben Seiten auskommen, ein Unternehmen oder eine größere Institution sicherlich nicht. Also müssen die Informationszugänge und damit die zu präsentierenden Navigationselemente auf leicht erfassbare Navigationspakete aufgeteilt werden. Üblicherweise wird man dabei hierarchische Abstufungen in eine Hauptkategorie und eine oder mehrere untergeordnete Kategoriestufen vornehmen.

Klären Sie, welche Art von Interaktionselementen für Ihre Site sinnvoll ist, und stellen Sie die erforderlichen *Interaktionselemente* zusammen.

Gebräuchliche Interaktionselemente sind (Abb. 5.7.1a):

1. Das Unternehmenslogo (als Rücklink zur Startseite)
2. Die Hauptnavigation (eventuell mit Unterebenen)
3. Alternativnavigationen (z. B. nach Zielgruppen)
4. Die Metanavigation (Sitemap, Impressum, Kontakt)
5. Seiteninterne Navigation (mit Ankerlinks)
6. Textlinks (z. B. „mehr"-Links)
7. Pfadnavigation (Breadcrumbtrail)
8. Quicklinks
9. Marginalnavigation (Download, Zusatzinfo, Quellen)
10. Servicenavigation (Drucken, Empfehlen etc.)
11. Sitemap

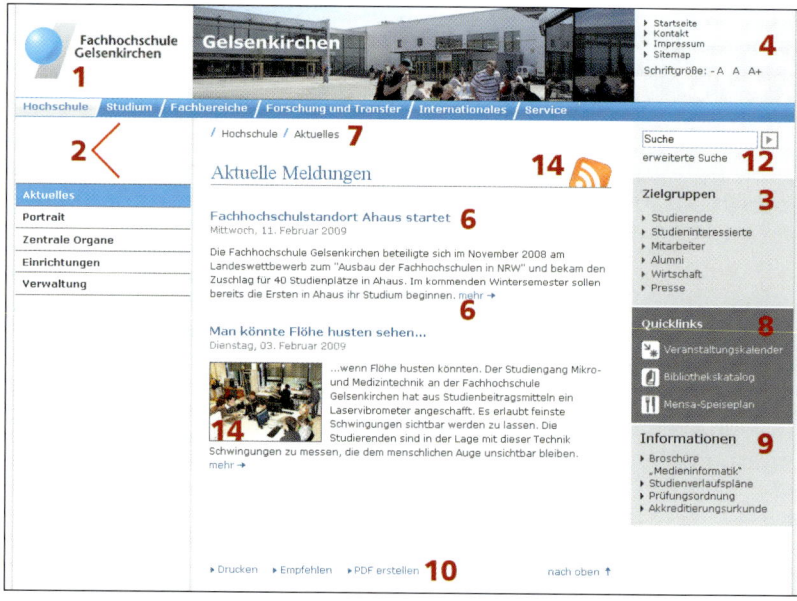

Abb. 5.7.1a: Interaktionselemente
Im Folgenden werden wesentliche Interaktionselemente am Beispiel eines studentischen Entwurfs für eine neue Website der FH Gelsenkirchen demonstriert. Dieser Entwurf entstand im Sommer 2009, wird jedoch nicht mehr umgesetzt, da sich Name und Erscheinungsbild der Hochschule grundlegend ändern.
(Websiteentwurf FH-Gelsenkirchen, Projektteam Märdian, Gessner, Bellendorf, Leitung Prof. Dr. Hammer)

Interaktionsdesign

SITEPLANUNG 5

12. Suchfunktion
13. Loginfelder
14. Bildlinks (hier: Teaserbild und RSS-Grafik)
15. Sprachauswahlen
16. Styleswitcher (z. B. Schriftgröße, Kontrast)

Es geht dabei nicht darum, alles, was möglich ist, anzubieten, sondern dasjenige, was für Ihre Zielgruppe und Ihre Site möglichst effizient ist.
Bei einer kleinen Site (ca. 10 Seiten) kommt man wahrscheinlich mit nur einer Navigationsebene aus. In einem solchen Fall benötigt man auch keine Pfadnavigation und keine Sitemap. Bei einer umfangreichen Hochschulsite sind dagegen zusätzlich Alternativnavigationen, Suchfunktion, Sitemap, Login, Teaserlinks, Quicklinks und Pfadnavigation erforderlich, um die Bedürfnisse der Nutzer zu erfüllen.
Der Nutzer muss das Angebot schnell überblicken und erfassen können. Demnach bietet man klare Oberbegriffe in der Hauptnavigation an, von denen aus man sich in Kaskaden von einem Oberbegriff zum nächstuntergeordneten und umgekehrt bewegen kann.
Eine vereinfachte Art, die Nutzer in das Angebot Ihrer Site einzuführen, ist die *Vorseitennavigation* oder konsekutive Navigation. Dabei werden die Navigationsangebote einer Hierarchiestufe, und nur dieser, auf einer eigens dafür zwischengeschalteten Seite durch Bilder oder Symbole präsentiert. Diese Vorseiten sind auf unterschiedlichen Navigationsebenen möglich. Diese Art der Navigation war früher sehr verbreitet (Abb. 5.7.1b, c).
Die gestalterische Herausforderung bei reinen Navigationsvorseiten besteht darin, dass man zum Füllen der Seite lediglich einige wenige Navigationsbegriffe zur Verfügung hat. Deshalb arbeitet man hier gerne mit Grafiken und Bildern.
Heute bevorzugt man dagegen eher Navigationen, mit denen man jederzeit auf eine beliebige Seite springen kann. Ideal ist es, möglichst von jeder Seite direkt auch jede andere erreichen zu können. Die einfache Realisierung durch gleichzeitige Anzeige

Abb. 5.7.1b, c: Vorseitennavigation auf älteren Webseiten (hammer.runge-Website 1996, nicht mehr im Netz)
Der Weg in einen anderen Leistungsbereich führte immer über die Homepage.

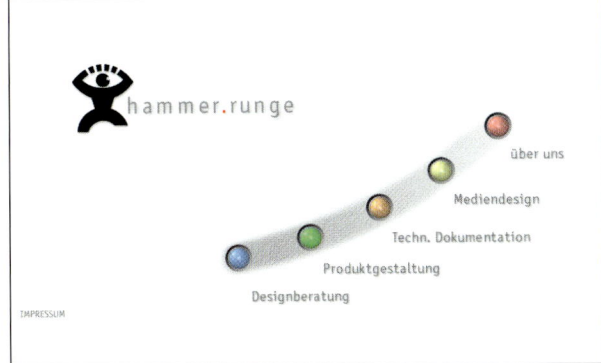
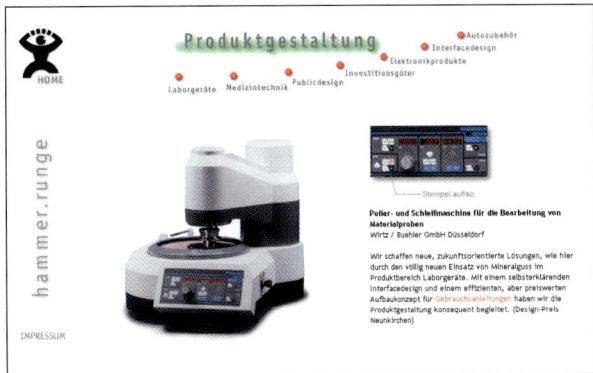

Interaktionsdesign

aller Navigationsebenen scheidet in der Regel aufgrund des begrenzten Platzes aus.
Eine realisierbare Alternative bieten hierarchische bzw. kaskadierende Navigationsmenüs. Schon aus diesem Grund ist es nützlich, sich über eine hierarchische Struktur der Navigationspunkte Gedanken zu machen.

5.7.2 Persistente Navigation

Der Ausdruck „*persistente Navigation*" beschreibt einen Satz von Navigationselementen, der auf jeder Seite wiederkehrt. Eine gut gemachte persistente Navigation hat auf jeder Seite ein einheitliches Aussehen und vermittelt dem Nutzer so ein Stück Sicherheit und die Bestätigung, dass er sich immer noch auf derselben Site befindet. Sie befriedigt demnach das Bedürfnis der Nutzer nach zuverlässiger Orientierung und gibt ihnen Sicherheit durch ein konsistentes Navigationsangebot (Abb. 5.7.2a, b).
Die persistente Navigation sollte mindestens diese fünf Elemente beeinhalten:

- Sitekennung (inkl. Rücklink zur Startseite)
- Hauptsektionen der Site
- Homebutton oder Pfad
- Eine Suche
- Die Metanavigation und Hilfsfunktionen

Die *Site-Kennung* repräsentiert die gesamte Site. Solange sie sichtbar ist, weiß der Nutzer, wo er sich befindet und dass er Ihr Webangebot nicht versehentlich verlassen hat. Hierzu gehört die konsistente Präsentation des Unternehmenslogos, das konventionell auf die Startseite verlinkt.
Die *Hauptsektionen* kann man auch als primäre Navigation bezeichnen, sie bietet die Links zur obersten Ebene der Sitehierarchie.
Ein zusätzlicher Weg zurück zur Startseite neben dem *Logo-Rücklink*, bietet dem Nutzer die Sicherheit, jederzeit neu anfangen zu können,

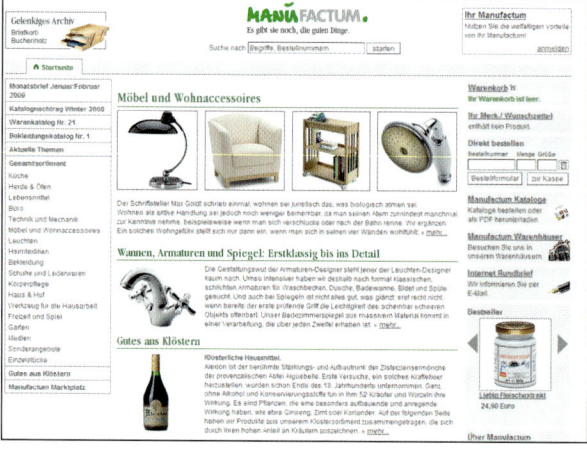
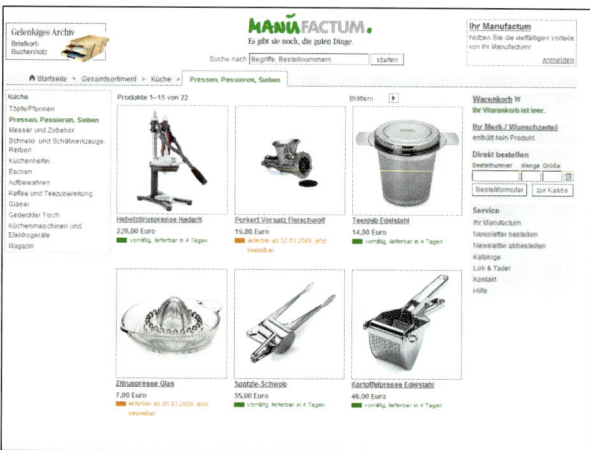

Abb. 5.7.2a, b: Persistente Navigation auf der Manufactum-Site (http://www.manufactum.de) Wichtige Navigationselemente auf der Start- und einer Produktseite sind gleich.

Interaktionsdesign

SITEPLANUNG 5

egal wie sehr er sich möglicherweise auf der Site verirrt hat.
Eine *Suchfunktion* dient besonders umfangreichen Webangeboten zum schnellen Auffinden bestimmter Seiten.
In der *Metanavigation* werden Hilfsfunktionen wie „Hilfe", „Sitemap", „Einkaufswagen", „Kontakt", „Impressum" etc. zusammengefasst und bieten dadurch jederzeit einen direkten Zugriff zu diesen Inhalten.

5.7.3 Dynamisch generierte Navigation

Eine *dynamisch generierte Navigation* kann aus mehreren Gründen sinnvoll sein. Datenbankbasierte Websites mit viel (sich änderndem) Content sowie Webshops kommen ohne eine solche Navigation kaum aus. Die Kategorien und Hierarchien stammen in diesem Fall aus einer Datenbank und werden bei Änderungen in dieser auf der Website automatisch mit übernommen. Neue Kategorien müssen nicht extra eingepflegt werden, was doppelten Aufwand verhindert.

Auch eine an die individuellen Gewohnheiten des Nutzers angepasste Navigation ist denkbar. Die Nutzergewohnheiten und -vorlieben werden in diesem Fall mit Hilfe von *Cookies* gespeichert und die Navigation anhand dieser Daten aufgebaut (Abb. 5.7.3a).

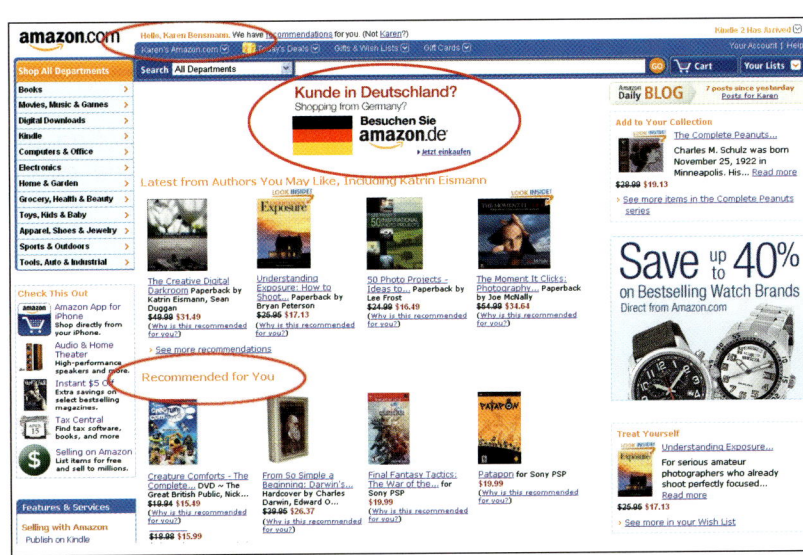

Abb. 5.7.3a: Dynamisch generierte nutzerbezogene Navigation
(http://www.amazon.com)

5.7.4 Zielgruppenorientierte Navigation

Die meisten Navigationskonzepte präsentieren dem Nutzer Begriffe, die die jeweiligen Inhalte bezeichnen oder Oganisationsstrukturen abbilden. Oft ist es jedoch nützlich, zusätzlich einen *zielgruppenorientierten Informationszugang* anzubieten.
Bei einer Hochschulsite beispielsweise, die in der Hauptnavigationsebene Kategorien wie „Studium", „Hochschule", „Forschung", „Internationales" etc. bietet, kann eine alternative Zugangsmöglichkeit über „Studierende", „Studieninteressierte",

Interaktionsdesign

Abb. 5.7.4a: Themennavigation (A) und Zielgruppennavigation (B). (Websiteentwurf FH-Gelsenkirchen)

„Mitarbeiter", „Alumni", „Wirtschaft", „Presse" etc. für diese Zielgruppen einen schnellen Direkteinstieg bieten (Abb. 5.7.4a). Dabei werden diejenigen Informationen übergreifend über unterschiedliche Hauptkategorien verlinkt, die für die spezifische Zielgruppe relevant sind. Man realisiert dies üblicherweise über eine Verteilseite mit Textlinks.

5.7.5 Teaser und Ankerlinklisten

Serendipity
Der Begriff Serendipity bezeichnet eine zufällige Beobachtung von etwas ursprünglich nicht Gesuchtem, das sich als neue und überraschende Entdeckung erweist (Wikipedia). Auf Websites werden vor allem diejenigen Nutzer, die mit nur vagen Zielvorstellungen surfen, durch geeignete Anreize auf zuvor nicht beabsichtigte Informationsziele gelenkt.

Internetnutzer besuchen Websites meistens mit einer konkreten Informationsabsicht. Andererseits lieben sie es, auf Websites zu stöbern und sich vom Angebot inspirieren zu lassen, zusätzliche Inhalte aufzurufen. Diesen so genannten *Serendipity-Effekt* machen sich viele Websiteanbieter zu Nutze, um gezielt Informationen bereitzustellen.

Abb. 5.7.5a: Teaser: Manche Portale bestehen fast nur aus Teasern. (http://www.rewirpower.de/)

Interaktionsdesign

SITEPLANUNG 5

Insbesondere auf Portalseiten, auf denen eine Vielzahl unterschiedlicher Informationen angeboten werden, ist es üblich, den Nutzer mit *Teasern* aus Minibildchen und werblich formuliertem Kurztext „anzufüttern". Über einen „mehr"-Link und/oder Bildlinks sind dann ausführliche Informationen (in der Regel auf eigenen Unterseiten) dazu abrufbar (Abb. 5.7.5a).

Ist eine Angebotsübersicht sehr umfangreich, reduziert sich das meist auf die Darbietung von verlinkten Inhaltsbegriffen.

Auch auf einzelnen Webseiten, die mit umfangreichem Inhalt als lange Scrollseiten aufgebaut sind, macht es Sinn, an den Seitenanfang einige Abschnittsüberschriften als Inhaltsübersicht zu stellen, die dann als *Ankerlinks* an den jeweiligen Inhaltsabschnitt des Gesamttextes führen (vgl. Kapitel Screendesign : Textlinks).

5.7.6 Quicklinks

Oft befinden sich einzelne Seiten eines Webangebotes in der logischen Sitestruktur an untergeordneter Position auf der 2., 3. oder 4. Strukturebene, werden aber aufgrund besonderen Nachfragebedarfs oder Aktualität überdurchschnittlich häufig aufgerufen (z. B. auf einer Hochschulsite die Begriffe „Termine" „Mensaplan", „Bibliothekskatalog", „Einschreibeformulare").

Hier bietet es sich an, über Schnellzugriffe (so genannte *Quicklinks* oder Shortcuts) einen direkten Zugang dazu auf der Startseite oder als persistente Navigation auf allen Seiten einzurichten. Welche Seiten sich als geeignete Quicklinks erweisen, ist durch eine regelmäßige Auswertung der Logfiles ermittelbar.

Quicklinks werden meistens in einer rechten Marginalienspalte der Seite positioniert. Im Interfacedesign dürfen Quicklinks auch auffallend gestaltet sein und mit Bildinformationen angereichert werden (Abb. 5.7.6a).

Abb. 5.7.6a: Beispiele: Quicklinks (Websiteentwurf FH-Gelsenkirchen)

5.7.7 Verzeichnisse und Sitemaps

Verzeichnisse und *Sitemaps* sind ideal, wenn man weiß, wonach man sucht. Manche Nutzer lieben es jedoch, zu „stöbern", sie wollen erst einmal sehen, welches Informationsangebot eine Site

Abb. 5.7.7a, b: Beispiele: Sitemaps: Manufactum (http://www.manufactum.de) und Deutsche Post (http://www.deutschepost.de)

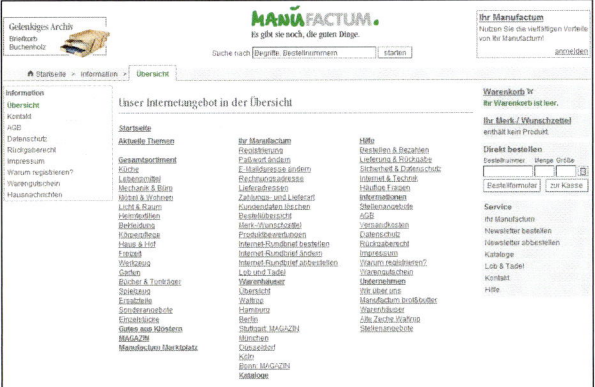 

Abb. 5.7.7c: Beispiele: Alphabet in einer FH-Site (http://www2.fh-gelsenkirchen.de/FH-Sites/verwaltung/index.php?id=39)

bereithält. Große Sites und Portale präsentieren deshalb auf vollständigen Verzeichnissen ihre Inhalte, gegliedert in navigierbare Haupt- und Unterkategorien (Abb. 5.7.7a, b).

Eine nützliche Variante eines Verzeichnisses ist die alphabetische Liste. Sie ist insbesondere für konventionalisierte Begriffe (z. B. Auswahl von bekannten Produkten) und ein sehr großes Seitenangebot geeignet (Abb. 5.7.7c).

Ein klassisches, oft kopiertes Beispiel stellte die Yahoo-Site dar. Man spricht hier auch vom so genannten „LSD-Design" (Logo, Searchbox, Directory). Solche Verzeichnisse sind bewusst optisch sparsam gehalten: Jede erdenklich unnötige Gestaltung fehlt, denn hier geht es ausschließlich um Informationssuche auf Textbasis, die den Nutzer erst im späteren Schritt auf eine gestaltete Website führt (Abb. 5.7.7d).

Abb. 5.7.7d: Beispiel: Yahoo-Startseite aus dem Jahr 2000 (http://de.yahoo.com/)

5.7.8 Breadcrumbtrail

Gerade für umfangreiche Webangebote ist eine *Pfadnavigation* (auch *Brotkrümelpfad* bzw. *Breadcrumbtrail*) unverzichtbar (Abb. 5.7.8a). Diese Art der Navigation zeigt jeweils den Weg von der Homepage zum gegenwärtigen Ort, also den Pfad zum aktuellen Element (Seite, Kategorie in Katalog etc.). Brotkrümelnavigationen sollen die Orientierung innerhalb tief verzweigter Elementbäume (z. B. Internetseiten, Dateisysteme, Kataloge etc.) verbessern, indem sie Links zu vorher besuchten, übergeordneten oder themenverwandten Elementen anbieten.

Interaktionsdesign

SITEPLANUNG 5

Abb. 5.7.8a: Brotkrümelnavigation
(Projektteam Websiteentwurf FH-Gelsenkirchen)

Ob das aktuell angewählte Element in der Brotkrümelnavigation mit angegeben wird, bleibt dem persönlichen Geschmack überlassen.
Breadcrumbs sind dazu geeignet, den Nutzern ein Gefühl für den Standort auf der Site zu geben, sie ersetzen aber in keinem Fall die Navigation. Eher sollten sie ein Teil einer gut durchdachten Navigation sein.

5.7.9 Suchfunktionen

Jakob Nielsen führte viele Usability-Studien durch und beschäftigte sich intensiv mit dem Surfverhalten der Websitebesucher. Dabei stellte er fest, dass die *Suchfunktion* ein wichtiger Bestandteil umfangreicher Websites ist und teilweise von über 50% der Besucher genutzt wurde.
Nielsen unterschied die so genannten „such-dominanten" und die „Link-dominanten" Nutzer. Such-dominante Nutzer schauen sich sofort nach Betreten einer Website nach einem Suchformular um. Link-dominante Nutzer sehen sich zuerst auf der Website um und suchen erst dann per Suchformular, wenn ihnen die anklickbaren Links ausgehen oder sie per Navigation nicht das gefunden haben, wonach sie suchen. Alle anderen entscheiden sich je nach Stimmung und zur Verfügung stehender Zeit für eine der beiden Möglichkeiten.
Gerade bei umfangreichen Websites ist eine Suchfunktion oder ein *Suchformular* obligatorisch (Abb. 5.7.9a). Die Suche sollte einfach zu bedienen und auf den ersten Blick erfassbar sein. Suchformulare, die den Nutzer zum Mitdenken zwingen, sorgen für Unsicherheit. Ein CD-Shop, in dem der Nutzer beispielsweise ein Genre zusätzlich zum Suchbegriff angeben muss, ist deutlich unkomfortabler zu bedienen als einer, der ein freies Suchfeld anbietet.

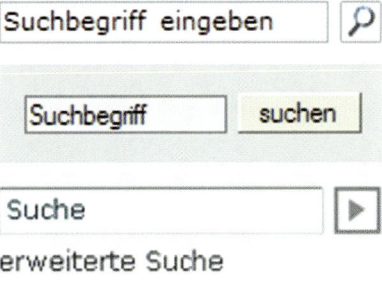

Abb. 5.7.9a: Designbeispiele: Suchfunktion

5.7.10 Hilfe und Guided Tour

Ein eher selten eingesetztes Interaktionselement ist die *Hilfefunktion*. Die meisten Webseiten benötigen (glücklicherweise) keine „Gebrauchsanleitung", bei sehr komplexen Anwendungen im

Interaktionsdesign

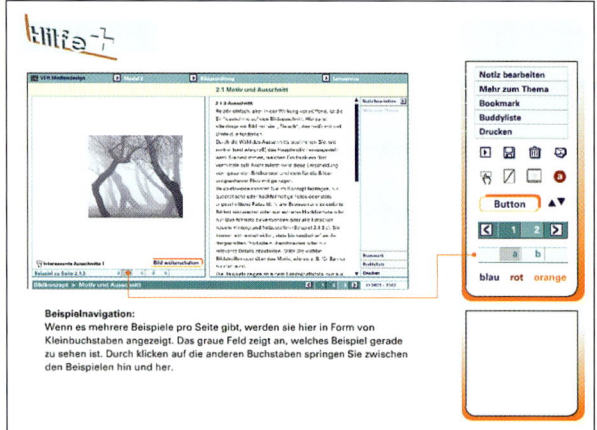 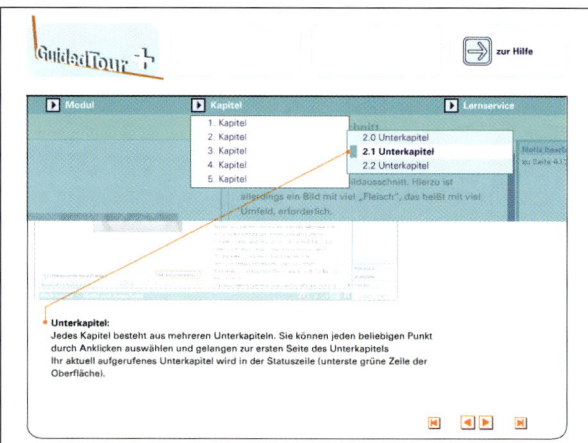

Abb. 5.7.10a, b: Hilfefunktion und Guided Tour in der Flash-Lerneinheit „Bildgestaltung" (Design und Inhalt: Hammer, Ruske, Einsatz in der virtuellen Fachhochschule vfh)

E-Commerce oder im E-Learning kann jedoch im Einzelfall eine Hilfe nützlich sein (Abb. 5.7.10a). Diese kann im einfachsten Fall in Form einer zusammengefassten Erklärungsseite ausgeführt sein, besser jedoch in interaktiver Form, indem vom Nutzer Hilfeeinblendungen bei Bedarf zuschaltbar sind.

Alternativ oder zusätzlich zu einer Hilfefunktion kann eine *„Guided Tour"* angeboten werden, d. h. eine selbstablaufende Erklärung (Abb. 5.7.10b). Diese muss unbedingt Interaktionselemente für Start, Stopp, Vor und Zurück sowie gegebenenfalls eine Lautstärkeregelung beinhalten. Guided Tours werden meist als Flash-Animationen oder mit JavaScript realisiert.

5.7.11 Slider, Carousel etc.

Neben den statisch dargebotenen Interaktionselementen findet man verbreitet solche, die animiert sind. Das trifft insbesondere für Bildübersichten zu, die gleichzeitig als Link zum dargestellten Inhalt dienen.

Hier sind diverse Slider-Ausführungen bekannt, bei denen man über Richtungspfeile, Überfahren der Bilder mit der Maus oder über Autoplayfunktionen einzelne oder mehrere der im Angebot verfügbaren Interaktionsbilder in den sichtbaren und klickbaren Bereich bringt. Derart gestaltete animierte Interaktionselemente bieten den Vorteil der schnellen optischen Sichtung von Bildlinks.

Abb. 5.7.11a: Der Autoplay-Slider verlinkt direkt zu den zugehörigen Produktseiten. (http://www.hammer-runge.de)

180

Interaktionsdesign

SITEPLANUNG 5

Abb. 5.7.11b: 3D-Carousel mit dem „jQuery"-Framework umgesetzt
(Studienentwurf Barchnicki, Buttler)

Technisch existieren unterschiedliche Umsetzungsmöglichkeiten, wie Javaskript- und Java-Anwendungen sowie weitere RIAs (*Rich Internet Application*).
Aktuell und verbreitet ist der Einsatz von JavaScript-Frameworks wie jQuery, Prototype, Moo Tools, Scriptalicious u.a., die viele bis ins Detail gehende Darstellungsoptionen bereithalten. Vor allem auf Websites im Web 2.0-Design findet man beispielsweise dreidimensional angeordnete Bildkarussells mit Spiegelungseffekten (Abb. 5.7.11a,b).

5.7.12 Das Navigationslayout
Wenn das Navigationskonzept steht und die Art und Menge der für das konkrete Projekt relevanten Interaktionselemente zusammengestellt ist, visualisieren Sie dies in Form des so genannten Navigationslayouts (auch: Funktionslayout).
Dabei geht es im Wesentlichen um die Aufgliederung und Positionierung der einzelnen Navigationselemente innerhalb der Webseite. Somit wird an dieser Stelle bereits eine Vorentscheidung über die grundsätzliche Seitenuntergliederung getroffen, wenngleich das eigentliche formale Seitenlayout erst in der Arbeitsphase des Screendesigns erstellt wird.
Häufig werden Webseiten untergliedert in (Abb. 5.7.12a):

- einen Kopfbereich (Header),
- einen (linken) Navigationsbereich,
- einen (mittleren) Inhaltsbereich (Content),
- einen (rechten) Marginalienbereich,
- einen unteren Fußbereich (Footer).

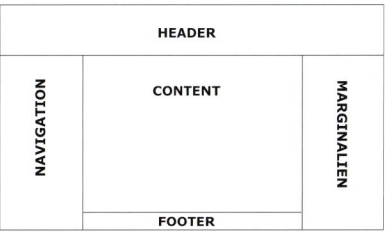

Abb. 5.7.12a: Websiteuntergliederung
(Grafik: Hammer)

Diese Aufteilung ist zwar hochkonventionell, hat sich aber in der Praxis bewährt. Will man nicht ausdrücklich aus diesem Schema ausbrechen, ist es nicht falsch, von diesem Grundkonzept auszugehen. Natürlich sind auch Seitenaufteilungen möglich, bei denen das Navigationsmenü rechts oder im Fuß angeordnet ist, bedenken Sie jedoch, dass dies für normale Nutzer gewöhnungsbedürftig ist. Seiten mit Fußnavigation sollten mit Inline-Scrollbereichen aufge-

Interaktionsdesign

Abb. 5.7.12b: Dropout Menü im Flash-Lernmodul „Webdesign" der virtuellen Fachhochschule (Design und Inhalt: Hammer, Ruske)

baut werden, damit die Navigation immer erreichbar bleibt. Navigationen mit ausfahrbaren Menüs, so genannte *Dropout-Menüs* (auch spezieller: Pulldown- oder Popup-Menüs) sparen viel Platz auf der Seite, da sie nur temporär sichtbar sind (Abb. 5.7.12b). Man unterscheidet solche, die nur während des Mouseovers ausklappen, und solche, die sich durch Klick öffnen und geöffnet bleiben, bis der Nutzer sie wieder schließt. Letztere sind bedienerfreundlicher, verdecken aber im geöffneten Zustand Teile der Seite.

Eine weitere Sonderform von Navigationsmenüs sind die „schwebenden Menüs" (*floating menus*), die ihre Position nutzerseitig gesteuert verändern. Dies macht wie im Beispiel der Web Design Gazette Sinn, wenn die gesamte Browserfläche genutzt wird

Abb. 5.7.12c: „Floating menus" in der Web Design Gazette
Die Menüs können vom Benutzer frei auf der Seite positioniert werden.
(Design und Umsetzung: Bensmann)

(Abb. 5.7.12c).

Der *Seitenheader* beinhaltet üblicherweise das Unternehmenslogo, ein Headerbild und die Metanavigation. Entscheidet man sich für eine Horizontalnavigation, gehört diese auch hierher, meist als Abgrenzung zum Inhaltsbereich. Auch Suchfunktionen, Login, Styleswitcher oder Sprachauswahlen können hier vorkommen.

Der linke *Navigationsbereich* nimmt das Navigationsmenü bzw. Unternavigationsmenü auf und wird oft kaskadierend aufgebaut. Auch Zusatzfunktionen wie Suche, Login, Sprachauswahl können

hier vorkommen.
Der *Contentbereich* liefert dem Nutzer den eigentlichen Informationsinhalt. Er enthält standardmäßig die Seitenheadline, die Bezug zum jeweiligen Navigationsbegriff haben sollte oder damit identisch ist.
Worin der sonstige Inhalt besteht, hängt vom Typ der Seite ab. Eine Standardinhaltseite enthält möglicherweise nur Text, eventuell weiter untergliedert in Unterkapitel mit Zwischenheadlines, oder zusätzlich noch einige Bilder. Eine Verteilseite weist meistens kleine Teaserbilder und Teasertexte auf mit „mehr"-Links auf die ausgewiesenen Inhalte.
Die rechte *Marginalienspalte* ist gemäß ihrer Bezeichnung für Zusatzinformationen, weiterführende Links, Quicklinks oder Bilder geeignet. Unter Umständen nimmt sie im oberen Bereich auch die Suchfunktion, Sprachauswahl, Styleswitcher oder Loginfunktion auf. Außerdem wird sie gerne für Werbeeinblendungen oder Zusatzangebote wie Wetterinformationen, Google Maps etc. genutzt.
Ein *Footer* kann die Metanavigation beinhalten oder Servicelinks, wie „Drucken", „PDF erstellen", „Bookmark setzen", sowie die Rücksprungmarke zum Seitenanfang enthalten. Ein Footer mit Metanavigation sollte deutlich vom Contentbereich abgesetzt sein, ein Footer mit Servicefunktionen eher Bestandteil des Contentbereichs sein.
Das *Navigationslayout* ist ein Arbeitslayout und sollte deshalb zunächst nur auf Papier gescribbelt werden. Alternativ bietet sich an, auf einem großformatigen Papier mit Post-It-Zetteln zu arbeiten. Im Navigationslayout experimentieren Sie mit unterschiedlichen Anordnungen und Zuordnungen der Interaktionselemente und erproben unterschiedliche Navigationskonzepte.
Spielen Sie unterschiedliche Navigationssituationen durch und

Abb. 5.7.12d: Entwicklung des Interaktionsdesigns am Papierprototyp
(Projektteam FH-Gelsenkirchen Website, Foto: Hammer)

entwickeln Sie jeweils die Struktur der zugehörigen aufgerufenen Seiten. Das Navigationslayout wird an dieser Stelle zu einem einfachen interaktiven Prototyp, dem so genannten *„Papierprototyp"* (Abb. 5.7.12d).

Das ausgewählte Konzept und die exemplarisch durchlaufenen Navigationspfade sollten Sie abschließend dokumentationsreif (z. B. in einem Illustrationsprogramm) aufbereiten. Wenn alternative Navigationsformen zu diskutieren sind, kann das sehr gut mit diesem Mittel erläutert werden (Abb. 5.7.12e).

Papierprototyp und Navigationslayout sind unglaublich hilfreich, um viele anstehende Fragen zum Navigationskonzept in direkter Offensichtlichkeit zu beantworten:

- Welche Seite ist beim Start der Website aktiv? Existiert eine echte Homepage oder ist die Homepage eine Unterseite eines Hauptnavigationsbereichs?
- Wie sieht der Unternavigationsbereich bei einer singulären Homepage aus? Bleibt er leer?
- Welche Seite und welche Navigation wird beim Anklicken eines Punktes der Hauptnavigation aufgerufen? Erscheint je Hauptnavigationsbereich eine Vorseite oder direkt eine definiert oder zufällig ausgewählte Unterseite des Bereichs?
- Was enthält eine Bereichsvorseite? Allgemeinen Text? Teaserlinks? Das gleiche Verzeichnis wie die Navigation?
- Gibt es ab dritter oder vierter Navigationsebene eine Verteilung im Contentbereich?

Abb. 5.7.12e: Beispiele: Navigationslayouts (Websiteprojekt FH-Gelsenkirchen, Grafiken: Hammer)

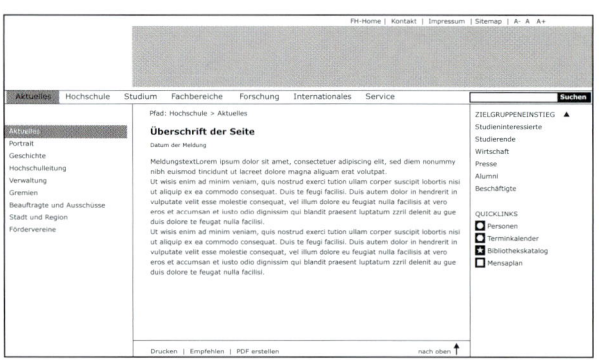
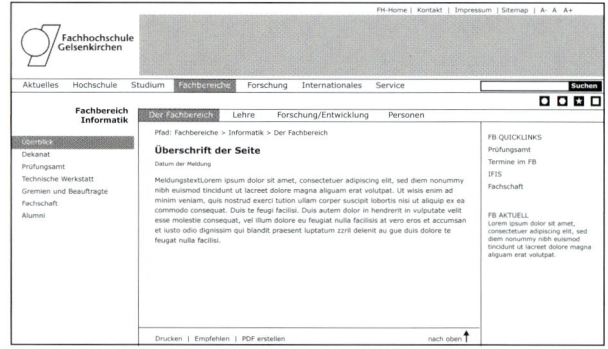
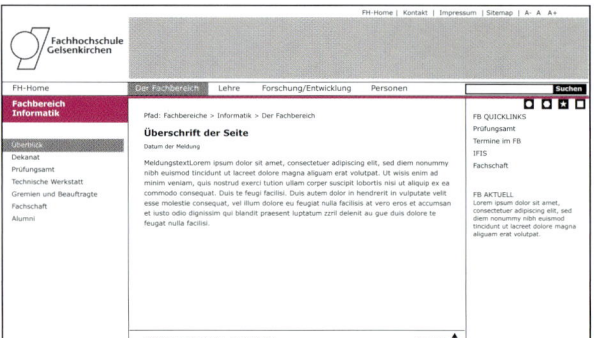

SITEPLANUNG

Projektorganisation

- Benötigt man Seiten mit vorangestellten Ankerlisten?
- Öffnen Downloads und PDF-Dokumente in eigenen Fenstern?
- Wird eine Zusatznavigation (z. B. Zielgruppennavigation) über alle Seiten mitgeführt oder nur auf den Hauptbereichsseiten?
- Erscheinen Quicklinks (Marginalien) auf allen Seiten gleich oder werden sie im Bereichskontext genutzt?
- Werden Headerbilder je Bereich oder Unterbereich ausgetauscht? Gibt es Bildtausch per Zufallsgenerator oder bei jedem Site-Neustart?
- Wie gelangt man von Sonderseiten (Sitemap, Kontakt, Impressum, PDF-Seiten) zurück zur normalen Navigation?

Als Präsentationsmittel gegenüber Ihrem Auftraggeber eignet sich das Navigationslayout nicht so gut, da Auftraggeber ein fertiges Screenlayout sehen wollen, das in der folgenden Bearbeitungsphase des Screen- und Interfacedesigns erstellt wird.

5.8 Projektorganisation

5.8.1 Arbeitsserver

Arbeiten an einem Webprojekt mehrere Personen, ist es insbesondere bei örtlicher Trennung notwendig, einige organisatorische Vorkehrungen für einen reibungslosen Projektablauf zu treffen. Nützlich ist die Einrichtung eines gemeinsamen Arbeitsservers, über den der jeweilige Stand der Projektbearbeitung für alle Beteiligten kommunizierbar und das Datenmaterial zugänglich ist.
Hierzu bieten sich z. B. Digital Asset Management-Systeme (DAM) an, die die gleichzeitige Arbeit der Teammitglieder an den Projektdateien ermöglichen und dabei helfen, Bearbeitungskonflikte zu vermeiden. (Abb. 5.8.1a).
Auf einem Arbeitsserver kann auch die entwickelte Sitestruktur als Ordnerstruktur hinterlegt werden, so dass das (Roh-)Material zu den jeweiligen Seiten direkt in den entsprechenden Ordnern abgelegt werden kann. Natürlich sind auch andere Aufteilungen nach Bildern, Texten, Multimedia etc. denkbar.

5.8.2 Namenskonventionen

Die Ordnung in Struktur und Navigation der Site sollte sich in Datei-, Seiten-, Bild- und sogar Variablennamen fortsetzen. Dies ist weniger für den Nutzer, sondern mehr für den Entwickler der Site wichtig. An dieser Stelle sollen keine expliziten Vorgaben für Namenskonventionen gemacht werden, da diese abhängig von den eingesetzten Technologien sind. Namenskonventionen sollten schriftlich festgelegt werden, dem gesamten Projektteam zur Verfügung stehen und für alle Beteiligten verbindlich sein. Für folgende Bestandteile einer Website sollten Namenskonventionen festgelegt werden:

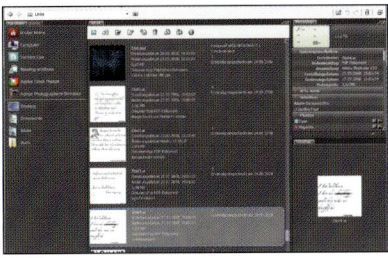

Abb. 5.8.1a: Zugriff auf das DAM-System über Adobe Bridge

Kleine Anekdote:
Am 01. April 2004 tauschten die beiden Designer Douglas Bowman und David Shea die Stylesheets ihrer Websites und klauten sich damit gegenseitig das Design. Das sollte eigentlich nur ein Aprilscherz sein, machte aber auf einen wichtigen Umstand aufmerksam: Die viele Arbeit, die beim Tausch der Stylesheets durch das Anpassen der Klassen und IDs nötig war, hätte man sich mit einheitlichen Namenskonventionen ersparen können. Durch das Fehlen gemeinsamer Namen blieb den beiden nichts anderes übrig, als das Markup ihrer Site zu verändern.
Da es sich um zwei nicht verwandte Sites handelte, ist es klar, dass beide nicht dieselben Konventionen verwendeten, doch innerhalb einer Site sollten Sie auf Namenskonventionen nicht verzichten.
Quellen:
Stylesheet-Tausch: http://www.mezzoblue.com/archives/2004/04/01/sickening/ und http://stopdesign.com/archive/2004/04/01/change.html

Projektorganisation

- Dateinamen
- Seitennamen
- Bildnamen und -beschreibungen
- CSS-Klassennamen
- Variablennamen
- URLs

Einen Sonderfall für die Namenskonventionen stellen die Bildbeschreibungen dar. Das alt-Attribut ist obligatorisch für jedes <img />-Element. Man kann jedoch drei Arten von Bildern unterscheiden, auf die hier zusätzlich noch kurz eingegangen werden soll:

Abb. 5.8.2a: Bild mit Textinhalt
alt="Home"

- Bilder, die Textinhalt aufweisen:
Hierbei handelt es sich um Schriftgrafiken, die Text enthalten, in vielen Fällen das Logo des Webauftritts, als Grafiken realisierte Überschriften oder grafische Schaltflächen und Symbole (Abb. 5.8.2a).
- Fotos und grafische Darstellungen:
Dazu gehören Diagramme und schematische Darstellungen von Zusammenhängen sowie Fotos. (Abb. 5.8.2b)
- Layoutgrafiken:
Grafiken, die zur Dekoration oder aus Gründen der Darstellung verwendet werden und keine Information transportieren, sind Schmuck- und Layoutgrafiken. Dazu gehören Hintergrundgrafiken, Icons und Trennlinien. (Abb. 5.8.2c)

Abb. 5.8.2b: Foto der „pixographen"
alt="pixographen, v. l. n. r.: Tom, Lena, Robert"

Abb. 5.8.2c: Schmuckgrafik
alt=""

Sinnvollerweise benötigen diese drei Bildarten unterschiedliche Beschreibungen. Schriftgrafiken, die echte textuelle Inhalte aufweisen, sollten den im Bild enthaltenen Text im Alternativtext wiedergeben. Oftmals ist es am besten, wenn im Bild enthaltener Text und Alternativtext identisch sind.

Fotos und Grafiken sollten einen alt-Text enthalten, so dass beschrieben wird, was auf der Abbildung zu sehen ist.

Layoutgrafiken benötigen selbstverständlich auch ein alt-Attribut, dieses bleibt aber leer. Alle nicht visuellen Benutzerprogramme, also auch Suchmaschinen und Screenreader, beachten die Layoutgrafik daraufhin nicht.

5.8.3 Projektdokumentation

Die Ergebnisse jeder Arbeitsphase sollten für alle Projektbeteiligten eindeutig und verständlich dokumentiert werden. Dazu gehört bei Struktur- und Interaktionsdiagrammen auch eine kurze Erklärung, warum das Arbeitsergebnis in der vorliegenden Form zustande gekommen ist, denn nur so lassen sich später die gewählten Ausführungsformen begründen.

Ebenso wichtig ist ein Protokoll über erfolgte Freigaben von Teilbearbeitungsschritten und selbstverständlich von Meilensteinentscheidungen.

Diese im Projektmanagement eigentlich selbstverständlichen, von vielen Designern aber ungeliebten Tätigkeiten sind für eine effiziente Projektarbeit ungemein wichtig. Ohne sie kommt es schnell zu Unstimmigkeiten und unnötiger Doppelarbeit mangels abgestimmten Vorgehens. Machen Sie sich die Mühe, selbst das Protokoll zu schreiben; Sie haben dann die Gewissheit, dass dasjenige niedergeschrieben wird, was Ihnen wichtig ist.

5.9 Resümee

Dieses Kapitel hat Ihnen näher gebracht, welche Planungsphasen Sie vor der Erstellung eines Webangebotes durchlaufen.

Sie haben u. a. gelernt,
- dass zu Projektbeginn technische Fragen zum Domainnamen, zum Webhosting und zum Webserver zu klären sind,
- worin der Unterschied zwischen dem ersten Kunden-Briefing und der verabschiedeten Projektformulierung besteht,
- dass Corporate-Design-Vorgaben Ihre Gestaltungsmöglichkeiten beeinflussen,
- dass man die Informationsstruktur am besten mit Mindmaps, Flowcharts oder Strukturdiagrammen visualisiert,
- dass man das Interaktionsdesign gut mit einem Papierprototyp erarbeiten kann,
- welches gebräuchliche Interaktionselemente sind und wie Sie diese sinnvoll einsetzen können,
- dass eine gute Projektorganisation und eine penible Projektdokumentation die Kommunikation deutlich verbessern kann und
- dass es in einem größeren Projekt sinnvoll ist, einen Arbeitsserver einzurichten.

Prüfen Sie Ihr erworbenes Wissen mit dem selbstevaluierbaren Quiz.
In der abschließenden Übung wenden Sie das erworbene Wissen im ersten Teil der praktischen Umsetzung eines Webangebotes an.

5.10 Quiz zu „Siteplanung"

Lösungen (S. 353)

Im nachfolgenden Quiz prüfen Sie Ihren Kenntnisstand zu den Inhalten dieses Kapitels. Sollte die abschließende Auswertung ergeben, dass Ihr Kenntnisstand lückenhaft ist, wird empfohlen, die relevanten Unterkapitel nachzuarbeiten.

5.10.1 Was wird als Kunden-Briefing bezeichnet?
- (A) Das überarbeitete Briefing für den Kunden
- (B) Das erste (vage) Briefing des Kunden
- (C) Das Agentur-Briefing

Quizfrage 5.10.1
- ☐ Lösung (A)
- ☐ Lösung (B)
- ☐ Lösung (C)

Quiz zu „Siteplanung"

Quizfrage 5.10.2	5.10.2	Wozu analysiert man Zielgruppen?
☐ Lösung (A)	(A)	Um soziale Unterschiede abzubauen
☐ Lösung (B)	(B)	Zur Erstellung auflösungsabhängiger Nutzerprofile
☐ Lösung (C)	(C)	Um daraus spezielle gestalterische Anforderungen abzuleiten

Quizfrage 5.10.3	5.10.3	Welches Ziel verfolgt die Konzeption einer Informationsarchitektur?
☐ Lösung (A)	(A)	Alle Inhalte in der Navigation aufzuführen
☐ Lösung (B)	(B)	Die Site für den Benutzer komfortabel und für das Entwicklungsteam leicht erstellbar zu machen
☐ Lösung (C)	(C)	Alle Inhalte in einer für den Nutzer einsichtigen und nachvollziehbaren Struktur zu gliedern

Quizfrage 5.10.4	5.10.4	Welches Auflistungsbeispiel von Navigationsbegriffen ist NICHT optimal?
☐ Lösung (A)	(A)	Toaster, Kaffemaschinen, Eierkocher, Teemaschinen
☐ Lösung (B)	(B)	Hochschule, Fachbereiche, Studium, Mensaplan, Forschung
☐ Lösung (C)	(C)	Entwicklung, Marketing, Vertrieb, Produktion, Kundendienst

Quizfrage 5.10.5	5.10.5	Zu welcher Kategorie zählt das abgebildete Strukturmodell?
☐ Lösung (A)	(A)	Matrixstruktur
☐ Lösung (B)	(B)	Baumstruktur
☐ Lösung (C)	(C)	Netzstruktur

Quizfrage 5.10.6	5.10.6	Wie viele Navigationsbegriffe sollten gleichzeitig präsentiert werden?
☐ Lösung (A)	(A)	4 +/- 2
☐ Lösung (B)	(B)	7 +/- 2
☐ Lösung (C)	(C)	10 +/- 2

Quizfrage 5.10.7	5.10.7	Was verstehen Sie unter Interaktionsdesign?
☐ Lösung (A)	(A)	Die Entwicklung eines Navigationskonzeptes
☐ Lösung (B)	(B)	Die gestalterische Ausarbeitung der Interaktionselemente
☐ Lösung (C)	(C)	Das Design von Multimediaanwendungen auf Websites

Quizfrage 5.10.8	5.10.8	In welcher Art sollten Sie das Firmenlogo auf einer Website interaktiv nutzen?
☐ Lösung (A)	(A)	Als Link auf das Kontaktformular
☐ Lösung (B)	(B)	Als Rücklink auf die Startseite
☐ Lösung (C)	(C)	Als Link auf einen Unternehmensfilm

Übung: Siteplanung der „pixographen"-Site

SITEPLANUNG 5

5.10.9 Was bedeutet „persistente Navigation"?
(A) Navigationselemente, die auf jeder Seite an der gleichen Stelle auftauchen
(B) Eine im Erscheinungsbild unveränderbare Navigation ohne Zustandsvarianten
(C) Eine für Screenreader lesbare, aber am Bildschirm nicht sichtbare Navigation

Quizfrage 5.10.9
☐ Lösung (A)
☐ Lösung (B)
☐ Lösung (C)

5.10.10 Was verstehen Sie unter dem „Serendipity-Effekt"?
(A) Internetuser nutzen vorrangig Quicklinks
(B) Internetuser werden immer wieder durch Nebensächlichkeiten abgelenkt
(C) Internetuser schauen auch Seiten an, auf die sie zufällig (z. B. durch Teaser) aufmerksam werden

Quizfrage 5.10.10
☐ Lösung (A)
☐ Lösung (B)
☐ Lösung (C)

5.10.11 Was ist ein „Papier-Prototyp"?
(A) Die hintereinander ausgedruckten Seiten des Entwurfs
(B) Ein Papier-Arbeitsmodell, um das Interaktionsdesign zu entwickeln
(C) Eine alternative Bezeichnung für „grafischer Prototyp"

Quizfrage 5.10.11
☐ Lösung (A)
☐ Lösung (B)
☐ Lösung (C)

5.11 Übung: Siteplanung der „pixographen"-Site

Ihr Kunde ist eine kleine Webdesign-Agentur, die sich die *„pixographen"* nennt. Da sie als aufstrebende Agentur nicht die Zeit finden, ihren eigenen Webauftritt zu gestalten, wird der Auftrag an Sie vergeben. Ihre Aufgabe ist es nun, ein Konzept und einen Entwurf zu erstellen. Dabei sieht es diese Übung vor, dass Sie nur das umsetzen, was Sie in diesem Kapitel gelernt haben. Der Designentwurf, das Besorgen fehlender Materialien und die Erstellung eines Prototyps ist Teil einer späteren Übung.
Konkret sollen Sie in der aktuellen Übung Folgendes erarbeiten:

1. Erstellen Sie einen „Projektplan" für Ihr „pixographen"-Projekt, indem Sie alle auszuführenden Bearbeitungsschritte auflisten. Stellen Sie einen Zeitplan auf und schätzen Sie für jeden Arbeitsschritt die voraussichtlich erforderliche Bearbeitungszeit. Falls vorhanden, verwenden Sie ein Projektplanungsprogramm; es reicht aber auch eine handgeführte Auflistung der Aktivitäten und Zeiten.
2. Finden Sie anhand der Wünsche des Kunden ein geeignetes Webhosting-Paket. Definieren Sie die Anforderungen.
3. Erarbeiten Sie eine Leitidee (Main Idea) für den Webauftritt. Was ist die Zielsetzung der Site? Welche Zielgruppe wird angesprochen?

4. Entwickeln Sie auf Basis der Main Idea eine Site- und eine Navigationsstruktur und stellen Sie diese als Strukturdiagramm dar. Überlegen Sie, welche Seiten Sie erstellen und wie diese in der Struktur organisiert werden.
5. Entwickeln Sie Vorschläge für das Interaktionsdesign und visualisieren Sie diese in Form eines Navigationslayouts. Definieren Sie die Interaktionselemente und nehmen Sie eine erste Seitenuntergliederung vor. Spielen Sie im Papierprototyp unterschiedliche Navigationswege durch.

Im „Kunden-Briefing" erfahren Sie, dass für die Site mindestens folgende Seiten gewünscht werden:
- Startseite
- Eine Seite über die Firma „pixographen" (mit Kurzvorstellung der drei pixographen inklusive Foto)
- Portfolio (Web Design Gazette und Tragamin)
- Dienstleistungen der „pixographen"
- Kontaktformular mit Impressum
- Vorbereitung für ein Weblog „Pixoblog" auf Basis von Wordpress. (nur in Navigationsstruktur berücksichtigen)

Die „pixographen" sind:
- Lena: Dipl.-Designerin (beherrscht Photoshop, InDesign, Illustrator, Flash und Dreamweaver, hat grundlegende CSS-Kenntnisse)
- Tom: Programmierer (beherrscht Java mit JSP/Servlets, PHP, ASP sowie Python und beginnt sich gerade für Ruby on Rails zu begeistern)
- Robert: Diplom-Informatiker (Medieninformatik FH), hat vor seinem Studium eine Ausbildung als Fotograf gemacht. Er ist das „Mädchen für alles" und kann neben XHTML und CSS ein bisschen von allem.

Das bieten die „pixographen" an:
- Webdesign-Paket „Pixo-Start" (555,- €)
  Individuelles, professionelles Webdesign mit maximal 5 Unterseiten auf Basis von XHTML und CSS.
- Webdesign-Paket „Pixo-Standard" (999,- €)
  Individuelles, professionelles Webdesign mit maximal 10 Unterseiten inklusive Kontaktformular auf Basis von XHTML und CSS.
- Webdesign-Paket „Pixo-Deluxe" (1555,- €)
  Individuelles, professionelles Webdesign mit maximal 20 Unterseiten auf Basis von XHTML, CSS inklusive eines kleinen Flash-Intros und Einrichten einer freien Blogsoftware inklusive Template-Erstellung.
- Webdesign-Paket „Pixo-CMS" (2555,- €)
  Individuelles, professionelles Webdesign mit maximal 25 Unterseiten auf Basis von XHTML und CSS inklusive einer

Übung: Siteplanung der „pixographen"-Site

SITEPLANUNG

freien CMS-Software und Schulung der Mitarbeiter (zzgl. Anfahrtkosten)
- Individuelle Angebote auf Anfrage:
Programmierung individueller, auf den Bedarf des Kunden zugeschnittener Lösungen, mit oder ohne Datenbankanbindung, Redesign vorhandener Seiten etc.

Alle Pakete enthalten:
- Persönliche oder telefonische Beratung
- Konzepterstellung
- Beratung bei der Wahl des Webspace-Anbieters und des Domainnamens
- Erstellung eines individuellen Designs nach den Wünschen des Kunden
- Scannen und Bearbeiten der Bilder und Grafiken
- Erstellung der Seiten inklusive der Veröffentlichung im Internet
- Sicherheitskopie auf CD-ROM
- Anmeldung bei Suchmaschinen und Verzeichnissen
- Wartungsvertrag gegen eine monatliche Pauschale ist möglich

Folgendes Material ist bereits vorhanden und soll verwendet werden:
- Das Logo der „pixographen" (Abb. 5.7.11.a)
- Die Hausschrift „Rockwell"
- Das „pixographen"-Orange: HSK 6 N

Abb. 5.11b: Das Logo der „pixographen"
(Design: Agnes Bülhoff)

Legen Sie sich einen Übungsprojektordner an, in dem Sie Ihre Arbeitsergebnisse aus allen Übungen sammeln und Ihr Zeitkonto führen. Drucken Sie Ihren Ablauf- und Zeitplan, die formulierte Main Idea, das Strukturdiagramm und Ihre Navigationslayouts für Ihren Projektordner aus.
Führen Sie fortan bei allen Übungsaufgaben Ihr Zeitkonto fort und notieren Sie jeweils die tatsächlich aufgewendete Zeit je Bearbeitungsschritt. Vergleichen Sie diese mit Ihrer Zeitschätzung.

Downloadlink:
Logo: http://mediendesign-online.net/xmediapress

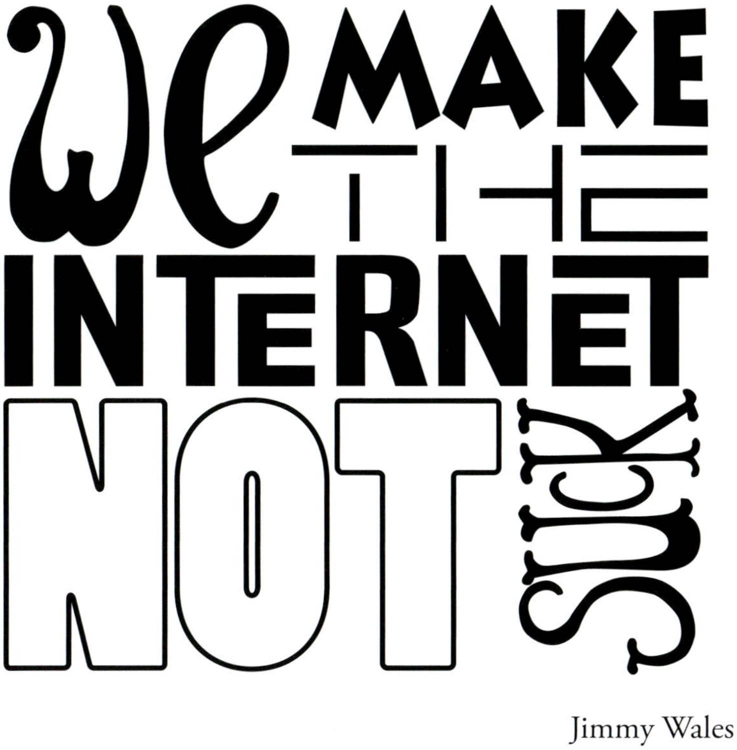

Designentwurf 6

Jimmy Wales

Abb. 6a: Zitat Jimmy Wales
(Grafik: Bensmann)

6.1 Lernziele

Dieses Kapitel ist der zentralen gestalterischen Arbeit im Webdesign, dem Screen- und Interfacedesign, gewidmet.

In diesem Kapitel lernen Sie insbesondere:

- was das „Look & Feel" einer Website ausmacht,
- welche zentralen Aspekte der Usability zu bedenken sind,
- welche Anforderungen Sie zur Accessibility erfüllen sollten,
- was Sie beim Screendesign gestalten,
- wo die Gestaltungsschwerpunkte beim Interfacedesign liegen und welche Gestaltungsmöglichkeiten sich Ihnen hier bieten,
- welche konkreten Designarbeitsschritte im Screen- und Interfacedesign ausgeführt werden und
- wie Sie einen grafischen Prototyp präsentieren.

Prüfen Sie das erworbene Wissen mit dem selbstevaluierbaren Quiz.
In der abschließenden Übung entwickeln Sie das Screen- und Interfacedesign für Ihre „pixographen"-Site und erstellen dazu den grafischen Prototyp.

6.2 Einleitung

Nachdem im Kunden-Briefing die Rahmenbedingungen des gewünschten Webauftritts festgelegt und das Konzept der Informationsarchitektur und die Navigationsstruktur verabschiedet worden sind, also die Arbeitsphasen Strukturdesign und Interaktionsdesign abgeschlossen sind, können die gestalterischen Entwürfe entwickelt werden.

Design im Sinne von Gestaltung betrifft vorrangig das optische Erscheinungsbild der Website, so, wie es sich auf dem Computerscreen darstellt; man spricht deshalb auch von *„Screendesign"*.

Die vorrangige Arbeit des Webdesigners bezieht sich also auf die Gestaltung einer visuell wahrnehmbaren Interaktionsebene. In besonderen Fällen können die Interaktionen mit Websites auch über nicht visuelle Ein- und Ausgabemöglichkeiten erfolgen.

Design richtet sich immer an Ratio und Emotio, betrifft also neben der eher emotional wirkenden *ästhetischen und anmutungsbezogenen Gestaltung* auch die eher rational begründeten Aspekte der *Ergonomie*, insbesondere der Gebrauchsgerechtigkeit. Während im Screendesign mit dem kompositorischen Layout der Seiten die emotionalen Aspekte im Vordergrund stehen, kommen die rationalen, ergonomiebegründeten Aspekte vorrangig im Interfacedesign zum Tragen.

Wie die Gewichtung zwischen Screen- und Interfacedesign verteilt ist, hängt vom Thema der zu gestaltenden Website ab. Bei einer Entertainment-Site dominieren sicherlich die emotionalen Designaspekte vor den ergonomischen, bei einem Wissensportal steht dagegen die Usability im Vordergrund der Gestaltung. Andererseits kommt auch diese nicht ohne ein emotional ansprechendes Screendesign aus, um die Aufmerksamkeit der Nutzer zu wecken und zu halten. Die Kunst des Designs besteht darin, aufgabenspezifisch die richtige Mischung zwischen emotionaler und rationaler Gestaltung zu finden.

Da die genannten Aspekte des Designschaffens miteinander in Beziehung treten, ist eine eindeutige Abfolge in der Bearbeitungsreihenfolge nicht gegeben. In direktem Zusammenwirken von Screendesign und Interfacedesign werden in der Designentwurfsphase mit zunehmendem Konkretisierungsgrad Entwürfe entwickelt. Sind mehrere alternative Designentwürfe fertiggestellt, werden diese zum *„grafischen Prototyp"* aufbereitet und dem Kunden zur Entscheidung präsentiert.

Nach der Designfreigabe können dann die Materialien für alle Seiten zusammengestellt (Storyboarding) und aufbereitet werden (Assetdesign). Parallel dazu beginnen die Arbeiten am HTML-Prototyp. Diese letztgenannten Arbeitsschritte zählen jedoch nicht zum Designentwurf, sondern sind Ausführungsschritte, die z. T. von anderen Personen bearbeitet werden.

Look & Feel

DESIGNENTWURF 6

6.3 Look & Feel

In dem in der Informatik häufig verwendeten Begriff des „Look & Feel" offenbart sich der Stellenwert, den das Design bei der Websitegestaltung einnimmt.

„Look & Feel" beschreibt den Prozess der Identifikation des Betrachters mit dem relevanten Seitenthema über das Erscheinungsbild, d. h., die emotionale Einstimmung durch die Präsentation einer themenbezogenen Atmosphäre. Es geht um das semantische Gestalten in Bezug auf Zielgruppe, Inhalt und Absender, betrifft also die Produktsemantik und Anmutungsgestaltung und somit das emotionale Gestalten.

Der Begriff der *Produktsemantik* wurde im Designdiskurs in den 80er Jahren durch Klaus Krippendorff und die Offenbacher Designhochschule neu belebt. Der Begriff „Anmutung" wurde vom Kölner Marketingexperten Udo Koppelmann geprägt.

Trotz einer vielleicht ganz ähnlichen Navigationsstruktur muss die Site eines Unternehmens für Baumaschinen völlig anders aussehen als die Site eines Unternehmens, das Backwaren verkauft. Die Site eines Friseurs muss anders aussehen als die einer Werbeagentur, die eines Kräuterhandels anders als die einer Fleischwarenfabrik (Abb. 6.3a-f).

Der amerikanische Begriff „Look & Feel" bezeichnet somit den Anschein und die emotionale Empfindung, die ein Design vermittelt.

Über eine sensible Gestaltung des Gesamterscheinungsbildes einer Website kann dem Nutzer kommuniziert werden, um welches Thema es geht, welche Wertigkeit die Site hat und welche Zielgruppe angesprochen wird. Eine Site kann jugendlich und trendy wirken, kann etabliert und elegant sein oder provokant und abgedreht erscheinen. Sie kann das Flair von fernen Ländern, Sport, von Gesundheit oder Ökologie ausstrahlen.

Literaturtipp:
vergl. zum Begriff „Produktsemantik":
Butter, Reinhart und Krippendorf, Klaus: Die semantische Wende: Eine Neue Grundlage fur das Design, 1999
vergl. zum Begriff „Anmutung":
Koppelmann, Udo: Produktmarketing, 1987

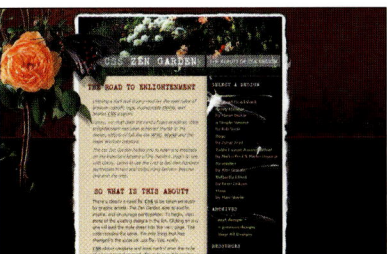

Abb. 6.3a-f: css Zen Garden (http://www.csszengarden.com)
Ein und dieselbe Website in unterschiedlichen Anmutungsgestaltungen
(Design: Shea, Bopp, Brundle, Linkous, Ribic, Hebenstreit)

Look & Feel

Ein starkes Mittel, dies zu erreichen, ist die Farbgebung mit thementypischen Farbtönen. Ein Bioladen wird seine Produkte nicht auf einem blauen Seitenhintergrund präsentieren, sondern naturgrün und Erdtöne wählen, eine Medizin-Site wird vielleicht ein OP-Grün verwenden, eine Basketballseite das Blau des Spielfeldbodens etc. (Abb. 6.3g-l).

Ebenso wichtig ist die *typosemantische Gestaltung*. Über eine zum Thema passende Schriftauswahl (für Headlines etc.) und die weitere themenspezifische gestalterische Aufbereitung der Schrift wird ein starker semantischer Bezug erreicht.

Insbesondere bei Websites, die keine dominanten bildhaften Elemente einsetzen, sondern als grafische Struktur aufgebaut sind, wird die Anmutung durch die Farbgebung, die Formsprache und die Typografieauswahl bestimmt.

Das Look & Feel wird automatisch auch durch das *Corporate Design* mitbestimmt, da sich schon dadurch das Gesicht des Unternehmens zeigen soll. Da in den Unternehmen meist ausgereifte Corporate-Design-Konzepte für die klassischen Medien existieren, geht es darum, diese mediengerecht zu übertragen. Eventuell werden die vorhandenen Gestaltungskriterien mit anderen Gestaltungselementen erweitert, z. B. die Formen der Navigationselemente und Buttons oder vielleicht wird das bis dahin statische Logo animiert. Eine solche Übertragung bzw. die Gestaltung für unterschiedliche Medien bezeichnet man als *Cross Media Design*.

Literaturtipp zum semantischen Gestalten mit Schrift: Hammer. N.: Mediendesign für Studium und Beruf (2008), Kap. Typosemantik

Abb. 6.3g-l: Das Look & Feel unterschiedlicher Websites: essanelle, Jung von Matt, foliaflores und Marchand de Trucs (http://www.essanelle.de http://www.jvm.de http://www.foliaflores.de http://www.marchanddetrucs.com)

Usability

DESIGNENTWURF 6

Abb. 6.3k: Yello-Website
(http://www.yellostrom.de)
Der Webauftritt im Yello-Gelb vermittelt die
Unternehmensidentität sofort.

Besondere Anforderungen an das Screendesign stellt die Übernahme einer *Corporate- oder Brand-Color* dar, also der Unternehmens- oder Markenfarbe. Das Gelb der Marke Yello-Strom z. B. ist normalerweise eine kritische Farbe für eine Website; für das Stärken dieser Marke in einem weltweiten Medium ist sie allerdings ein Muss und eine gestalterische Herausforderung, die hier gut gelöst wurde (Abb. 6.3k).

6.4 Usability

Die rationale Ausrichtung des Designs kommt besonders deutlich zum Tragen bei der Auseinandersetzung mit dem funktionalen Gebrauch einer Website. Bevor Sie mit Designentwürfen beginnen, ist es deshalb sinnvoll, sich Gedanken über die Benutzbarkeit (*Usability*) zu machen.

Linktipps zu Usability:
http://www.useit.com/
http://www.sensible.com/

Gute Usability ist im Wettbewerb konkurrierender Websites nicht nur eine nutzerfreundliche Geste, sondern eine entscheidende Marketingmaßnahme, um die Akzeptanz einer Website sicherzustellen. Nutzer wollen eine klare Orientierung, um möglichst effizient ihr Informationsziel zu erreichen. Ergonomisch optimierte Gestaltung steht deshalb gleichgewichtig neben der Ästhetik und Anmutungsgestaltung.

Literaturtipps zu Usability:
Krug, Steve: Don't Make Me Think!, 2006
Heinecke, Andreas M.: Mensch-Computer-Interaktion, 2004

Gemäß Teil 11 der ISO-Norm 9241 (Ergonomische Anforderungen für Bürotätigkeiten mit Bildschirmgeräten) wird Usability wie folgt definiert: *Usability eines Produktes ist das Ausmaß, in dem es von einem bestimmten Benutzer verwendet werden kann, um bestimmte Ziele in einem bestimmten Kontext effektiv, effizient und zufriedenstellend zu erreichen.*

Diese Definition bezieht sich auf die Nutzbarkeit aller möglichen Produkte, Software und Websites eingeschlossen. Im WWW ist Usability von besonderer Bedeutung. In der Regel ist die Nutzergruppe eines Webangebots sehr heterogen und nicht unbedingt näher zu bestimmen. Zudem ist diese Nutzergruppe nicht nur auf menschliche Nutzer beschränkt, auch Agenten und Robots besuchen Websites, um sie zu katalogisieren und die Informationen schnell auffindbar zu machen. Dieses Verhalten ist in den meisten Fällen vom Betreiber auch erwünscht, da unter Umständen sehr viele Besucher über Suchmaschinen und Kataloge den Weg zu ihrer Website finden.

Für nutzergerecht gestaltete Websites gibt es kein Patentrezept, außer vielleicht, dass Sie gar nicht zu viel testen können, um die Nutzbarkeit einer Website zu optimieren.

Folgende Faustregeln helfen Ihnen, schon in der Entstehungsphase die gröbsten Usability-Fallen zu umschiffen:

- Garantieren Sie inhaltlichen Nutzen: Bereiten Sie die Inhalte zielgruppengerecht auf.
- Schnelligkeit: Achten Sie auf schnellen Seitenaufbau und ermöglichen Sie das schnelle Erreichen der Zielseite.
- Übersichtlichkeit: Gestalten Sie die einzelne Seite und die gesamte Websitestruktur übersichtlich.
- Verständlichkeit: Erzeugen Sie verständliche Seiteninhalte, Grafiken und Links.
- Anmutung (Look & Feel): Schaffen Sie ein ästhetisches Erscheinungsbild.

Quelle: Nielsen, Jakob.: Designing Web Usability, 2004, S. 15

Der amerikanische Ergonom Jakob Nielsen beschäftigt sich bereits seit 1994 mit dem Thema Web Usability. Seine umfangreichen Untersuchungen zu dem Thema haben ergeben, dass folgende „grundlegende Fehler" in allen Bereichen des Webdesigns vorkommen:

- Geschäftsmodell: Das Web wird wie eine Marketingbroschüre behandelt, nicht wie ein Medium, das unsere Art, Geschäfte zu machen, verändern wird.
- Projektmanagement: Das Webprojekt wird verwaltet, als wäre es ein traditionelles Projekt des Unternehmens. Diese Vorgehensweise führt zu einem nach innen gerichteten Design mit einer inkonsistenten Benutzeroberfläche.
- Informationsarchitektur: Die Struktur der Site spiegelt die Struktur des Unternehmens wider. Stattdessen sollte die Website die Bedürfnisse und Vorstellungen des Benutzers widerspiegeln.
- Seitendesign: Es werden Seiten erstellt, die toll aussehen und bei Präsentationen innerhalb des Unternehmens positive Gefühle hervorrufen. Interne Präsentationen leiden aber nicht an den Verzögerungen der Antwortzeit, die die hauptsächlichen Beschränkungen im Web sind. Genauso zeigt eine Präsentation auch nicht die Schwierigkeiten, die ein Neuling haben wird, wenn er die verschiedenen Seitenelemente finden und verstehen soll.

Usability **DESIGNENTWURF** 6

- Inhaltliches: Die Texte werden in demselben linearen Stil verfasst, in dem man schon immer schrieb. Stattdessen sollten Sie sich zwingen, in dem neuen, für Online-Leser optimierten Stil zu schreiben. Online-Leser überfliegen die Seiten und benötigen sehr kurze Texte, wobei untergeordnete Informationen auf zusätzliche Seiten ausgelagert werden.
- Verknüpfungsstrategie: Die eigene Site wird als einzig wichtige behandelt, ohne korrekte Links zu anderen Sites und ohne gut gestaltete Zugangspunkte, auf die andere Autoren Links setzen können. Viele Unternehmen verwenden nicht einmal dann korrekte Links, wenn sie ihre eigene Site in ihren Anzeigenkampagnen erwähnen. Denken Sie daran, dass Hypertext die Grundlage des Internets darstellt und dass eine Website keine Insel ist.

6.4.1 Typografie am Bildschirm

Die Darstellung von Schrift am Bildschirm ist mit der Abbildungsqualität auf Drucksachen nicht zu vergleichen. Drucksachen werden mit 300-600 dpi (dots per inch) auf Papier o. Ä. abgebildet, Schrift am Monitor besteht aus Licht bei einer Auflösung von 72-120 ppi (pixel per inch). Deshalb gelten für die Typografie am Bildschirm andere Gesetzmäßigkeiten als für die Typografie im Printbereich.
Aufgrund dieser wesentlich geringeren Auflösung erscheinen die Schriften am Bildschirm fast immer pixelig.
Nun macht den Charakter einer Schrift hauptsächlich ihre spezielle Kurvenform aus. Bildschirm-Pixel können Kurven nicht exakt darstellen, sondern sich im besten Fall an die Form annähern. Dies ist umso schwieriger, je kleiner die Schriftgröße ist, denn dann stehen nicht mehr genügend Bildpunkte zur Verfügung, um die Form nachzubilden. Kleinere Schriftgrößen im Web können also zum Problem werden (Abb. 6.4.1a).

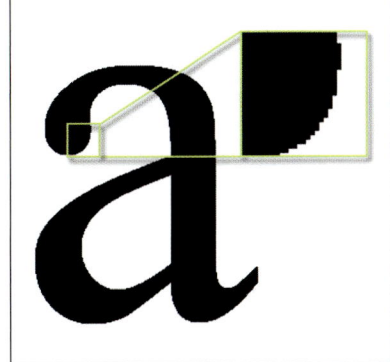

Abb. 6.4.1a: Treppchen-Effekt
Ein ungeglätteter Buchstabe mit einer vergrößerten Kurve (Grafik: Bensmann)

Antialiasing, die künstliche Schriftglättung durch Zufügen von Farbzwischenwerten zwischen Text und Hintergrundfarbe, kann hier Abhilfe schaffen (Abb.6.4.1b). Allerdings hat der Webdesigner keinen Einfluss darauf, ob die Schrift geglättet oder nicht geglättet dargestellt wird. Auch der Nutzer hat keinen direkten Einfluss darauf, lediglich durch die Wahl seines Browsers (Abb. 6.4.1c).
Text in Grafiken (*Bildtypografie*) kann mit unterschiedlich starkem Antialiasing versehen werden. Die meisten Bildbearbeitungsprogramme bieten hier diverse Optionen an, um Text unterschiedlich stark zu glätten.
Bei Schriftgrößen unter 14 Punkt beginnen die Schriften mit Antialiasing zuzulaufen. Letztendlich hängt das Aussehen der Schrift in kleineren Größen aber immer von der verwendeten Schriftart ab. Deshalb lässt sich an dieser Stelle keine Regel angeben. Ihr Auge entscheidet, ob die verwendete Schrift in bestimmter Größe besser mit oder ohne Antialiasing zum Einsatz kommen soll.

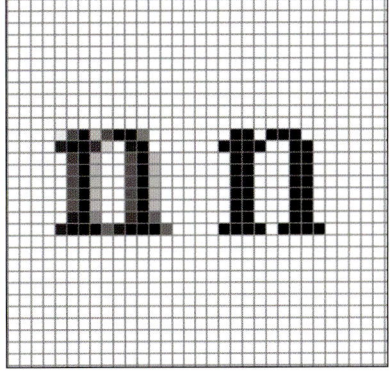

Abb. 6.4.1b: Antialiasing (Grafik: Hammer)

Usability

Inzwischen sind viele Schriften speziell für die Verwendung „on screen" (auf Bildschirmen) entwickelt bzw. dafür optimiert worden. Das bedeutet, dass sie in ihrer Kontur auf die Pixelmatrix des Bildschirms abgestimmt sind, so dass ihre Buchstabenform dafür möglichst optimal ausgeprägt ist. Die genaue Darstellung der Balkenstärke auf Medien mit geringer Auflösung ist dann schon in der Schriftdatei optimiert. Diese Abstimmung, das so genannte Hinting, zeichnet gute Schriften aus, ist jedoch sehr aufwändig und schlägt sich im Preis der Schriften nieder.

Webdesign bedeutet immer ein Höchstmaß an Ergonomie; der Einsatz einer qualitativ hochwertigen Schrift erfüllt drei wichtige Kriterien: sehr gute Lesbarkeit, sehr gute Anmutung und Wiedererkennbarkeit der Schrift und vor allem ein Höchstmaß an Orientierung und Unterscheidbarkeit im Navigationsbereich.

Wie Ihnen bereits aus der Printtypografie bekannt ist, wird gute Lesbarkeit von Mengentext nicht allein von Schriftart und Vorder-/Hintergrundkontrast bestimmt, sondern ebenso von Zeilenabstand, Laufweite und Satzbreite.

Während in der Printtypografie 55-75 Zeichen pro Zeile als Richtwert gelten, sollte dies on screen bei 45-55 Zeichen liegen. Hier ist

Abb. 6.4.1c: Browserabhängige Kantenglättung im Vergleich (Grafik: Bensmann) v. l. o. n. r. u.: Firefox, Safari, IE, Opera

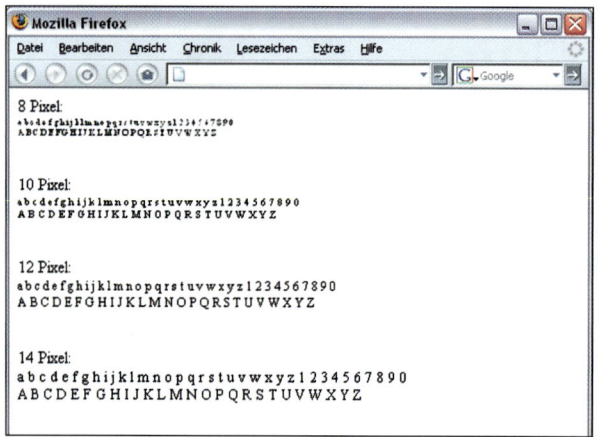
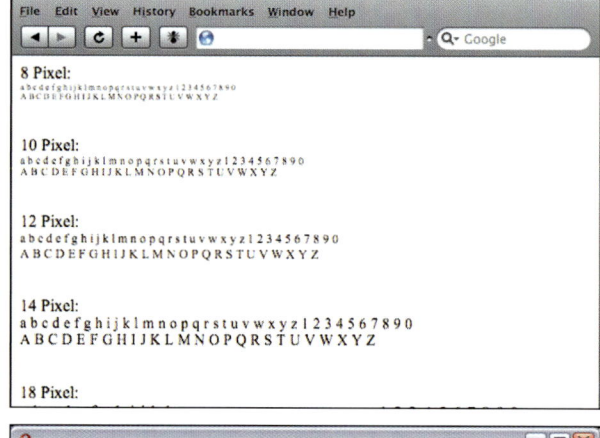
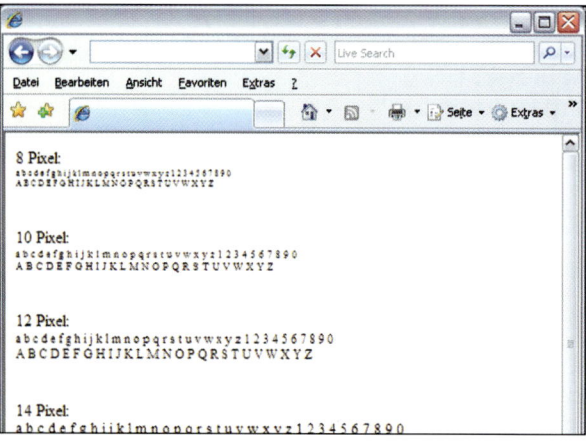
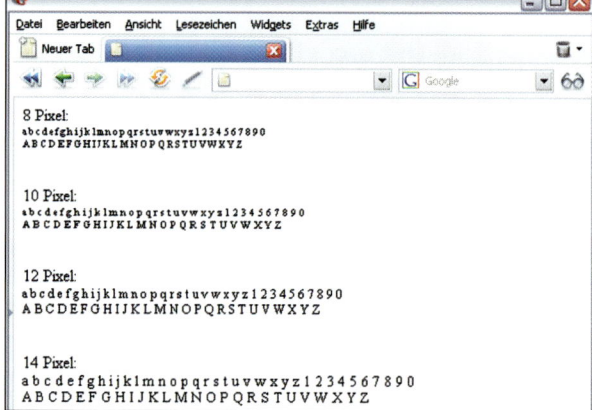

durch geeignete Maßnahmen sicherzustellen, dass beim Aufziehen des Browserfensters keine „Zeilenbandwürmer" entstehen (Abb. 6.4.1d).

Der *Zeilenabstand* bzw. Weißraum zwischen den Zeilen sorgt für ein einheitliches Schriftbild und erleichtert dem Auge den Sprung vom Zeilenende der einen zum Zeilenanfang der nächsten Zeile. Die Standardempfehlung für den Zeilenabstand im Printbereich beträgt 120% des Schriftgrades, auf dem Bildschirm sollte er größer sein als für gedruckte Medien. Für den Bildschirm wird ein eineinhalb- bis zweizeiliger Abstand empfohlen wird. Wie groß dieser Wert tatsächlich ausfällt, hängt von der der x-Höhe der verwendeten Schrift und von der Darstellung im verwendeten Browsers ab.

Ein größerer Zeilenabstand bringt Luft ins Layout und erleichtert das Lesen. Ist er jedoch zu groß, tritt das Gegenteil ein: Die Zeilen fallen optisch auseinander.

Zur *Textausrichtung* gelten die Richtlinien der guten Lesbarkeit. Demnach empfiehlt sich der Einsatz von linksbündigem Schriftsatz.

Blocksatz sollte nur mit Vorsicht eingesetzt werden. Da Browser noch keine Silbentrennung beherrschen und das bedingte Trennzeichen noch nicht browserübergreifend unterstützt wird, führt Text im Blocksatz oftmals zu sehr großen Wortabständen bis hin zu Löchern im Schriftbild, die ergonomisch nicht tolerierbar sind.

Literaturtipp zur Lesbarkeit von Typografie: Hammer. N.: Mediendesign für Studium und Beruf, 2008, Kap. Typoergonomie)

Abb. 6.4.1d: Zeilenbandwürmer (http://www.hebammenhilfe.de)
Browseranpassbare Seiten sollten eine Ausdehnungsbegrenzung erhalten, sonst entstehen schlecht lesbare lange Zeilen.
(lange Zeilen nachgestellt)

Die klassischen *Satzregeln*, im Besonderen typografische An- und Abführungszeichen, Sonderzeichen oder Zahlensatz, gelten auch im Web! Falsche An- und Abführungszeichen fallen vor allem in Headlines auf.

Für die gestalterische Aussage einer Site braucht man neben Bildern und Farben natürlich aussagekräftige Schriften, oft schon aus Gründen der Wiedererkennbarkeit des Unternehmens.

Schriften, die nutzerseitig nicht vorhanden sind, verpackt man gut gestaltet in eine Pixelgrafik (PNG, GIF oder JPEG); so hat man die ganze Welt der verschiedenen Fonts zur Verfügung. Verbreitet findet Bildtypografie Anwendung für Navigations- und Buttontexte, für Headlines, Subheadlines und Kapitelüberschriften. Der Vorteil liegt in der Freiheit der Schriftauswahl, da keine Notwendigkeit besteht, die Schrift auf dem Anwendersystem verfügbar zu halten. Zudem können Schriften geglättet und gut mit Hintergrundfarbe oder -motiven kombiniert werden. Sämtliche Filter- und Effektfunktionen der Bildbearbeitungsprogramme können auf die Schrift angewendet werden (vgl. Assetdesign: Bildtypografie, S. 266).

Grundsätzlich gelten bei der Schriftauswahl auch die oben genannten Kriterien zur guten Lesbarkeit von Schrift am Bildschirm: große und klar ausgeprägte Innenräume, kein Zulaufen in kleinen Größen und bevorzugt bildschirmoptimierte Schriften verwenden.

6.4.2 Farbe am Bildschirm

Die Darstellung der Schrift auf dem Bildschirm wird natürlich auch durch Farbe mitbestimmt.

Im Gegensatz zu Printmedien werden on screen *Lichtfarben* im RGB-System erzeugt, die ein anderes Kontrastverhalten aufweisen als die Reflexionsfarben im Druck. Farben am Monitor leuchten und können überstrahlen, was bei Lesetext nicht erwünscht ist.

Dicht beieinander angewendet, führen Farben mit gleichen, hohen Sättigungswerten oft zu einem Flimmereindruck. Insbesondere bei farbigen Texten auf farbigem Hintergrund kommt es auf eine ergonomisch geeignete Farbabstimmung an (Abb. 6.4.2a).

Generell gilt, dass starke Kontraste – dazu gehört auch Schwarz-Weiß – das Auge beim Lesen stärker ermüden als etwas weniger starke. Bei großen Helligkeitsunterschieden kommt es außerdem häufig zu Überstrahlungseffekten; schwarze Schrift auf Weiß wird überstrahlt und wirkt kleiner, weiße Schrift auf Schwarz wirkt hingegen etwas größer.

Aus ergonomischem Gesichtspunkt empfiehlt es sich, Kontraste von Farben generell abzuschwächen, indem Sie z. B. anstelle von schwarzer Schrift ein dunkles Grau verwenden. Liegen die Helligkeiten von Vordergrund- und Hintergrundfarbe zu dicht beieinander oder bestehen sie womöglich noch aus Komplementärfarben, dann flimmert diese Kombination und führt zu extremer Unleserlichkeit.

Accessibility **DESIGNENTWURF 6**

Abb. 6.4.2a: Farbkontraste unterschiedlicher Vorder-/Hintergrund-Kombinationen (Grafik: Bensmann)
Nicht alle Kombinationen sind gut geeignet. Einige Kontraste flimmern stark, bei anderen ist die Schrift kaum lesbar.

6.5 Accessibility

Das Thema *Accessibility* (*Zugänglichkeit*, auch „*Barrierefreiheit*") ist heute ein wichtiges und aktuelles Thema. Es stellt im Webdesign ein umfangreiches eigenes Thema dar, was in diesem Buch nur verkürzt erörtert werden kann. An dieser Stelle werden insbesondere diejenigen Aspekte barrierefreien Gestaltens dargestellt, die auch für das Webdesign im Allgemeinen von Interesse sind.

Zielsetzung von Accessibility ist es, im Sinne des Gleichstellungsgedankens das Lebensumfeld im Allgemeinen und im hier gegebenen Zusammenhang im Speziellen die technischen Informations- und Kommunikationsangebote – und damit auch Webseiten – so zu gestalten, dass eine uneingeschränkte Zugänglichkeit für alle Menschen möglich ist. Das gilt unabhängig davon, ob diese Menschen durch visuelle, auditive, motorische oder kognitive Behinderungen eingeschränkt sind.

Dabei geht es im Grundgedanken nicht darum, Sonderlösungen für einzelne Gruppen zu schaffen, sondern idealerweise ein „Universaldesign" für alle zu entwickeln. Das schließt sowohl Menschen mit als auch ohne Behinderungen ein. Hier sind auch diejenigen zu erwähnen, die aufgrund von Unfällen temporäre Einschränkungen erfahren (z. B. keine Mausnutzung wegen Handverletzung), und diejenigen, die altersbedingte Einschränkungen aufweisen (vorrangig Sehschwächen).

Accessibility

Linktipps zur Barrierefreiheit:
http://www.wob11.de
http://www.einfach-fuer-alle.de
http://www.abi-projekt.de
http://www.bieneaward.de
http://www.w3.org/WAI/

In Deutschland sind per Gesetz alle öffentlich-rechtlichen Institutionen verpflichtet, Ihre Internetauftritte barrierefrei anzubieten. Was hier im Einzelnen gefordert ist, wurde in der *BITV* (Barrierefreie Informationstechnik-Verordnung) formuliert. Diese basiert wiederum auf den internationalen *WCAG-Richtlinien* (Web Content Accessibility Guidelines) des W3C-Konsortiums. Sie gelten bisher in der Fassung WCAG1 und zukünftig in der überarbeiteten Form WCAG2.

Während WCAG1 noch 14 verschiedene Richtlinien mit zahlreichen, teils auf bestimmte Umsetzungstechniken bezogene Anforderungen auflistet, sind in der WCAG2 vier grundsätzliche Prinzipien zur Accessibility aufgeführt:

1. Wahrnehmbarkeit: Inhalt muss wahrnehmbar sein.
2. Bedienbarkeit: Elemente der Benutzerschnittstellen im Inhalt müssen bedienbar sein.
3. Verständlichkeit: Inhalte und Bedienelemente müssen verständlich sein.
4. Robustheit: Inhalte sollten robust genug sein, um mit aktuellen und zukünftigen Benutzeragenten zu funktionieren (inklusive assistiver Werkzeuge).

In den alten wie in den neuen Richtlinien werden drei Konformitätsstufen unterschieden, die den Grad der Zugänglichkeit darstellen:

- Erfolgskriterien der Ebene 1 erreichen die Mindestanforderungen an die Barrierefreiheit und können sinnvoll auf alle Webinhalte angewendet werden.
- Erfolgskriterien der Ebene 2 erreichen eine verbesserte Ebene der Barrierefreiheit und können sinnvoll auf alle Webinhalte angewendet werden.
- Erfolgskriterien der Ebene 3 erreichen zusätzliche Barrierefreiheit für Menschen mit Behinderungen und sind nicht auf alle Webinhalte anwendbar.

Abb. 6.5a, b: Beispiele mit Biene Award ausgezeichneter barrierefreier Websites: (http://www.ble.de https://banking.postbank.de)

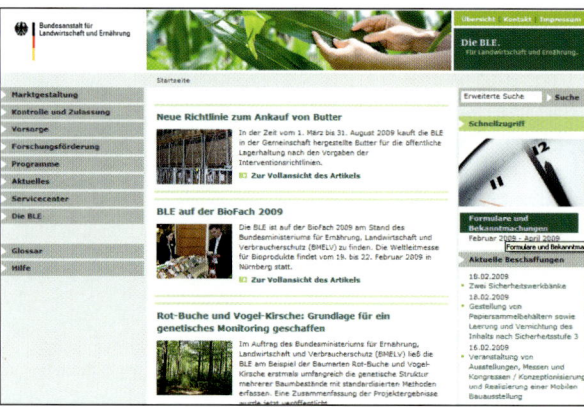
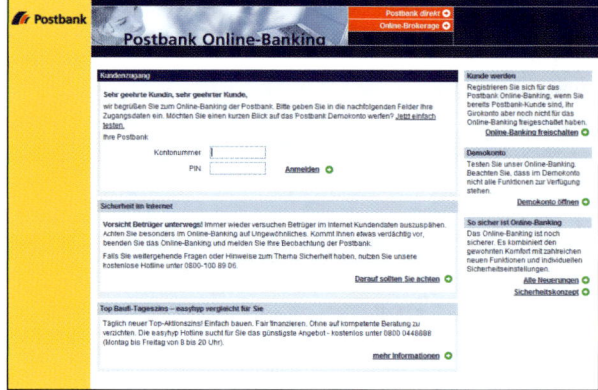

Accessibility

DESIGNENTWURF 6

Aufgrund der Vielfältigkeit und Unterschiedlichkeit der möglichen Einschränkungen ist es kaum machbar, eine für alle Individualprobleme optimal zugängliche Website zu entwickeln. Ein brauchbarer Weg besteht jedoch darin, unterschiedliche Zugänge zu ermöglichen und individuelle Anpassungen der Ausgabeform zuzulassen, denn gerade hochgradig Betroffene nutzen oft proprietäre Lösungen (zum Beispiel Brailleausgabe, Großmonitore oder individuelle Stylesheets).

Wenn Sie schon beim Entwurf die Anforderungen der „Barrierefreien Informationstechnik-Verordnung (BITV)" beachten, dann ist Ihre Website schon fast „von alleine" barrierefrei. Die Zugänglichkeit erst später nachzurüsten, ist nicht nur aufwändig, sondern führt auch oft zu unerwünschten Ergebnissen.

Während die Usability eine Grundvoraussetzung für eine erfolgreiche Website ist, wird die Zugänglichkeit einer Website oft gänzlich vergessen. Unabhängig von der Zielgruppe sollten Sie wenigstens die in der BITV vorgeschriebenen Mindestanforderungen für zugängliche Websites befolgen:

1. Für jeden Audio- oder visuellen Inhalt sind geeignete äquivalente Inhalte bereitzustellen, die den gleichen Zweck oder die gleiche Funktion wie der originäre Inhalt erfüllen.
2. Texte und Grafiken müssen auch dann verständlich sein, wenn diese ohne Farbe betrachtet werden.
3. Markup-Sprachen (insbesondere HTML) und Stylesheets (CSS) sind entsprechend ihren Spezifikationen und formalen Definitionen zu verwenden.
4. Sprachliche Besonderheiten wie Wechsel der Sprache oder Abkürzungen sind erkennbar zu machen.
5. Tabellen sind mittels der vorgesehenen Elemente der verwendeten Markup-Sprache zu beschreiben und in der Regel nur zur Darstellung tabellarischer Daten zu verwenden.

 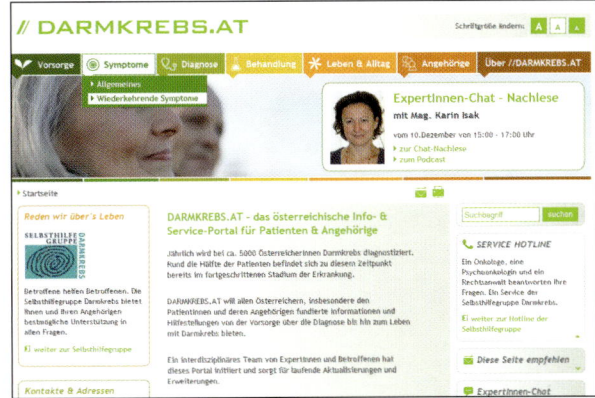

Abb. 6.5c,d: Beispiele mit Biene Award ausgezeichneter barrierefreier Websites:
(http://www.duesselenergie.de
http://www.darmkrebs.at/)
Auch auf barrierefreien Websites sind kreative Gestaltungen möglich.

6. Internetangebote müssen auch dann nutzbar sein, wenn der verwendete Benutzeragent neuere Technologien nicht unterstützt oder diese deaktiviert sind.
7. Zeitgesteuerte Änderungen des Inhalts müssen durch die Nutzerin/den Nutzer kontrollierbar sein.
8. Die direkte Zugänglichkeit der in Internetangeboten eingebetteten Benutzerschnittstellen ist sicherzustellen.
9. Internetangebote sind so zu gestalten, dass Funktionen unabhängig vom Eingabegerät oder Ausgabegerät nutzbar sind.
10. Die Verwendbarkeit von nicht mehr dem jeweils aktuellen Stand der Technik entsprechenden assistiven Technologien und Browsern ist sicherzustellen, soweit der hiermit verbundene Aufwand nicht unverhältnismäßig ist.
11. Die zur Erstellung des Internetangebots verwendeten Technologien sollen öffentlich zugänglich und vollständig dokumentiert sein, wie z. B. die vom World Wide Web Konsortium entwickelten Technologien.
12. Der Nutzerin/dem Nutzer sind Informationen zum Kontext und zur Orientierung bereitzustellen.
13. Navigationsmechanismen sind übersichtlich und schlüssig zu gestalten.
14. Das allgemeine Verständnis der angebotenen Inhalte ist durch angemessene Maßnahmen zu fördern.

Nicht zuletzt kann Barrierefreiheit auch für Nutzer ohne Einschränkungen eine Verbesserung bedeuten, weil dadurch allgemein das Erfassen der dargebotenen Informationen vereinfacht und die Navigierbarkeit erleichtert wird.

Viele der in den WCAG bzw. BITV-Richtlinien geforderten Ausführungen ergeben letztlich auch eine verbesserte Usability und tragen somit zur Aufwertung von Websites bei. In diesem Sinne wird die Idee eines Universaldesigns realisiert, das gleichermaßen für Benutzer mit und ohne Einschränkungen ein gebrauchsoptimierte Webangebote bereitstellt.

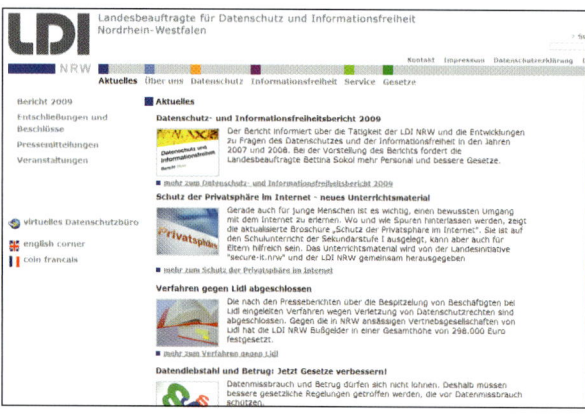

Abb. 6.5e,f: Barrierefreie Sites öffentlicher Institutionen:
(http://www.ldi.nrw.de, Design: Team Prof. Hammer)
(http://www.mediendesign-online.net, Design: D. Hayenga)

Screendesign

DESIGNENTWURF 6

6.6 Screendesign

6.6.1 Was umfasst Screendesign?

Das Look & Feel einer Website wird weitgehend durch das *Screendesign* bestimmt. Das betrifft vorrangig das kompositorische Gesamtlayout einer Website, wodurch die Anordnung der einzelnen Gestaltungselemente innerhalb des Formates, die Aufteilung der Verhältnisse von genutzter zu Freifläche, die dominierende Farbgestaltung, das typografische Erscheinungsbild und das Bildkonzept festgelegt werden.

Sie prägen den ersten Wahrnehmungseindruck einer Website im Sinne einer emotionalen Wahrnehmungsempfindung. Dieser vielbeschworene „erste Blick" oder das „Bauchgefühl" entscheidet darüber, ob man sich auf einer Seite wohlfühlt und diese akzeptiert oder lieber gleich weiterklickt.

Das Screendesign prägt also die Erscheinungsform einer Site, während die funktionale Gestaltung durch das Interaktions- und Interfacedesign erarbeitet wird. Beides wirkt jedoch direkt zusammen. So beeinflusst das Screendesign im kompositorischen Layout z. B. die Wahrnehmungsintensität von Navigations- und Orientierungsbereichen durch die gewählten Abstände zu anderen Elementen, durch Farbhinterlegungen, vorgegebene Größen etc.

Effizientes Screendesign zeichnet sich nach Thissen *„durch das funktionale und ästhetisch-harmonische Zusammenspiel unterschiedlicher Elemente aus"* (Thissen 2003, S. 20).

Quelle:
Thissen, F.: Screendesign, 2003

Aufgabe des Screendesigns ist es, das Thema der Website bzw. deren zielgruppenspezifische Ausrichtung zu kommunizieren. Hier kommt es darauf an, eine zum Thema bzw. zur Zielgruppe passende Bild-, Typo- und Farbsemantik zu finden, so dass ein stimmiger und eindeutiger Gesamteindruck entsteht. In der Regel sollte dieser zudem positiv ausgerichtet sein.

Insbesondere bei kommerziellen Sites ist es Aufgabe des Screendesigns, die Corporate Identity des Absenders zu vermitteln, da es ja darum geht, die Botschaft einer Website einem speziellen Unternehmen zuzuordnen.

Screendesign kann darüber hinaus zu einem eigenständigen Darsteller werden, indem es eine dominierende Themenkulisse bietet, der die eigentlichen Informations-, Produkt- oder Interaktionsangebote untergeordnet sind.

6.6.2 Designstil

Unter Berücksichtigung der anvisierten Zielgruppe und der gewünschten Art der Selbstdarstellung des Auftraggebers wird man sich für eine grundsätzliche Designstilrichtung entscheiden, die im Screendesign umgesetzt werden soll. Sie wird später den ersten Eindruck bestimmen und das Image des Websiteanbieters prägen.

Will man sich z. B. betont seriös und ernsthaft geben oder darf es auch verspielt und fröhlich sein? Soll es sachlich und ruhig sein oder beschwingt und lebendig?

Screendesign

Abb. 6.6.2a: Design im strengen, grafisch-architektonischen Stil: Site einer Zahnarztpraxis (http://www.zaehne-zaehne.de, Design: hammer-runge, M. Plawer)

Abb. 6.6.2a: Web2.0 Stil: Studentischer Designentwurf einer Designrating-Site (Design: C.Barchnicki, K. Buttler)

Literaturtipp:
Meek, L.: 7 Surefire Web Design Styles that work, 2007 auf http://www.thinkvitamin.com
Larissa Meek unterscheidet z. B. 7 Designstile: Collagism, Ornamentalism, Glossism, Wordism, Futurism, Minimalism, Retroism.

Die Bandbreite der gestalterischen Ausrichtung bietet alle Möglichkeiten. Sie reichen vom klassischen grafischen Webdesign mit strenger formaler Ordnungsstruktur bis zur frei und flippig gestalteten Ganzseiten-Bildwebsite, in der Vorder- und Hintergrund ein gemeinsames Ganzes bilden. Sie umfassen die Seiten mit Linien und Kastenflächen ebenso wie die diejenigen mit Freiformstrukturen und Ornamentik. Entscheidet man sich für den gerade aktuellen Web 2.0-Stil mit Glossy-Effekten, Spiegelungen und pastelligen Farben? Will man ein puristisches Minimal-Design oder ein Farb- und Formenfeuerwerk? Ist ein Futurestyle angesagt oder werden im Retrostyle Stilelemente vergangener Epochen zitiert?
Gutes Webdesign zeichnet sich dadurch aus, dass der gewählte Stil zum Absender (Unternehmen) passt und die Sprache der Zielgruppe trifft. Es zeichnet sich aber auch dadurch aus, dass man sich konsequent für einen Designstil entscheidet und diesen für

Screendesign

DESIGNENTWURF 6

alle Seiten und alle Seitenelemente beibehält. Eine minimalistische Website kann nicht gleichzeitig Ornamentik zeigen, eine grafische Gestaltung mit Flächenelementen wird nicht dadurch besser, dass man darauf Glossyeffekte anwendet.

Idealerweise stimmen Sie deshalb den gewünschten und passenden Designstil anhand von Referenzwebsites mit dem Auftraggeber ab, bevor Sie im Screendesign unnötigerweise Entwürfe in den falschen Stilrichtungen erstellen.

6.6.3 Bildsprache und Metaphern

Im Internet und bei der Softwaregestaltung spielen mentale Modelle eine große Rolle. *Metaphern* nehmen Bezug auf Bekanntes aus der realen Welt. So hatte z. B. jeder Nutzer schon einmal einen Warenkorb oder einen Einkaufswagen in der Hand. Im Internet wie im realen Leben kann er im Einkaufswagen oder Warenkorb seine Einkäufe platzieren und geht zum Bezahlen zur Kasse. Genau wie im richtigen Leben kann er auch Waren wieder aus dem Wagen oder Korb nehmen.

Einige Websites benutzen visuelle Metaphern, um in das inhaltliche Thema einzustimmen oder um die Navigationszugänge sinnbildlich darzustellen. Metaphern sind Rahmenhandlungen, die alle Einzelkomponenten eines Interface in einen logischen Zusammenhang bringen. Da Metaphern anschaulich sind, kann jeder Nutzer etwas damit anfangen.

Literaturtipp:
Lakehoff, G. und Johnson, M.: Metaphors we live by, 1980

Abb. 6.6.3a-d: Metaphern im Web
the mall plus, iMyself and me, foxie's graphic design und Spoonfork
http://themallplus.com,
http://etienne.desclides.net/podfolio,
http://foxie.ru/
http://www.spoonfork.de

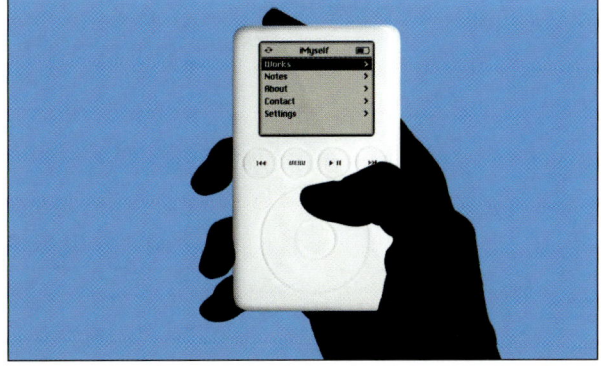

Screendesign

Die möglichen Ausführungsformen sind vielfältig und reichen von stark vereinfachten Formen des Themenmotivs bis zur alles umschließenden Themenkulisse (Abb. 6.6.3a-d).

Dreidimensionale Welten werden hauptsächlich im Unterhaltungsbereich eingesetzt. Bislang erfordern diese virtuellen Welten noch zu lange Ladezeiten, um wirklich sinnvoll genutzt zu werden. So ist der Anblick eines virtuellen Kaufhauses zwar auf den ersten Blick faszinierend, im täglichen Gebrauch jedoch zu langsam und umständlich. Deswegen sollte man beim Einsatz von Metaphern vorsichtig sein und nicht über das Ziel hinausschießen.

Die größte Schwäche von Metaphern ist, dass die Website in eine bestimmte Schablone gepresst wird. Das kann an den Zielen der Benutzer jedoch vorbeigehen. Dadurch werden Webangebote oft nicht im vollen Umfang benutzt, da manche Funktionen unerkannt bleiben. Auch die Erweiterbarkeit von solchen Seiten kann beeinträchtigt werden, da sich möglicherweise keine zum Kontext passende Metapher für die neue Funktion findet.

6.6.4 Seitenunterteilung / Raster

In weitaus stärkerem Maße als in der Printgestaltung steht beim Screendesign zu Beginn des Entwurfs eine ordnende Strukturierung der zu verwendenden einzelnen Gestaltungselemente. Auf Webseiten kommen hier neben Text, Bild und Grafik stets die diversen Navigationselemente hinzu. Außerdem ist – anders als bei den Printmedien – auf jeder Seite eine Herkunftsinformation (z. B. Firmenlogo) notwendig, da der Einstieg auf jeder beliebigen Seite erfolgen kann.

Eine erste Untergliederung der Webseite in *funktional unterschiedliche Bereiche* erfolgt in der Regel bereits in der Arbeitsphase des Interaktionsdesigns. Hier werden im Navigationslayout die vorgesehenen Gestaltungselemente grob positioniert, so dass die Seite ein erstes Ordnungsgefüge erhält.

In der aktuellen Arbeitsphase des Screendesigns bildet dieses Gerüst, sofern man es nicht noch einmal grundsätzlich in Frage stellt und eine Alternative aufbaut, die Ausgangsbasis einer konkreteren Layoutarbeit.

Abb. 6.6.4a, b: Webseitenunterteilung in funktional unterschiedliche Bereiche (Beispiel: Websiteentwurf FH-Gelsenkirchen)

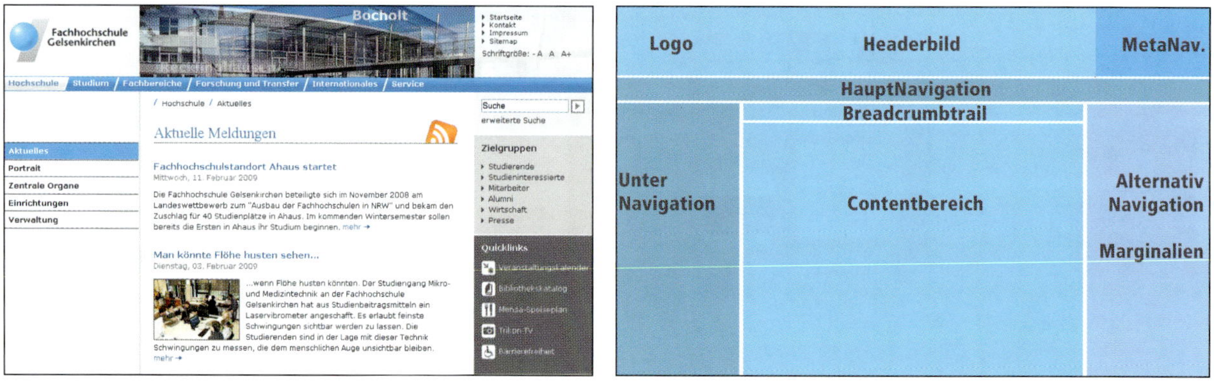

Screendesign | **DESIGNENTWURF** 6

Wichtige, layoutbestimmende Entscheidungen (ob z. B. eine Horizontalnavigation vorkommt, ob es einen Marginalienbereich gibt) sollten jetzt gefällt sein, da deren spätere Änderung einem Neuanfang im Entwurf gleichkommt.

Im Layout können nun nach ästhetischen und funktionalen Gesichtspunkten die genaueren Größen der einzelnen Seitenbereiche festgelegt werden (Abb. 6.6.4a, b).

Außerdem entscheidet man, welche Position die Webseite im Browserfenster einnehmen soll. Wird sie standardmäßig links oben positioniert oder mittig? Wie sehen die verbleibenden Flächen im Browser aus? Weisen sie die Hintergrundfarbe der Seite auf oder einen anderen Farbton oder eine Struktur (Abb. 6.6.4c)?

Im Header wird man entscheiden, ob neben dem Logo ein Headerbild platziert wird und wie groß dieses ist. Verwendet man eine Horizontalnavigation empfiehlt es sich, diese unter einem Headerbild anzuordnen, damit sie nicht zu weit vom Contentbereich entfernt ist.

Die erforderliche Breite eines linken Navigationsbereichs hängt weitgehend davon ab, ob man mit kaskadierenden Einrückungen und zusätzlichen Navigationsicons arbeitet.

Beim rechten Marginalienbereich ist der erforderliche Platz ebenfalls vom Inhalt abhängig. Werden dort Werbung oder Filme oder interaktive Anwendungen (z. B. Buchungsauswahlen) eingeblendet, sollte er größer sein, erscheinen dort nur normale Bilder oder Textlinks, bietet es sich an, ihn symmetrisch zur Navigationsspalte auszulegen. Beachten Sie bei der Gestaltung des Marginalienbereichs, dass hier keine zu dominanten Gestaltungselemente vorkommen (z. B. sich alle Bilder nur dort konzentrieren), weil die Seitenkomposition sonst rechtslastig erscheint.

Beim Contentbereich sind verschiedene Seitentypen zu unterscheiden.

Eine Standardinhaltsseite beinhaltet möglicherweise nur eine Headline und den Mengentext, eventuell weiter untergliedert in Unterkapitel mit Zwischenheadlines, oder zusätzlich einige Bilder. Eine Verteilseite enthält meistens kleine Teaserbilder und Teasertexte mit „mehr"-Links auf die ausgewiesenen Inhalte.

Standardinhaltsseiten legt man meistens mit nur einer Textspalte an, weil das Lesen längerer zweispaltiger Texte am Bildschirm wegen des erforderlichen Scrollens beim Übergang in die nächste Spalte lästig ist. Teaserseiten mit kleinen Textabschnitten können

Abb. 6.6.4c: Definition der Seitenposition im Browserfenster (http://www.hammer.informatik.fh-gelsenkirchen.de)

Screendesign

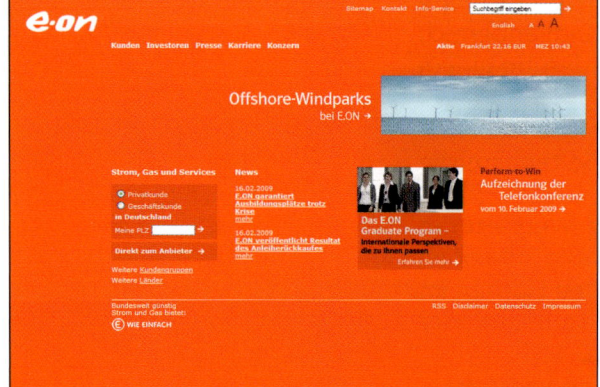 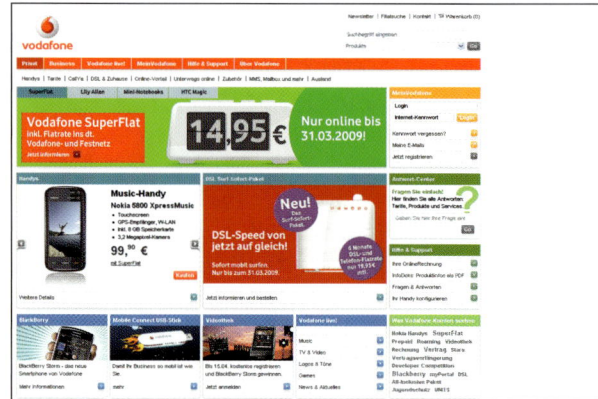

Abb. 6.6.4d, e: Mehrspaltige Websites
(http://www.eon.com
http://www.vodafone.de/)

dagegen problemlos zwei- oder dreispaltig sein (Abb. 6.6.4d, e). Beim Footer sollten Sie unterscheiden, ob sich dieser auf die gesamte Site bezieht oder nur auf den jeweils dargebotenen Seiteninhalt. Im ersten Fall sollte er deutlich vom Contentbereich abgesetzt sein, im zweiten ist er ein Footer im Contentbereich.

Eine genaue Vorstrukturierung der Seite in funktional unterschiedliche Bereiche dient nicht allein als Vorbereitung des Layouts, vielmehr liefert dies für die spätere Umsetzung die Anhaltspunkte, in welche und wie viele Container eine Seite zu untergliedern ist, bzw. welche Elemente permanent platziert sind und welche bei Interaktionen ausgetauscht werden.

6.6.5 Seitenkomposition

Gestaltung wird immer durch das Verhältnis von gemeinter Form und Fläche (gestaltpsychologisch: Figur und Grund) bestimmt. So ist auch im Screendesign für den Gesamteindruck der Komposition das Verhältnis von Freiraum und Inhaltselementen entscheidend.

Nachdem die Seitenuntergliederung weiter entwickelt worden ist, entscheiden Sie nun die konkrete Anordnung und Ausführungsform der einzelnen vorgesehenen Gestaltungselemente, die als Ganzes das Screendesign ausmachen.

Meist ist es sinnvoll, die funktional unterschiedlichen Bereiche einer Seite auch optisch zu differenzieren. Beispielsweise können Navigationsbereiche durch andere Hintergrundfarben oder Linien usw. vom Inhaltsbereich getrennt werden. Haupt- und Subnavigation, Text- und Bildbereiche, Haupt- und Nebentextfelder lassen sich ebenfalls differenzieren – schon durch die verschiedenen Schriftgrößen (Abb. 6.6.5a). Vermeiden Sie aber ein „Kastendesign", weil man sich dann vor lauter Linien kaum auf den Inhalt konzentrieren kann.

Abb. 6.6.5a: Gestalterische Differenzierung funktional unterschiedlicher Bereiche (http://www.mediendesign-online.net, Design: Hammer, Ollas)

Es kommt darauf an, gleichartige Elemente (z. B. Navigationsleisten) in Gestaltung und Anordnung konsistent einzusetzen. Die Nutzer können gleichartige Informationen in gleicher Gestaltung an gleicher Position erwarten, was in der Navigation echte Zeitvorteile erbringt und als ergonomische Grundvoraussetzung erfüllt sein muss.

Screendesign

DESIGNENTWURF 6

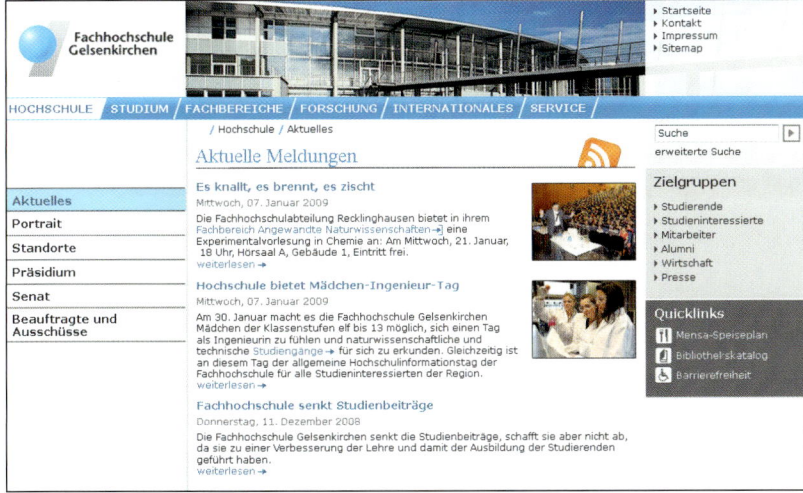

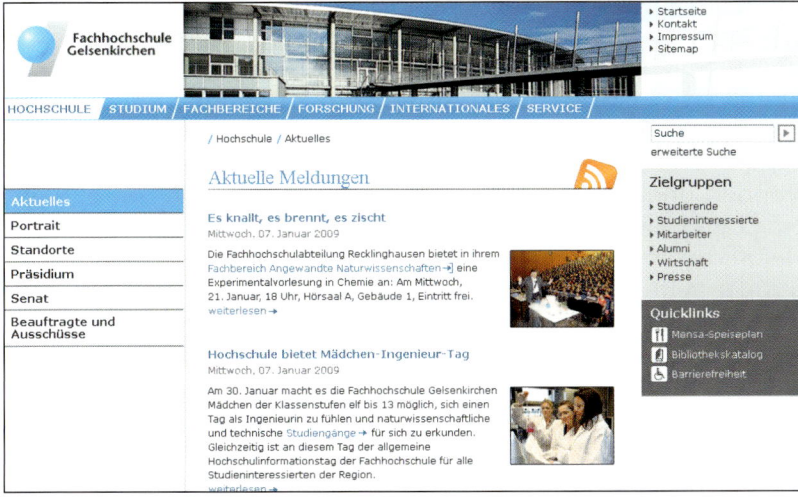

Abb. 6.6.5b, c: Zu enge (oben) und großzügige Zwischenräume
(Websiteentwurf FH-Gelsenkirchen, Negativversion nachgestellt)

Gestalten Sie großzügig, „pflastern" Sie Ihre Seiten nicht zu. Der Nutzer benötigt leere Flächen als Ruhepunkte.
Wie im Printdesign wird auch im Webdesign das „Graubild" und die optische Großzügigkeit wesentlich durch die gewählte Schrift und ihren Zeilenabstand bestimmt. Experimentieren Sie mit den Einstellungen, bis ein angenehmes und gut lesbares Schriftbild entsteht (Abb. 6.6.5b,c).

TIPP: *Am Bildschirm sieht im Mengentext ein etwas größerer Zeilenabstand (ca. 140%) meist besser aus. Vermeiden Sie aber zu weite Zeilenabstände; das kostet viel Platz und isoliert die Zeilen voneinander.*

Auch die Abstände zwischen Texten und Bildern und die Abstände von Text und Bild zur Navigation sowie zwischen Headline und Header sollten großzügig bemessen sein und die Gestaltungselemente

Screendesign

Abb. 6.6.5d: Ausrichtung an Bezugslinien (http://hammer.informatik.fh-gelsenkirchen.de/)

sind stets an gemeinsamen virtuellen Bezugslinien auszurichten (Abb. 6.6.4d).

Oft sind im Inhaltsbereich weitere Unterteilungen erforderlich, wenn z. B. mehrere Spalten angelegt werden bzw. eine Aufteilung in definierte Bereiche für Texte einerseits und für Bilder, Grafiken und Tabellen andererseits erfolgt. Es entstehen Layoutraster, die möglichst wiederkehrende Größeneinheiten aufweisen sollten (vgl. Designarbeitsschritte : Rasterentwicklung, S. 234).

Experimentieren Sie beim Layouten der Webseiten mit den Positionen und Größen der einzelnen Gestaltungselemente. Steht ein Logo besser rechts oder links oder mittig? Wie groß kann ein Headerbild sein, damit es Wirkung zeigt, aber nicht zu viel Platz auf der Seite beansprucht? Erstellen Sie verschiedene Varianten, die Sie im Vergleich (z. B. farbig ausgedruckt) beurteilen.

Ein weiteres wesentliches Element des Screendesigns ist die Farbgestaltung. Werden Sie Ihre Website auf neutralem weißen Hintergrund aufbauen, wählen Sie eine pastellige Hintergrundfarbe, eine Hintergrundstruktur oder arbeiten Sie invers auf Schwarz oder dunklen Hintergrundfarben?

Durch die Hintergrundfarbe wird der Gesamteindruck entscheidend geprägt und die farbpsychologische Ausrichtung vorgegeben, die eine Seite z. B. frisch und fröhlich, ernst und seriös, extravagant oder traditionell aussehen lässt. Die Farbwahl hat aber auch Auswirkungen auf die konkrete Definition von Abständen, Schriftgrößen und -stärken, Linienstärken etc., da diese je nach Farbe sehr unterschiedlich wirken können. Deshalb sollte die grundsätzliche Farbrichtung zu Beginn der Layoutarbeit festgelegt werden.

Bei der Seitenkomposition wird das Zusammenspiel des Screendesigns mit dem Interaktions- und Interfacedesign deutlich, denn die Auseinandersetzung mit Größe und Anordnung von Navigationsbereichen ist sowohl Thema des Screen- wie auch des Interfacedesigns.

6.6.6 Bildkonzept

Das Internet wäre nicht das, was es heute ist, gäbe es keine Bilder im Web (Abb. 6.6.6a), wie in den frühen Neunzigern. Erst zu dem

Screendesign

DESIGNENTWURF 6

Zeitpunkt, als Websites mit visuellen Informationen angereichert werden konnten, erlangte dieses Medium seinen entscheidenden Durchbruch.

Grafische und fotografische Darstellungen transportieren Informationen meist um ein Vielfaches schneller und genauer als textliche Beschreibungen, weil sie einen höheren Aufmerksamkeitswert hervorrufen und somit vorrangig der kognitiven Verarbeitung zugeführt werden. Zudem sprechen sie diejenigen verstärkt an, die vornehmlich visuell orientiert sind. Bildinformationen, die parallel zu Textinformationen eingesetzt sind, verdoppeln den Informationsgehalt (Doppelkodierung) und steigern somit die Speicherfähigkeit im menschlichen Gedächtnis (Memowirkung).

Positive Bildwirkungen setzen jedoch voraus, dass Bilder sehr bewusst und gestalterisch gekonnt in die Website eingebunden und nicht als bunte Zugabe eingestreut werden. Anderenfalls werden Bilder als lästig und überflüssig empfunden und lenken eher von der zu vermittelnden Information ab.

Wenngleich die eigentliche Bearbeitung der Bilder einer Website in der Regel erst in der späteren Arbeitsphase des Assetdesigns erfolgt, muss in der Entwurfsphase des Screendesigns das Bildkonzept im Wesentlichen erarbeitet werden, da es den Gesamteindruck einer Webseite entscheidend mit prägt. Einen Überblick über die Funktionen von Bildern sowie Anregungen zur Bildgestaltung finden Sie im Kapitel Assetdesign : Grafiken und Bilder im Web (S. 269).

Wenn Sie für Ihr Webprojekt ein geeignetes Bildkonzept entwickeln, stellen Sie sich dazu grundsätzlich die Frage nach dem Sinn des Bildeinsatzes. Soll das Bild die Textinformationen unterstützen, soll es Atmosphäre schaffen oder ist es nur nettes Beiwerk? Danach richtet sich, welche Art von Bildern Sie Ihren Texten zuordnen, ob Sachfoto, Stimmungsfoto oder Hintergrundbild.

Legen Sie die Bildgröße und die Formate fest (Abb. 6.6.6b, c).

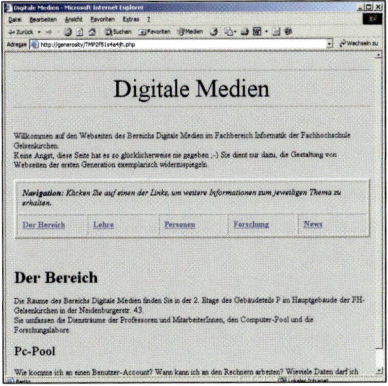

Abb. 6.6.6a: Website der frühen neunziger Jahre (nachgestellt)

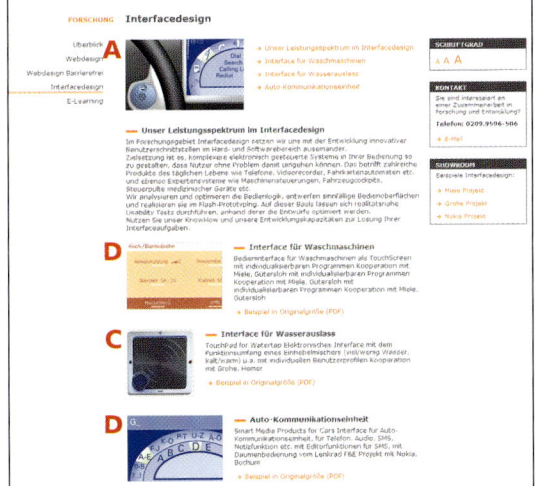
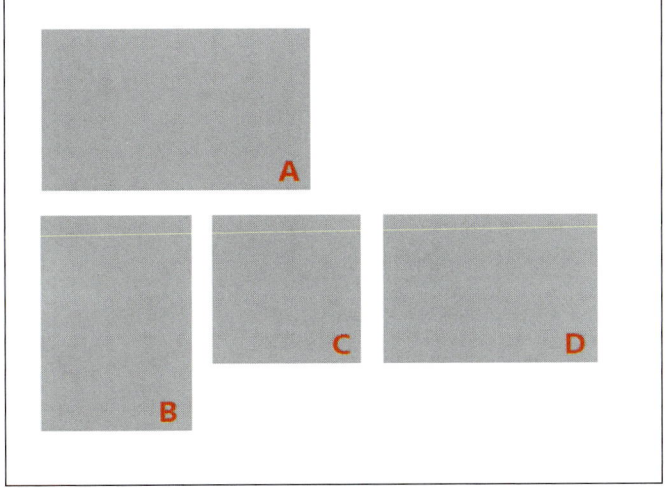

Abb. 6.6.6b, c: Bildraster
(http://hammer.informatik.fh-gelsenkirchen.de)

Interfacedesign

Vermeiden Sie zu viele unterschiedliche Formate, weil das Unruhe in die Seite bringt. Andererseits kommt man im Normalfall mit nur einem einzigen Format nicht aus, da es fast immer hoch- und querformatige Motive gibt.

Überlegen Sie, ob die Bilder in einem definierten Bildbereich der Webseite erscheinen sollen oder ob sie eher willkürlich in den Textfluss eingebunden werden.

Probieren Sie graue oder farbige Hinterlegungen des Bildbereichs aus und experimentieren Sie mit den Möglichkeiten der Bildrandgestaltung (vgl. Assetdesign: Grafiken und Bilder im Web: Bildrandgestaltung, S. 280). Vermeiden Sie bloße grafische Spielereien, sondern hinterfragen Sie kritisch die Wirkung Ihrer Gestaltung in Bezug auf die anvisierte Zielgruppe und das Thema Ihres Webangebotes.

Sichten Sie das zur Verfügung stehende Bildmaterial. Achten Sie dabei auf Konsistenz in der Bildauffassung. Definieren Sie gegebenenfalls die Vorgaben für neu zu erstellende Fotos passend zu Ihrem Bild/Text-Konzept.

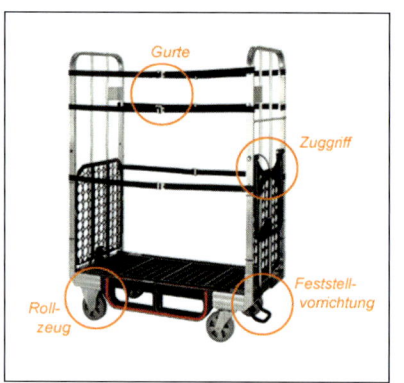

Abb. 6.6.6d: Texte in Bildern (Foto: LKE)

TIPP: *Unter Umständen bietet es sich an, bildbeschreibende Texte aus dem Lauftext auszugliedern und als Bildlegenden dem Bild direkt zuzuordnen. Geht es darum, einzelne Bildelemente zu beschreiben, eignen sich hierzu sehr gut Text-Ausigelungen. Diese können permanent sichtbar oder automatisch oder über Buttons abrufbar sein (Abb. 6.6.6d).*

6.7 Interfacedesign

6.7.1 Was umfasst Interfacedesign?

Literaturtipp: Bonsiepe, Gui:, Interface, Design neu begreifen, 1996

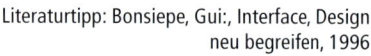

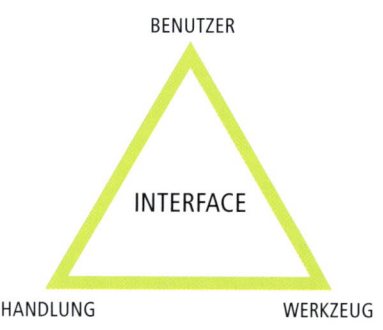

Abb. 6.7.1a: Beziehungsgefüge Interface (Grafik: Hammer nach Bonsiepe 1996)

Der Begriff *Interface* beschreibt im Designdiskurs die Beziehung zwischen Menschen, Maschinen (Werkzeugen) und Handlungen: *„Durch das Design des Interface wird der Handlungsraum des Nutzers von Produkten gegliedert. Das Interface erschließt den Werkzeugcharakter von Objekten und den Informationsgehalt von Daten."* (vgl. Bonsiepe 1996, S. 20). (Abb. 6.7.1a)

Außerdem – hier nicht weiter thematisiert –, wird mit Interface die Hardwareschnittstelle zwischen unterschiedlichen Systemen bezeichnet.

Beim Webdesign konzentriert sich das Interfacedesign auf die Gestaltung der funktionalen Gestaltungselemente einer Website. *Im Interfacedesign werden diejenigen Elemente gestaltet, die im engeren Sinne den Dialog zwischen Nutzer und Computer steuern. Es handelt sich dabei um interaktive Elemente, die ihren Zustand und damit ihr optisches Erscheinungsbild in Abhängigkeit von bestimmten Aktionen verändern.* Deshalb ist es wichtig, dass über ein intelligentes Interfacedesign für den Anwender ersichtlich wird, dass und wie er bestimmte Elemente zur Interaktion nutzen kann.

Interfaceelemente können wie ein aufgesetztes Bedienwerkzeug erscheinen oder sensibel an das Gesamtlayout des Screendesigns angepasst sein oder auch völlig integrierter Bestandteil des Screendesigns sein.

Interfacedesign stellt gewissermaßen das Tor zur Welt der Informationen dar und hat somit in unserem durch Digitalität und Informationsfülle geprägten Zeitalter eine zentrale Funktion. Es ist jedoch nicht nur Mittel zum Zweck, sondern entwickelt auch eigene Repräsentationsformen, über die unterschiedliche Nutzercharaktere angesprochen werden. Interfaces können rational und reduziert sein, können spielerisch erscheinen oder bilden als Szenemetapher ein eigenständiges narratives Element. So ist es nicht verwunderlich, wenn Stapelkamp formuliert: *„Die Auseinandersetzung mit Interfaces wird die Kunstform des 21. Jahrhunderts werden. [...] mit dem Interfacedesign gehen Kunst und Technik wieder eine Einheit ein."* (Stapelkamp 2007, S. 467)

Quelle: Stapelkamp, T. : Interfacedesign, 2007

Ein übersichtliches Interface kann wie das Screendesign den Spontaneindruck einer Webseite prägen und zu einer Imageaufwertung beitragen. Und die gefühlte wie die tatsächliche Gebrauchstauglichkeit sind heute ein entscheidendes Bewertungskriterium für Websites und werden als Wertmerkmal auf das anbietende Unternehmen übertragen.

6.7.2 Orientierung

Wenn ein Benutzer eine Webseite besucht, ist das Erste und Wichtigste für ihn, sich zu orientieren. Man stellt die bekannten „W-Fragen":
- Wo bin ich? Was gibt es hier?
- Von wem ist die Seite?
- Wohin kann ich gehen?
- Wie gelange ich dorthin?
- Was gibt es hier sonst noch?
- Wie komme ich wieder zurück?

Es ist eine vorrangige Aufgabe von Interfacedesign, den Orientierungsbedarf durch eine schnell erfassbare, übersichtliche Darbietung der Identifikations- und Navigationsmöglichkeiten zu befriedigen.

Dazu gehört die eindeutige Identifikation des Absenders der Seite, die in der Regel über ein Unternehmenslogo und weitere Corporate-Design-Merkmale erfolgt, sowie die Identifikation des aktuell verfügbaren Seiteninhalts, was im Allgemeinen über eine prägnante Seitenheadline geschieht.

Ebenso wichtig ist die sofortige Erkennbarkeit und gleichzeitige Differenzierung der gegebenen Navigationsmöglichkeiten. Man sollte deutlich eine Hauptnavigation von Zusatznavigationen (Metanavigation, Zielgruppennavigation, Quicklinks etc.) unterscheiden können und innerhalb der Hauptnavigation ebenso deutlich die unterschiedlichen Navigationsebenen differenzieren.

Interfacedesign

Abb. 6.7.2b: Designvarianten von Breadcrumtrails
(http://www.ldi.nrw.de,
http://www.fh-gelsenkirchen.de,
Websiteneuentwurf FH-Gelsenkirchen,
http://www.manufactum.de)

Zu einer guten Orientierung gehören auch eindeutige Linkbezeichnungen, die für den Nutzer eine Aussagekraft haben. Firmeninterne Abteilungs- oder Produktbezeichnungen sind für nicht Eingeweihte wertlos!

Bei einer tieferen Seitenstruktur bietet die *Pfadnavigation* (Breadcrumbtrail) gute Dienste zur Orientierung und ermöglicht zugleich die direkte Rücknavigation auf die übergeordneten Ebenen. Diese sollte in der Gestaltung eher zurückgenommen sein und eindeutige Trennungen der Ebenenbegriffe aufweisen (Abb. 6.7.2b).

6.7.3 Farbkodierung

Um komplexere Inhaltsbereiche zu gliedern und dem Nutzer die Orientierung zu vereinfachen, können Sie auch ein Farbsystem entwerfen. Das bedeutet, dass Sie jedem einzelnen Inhaltsbereich eine Farbe zuordnen. Diese müssen in der Gesamtheit zusammen harmonieren, sich aber dennoch gut voneinander unterscheiden lassen. Selbstverständlich sollten Sie einmal festgelegte Farben für bestimmte Inhaltsbereiche, insbesondere bei Navigationselementen, auf Folgeseiten konsistent beibehalten.

Beachten Sie auch hier die 7 +/- 2 Regel, dass der Betrachter mehr als ca. 7 Farbzuordnung nicht behalten kann. Dies gilt im Wesentlichen auch für kleine Icons. Deswegen sind Sie auf der sicheren Seite, wenn Sie für Farbsysteme höchstens 5-6 Farben planen. Danach wird der Nutzen des Systems fragwürdig.

Am Beispiel der Website für ABES Stadtmobilar wird der Vorteil der Farbkodierung offensichtlich (Abb. 6.7.3a, b). Die konsequente

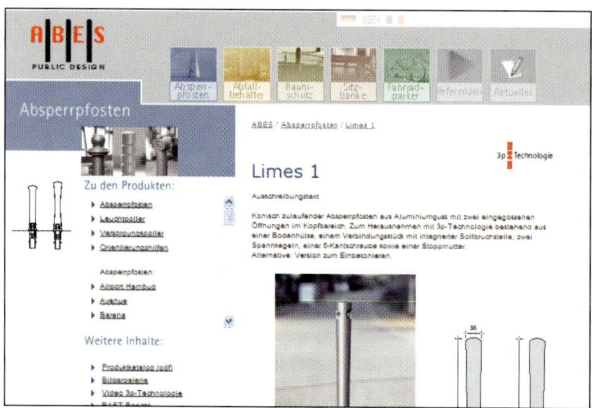
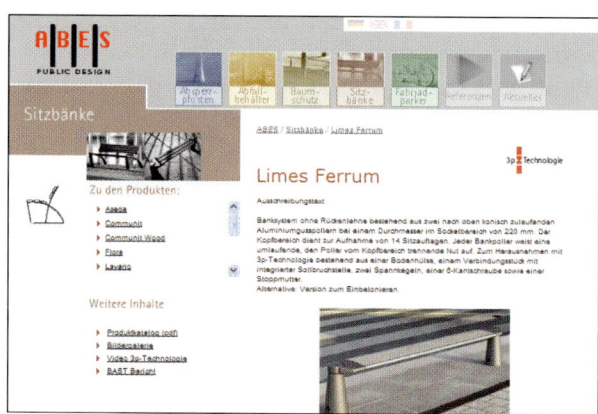

Abb. 6.7.3a, b: Farbkodierung ABES Public Design nutzt sowohl im Katalog als auch im Webauftritt eine Farbkodierung zur Differenzierung der unterschiedlichen Produktbereiche.
(http://www.abes-online.de)

Interfacedesign

DESIGNENTWURF 6

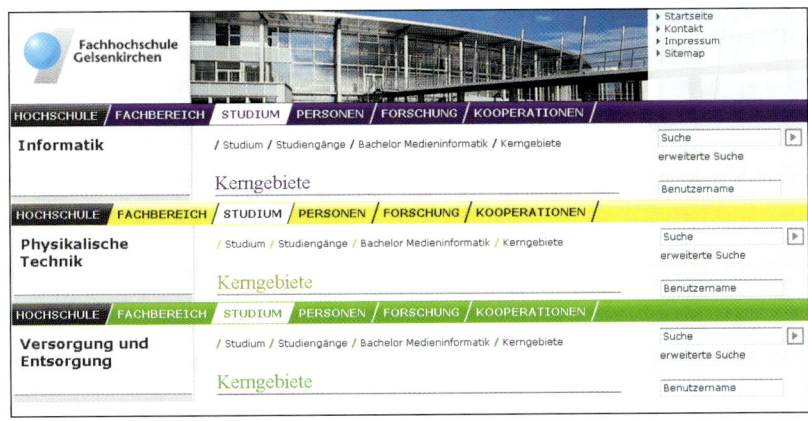

Abb. 6.7.3c: Farbkodierung im Navigationsbalken (Websiteentwurf FH-Gelsenkirchen)

Konsistenz in der Farbanwendung ist anhand dieser Website gut nachzuvollziehen: Das Logo bleibt farbgetreu auf jeder Seite erhalten, trotzdem integriert es sich gut in die jeweilige Bereichsfarbe. Alles andere könnte gestalterisch nicht toleriert werden.

Wo kann eine Kodierungsfarbe eingesetzt werden? Den gesamten Seitenhintergrund jeweils umzufärben, ist sehr dominant und verändert meistens das Gesamterscheinungsbild. Andererseits reicht es nicht aus, nur die Farbe kleiner Navigationsgrafiken oder Aufzählungspunkte zu wechseln, denn das fällt kaum auf.

Meistens bietet es sich an, die Farbkodierung auf mehrere Elemente gleichzeitig anzuwenden. Ideal ist es, wenn etwas größere Teilflächen (z. B. Navigationsbalken) umgefärbt werden, da die Farbunterschiede hier am deutlichsten werden (Abb. 6.7.3c).

Zu bedenken ist nämlich, dass eine Farbe sehr unterschiedlich wirkt in Abhängigkeit davon, ob sie in einer großen oder kleinen Fläche, einer Linie oder als Schriftfarbe eingesetzt wird. Aus diesem Grunde ist es oft erforderlich, tatsächlich unterschiedliche Farben je Anwendungsobjekt zu definieren, um beim Nutzer den Eindruck zu erwecken, es handle sich bei allen Objekten um die gleiche Farbe (Abb. 6.7.3d).

Muss man bereits festliegende Kodierungsfarben übernehmen, kann es vorkommen, dass solche dabei sind, die sich für die Verwendung als (noch lesbare) Schriftfarbe nicht eignen, wie z. B. die Farbe Gelb oder andere helle Farbnuancen. Hier kann man über entsprechende Einstellung von Sättigung und Helligkeit ausreichende Kontrastwerte zum vorhandenen Hintergrund erreichen oder, falls gestalterisch vertretbar, den Hintergrund invertieren. Gelingt das nicht, bleibt nur der Weg, durch Beimischen von Schwarz die Farbe zu „vergrauen" oder eine entsprechend farbige Grauvariante zu erzeugen (Abb. 6.7.3e).

Problematisch wird eine dominante Farbkodierung, wenn ein Unternehmen über eine starke Corporate Color verfügt. Die Kodierungsfarben der Website müssen dann zur Corporate Color passen, wobei es zu einem Gewichtungskonflikt zwischen den Farben kommen kann.

Abb. 6.7.3d: Originalfarbe und angepasste Farbe in unterschiedlichen Gestaltungselementen

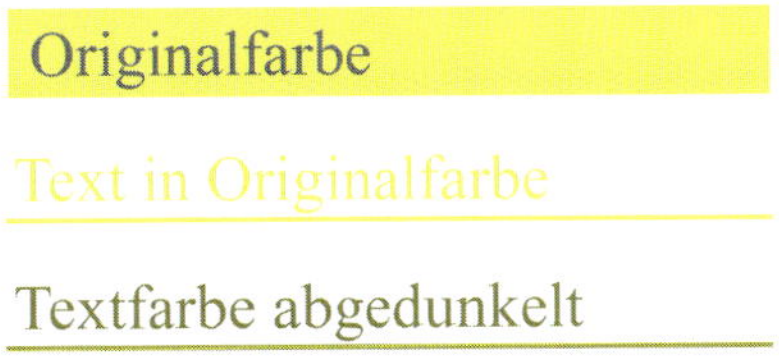

Abb. 6.7.3e: Gelb wird zum gelblichen Grau abgetönt, wenn es lesbar sein soll

219

6.7.4 Navigationskonventionen

Wenn Nutzer Ihre Site besuchen, ist das in der Regel nicht ihr erster Kontakt mit dem Internet. Sie haben bereits Hunderte oder Tausende von Seiten besucht und haben sich dadurch (meist intuitiv) mit den allgemein verbreiteten Konventionen im Seitenaufbau und in der Navigation vertraut gemacht. Sie haben gelernt, dass Textlinks meist unterstrichen und blau dargestellt werden, dass beim Mouseover interaktiver Elemente der Pfeil-Cursor zum Hand-Cursor wechselt. Sie wissen um die Möglichkeit von Mouseovers für aktive (active) und besuchte (visited) Links. Vor allem kennen PC-Nutzer die Gestaltungskonventionen ihres Betriebssystems für Schließfeld, Maximierungsfeld und Minimierungsfeld, kennen typische Systembuttons, Eingabefelder, Scrollbars etc. Sie haben mentale Modelle solcher interaktiven Elemente verinnerlicht und erwarten bestimmte Aktionsfolgen.

Werbetreibende nutzen das oft in ihren Werbebannern aus, indem sie dort Systemelemente – z. B. Klickboxen – einbauen, die die Nutzer aufgrund ihrer Vertrautheit eher zum Anklicken animieren als frei gestaltete Buttons. Wir verbinden Farbe und Gestaltung eines Systemfensters mit erlernten Funktionen. Allzu leicht klicken wir, ohne weiter nachzudenken, automatisch auf „OK": Genau deshalb kann es für Werbung oder Irreführung (z. B. bei Sexseiten) missbraucht werden. Ohne dieses zweifelhafte Vorgehen an dieser Stelle näher zu thematisieren, sollte dennoch bewusst werden, welchen Stellenwert die beschriebenen erlernten externen Konventionen beim Umgang mit Websites haben. Jede Abweichung von diesen erlernten Mechanismen bedeutet eine Erschwernis der reibungslosen Benutzung und muss gegenüber anderen, gestalterisch motivierten Vorteilen abgewogen werden.

Blaue unterstrichene Textlinks können je nach Farbkontext sehr unpassend wirken. Stattdessen können Sie ruhig eine zum Seitenkontext passende Linkfarbe wählen, solange Sie nicht auf die Unterstreichung verzichten. Das Erlernte (hier ist ein Link) wird vom Nutzer auch mit einer anderen Farbe wieder erkannt. Solange die entsprechenden Schriftparameter nicht auch für andere Texte (z. B. Unterüberschriften) gelten, können Sie sogar die Unterstreichung weglassen. Nutzerverhalten sollte immer sorgfältig abgewogen werden. Sie sollten immer von einer geringen Medienkompetenz ausgehen.

Externe Konventionen bringen Nutzer aus ihrem bisherigen Erfahrungsvorrat mit, den sie im Internet, mit ihrem Betriebssystem und den Anwendungsprogrammen gesammelt haben.

Interne Konventionen gelten für Ihre konkret zu entwerfende Website und unterliegen auch hier als oberstem Gebot der Konsistenz. Alles, was anders aussieht, muss der Nutzer auf Ihrer Site erst lernen. Und jede notwendige Lernzeit geht von der tatsächlichen Nutzungszeit Ihrer Site ab. Ein Nutzer kommt auf Ihre Site, um Informationen abzurufen, die er auf Anhieb finden möchte. Sein Ziel ist nicht, Ihre neu entworfene Syntax zu lernen.

Interfacedesign

DESIGNENTWURF 6

Was bedeutet das konkret? Platzieren Sie die wiederkehrenden Elemente, insbesondere die Orientierungs- und Navigationselemente, immer an derselben Stelle auf allen Seiten. Das verhindert unnötiges Suchen und vermittelt dem Nutzer Sicherheit.

Achten Sie auf ein konsistentes Design gleichartiger Elemente und kennzeichnen Sie andersartig funktionierende Elemente durch Form und Farbe. Ordnen Sie Zusammengehörendes durch geeignete Platzierungen und gemeinsame Gestaltungsmerkmale.

Die übliche Art der Navigationsmöglichkeit auf einer Website besteht in der Nebeneinander- oder Untereinanderreihung von Oberbegriffen oder Kategorien; so entstehen vertikale oder horizontale Navigationslmenüs. Die am weitesten verbreitete Form ist dabei das am linken Browserrand angeordnete vertikale Navigationsmenü. Vor allem bei weniger komplexen Sites ohne große Navigationstiefe ist diese Art verbreitet. Die Navigationselemente können dabei als Text im HTML-Code generiert oder als Bilder eingesetzt werden. Sie können CSS-basierte Interaktionsmerkmale aufweisen oder als Bilder mehrfache Rollover-Stadien zeigen.

Warum links orientierte Navigationsmenüs vorrangig verbreitet sind, erklärt sich aus unserer Leserichtung. Links angeordnet werden sie vor dem Seiteninhalt wahrgenommen, dann gleitet der Blick weiter zum Seiteninhalt. Bei Websites aus dem Kulturkreis arabischer Schrift mit Rechts-Links Leserichtung befinden sich die Navigationsmenüs meistens rechts (Abb. 6.7.4a, b).

Links oben angeordnete Elemente bleiben stets an dieser Stelle, unabhängig davon, wie groß und mit welcher Auflösung ein Browserfenster aufgezogen wird. Außerdem baut sich die Seite standardmäßig von links oben auf. Darüber hinaus ist die rechte Gehirnhälfte (mit der man den linken Bildschirmbereich erfasst) für Bilder, räumliche Orientierung und Kreativität zuständig, während die linke Gehirnhälfte für Sprache und Sprechen und damit auch für das Lesen von Text zuständig ist.

Zweireihige Navigationsleisten für Haupt- und Subnavigation findet man bei horizontalen Anordnungen, seltener dagegen bei vertikalen, weil zwei vertikale Reihen sehr viel Platz von der Seite abzweigen würden.

Abb. 6.7.4a, b: Kulturbedingte Seitenorganisation (http://www.osrammiddleeast.com/)

Eine weitere, wenngleich nicht 100-prozentig bekannte Navigationskonvention besteht darin, dass standardmäßig das Unternehmenslogo der Webseite mit einem Rücklink auf die Startseite versehen ist.

6.7.5 Navigationsmenüs

Die meisten Webseiten bieten einen Zugang zu ihren Informationsinhalten über *Navigationsmenüs*, d. h. Auflistungen von prägnanten Begriffen, die auf die zugehörigen Inhaltsseiten verlinkt sind.

Im Strukturdesign und im Interaktionsdesign ist bereits eine sinnvolle Zuordnungsstruktur der Inhalte erstellt und ein Konzept für die einsichtigen Navigationswege erarbeitet worden. Wahrscheinlich besteht auch bereits ein Anordnungskonzept für die unterschiedlichen Navigationselemente. Aufgabe des Interfacedesigns ist es nunmehr, dem eine geeignete formale Erscheinungsform zu geben, die die beabsichtigten Interaktionsaktivitäten unterstützt bzw. die potenziellen Interaktionen zunächst einmal für den Anwender erkennbar macht.

Das bedeutet z. B., dass eine unterschiedliche Wertigkeit der Navigationsbegriffe der oberen Ebene gegenüber der jeweils untergeordneten zum Ausdruck kommen sollte. Vor allem bei *Navigationskaskaden* ergibt sich die Notwendigkeit, die Begriffe einer Ebene als zusammengehörig kenntlich zu machen, sie aber zugleich gegenüber der über- und untergeordneten Ebene abzugrenzen. Dem Benutzer muss jederzeit deutlich werden, in welcher Hierarchiestufe er gerade navigiert. Klassisch ist die „Explorer"-Kaskade (Abb. 6.7.5a), andere Kaskadendesigns sehen jedoch meist besser aus (Abb. 6.7.5b). Gestalterisch wird man sich hier der Gesetzmäßigkeiten der Gestaltgesetze der Gleichartigkeit und der Nähe erinnern und durch geeignete Typo-, Farb-, Größen- und Abstanddefinitionen Zusammengehörigkeit oder Unterschiedlichkeit ausdrücken. Achten Sie bei Navigationskaskaden darauf,

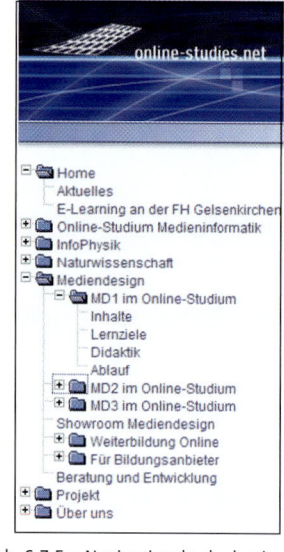

Abb. 6.7.5a: Navigationskaskaden im „Explorer"-Look (http://www.online-studies.net, nicht mehr im Netz)

Abb. 6.7.5b: Navigationskaskaden (http://www.baumergroup, Diplomarbeit K. Pryzybilla, Webprojekt FH-Gelsenkirchen, http://www.mediendesign-online.net)

Interfacedesign
DESIGNENTWURF 6

dass ihr Erscheinungsbild durch kaskadierende Einrückungen und vorangestellte Navigationsgrafiken nicht zu unruhig wirkt.

Falls dies nicht schon im Interaktionsdesign geprüft wurde, ist an dieser Stelle darauf zu achten, dass die bekannte 7 (+/- 2) Anzahl der Navigationsbegriffe einer Ebene nicht überschritten wird. Sollte das dennoch der Fall sein, prüfen Sie, ob Sie sinnvolle Obergruppen bilden oder einzelne Navigationsbegriffe doch auf eine untergeordnete Ebene verlagern können.

Grundsätzlich ist bei Navigationsmenüs zu unterscheiden zwischen solchen, die als HTML-Text mit CSS-Formatierung erstellt werden, solchen die eine Kombination aus Text und Naviagtionsgrafik bilden und solchen, denen ausschließlich Grafiken (Bildtypografie und Icons) zugrunde liegen (Abb. 6.7.5c).

Bildtypografie bietet bekanntlich eine größere Varietät der gestalterischen Möglichkeiten, ist jedoch unter dem Aspekt der Barrierefreiheit schlechter geeignet. Auch mit CSS lassen sich viele gut aussehende Navigationsmenüs gestalten, einschließlich interessanter Ausführungen für Mouseovers bzw. Anzeigen anderer Aktivierungszustände.

Abb. 6.7.5c: Navigationsgrafiken aus einfachen geometrischen Formen

Achten Sie beim Design unterschiedlicher Aktivierungszustände darauf, dass die optische Veränderung deutlich und eindeutig ist, andererseits aber nicht zu viel Unruhe in die Navigation bringt. Veränderungen von Regular- zu Bold-Schriftschnitten und Schriftgrößenveränderungen bewirken ein Springen der Schrift und überschreiten dadurch manchmal den dafür vorgesehenen Platz im Navigationsbereich. Unterstreichungen beim Mouseover sind zwar hochkonventionell, aber auch langweilig und erschweren bei geringem Zeilenabstand die Lesbarkeit. Besser geeignet sind deutliche Farbveränderungen, Hinterlegungen, Farbwechsel von Hintergründen und/oder das zusätzliche Einblenden von Navigationsgrafiken. Kästen, Rahmen und Linien können über CSS definiert werden, sonst sind Bildsymbole einzufügen (Abb. 6.7.5d).

Unter dem Aspekt des barrierefreien Webdesigns ist eine Farbänderung allein nicht ausreichend. Es muss ein weiteres Unterscheidungsmerkmal wie eine Unterstreichung oder eine zusätzlich erscheinende *Navigationsgrafik* vorgesehen werden.

Abb. 6.7.5d: Navigationsgrafiken zur Anzeige eines Aktivierungszustandes (http://www.ldi.nrw.de, http://.hammer.informatik.fh-gelsenkirchen.de, http://www.hebammenhilfe.de)

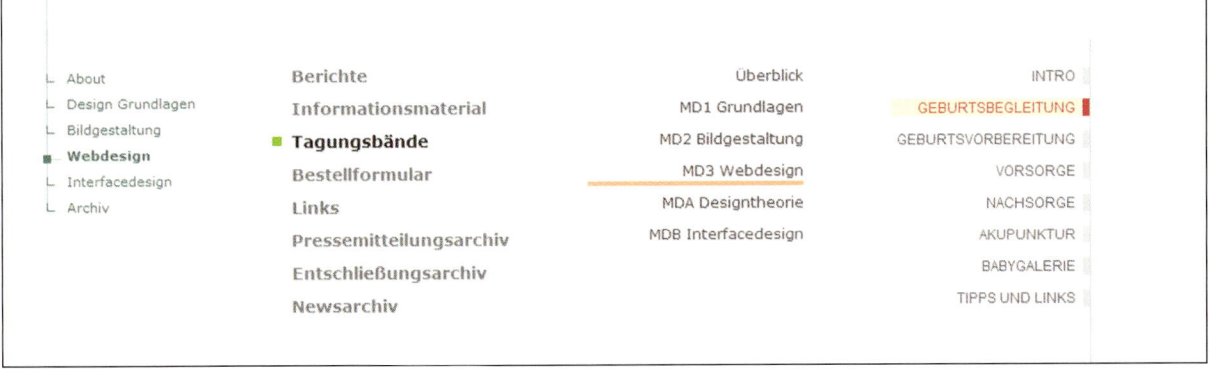

Auch die Gestaltung von *horizontalen Navigationsbalken* und deren Aktivierungszustände lässt vielfältige Möglichkeiten zu. Man kann einzelne Navigationspunkte z. B. umfärben, einen zusätzlichen Markierungsbalken einführen, den Bereich vergrößern oder zusätzliche Grafiken erscheinen lassen. Gut verständlich, aber aufwändig umzusetzen, sind Striche, die bis zur zugehörigen Unternavigation führen.

Ein Wesensmerkmal von Navigationsleisten ist die eindeutige gestalterische Trennung der Navigationselemente vom sonstigen Seiteninhalt. *Vertikale Navigationsmenüs* haben bei vielen und langen Begriffen den Vorteil der besseren Lesbarkeit gegenüber der horizontalen Anordnung, da sie dem bekannten Schema von Auflistungen folgen. Vier bis sechs Begriffe kann man aber immer problemlos nebeneinander anordnen.

Häufig werden horizontale und vertikale Navigationsleisten parallel eingesetzt, um Hauptnavigationspunkte und eine untergeordnete Subnavigation gleichzeitig bereitzustellen. In der Regel ist dabei die Hauptnavigation horizontal, die Subnavigation vertikal angeordnet. Achten Sie darauf, dass ein Bezug zwischen Horizontal- und Vertikalnavigation deutlich wird (kein zu großer Abstand, gleiche Gestaltungselemente, Wiederholung des Auswahlbegriffes über der Vertikalnavigation etc.).

Horizontale Navigationsmenüs eignen sich nur bei einer geringen Anzahl (kurzer) Navigationsbegriffe, da sonst bei geringerer Auflösung, kleinerer Browserfenstergröße oder Schriftvergrößerung ein Teil der Navigation nur durch horizontales Scrollen der Seite erreichbar ist. Zweizeilige Horizontalnavigationen sind dagegen sehr unübersichtlich. Die Gestaltungsmöglichkeiten für horizontale Navigationsbalken sind vielfältig (Abb. 6.7.5e).

Horiziontalanordnungen von Navigationsbegriffen findet man häufig auch bei der Metanavigation (Impressum, Sitemap, Kontakt etc.) . Auch eine Pfadnavigation (Breadcrumbtrail) ist standardmäßig horizontal orientiert.

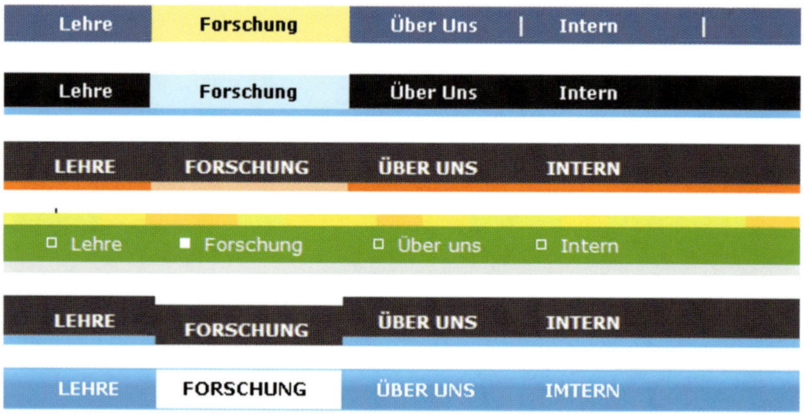

Abb. 6.7.5e: Navigationsbalken und Aktivierungsdesign (Grafik: Hammer, Gegenmantel)

Interfacedesign

DESIGNENTWURF 6

TIPP: *Im Einzelfall sollten Sie bei Horizontalanordnungen prüfen, ob es besser ist, die einzelnen Navigationsbegriffe durch Vertikalstriche , so genannte Pipe-Zeichen, (|) voneinander zu trennen. Oft wirkt jedoch ein großzügiger Freiraum zwischen den Begriffen viel klarer als ein Trennstrich (Abb. 6.7.5f).*

Sitemap   Impressum   Kontakt
Sitemap | Impressum | Kontakt

Abb. 6.7.5f: Horizontallisten mit und ohne vertikale Trennstriche

Vielfältige Gestaltungsmöglichkeiten bietet auch eine rechteckige Flächenhinterlegung je Begriff, die z. B. als flächige oder plastische Taste mittels CSS-Definition des <div>-Containers gestaltet werden kann. Mit Hilfe von kleinen Hintergrundbildern je Container lassen sich auch vom Rechteck abweichende Formen (z. B. Karteireiter mit abgerundeten Ecken) realisieren.

6.7.6   Bildbuttons

Ein Element gehörte früher zum Webdesign wie die Butter zum Brot: die *Buttons*, die virtuellen Knöpfe, die sicherlich jede zweite Navigation im Web zierten (Abb. 6.7.6a, b). Sie wurden zum Inbegriff der Interaktivität, übertragen bildlich den Druck der Maustaste auf den Bildschirm und outen sich beim Mouseover als interaktives Element.

Buttons sind funktionale Elemente auf einer Website, mit denen durch den Benutzer Aktionen ausgeführt werden. Zum Beispiel wird eine URL oder ein Skript aufgerufen, mit dem weitere Funktionen gesteuert werden.

In der deutschen Übersetzung spricht man heute kaum mehr von Knöpfen oder Tasten, sondern allgemein von Schaltflächen. Im Gegensatz zu Schaltflächen, die im Zusammenspiel von <div>-Container, HTML-Text und CSS-Auszeichnung gestalterisch definiert werden, werden hier mit *Bildbuttons* ausschließlich diejenigen Schaltflächen bezeichnet, die aus Bildern aufgebaut sind. Auch diese können optisch zu Navigationsleisten zusammengefasst werden. In der Regel wird das Auslösen einer Aktion am Bildschirm durch

Abb. 6.7.6a: Typische frühere Buttonleiste (http://www.abes-online.de 1996, nicht mehr im Netz)

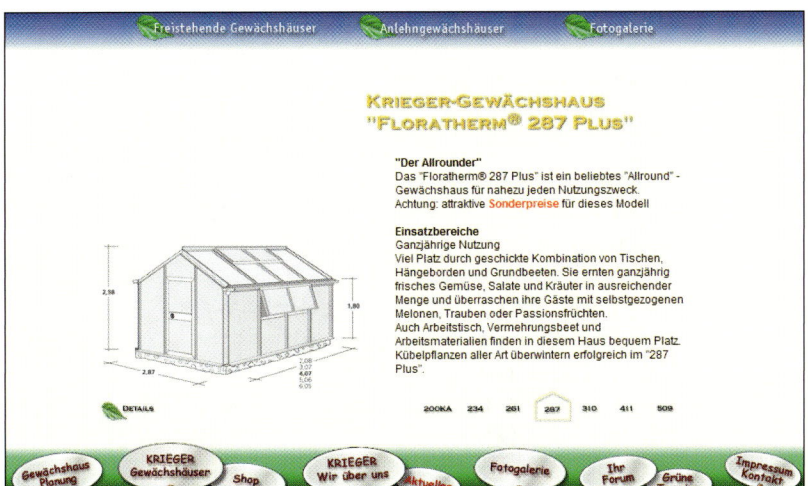

Abb. 6.7.6b: Website (2000) mit vielen Bildbuttons und Bildtypografie (http://www.kriegergmbh.de, Design: hammer.runge, Site nicht mehr im Netz)
Diese Website weist eine unten angeordnete Hauptnavigation aus „Pflanzschildchen" auf.

Interfacedesign

Abb. 6.7.6c: Unterschiedliche Aktivierungszustände von Buttons (Grafik: Hammer)

Veränderungen des Buttons optisch rückgemeldet. Technisch gesehen wird dazu das Originalbild des Buttons gegen ein anderes ausgetauscht (Abb. 6.7.6 c). Bei diesem Verfahren des Bildaustauschens werden üblicherweise vier *Aktivierungszustände* differenziert: Standard, Mouseover (Mauszeiger über Button), Mousedown oder on click (Mausklick) und visited (besuchte Links). Meist sind Mouseover und on click gleich gestaltet.

Button-Arrangements als Navigationsinstrument können als hochinteressante Gestaltungselemente auf einer Website wirken. Buttondesign ist deshalb ein wichtiges, eigenständiges Aufgabengebiet im Themenbereich des Webdesigns, das im direkten Zusammenwirken mit dem Screendesign gesehen werden muss.

Im Gegensatz zu einfachen Textlinks sind Buttons prägnanter und helfen meist, den manchmal nüchtern und leer wirkenden Navigationsbereich optisch aufzuwerten und die Orientierung zu erleichtern.

Die Gestaltungsmöglichkeiten für Buttons sind schier unerschöpflich, doch sollten Sie dies nicht als bloße Spielwiese der Gestaltung ansehen. Gutes Webdesign zeichnet sich nicht dadurch aus, dass wilde Rollovereffekte und möglichst viele extravagante Formen, Farben, Texturen und Schriften Anwendung finden, sondern durch den gelungenen Sinnzusammenhang zum Thema der Website. Auch hier bestimmt semantisches Gestalten die Qualität.

Dabei geht es normalerweise nicht darum, den Button als Button zu charakterisieren, d. h. möglichst als dreidimensional wirkenden Schalter darzustellen, sondern solche Inhaltselemente zu kreieren, die zum Themenbereich der Website, der Zielgruppe oder des Absenders (Corporate Identity) passen.

Ein Beispiel für Buttons, die sich dem Corporate Design anpassen, bietet die Site http://www.magellan-buch.de (Abb. 6.7.6d).

Ein schlichter grafischer Flächenbutton ist u. U. einem semantisch aufgeladenen Button vorzuziehen, weil Buttons sonst ein übergebührliches Eigenleben entwickeln und die eigentlichen Inhalte einer Website zu sehr dominieren könnten. Auch hier gilt: Weniger ist mehr.

Abb. 6.7.6d: Buttons in Anlehnung an das Corporate Logo, Screenshot in Originalgröße (http://www.magellan-buch.de/)

Wesentlich ist, dass sich die Gestaltung der Navigationselemente in das gestalterische Gesamtkonzept einfügt, was im Umkehrschluss aber nicht unbedingt bedeuten muss, dass Buttons genauso aussehen müssen wie andere Elemente der Seite.

Gestalterisch ist alles möglich, wie die kleine Auswahl von Buttonbeispielen demonstriert (Abb. 6.7.6e).

Reine *Textbuttons* sehen aus wie HTML-Typografie, bieten jedoch die Möglichkeit beliebiger Schriftauswahl und Anwendung von Schrifteffekten aus Bildbearbeitungsprogrammen.

3D-Buttons liegt das mentale Schema der Bedienung von Hardwaretasten zugrunde. Sie leben von ihrer vorgetäuschten Plastizität, die insbesondere im Aktivierungszustand durch optische Simulation des „Eindrückens" zustande kommt.

Interfacedesign

DESIGNENTWURF 6

Abb. 6.7.6e: Buttondesigns (Studienentwürfe)

Abb. 6.7.6f: Buttondesigns im Web 2.0 Designstil (Grafik: Duzynski)

Icon-Buttons verbinden in der Regel einen Textbegriff mit einer piktogrammartig reduzierten Bilddarstellung, dem „Icon", oder bieten nach einer Lernphase dem Nutzer das Icon alleine an. Letzteres funktioniert nur dann, wenn die Icons hochkonventionalisiert oder sehr einprägsam sind.

Animierte Buttons (technisch: animated GIFs oder Flash-Anwendungen) mögen für sich gesehen sehr interessant erscheinen. Da sie ein dominantes Eigenleben führen, will ihre Verwendung wohl überlegt sein. Auf „normalen" Websites sind sie eher ein Fremdkörper und mindern die Gebrauchstauglichkeit.

Da durch die Tendenz zu barrierefreien Websites und durch die vermehrte Verwendung von Content Management Systemen aus rationalen und technischen Gesichtspunkten CSS-formatierte Navigationselemente bevorzugt werden, ist die Verwendung von Bildbuttons rückläufig. Im Zuge des Web 2.0 Designstils erfahren Bildbuttons jedoch ein Revival (Abb. 6.7.6f).

6.7.7 Navigationskulissen

Buttondesign bedeutet nicht notwendigerweise das Gestalten singulärer Schaltflächen, die zu einer Buttonleiste aneinander gereiht werden. Nicht selten werden ganze *Navigationskulissen* mit metaphorischem Charakter in eine Website integriert, die im semantischen Bezug zum Site-Inhalt quasi ein Navigationsschema für alle Inhaltsseiten bieten.

Interfacedesign

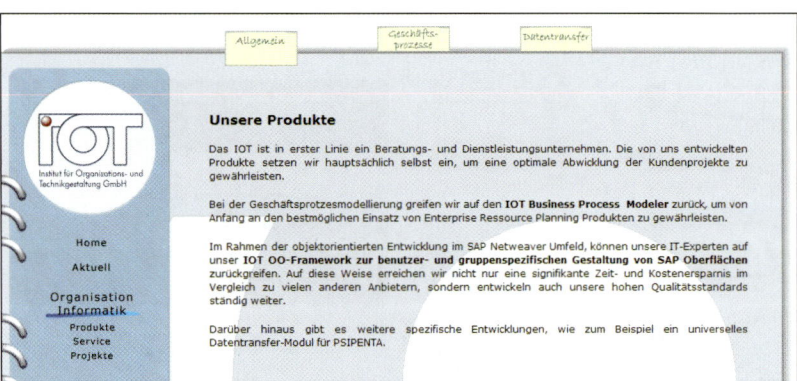

Abb. 6.7.7b: Terminplaner als Websitekulisse (frühere Site des IOT, nicht mehr im Netz)

Das Gestalten von Navigationskulissen ist im Grunde dem Screendesign zuzuordnen, prägt es doch das Gesamterscheinungsbild einer Seite sehr stark. Es basiert, wie das Screendesign, darauf, ein geeignetes Sinnbild für die Navigation bereitzustellen. Beispiele für Navigationskulissen könnten sein: Pinnwände, Klingelknöpfe, Wegweiser, Cockpits, Schaltwarten, Tastaturen etc.

Verbreitet findet sich auch das *Registerschema*, wie man es ursprünglich aus der Hardwareumgebung des Büroalltags und – übertragen auf den PC – z. B. aus den Windows-Anwendungen kennt. Im Beispiel des Instituts für Organisation und Technikgestaltung (http://www.iot-online.de) ist dies als Timer mit „Post-It"-Register abgewandelt (Abb. 6.7.7b).

Obwohl visuell als Einheit wirkend, sind solche Register im Grunde Buttonleisten. Die Umsetzung ist technisch ein wenig komplizierter mit zerschnittenen Gesamtbildern, die für die Einzelregister über Rollover oder Skriptdefinitionen das (visuelle) Hervorziehen der angeklickten Registerdaten simulieren. Registernavigationen sind eingängig, solange Sie in Ihrem virtuellen Aktenschrank Ordnung halten und gleichmäßig kalibrierte Taxonomien verwenden.

6.7.8 Bilder als Schaltflächen

Ebenso wie Bildbuttons unter Anzeige eines Navigationsbegriffs oder eines Icons zur gewünschten Zieladresse verlinken, lassen sich auch illustrative Fotos und Grafiken, die im Inhaltsbereich einer Webseite eingesetzt sind, auf ein gewünschtes Ziel verlinken. Ein Problem besteht oft darin, dass die Nutzer nicht sofort erkennen, ob ein Bild als Link wirkt und wohin dieser führt.

Klarheit schafft hier z. B. die Nutzung des *Tooltips* zur Angabe eines Linkzieles. Eventuell ist auch eine erläuternde Textlegende neben dem Bild sinnvoll. Alt-Parameter in Bildern dienen nicht als Toopltip, sondern als Bildbeschreibung insbesondere für alternative Ausgabegeräte (z. B. Screenreader).

Abb. 6.7.8a: Deutliche Bildlinks (Grafik: Gasch, Hammer)

Dass ein Bild überhaupt verlinkt ist, wird konventionell durch eine Bildumrahmung in der Defaultfarbe Blau signalisiert. Designer sehen aber von dieser gestalterisch nicht gerade überzeugenden Kennzeichnung ab und zeigen allenfalls einen farblich angepassten

Interfacedesign

DESIGNENTWURF 6

Bildrahmen oder eine einseitige Unterstreichung beim Überfahren des Bildes.
Ist ein Bildlink wirklich wichtig, sollte dies durch geeignete gestalterische Maßnahmen direkt im Bild deutlich werden, beispielsweise durch ein ins Bild integriertes Link-Icon wie z. B. die Lupe als Zeichen für die Vergrößerbarkeit des Bildes (Abb. 6.7.8a).

6.7.9 Textlinks

Mit *Textlinks* werden diejenigen Links bezeichnet, die auf einzelne HTML-Wortbegriffe oder Wortgruppen innerhalb des Inhaltsbereiches einer Webseite gelegt sind. Das kann eine Headline, Subheadline, Zwischenüberschrift, ein Wort im Mengentext, eine Marginalie oder ein dem Inhaltstext vorangestelltes Inhaltsverzeichnis sein; nicht gemeint sind hier Bestandteile der Navigationsleiste, auch wenn diese technisch als Textlinks ausgeführt sind.
Die gestalterische Herausforderung liegt bei Textlinks darin, eine gut erkennbare Auszeichnung zu wählen, die ein Wort oder eine Wortgruppe als Link kenntlich macht, aber im Textfluss andererseits nicht zu aufdringlich hervortritt. Des Weiteren gilt das auch für eine ebenfalls erforderliche „Mouseover"- und „visited"-Darstellung der Textlinks.
Die klassische, hochkonventionalisierte Darstellungsweise von Textlinks ist die Unterstreichung und die Defaultfarbe Blau sowie eine Farbänderung in Violett nach dem Anklicken. Unterstreichungen sehen nicht wirklich gut aus, sind jedoch als Textlink-Markierung wegen ihrer hohen Verbreitung am besten verständlich. Umgekehrt bedeutet das, Unterstreichungen sind als sonstige Textauszeichnungen absolut tabu.

TIPP: *Unterstreichungen sehen besser aus, wenn Sie nicht die standardmäßige CSS-Auszeichnung "text-decoration: underline;" verwenden, sondern eine schmale untere Rahmenlinie (Abb. 6.7.9a).*
Deaktivieren Sie im a-Element die Standardunterstreichung ("text-decoration: none;") und fügen Sie den Befehl "border-bottom 1px solid #00 00 00"hinzu, um die Unterkante der Textbox (hier: schwarz) sichtbar zu machen. Die Angabe eines kleinen Wertes für den unteren Innenabstand (padding) fügt noch einen kleinen Abstand ein, z. B.: "padding-bottom: 1px;". Der Unterstrich schneidet dann nicht die Unterlängen der Schrift durch.

Beispiel durchgestrichene Unterlängen als Textlink

Beispiel nicht durchgestrichene Unterlängen als Textlink

Abb. 6.7.9a: Textunterstreichung mit Rahmenlinie

Gute Gestaltungsalternativen zur Textlink-Auszeichnung durch Unterstreichung bestehen im Hinterlegen mit Farbflächen (in dezenten, zur Seite passenden Farben), durch Umfärben in einer deutlich von der Textfarbe zu unterscheidenden Farbe oder einer veränderten Typografie. Zusätzlich zur Textauszeichnung können kleine *Link-Icons* (z. B. Pfeile) eingesetzt werden oder solche, die z. B. sinnbildlich darstellen, ob es sich um seiteninterne oder externe Links handelt (Abb. 6.7.9b). Eine Textunterstreichung kann dann

Interfacedesign

Abb. 6.7.9b: Designalternativen zur Textlink-Gestaltung

immer noch zur Kennzeichnung beim Überfahren mit der Maus eingesetzt werden.

Vergessen Sie nicht, das Linkziel im titel-Attribut mit einer direkten Adresse oder einer verständlichen Linkbezeichnung zu erklären. Beim Überfahren mit der Maus wird diese dann angezeigt. Hier kann z. B. auch darauf aufmerksam gemacht werden, dass ein anderes Format (z. B. PDF) geöffnet wird, oder bei Downloadlinks eine Größenangabe erfolgen, sofern dies nicht schon im Textlink direkt geschrieben steht.

Eine bekannte und oft verwendete Methode zur internen Navigation bieten *Ankerlinklisten*. Sie sind ideal, um auf der gleichen Seite, z. B. in einem langen Text, über die vorangestellten Navigationsbegriffe direkt an die jeweiligen Kapitelanfänge zu springen.

Hier bietet sich meist an, den Ankerlinklisten Aufzählungszeichen (Pfeile, Punkte etc.) voranzustellen. Zusätzliche Link-Icons sollten bei Ankerlinks vor den Begriffen stehen, sonst ergibt sich durch unterschiedliche Wortlängen ein sehr unruhiges Bild (Abb. 6.7.9c, d).

Diese Methode hat ihre Berechtigung bei textlastigen Publikationen im Netz, da sie das Recherchieren in langen Texten und das Navigieren bei Textanalysen erleichtert.

Vergessen Sie bei langen Texten nicht, zwischendrin und am Ende Rücksprungmarken auf den Seitenanfang zu setzen.

Abb. 6.7.9c, d: Designs von vorangestellten Ankerlisten
(http://de.wikipedia.org
http://hammer.informatik.fh-gelsenkirchen.de)

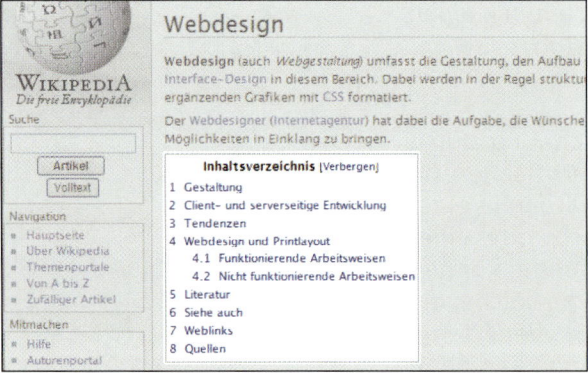

Interfacedesign

DESIGNENTWURF 6

6.7.10 Favorite-Icons

Ein heute immer weiter verbreitetes Zusatzfeature bei Websites ist das *„favicon"* (favorite icon). Dabei handelt es sich (im Web) um ein meist 16 x 16 Pixel kleines Bildchen, das in der Adresszeile des Browsers neben der URL angezeigt wird (Abb. 6.9.10a).

Die Gestaltung des Favicons kann man auch dem Interfacedesign zuordnen, da es als Orientierungsmerkmal dient und die Wiedererkennbarkeit der Seite erhöht. Das trifft insbesondere dann zu, wenn eine Seite als Bookmark gespeichert wird. In der Favoritenliste erscheint dann das Favicon mit dem Bookmarktext. Es erscheint außerdem in den Registerkarten des Browsers und unter Windows beim Abspeichern einer Seite auf dem Desktop. Aus diesem Grunde lohnt es, diesem kleinen Add-on ein wenig Aufmerksamkeit zu widmen.

Technisch gesehen handelt es sich beim favicon.ico um ein ICO-Format (image/x-icon oder image/vnd.microsoft.icon). Anders als „normale" Bitmap-Dateiformate erlaubt das ICO-Dateiformat, mehrere Einzelbilder (mit unterschiedlichen Abmessungen und Farbtiefen) in einer Datei unterzubringen. Die das Icon nutzende Anwendung sucht sich dann das benötigte Bildformat heraus. Alternativ zum ICO-Format können auch GIF und PNG-Grafiken zum Einsatz kommen, diese jedoch mit Einschränkungen in der Farbtiefe. Auch erlauben die beiden letztgenannten Formate lediglich ein einzelnes Bild innerhalb der Datei.

Um ein Favicon in die Website einzubinden, reicht es aus, das entsprechende Favicon als favicon.ico im Wurzelverzeichnis Ihres Webangebots abzulegen. Dann erkennt der Browser das Icon automatisch und zeigt es entsprechend an. Geeignete Tools zur Erzeugung des ico-Formates sind als Freeware im Internet verfügbar.

Kommt ein GIF oder PNG zum Einsatz, oder sollen innerhalb einer Website mehrere unterschiedliche Icons verwendet werden, muss das Favicon im <head>-Bereich referenziert werden.

```
<link rel="icon" href="http://beispiel.de/favicon.ico"
type="image/x-icon" />
```

```
<link rel="icon" href="http://beispiel.de/favicon.gif"
type="image/gif" />
```

```
<link rel="icon" href="http://beispiel.de/favicon.png"
type="image/png" />
```

Damit das Favicon angezeigt wird, müssen Größe und Farbtiefe stimmen. Folgende Größen kommen am häufigsten zum Einsatz:

http://designpartner.de/
http://hebammenhilfe.de/
http://magellan-buch.de/
http://www.wolfszahn.de/
http://webdesigngazette.de/
http://oui-ja.de/
http://www.springer.com/

Abb. 6.7.10a: Designs von Favicons (Screenshots in Originalgröße)

Kleine Anekdote
Der Webentwickler und Designer Mathieu Henri realisierte das Arcade-Spiel „Defender" komplett in einem Favicon.

Linktipp:
Defender: http://www.p01.org/releases/DHTML_contests/files/DEFENDER_of_the_favicon/

Linktipps zur Erzeugung von favicons:
Favicon-Generator: http://www.favicon-generator.de/
Bilder in Favicons umwandeln: http://www.html-kit.com/favicon

Designarbeitsschritte

Abb. 6.7.10a-c: Icons in den Größen 16 x16, 32 x 32 und 48 x 48 Pixeln, links ungeeignete Darstellung, rechts geeignetes Symbol (Screenshots in Originalgröße)

- 16 x 16 Pixel: Adressleiste, Lesezeichen und Tabs im Browser
- 32 x 32 Pixel: Manche Browser-Toolsbars sowie Desktop-Icons einzelner Websites
- 48 x 48 Pixel: Kommt selten zum Einsatz, z. B. als Windows Vista bzw. Windows 7 Desktop-Icon

Zum Erstellen eines Favicons kann eine prägnante Bildmarke oder ein Textkürzel eines Unternehmenslogos geeignet sein, in der Regel aber nicht eine komplette Wort-Bild-Marke, da dies in der starken Verkleinerung zu unleserlicher Schrift führt. Reduzieren Sie das Bild so weit wie möglich auf prägnante Formen und verkleinern Sie es auf die benötigten Größen. Beim ICO-Format stehen bis zu 16 Millionen Farben zur Auswahl, bei GIF und PNG nur 256.

6.8 Designarbeitsschritte

Die Designentwurfsphase innerhalb des Ablaufprozesses eines Webdesignprojektes wird üblicherweise untergliedert in die Arbeitsschritte Scribble, Photoshop-Layout, Rasterentwicklung, Detailentwurf und Aufbau des grafischen Prototyps.

6.8.1 Scribble, Vorentwurf

Am Anfang jedes gestalterischen Entwurfs steht das *Scribble* als Technik zur schnellen Ideenskizzierung. Ideenvielfalt ist gefragt, nicht Ausführungsperfektion.

Nützlich ist es, sich vorab die Webauftritte der Konkurrenz, die bereits in der Konzeptphase des Webprojektes analysiert worden sind, in Erinnerung zu rufen, um sich Anregungen zu holen und sich einen Überblick über den Markt zu verschaffen. Vor allem ist dies hilfreich, um ungewollte „Nacherfindungen" zu vermeiden und sich bewusst vom Wettbewerb abzugrenzen.

Produzieren Sie für einen Webentwurf mindestens 10, besser 20 unterschiedliche Ideenscribbles. Arbeiten Sie die besten Ansätze davon im Scribble ein wenig exakter aus.

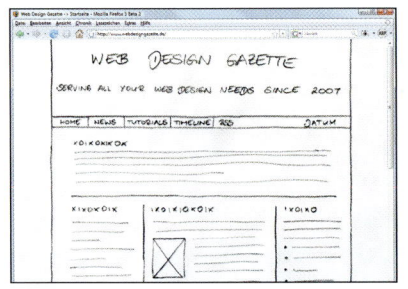

Abb. 6.8.1a: Scribbeln im Browserscreenshot (Grafik: Bensmann)

TIPP: *Legen Sie ein typisches Browserformat (in der im Briefing festgelegten Größe und Auflösung) zugrunde, indem Sie direkt in einen ausgedruckten Screenshot eines Standardbrowserfensters hineinscribbeln. Das ist hilfreich, um die querformatigen Proportionen eines Browsers vor Augen zu haben. (Abb. 6.8.1a)*

Skizzieren Sie eine typische Inhaltseite mit Navigation, Logo, Headline, Bodytext und Bildern unter Berücksichtigung des ungefähren Platzbedarfs für Navigations- und Inhaltselemente. Spielen Sie mit Metaformen (Grafik oder Metaphern), um die Seite in ihrer Gesamtheit zu strukturieren. So entstehen erste Vorstellungen von verschiedenen Aufteilungen oder Rastern.

Designarbeitsschritte

DESIGNENTWURF 6

Überlegen Sie sich gemäß Ihrem zuvor im Interaktionsdesign erarbeiteten Navigationskonzept, welche Möglichkeiten Sie zeigen wollen, um Haupt- und Subnavigation zu platzieren. Bedenken Sie dabei die Umsetzbarkeit Ihrer Ideen und die Tatsache, dass die Navigation eine hohe Benutzungsqualität haben muss. Andernfalls wird die ganze Site mit ziemlicher Sicherheit ein Misserfolg werden.

Wählen Sie abschließend 3-5 Grobscribbles aus und skizzieren Sie diese nochmals sauber auf.

6.8.2 Basic Photoshop-Layout

Der nächste entscheidende Arbeitsschritt ist das *Photoshop-Layout* (das natürlich auch in einem anderen Bildbearbeitungsprogramm erstellt werden kann). Die zuvor in der Vorauswahl eingegrenzten Scribbles arbeiten Sie nun weiter aus.

Anders als im Scribble lassen sich im Photoshop-Layout Farbe, Typo, Stand und Bildgestaltung exakt definieren; die spätere HTML-Umsetzung wird dadurch bereits in ihrer Erscheinung vorweggenommen.

TIPP: *Legen Sie auch im Photoshop-Layout einen Screenshot im später gewünschten Browserformat auf die unterste Bildebene oder als Rahmen auf die oberste.*

Eine exakte Browserfenstergröße ist nicht zu bestimmen, da dies je nach Monitorauflösung, Monitorgröße und nutzerseitig zugeschalteten Browsertoolbars sehr unterschiedlich sein kann. Es empfiehlt sich deshalb, von einer zurzeit verbreiteten Standardmonitorauflösung von 1024 x 798 Pixel auszugehen. Daraus ergibt sich als Orientierungsgröße für die darstellbaren Webseiten eine Größe von 980 x 590 Pixel. Nach unten hin sind Seiten ohnehin beliebig verlängerbar, sofern sie nicht in der Programmierung größenmäßig eingeschränkt wurden.

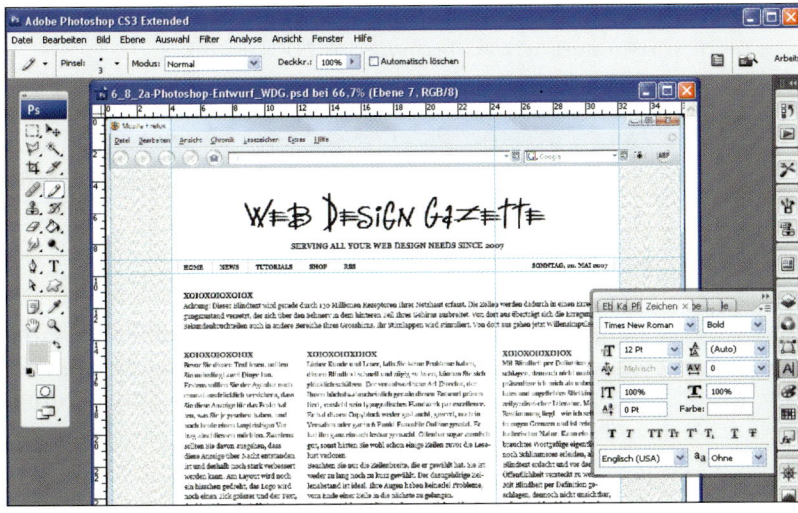

Abb. 6.8.2a: Die Web Design Gazette im Photoshop-Entwurf (Design: Bensmann)

Designarbeitsschritte

Beim Layouten kann man mit Blindtext und Platzhalterbildern arbeiten, besser ist es jedoch, Realtext und Realbilder einzusetzen, da man auf diese Weise sofort ein Gefühl dafür bekommt, welche Textmengen im konkreten Fall zur Verfügung stehen und wie die vorhandenen Bilder im Layout aussehen. Vor allem aber erreicht man mit realem Material in der Kundenpräsentation einen weitaus höheren Identifikationsgrad.

Teilen Sie Ihre Seite zunächst mit Hilfslinien in die gewünschten Inhaltsbereiche. Standardmäßig wird ein Kopf-, ein seitlicher Navigations- und ein großer Inhaltsbereich unterschieden. Legen Sie dominante Flächen (Farbflächen, Bilder) zuerst an. Positionieren Sie Logo, Headline und Bodytext.

Haupt- und Nebentext (z. B. Bildlegenden, Marginalien) können durch unterschiedliche Schiftgrößen und -stärken deutlich voneinander getrennt werden.

Achten Sie darauf, dass zwischen Texten und Browserrand bzw. zwischen Texten und anderen Gestaltungselementen (Buttons, Bilder etc.) ein großzügiger Abstand verbleibt.

Definieren Sie Ihre Navigationsbereiche und entwickeln Sie Ihr Navigationsdesign weiter. Fügen Sie die Navigationsbegriffe oder Ihre Buttons ein (Abb. 6.8.2a).

Erproben Sie unterschiedliche Schriften aus dem Repertoire der Systemschriften oder experimentieren Sie mit Bildtypografie für die Texte der Headline und Navigation und entscheiden Sie sich für eine Schriftart aus den Systemschriften für den Fließtext. Prüfen Sie, welcher Platzbedarf für die längsten Navigationsbegriffe erforderlich ist.

Spielen Sie mit den Positionen von Texten und Bildern. Testen Sie geeignete Einstellungen für Schriftgröße, Zeilenabstand und Laufweite (Kerning) von Schrift in Bildern.

Der Vorteil des Photoshop-Layouts gegenüber einer direkten Umsetzung im HTML-Editor liegt darin, dass dies wesentlich schneller und einfacher von der Hand geht und man eher gewillt ist, sich von nicht optimalen Entwürfen wieder zu trennen.

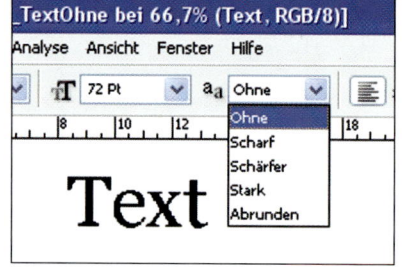

Abb. 6.8.2b: Abschalten der Schriftglättung in Photoshop

TIPP: *Simulieren Sie Browser-Fließtext in Photoshop: Stellen Sie in der Text-Zeichenpalette die Textdefinition auf „ohne", das erzeugt Text ohne Antialiasing und sieht Text im Browser sehr ähnlich (Abb. 6.8.2b).*

6.8.3 Rasterentwicklung

Wie im Printdesign ist ein *Layoutraster* auch im Webdesign ein nützliches Hilfsmittel, um im Layout Ordnung zu schaffen. Es dient dazu, gleichartige Gestaltungselemente auf unterschiedlichen Seiten konsistent zu positionieren, denn am Bildschirm fällt es besonders störend auf, wenn beim Durchklicken der Seiten z. B. die Seitenheadline immer auf einer anderen Höhe steht. Zum anderen geht es beim Layoutraster darum, die einzelnen Gestaltungselemente

Designarbeitsschritte

DESIGNENTWURF

Abb. 6.8.3a: Rasterentwicklung

einer Seite an imaginären Bezugslinien auszurichten, um dadurch ordnende Ruhe ins Layout zu bringen.

Bei komplexeren Gestaltungen (z. B. Portalseiten) wird mit dem Raster zudem die feinteiligere, wiederkehrende Untergliederung der Seite vorgenommen, z. B. in mehrere Spalten oder für die Anordnung mehrerer Bilder nebeneinander.

Definieren Sie Ihr Layoutraster mit den Hilfslinien in Photoshop. Bei komplexeren Rastern empfiehlt sich die Rasterfunktion des Programms. Der Inhalt bestimmt die Form. Immer sichtbare Elemente, wie Banner und die Navigation, liefern schon Koordinaten für die Ausrichtung eines Rasters (Abb. 6.8.3a).

Aus der Rasterdefinition können die Maße für die einzelnen Elemente ermittelt werden. Bilder, Textgrafiken und Auflistungen sollten sich in dieses Raster eingliedern. Am einfachsten zu erreichen ist dies mit Vielfachen der Rastergrößen.

Auch Freiräume sind wichtig für das Auge und können mit leeren Rasterfeldern erreicht werden.

Eine Website weist üblicherweise nicht nur einen Seitentyp auf, deshalb müssen im Layout auch die weiteren Seiten einer Site, die möglicherweise andersartige Inhaltsstrukturen aufweisen, durchgestaltet werden.

So kommt es nicht selten vor, dass auf einer Website sowohl einspaltige und mehrspaltige Seite vorkommen, bzw. Seiten,

Abb. 6.8.3b, c, d: Konsistentes Seitenlayout. Die Web Design Gazette besteht aus unterschiedlich gestalteten Seiten, die trotzdem dank des Rasters konsistent sind.

235

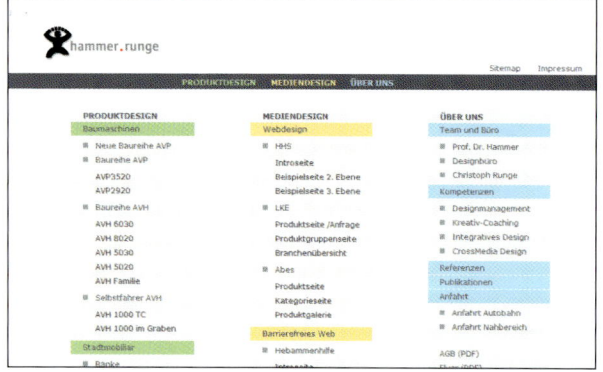
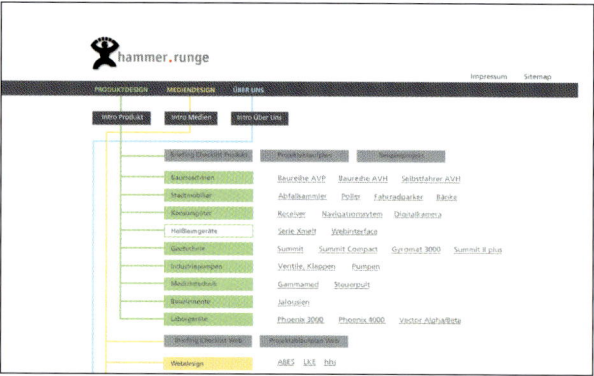

Abb. 6.8.3e,f: Sitemapdesigns (http://www.hammer-runge.de) Als HTML-Ausführung (links) und in einer aufwändigeren Flash-Version.

die Bildspalten aufweisen und solche, die nur aus Textinhalten bestehen. (Abb. 6.8.3b, c, d).

Wie sieht eine Seite mit tabellarischen Auflistungen aus, wie geht man mit einer großen Grafik um, wie werden mehrere Bilder auf einer Seite platziert? Es geht darum, das erstellte Layoutraster nicht zu verlassen, sondern gemäß der zusätzlichen Anforderungen zu erweitern oder zu verfeinern.

Eine besondere Herausforderung stellen Introseiten oder reine Navigationsseiten wie z. B. Sitemaps dar. *Sitemaps* müssen keine langweiligen Textkaskaden sein, sondern können kreativ gestaltet werden. Sie dürfen aus dem Layoutraster ausbrechen, sollten aber dennoch durch Form, Farbe, Typografie etc. ihre Zugehörigkeit zum Gesamtauftritt erkennen lassen (Abb. 6.8.3e,f).

6.8.4 Detailentwurf

Arbeiten Sie mindestens 3 wirklich verschiedene Entwurfsalternativen als Photoshop-Layout in den gestalterischen Details weiter aus.

Führen Sie ein Feintuning bezüglich der Positionierung Ihrer Gestaltungselemente aus. Optimieren Sie Zeilenabstände und Laufweiten. Prüfen und optimieren Sie gegebenenfalls die gewählten Farben Ihrer Typografie im Kontrastverhältnis zur Hintergrundfarbe.

In diesem Entwurfsstadium sind insbesondere das Navigationsdesign und die konkreten Ausführungsformen für unterschiedliche Aktivierungszustände der Navigationselemente zu definieren.

Eventuell vorgesehene Navigationsicons müssen exemplarisch entworfen werden. Das Aussehen von Textlinks muss festgelegt werden.

Wird für bestimmte Aktionen Sound vorgesehen, sollte in dieser Layoutphase auch die Auswahl eines geeigneten Sounds (z. B. als Feedback beim Klicken oder für eine Intro-Animation) getroffen werden.

Zum Detailentwurf zählt auch die Gestaltung von Aufzählungslisten. Sind diese eingerückt? Erhalten sie Aufzählungszeichen?

Weiterhin ist zu klären, wie Bildlegenden aussehen, wie Textauszeichnungen, die keine Links sind, definiert werden und wie sich Zwischenüberschriften darstellen.

Präsentation grafischer Prototyp
DESIGNENTWURF 6

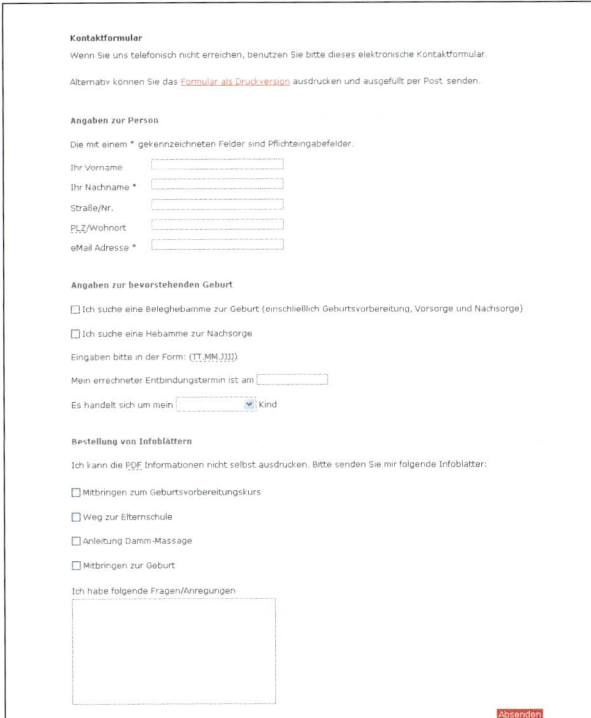

Wie sehen Seiten für Formulare, Foren etc. aus, die manchmal einige gestalterische Besonderheiten erfordern? *Formularseiten* formatiert man heute vorzugsweise mit CSS statt mit Tabellen. Versuchen Sie, Formulare dem Designstil der Site anzupassen z. B. durch Übernahme gleicher Farben und Formelemente wie Linien, Rahmen und Abstände (Abb. 6.8.4a - c).
Auch die passende Gestaltung z. B. für sich öffnende Extra-Fenster mit den dazugehörigen Icons („Fenster schließen" usw.) muss festgelegt werden.

Die Zielsetzung des Photoshop-Entwurfs ist es, das Erscheinungsbild der fertigen Webseite vorwegzunehmen.

Abb. 6.8.4a, b: Formulardesign mit CSS-Formatierung (http://www.hebammenhilfe.de, http://www.rapid-html.de, Design: Martina Plawer)

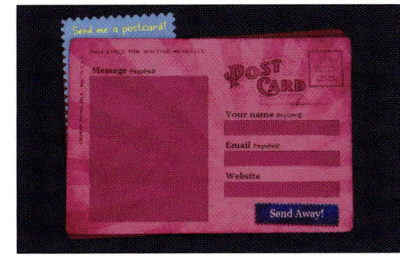

Abb. 6.8.4c: Formulardesign (http://www.qwertcity.com, Design: Mason Yarnell) Mit Hintergrundbildern ist eigenständige Formulargestaltung möglich.

6.9 Präsentation grafischer Prototyp

Wenn Sie mindestens drei gut ausgearbeitete Photoshop-Layouts, mit denen Sie selbst zufrieden sind, erstellt haben, präsentieren Sie diese Ihrem Auftraggeber zur Entscheidung. Nützlich ist es auch, hier Meinungen potenzieller Nutzer einzuholen.
Wenn Sie für die Präsentation mehrere Seitentypen angelegt haben, ist es für eine Vorstellung der Arbeit sehr wirkungsvoll, diese zu verlinken, um einen flüssigen Aufruf der Seiten-Alternativen zu erreichen. Das Photoshop-Layout wird dadurch zu einem „*grafischen Prototyp*".

Abb. 6.9a: Präsentationsmodus in Photoshop

TIPP: *Legen Sie dazu einfach die kompletten Photoshop-Seiten als JPEGs in ein HTML-Dokument und legen Sie auf geeignete Navigationsbegriffe oder -bereiche Links per Hotspot. Selbst auf eine (Photoshop-)Rollover-Variante kann verlinkt werden. Das wirkt!*
Alternativ können Photoshop-Seiten auch in PDF- oder PowerPoint-Präsentationen verlinkt werden.
Wenn Sie direkt aus Photoshop heraus präsentieren, sollten Sie über „Bildschirmmodus: Vollbildmodus" im Präsentationsmodus alle programmeigenen Elemente ausblenden (Abb. 6.9a). Zurück geht es mit der Taste „F".

Wenn möglich, machen Sie vorher eine Generalprobe mit Ihrem Equipment und prüfen Sie, wie sich Farbe und Helligkeitsunterschiede in einer eventuellen Beamer-Projektion darstellen.
Nach der Präsentation braucht der Kunde Zeit, sich über die vorgestellten Arbeiten ein Urteil zu bilden und Entscheidungen zu treffen. Eventuell tut er das nicht allein, sondern möchte oder muss andere Beteiligte informieren o. Ä. Deswegen ist es üblich, dem Kunden eine handliche Präsentation in Form einer Mappe, einer PDF-Datei oder Ähnlichem zu überlassen.
So kann der Kunde in Ruhe hineinschauen, seinen ersten Eindruck überprüfen und Entscheidungen treffen. Deswegen sollte man sich nicht darauf beschränken, ihm die Daten nur z. B. auf einer CD zu geben. Wichtig ist, dass er sich die Entwürfe jederzeit ohne Hilfsmittel ansehen kann, und sei es im Auto an der Ampel oder nach Feierabend im Wohnzimmer. Je komfortabler der Umgang mit dem Material, desto professioneller wirkt Ihre Arbeitsweise und desto zufriedener ist der Kunde.
Die Freigabe des Designentwurfs ist ein wesentlicher Meilenstein eines Webprojektes. Lassen Sie sich deshalb Gestaltungsraster, Look & Feel, Farbkodierung, Fontvorgaben und das Navigationsdesign vom Auftraggeber schriftlich freigeben.
In den anschließenden Arbeitsphasen beginnen die aufwändigen Ausarbeitungen der Inhalte und die Arbeiten am HTML-Prototyp. Nachträgliche Änderungen können dann sehr viel Aufwand und Kosten verursachen.

6.10 Resümee
In diesem Kapitel haben Sie insbesondere die Arbeitsgebiete Screen- und Interfacedesign kennengelernt.

Sie haben u. a. gelernt,
- dass mit Look & Feel der erste (emotionale) Eindruck der Website beschrieben wird,
- dass gute Usability durchaus auch eine Marketingmaßnahme darstellt,

Quiz zu „Designentwurf"

DESIGNENTWURF 6

- dass die Usability durch geeignete Typo- und Farbgestaltung verbessert wird,
- dass die Einhaltung der Richtlinien zur Barrierefreiheit auch für Nutzer ohne Einschränkungen eine Verbesserung darstellt,
- dass im Screendesign das Gesamtlayout der Website definiert wird,
- dass sich das Interfacedesign auf die Gestaltung der Interaktionselemente konzentriert,
- wie Sie einzelne Interaktionselemente optimal gestalten können,
- dass Screen- und Interfacedesign eine zusammengehörige Einheit sind,
- dass Sie den Designentwurf mit Scribbles beginnen und im Photoshop-Entwurf unter Zuhilfenahme eines Gestaltungsrasters ausarbeiten und
- dass Sie den Designentwurf am besten als interaktiven grafischen Prototyp präsentieren.

Prüfen Sie Ihr erworbenes Wissen im folgenden Quiz.
Wenden Sie es dann in der abschließenden Übung an und erstellen Sie für Ihre „pixographen"-Site das Screen- und Interfacedesign sowie den grafischen Prototyp.

6.11 Quiz zu „Designentwurf"

Im nachfolgenden Quiz prüfen Sie Ihren Kenntnisstand zu den Inhalten dieses Kapitels. Sollte die abschließende Auswertung ergeben, dass Ihr Kenntnisstand lückenhaft ist, wird empfohlen, die relevanten Unterkapitel nachzuarbeiten.

Lösungen (S. 354)

6.11.1 Was bezeichnet der Begriff des „Look & Feel"?
(A) Den ersten Eindruck der Website
(B) Die Gestaltung der Navigationsleiste
(C) Das semantische Gestalten in Bezug auf Zielgruppe, Inhalt und Absender

Quizfrage 6.11.1
❏ Lösung (A)
❏ Lösung (B)
❏ Lösung (C)

6.11.2 Was versteht man unter Antialiasing?
(A) Künstliche Schriftglättung durch Wegnehmen von Farbzwischenwerten zwischen Text- und Hintergrundfarbe
(B) Künstliche Zwischenwerte durch Zufügen von Schriften in die Hintergrundfarbe
(C) Künstliche Schriftglättung durch Zufügen von Farbzwischenwerten zwischen Text- und Hintergrundfarbe

Quizfrage 6.11.2
❏ Lösung (A)

❏ Lösung (B)

❏ Lösung (C)

Quiz zu „Designentwurf"

Quizfrage 6.11.3

☐ Lösung (A)
☐ Lösung (B)
☐ Lösung (C)

6.11.3 Wie viele Zeichen pro Zeile gelten als Richtwert für Mengentext im Internet?

(A) 75-95 Zeichen
(B) 55-75 Zeichen
(C) 45-55 Zeichen

Quizfrage 6.11.4

☐ Lösung (A)
☐ Lösung (B)
☐ Lösung (C)

6.11.4 Welche Faktoren begünstigen gute Lesbarkeit am Bildschirm beim Einsatz von Farben?

(A) Deutlich auseinander liegende Helligkeits- und Sättigungswerte
(B) Komplementärfarben
(C) Größtmögliche Helligkeitsunterschiede

Quizfrage 6.11.5

☐ Lösung (A)
☐ Lösung (B)
☐ Lösung (C)

6.11.5 Was ist der Grundgedanke der Barrierefreiheit im Web?

(A) Speziell angepasste Seiten für Menschen mit Behinderungen
(B) Ein Minimaldesign für möglichst einfache HTML-Strukturen, die in allen Browsern und auf allen Ausgabegeräten funktionieren
(C) Ein Universaldesign für alle, z. B. durch nutzerseitig anpassbare Seiten

Quizfrage 6.11.6

☐ Lösung (A)
☐ Lösung (B)
☐ Lösung (C)

6.11.6 Wozu dient das Screendesign im Unterschied zum Navigationsdesign?

(A) Zur Optimierung der Gebrauchstauglichkeit für den Nutzer
(B) Zur ästhetischen Organisation aller Elemente und zur emotionalen Einstimmung
(C) Zur dekorativen Ausgestaltung einer Site

Quizfrage 6.11.7

☐ Lösung (A)
☐ Lösung (B)
☐ Lösung (C)

6.11.7 Was ist das Aufgabengebiet von Interfacedesign?

(A) Die Gestaltung des Layouts
(B) Die nutzerindividuelle Anpassung des Screendesigns
(C) Die Gestaltung der funktionalen Interaktionselemente

Quizfrage 6.11.8

☐ Lösung (A)
☐ Lösung (B)
☐ Lösung (C)

6.11.8 Was sollten Sie bei der gestalterischen Differenzierung unterschiedlicher Aktivierungszustände von Navigationsbegriffen vermeiden?

(A) Schriftveränderungen von „Regular" auf „Bold"
(B) Farbveränderungen
(C) Farbhinterlegungen

Quizfrage 6.11.9

☐ Lösung (A)
☐ Lösung (B)
☐ Lösung (C)

6.11.9 Worin besteht der Reiz von Bildbuttons?

(A) Sie lassen sich durch Bildbearbeitungsfunktionen schneller erstellen als CSS-Buttons
(B) Sie bieten eine Vielzahl von Gestaltungsmöglichkeiten und uneingeschränkte Schriftauswahl
(C) Sie benötigen eine kürzere Ladezeit

Übung: Screen- und Interfacedesign der „pixographen"-Site

DESIGNENTWURF 6

6.11.10 Wie definieren Sie richtig, dass beim Überfahren eines Bildes mit der Maus das Linkziel angezeigt wird?
- (A) Durch Angabe des Linkziels im alt-Attribut
- (B) Durch Angabe des Linkzieles im Tooltip
- (C) Durch Angabe des Linkzieles im <description>-Tag

Quizfrage 6.11.10
- ☐ Lösung (A)
- ☐ Lösung (B)
- ☐ Lösung (C)

6.11.11 Wie groß ist ein Favicon im Web üblicherweise?
- (A) 8 × 8 Pixel
- (B) 64 × 64 Pixel
- (C) 16 × 16 Pixel

Quizfrage 6.11.11
- ☐ Lösung (A)
- ☐ Lösung (B)
- ☐ Lösung (C)

6.11.12 Wie groß legen Sie im Photoshop-Entwurf ein Websitelayout für eine Standardmonitorauflösung von 1024 × 798 Pixel an?
- (A) 1024 × 798 Pixel
- (B) 980 × 590 Pixel
- (C) 950 × 520 Pixel

Quizfrage 6.11.12
- ☐ Lösung (A)
- ☐ Lösung (B)
- ☐ Lösung (C)

6.11.13 In welchem Programm erstellen Sie Ihren grafischen Websiteentwurf?
- (A) In einem Bildbearbeitungsprogramm
- (B) In einem Illustrationsprogramm
- (C) In einem HTML-Editor

Quizfrage 6.11.13
- ☐ Lösung (A)
- ☐ Lösung (B)
- ☐ Lösung (C)

6.11.14 Wann erstellt man in der Entwurfsphase ein pixelgenaues Raster?
- (A) Möglichst früh als Grundlage für Skizzen
- (B) Nachdem sich der Kunde für einen Entwurf entschieden hat
- (C) Nachdem die Site fertiggestellt wurde

Quizfrage 6.11.14
- ☐ Lösung (A)
- ☐ Lösung (B)
- ☐ Lösung (C)

6.11.15 Wie präsentieren Sie idealerweise Ihren grafischen Prototypen?
- (A) Als Photoschopentwurf
- (B) Als verlinkte Seiten in PDF, PowerPoint oder HTML
- (C) Nur als Farbausdrucke in einer Mappe, um den Entwurfcharakter deutlich zu machen

Quizfrage 6.11.15
- ☐ Lösung (A)
- ☐ Lösung (B)
- ☐ Lösung (C)

6.12 Übung: Screen- und Interfacedesign der „pixographen"-Site

Nachdem Sie im vorhergehenden Arbeitsschritt die Main Idea, die Sitestruktur und das Navigationslayout für Ihre „pixographen"-Site erstellt haben, treten Sie nunmehr damit in die Arbeitsphase des Screen- und Interfacedesigns ein.

Konkret sollen Sie in dieser Übung Folgendes erarbeiten:

Übung: Screen- und Interfacedesign der „pixographen"-Site

1. Entwickeln Sie Entwürfe für das Screendesign. Entwickeln Sie diese (unter Bezug auf das Navigationslayout) zunächst auf Scribblebasis. Konkretisieren Sie Ihre Seitenkompositionen dann als Photoshop-Layout. Experimentieren Sie mit Typo-, Farb- und Positionsalternativen. Erarbeiten Sie ein Bildkonzept und ein geeignetes Layoutraster. Erstellen Sie mindestens drei Entwurfsalternativen. Führen Sie anschließend ein Feintuning aus und definieren Sie Typo, Farbe und Stand.
2. Konzentrieren Sie sich dann auf das Interfacedesign. Detaillieren Sie das Navigationsdesign (z. B. hinsichtlich zusätzlicher Navigationsgrafiken). Entwickeln Sie Designalternativen für die Kennzeichnung unterschiedlicher Aktivierungszustände. Denken Sie über eine Farbkodierung nach. Definieren Sie das Aussehen von Textlinks. Erstellen Sie ein Favicon.

Holen Sie sich im Familien-/Freundes-/Bekanntenkreis ein Meinungsbild zu Ihren Entwurfsalternativen ein. Was wird positiv, was wird negativ beurteilt?

Drucken Sie Ihre Entwurfsalternativen für Ihren Projektordner farbig aus.

Notieren Sie sich die Zeiten, die Sie für Ihre Entwurfsarbeiten benötigen, und tragen Sie sie als Ist-Zeit in Ihre Zeitplanung ein.

Prototyping 7

Abb. 7a: Zitat Larry Wall
(Grafik: Bensmann)

7.1 Lernziele
Dieses Kapitel zeigt Ihnen, wie Sie Ihren grafischen Entwurf in einen HTML-Prototyp umsetzen. Für exemplarische Seiten Ihres Webangebotes entwickeln Sie Struktur und Quelltext, Layout mittels CSS und die Programmierung client- und serverseitiger Skripte.

Sie lernen im Einzelnen:
- wie Sie einen HTML-Prototyp erstellen,
- wie Sie ein Cascading Stylesheet organisieren,
- was eine sinnvolle Arbeitsreihenfolge beim Prototyping ist,
- warum und mit welchen Inhalten Sie einen Styleguide erstellen,
- worauf bei Präsentationen der Zwischenergebnisse Ihres Webprojektes zu achten ist und
- warum die Freigabe des Prototypen ein entscheidender Meilenstein im Webprojekt ist.

Prüfen Sie das Gelernte mit dem selbstevaluierbaren Quiz.
In der abschließenden Übung wenden Sie Ihr Wissen wieder an und erstellen den HTML-Prototyp und den Styleguide für Ihre „pixographen"-Site.

7.2 Einleitung

Wenn der Designentwurf verabschiedet ist, kann die technische Umsetzung des Webangebotes beginnen. Dazu wird zunächst ein HTML-Prototyp aufgebaut, um ein grundsätzliches Konzept für die technische Umsetzung zu erhalten. Ziel des Prototypings ist es, die Machbarkeit (Feasibility) Ihres Entwurfes zu prüfen, denn sonst stellt man manchmal erst in der Phase der technischen Implementierung fest, dass sich Designideen aus dem Photoshoplayout nicht oder nur mit erheblichem Aufwand in HTML und CSS realisieren lassen.

Außerdem wird in der Arbeitsphase des Prototypings der Styleguide erstellt, d. h. die endgültige Definition der Designmerkmale.

7.3 HTML-Prototyp

Das Erstellen des *HTML-Prototyps* zählt eigentlich noch zur Entwurfsphase, da es hier u.a. darum geht, in der HTML/CSS-Umsetzung exakte Definitionen von Schriften, Farben und Positionen vorzunehmen. Deshalb ist es wichtig, dass der Webdesigner in dieser Arbeitsphase noch beteiligt ist, obgleich zu diesem Zeitpunkt der Auftrag oft vom Designer an den technischen Webentwickler übergeben wird. Unter Umständen wird man z. B. die Schriftwahl nochmals ändern, wenn man erkennt, dass die Schrift, die im Photoshop-Entwurf recht gut wirkte, in der Browserdarstellung schlechter aussieht. Insbesondere die Einstellungen für Schriftgröße, Laufweite und Zeilenabstände werden endgültig erst im HTML-Prototyp festgelegt. Es ist also der Punkt gekommen, an dem Sie exemplarische Seiten zu einem funktionierenden Prototyp zusammenbauen. Das bedeutet, dass Sie aus Ihren Materialien eine statische HTML-Seite erstellen, noch ohne dynamischen Content.

Ein Webprototyp enthält neben der Startseite (Homepage) alle wichtigen vorkommenden Seitentypen. Idealerweise zeigt man von der Homepage aus einen exemplarischen Navigationsweg bis auf die unterste Navigationsebene auf.

Der Prototyp (auch: Klickmodell) dient vor allem dazu, dem Auftraggeber gegenüber auf anschauliche Weise die Funktion Ihrer Website zu demonstrieren. Man kann die exemplarisch ausgeführten Funktionalitäten unter Realbedingungen im Browser testen und die Musterseiten aufrufen.

7.3.1 Grundsätzlicher Aufbau der Seiten, HTML-Layout

Legen Sie zunächst eine geeignete Ordnerstruktur an und sammeln Sie die bereits vorbereiteten Materialien (z. B. Bilder) dort. Achten Sie bei der Benennung Ihrer Dateien auf vereinbarte Namenskonventionen (vgl.: Siteplanung: Projektorganisation: Namenskonventionen, S. 185).

Bauen Sie sich eine grundsätzliche HTML-Struktur auf (vgl.: Technische Grundlagen: Struktur eines HTML-Dokuments). Legen Sie die Ausgangsgröße Ihrer Seiten fest und die Seitenposition im Browserfenster.

HTML-Prototyp

PROTOTYPING 7

Abb. 7.3.1a: Webdeveloper Tools als Browsererweiterungen erleichtern die Arbeit, z. B. zur Anzeige der <div>-Container oder der alt-Texte. (Beispielseite: http://hammer.informatik.fh-gelsenkirchen.de)

TIPP: Browser-Erweiterungen zur Websiteentwicklung erleichtern die Arbeit erheblich. Sie gestatten z. B. eine schnelle Ansicht der div-Container, Seitenansichten bei ausgeschaltetem JavaScript, Greyscaleansichten etc. Außerdem bieten Sie direkte Links auf unterschiedliche Validierungstools (Abb. 7.3.1 a).

Übertragen Sie zunächst das Layoutraster aus dem Photoshopentwurf in Ihren HTML-Editor. Gliedern Sie die Seite in die vorgesehenen funktionalen Bereiche und legen Sie dafür jeweils eigene div-Container an. Überlegen Sie, ob weitere Container-Unterteilungen zur Substrukturierung sinnvoll sind.
Platzieren Sie Ihre Inhalte (Headline, Mengentext, Bilder, Navigationselemente, Hintergrundbilder) in der HTML-Struktur.
Bestimmen Sie dann das Aussehen Ihrer Seite mit geeigneten CSS-Definitionen. Idealerweise arbeiten Sie dabei mit einem externen Stylesheet, in dem alle CSS-Angaben zentral verwaltet werden.
Bestimmen Sie die Basisschriftgröße des Mengentextes und leiten Sie davon andere vorkommende Schriftgrößen mittels em- oder %-Definitionen ab. Definieren Sie dann die Details (Zeilenabstände, Laufweiten, Linienstärken, Aktivierungsdesigns etc.).

7.3.2 Der HTML-Quelltext

Beachten Sie bei der Erstellung des Quellcodes, dass sowohl Designer als auch Programmierer mit diesem Dokument zurechtkommen müssen. So ist es beispielsweise sinnvoll, diejenigen Abschnitte mit Kommentaren zu markieren, in denen später statt des statischen ein dynamischer Content eingebaut wird (s. Abb. 7.3.2a). Bei den ID- und Klassennamen halten Sie sich an die vorher vereinbarten Konventionen, so dass es nicht zu Konflikten mit dem HTML-Quelltext und dem Stylesheet kommt.

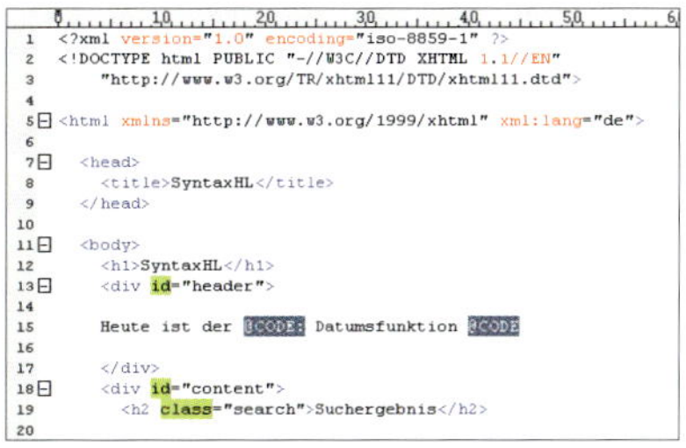

Abb 7.3.2a: Markierungen im Quellcode
Die meisten Quelltexteditoren mit Syntax-Highlighting erlauben es, dieses den Ansprüchen entsprechend zu konfigurieren. So finden alle Beteiligten schnell, wonach sie suchen. Hier: grün für Designer und blau für Programmierer.

Bei der Erstellung Ihres Prototyps halten Sie die Anzahl der `<div>`-Elemente möglichst gering. Verwenden Sie inhaltsbezogene, semantische Tags, wo es möglich ist, und fügen Sie erst dann nach und nach `<div>`-Elemente ein, wo es nötig ist. Halten Sie Ihren Quelltext von überflüssigem Markup so frei wie möglich. Verwenden Sie Kommentare, um den Quelltext zu strukturieren und ihn besser les- und wartbar zu machen.

Positionieren Sie möglichst mit relativer und absoluter Positionierung bzw. mit Kombinationen daraus. Floats waren ursprünglich nicht für das Seitenlayout gedacht und sind recht empfindlich in ihrer Handhabung. Während von Floats abhängige Layouts recht schnell „auseinanderfallen" können, werden positionierte Layouts problemlos auch mit übergroßen Bildern und riesigem Text fertig. In dieser Entwicklungsphase ist es sinnvoll, absolute und relative Positionierung zu verwenden und Floats ggf. erst später hinzuzufügen.

7.3.3 Organisieren des Stylesheets

Wenn Ihre Cascading Stylesheets immer länger und komplexer werden, ist es erforderlich, Ihre Stylesheets zu organisieren. Mit gut organisierten Stylesheets können Sie effizienteres CSS schreiben und sicherstellen, dass Ihre Dokumente auch von anderen leicht verstanden und bearbeitet werden können. Es gibt viele verschiedene Methoden, Stylesheets zu organisieren, von denen hier einige vorgestellt werden. Welche Sie letztendlich verwenden, bleibt Ihrem persönlichen Geschmack überlassen.

Sortieren nach Position

Ordnen Sie Ihre Regeln nach div-Elementen und legen Sie alle entsprechenden untergeordneten Regeln darunter ab:

```css
/* navigation */
#navigation {
padding: 0.15em 0 0.3em 0;
border: 1px solid #cccccc;
text-align: center;
}
#navigation ul {
display: inline;
padding: 0;
}
#navigation li {
display: inline;
padding: 0.5em 1.2em 0.5em 1em;
border-right: 1px solid #cccccc;
font-weight: bold;
font-size: 80%;
text-transform: uppercase;
}
```

HTML-Prototyp

PROTOTYPING 7

Abschnitte im CSS markieren
Richten Sie sich leicht voneinander unterscheidbare Abschnitte über eine Kombination aus CSS-Kommentaren, Abschnittsmarkierungen und Trennstrichen ein:

```
/* Navigationsbereich
----------------------------- */
```

Sortieren nach Elementen
Ordnen Sie Ihre Regeln nach Elementen und fassen Sie alle Überschriften, Absätze und Listen in Gruppen zusammen:

```
/* p */
p {
margin: 0;
padding: 0;
}
blockquote p {
margin: 0;
padding: 0;
}
blockquote p:last-child {
height: 46px;
background:url(images/q1.png) no-repeat bottom left;
margin-left: -45px;
padding: 0 45px;
}
```

CSS-Flags
Wenn Sie direkt vor den kommentierten Abschnittstext ein Kennzeichen einfügen, können Sie mit der Suchen-Funktion Ihres Editors bequem zum entsprechenden Absatz springen, ohne unerwünschte Ergebnisse zu erhalten:

```
/* =p */
```

Verschiedene CSS-Dateien
Sie können das Stylesheet auf verschiedene Dateien aufteilen, um nicht in langem Text suchen zu müssen. Dies bewerkstelligen Sie mit dem @import-Befehl.

7.3.4 Grafiken
Während des Workflows empfiehlt es sich, Grafiken im transparenten PNG-Format zu verwenden. In der Entwurfsphase kann es passieren, dass sich Hintergrundfarben und -bilder noch ändern. Sie sparen viel Zeit, wenn Sie mit transparenten Bildern arbeiten, um sie nicht für jede Änderung anpassen zu müssen. Später ersetzen Sie dann die Grafiken durch angepasste und optimierte Versionen.

7.3.5 Browseranpassung

Während dieses Prozesses wechselt man in der Regel immer zwischen Editor, Entwicklungsbrowser und Testbrowsern, um nach den Codeblöcken das Ergebnis zu überprüfen und ab und an in den gängigsten Browsern zu testen. Die Tester können ab einem bestimmten Punkt die Seiten auf Herz und Nieren testen, und zwar zusätzlich noch in „exotischen" Browsern und auf unterschiedlichen Plattformen. Mit dieser Vorgehensweise können Sie bei dieser Gelegenheit gleich herausfinden, wie die Website in den unterschiedlichen Browsern dargestellt wird.

Wenn Sie Ihren HTML-Prototyp entwickeln, sollten Sie mit einem Browser arbeiten, der die Webstandards gut unterstützt, und an diesem während des gesamten Workflows festhalten. Aufgrund seiner großen Anzahl von Erweiterungen für Entwickler ist derzeit der Firefox eine gute Wahl. Allerdings kann die Wahl des Entwicklungsbrowsers von verschiedenen Faktoren abhängen. Entwickeln Sie z. B. ein Intranet für ein Unternehmen, das auf allen Arbeitsplätzen einen bestimmten Browser vorinstalliert hat, dann wäre es in einem solchen Fall sinnvoll, eben diesen Browser zur Entwicklung zu verwenden.

Aufgrund seiner großen Verbreitung geht in der Regel kein Weg am Internet Explorer in Version 6 und 7 vorbei, wenngleich dieser nicht in allem W3C-konform ist und den Webentwicklern oft Probleme bereitet. Eben deshalb ist es besonders wichtig, die Funktion Ihres Prototyps auch im Internet Explorer zu testen und ggf. auftretende Probleme durch Bugfixes und Workarounds zu umgehen.

Unabhängig davon, welchen Browser Sie verwenden, sollten Sie in regelmäßigen (kurzen) Abständen Ihren Code mit einem Validator testen. Diese Tools gibt es zum Teil als Browsererweiterungen, aber auch als Online-Tools (Abb. 7.3.5a, b).

Die Arbeit mit Validatoren ist ein wichtiger Teil des Entwicklungsprozesses, den Sie in Ihren Workflow unbedingt einbauen sollten. Schlecht geschriebener Code raubt Ihnen wertvolle Zeit, da Sie

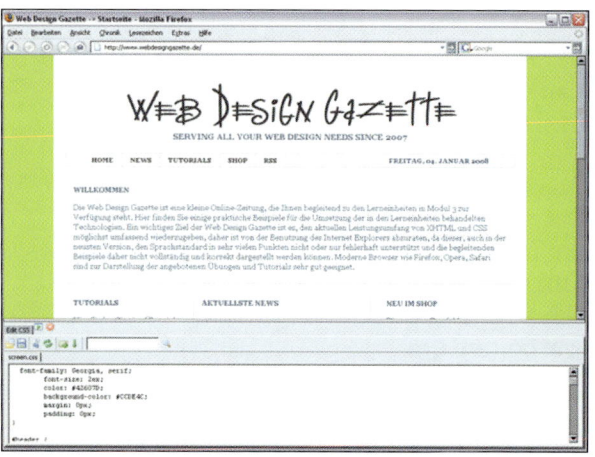
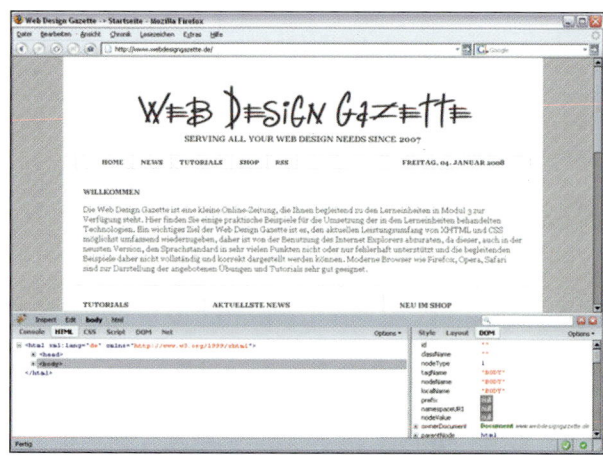

Abb 7.3.5a, b: Browsererweiterungen Web Developer Extension (links): Das Stylesheet jeder beliebigen Webseite kann „on the fly" bearbeitet und das Ergebnis begutachtet werden, ohne die Seite selbst zu verändern. Firebug (rechts) ist ein wahrer Alleskönner und besonders zum Debuggen von JavaScript unverzichtbar.

HTML-Prototyp

gezwungen sind, zuerst die Fehler zu finden und diese dann zu korrigieren. Achten Sie also auf eine sorgfältige Erstellung Ihres Prototyps, das ist für effizientes Arbeiten unverzichtbar. Zudem erhalten Sie durch validen Quelltext eine stabile Grundlage, auf der Sie Ihren Prototyp aufbauen können.

7.3.6 Browser-Reset

Jeder Browser besitzt ein internes Basisstylesheet, das auf jedes Element angewendet wird. Damit wird eine Grundstruktur erreicht, die allerdings von Browser zu Browser unterschiedlich ist. So werden Überschriften beispielsweise hervorgehoben, Textabsätze haben einen Abstand nach unten, Listen werden eingerückt etc.

Bei der Umsetzung von Websites geraten Webautoren manchmal in Konflikt mit den Basisstyles des Browsers, wenn sie es verpassen, die Browservorgaben durch eigene Angaben zu überschreiben. Was bei der Kontrolle auf dem eigenen System wie gewollt aussieht, kann beim Nutzer unter anderen Bedingungen verfälscht werden. Aus diesem Grund kann es sinnvoll sein, dieses Stylesheet zu „resetten", um eine einheitliche Arbeitsumgebung zu schaffen (Abb. 7.3.6a, b).

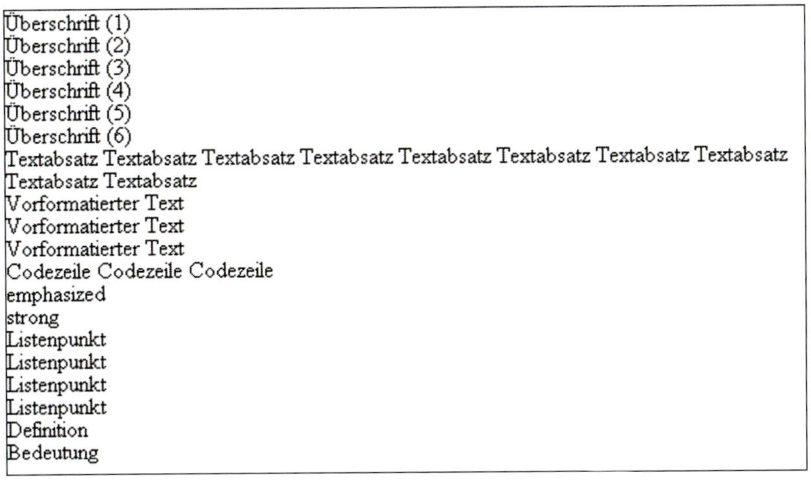

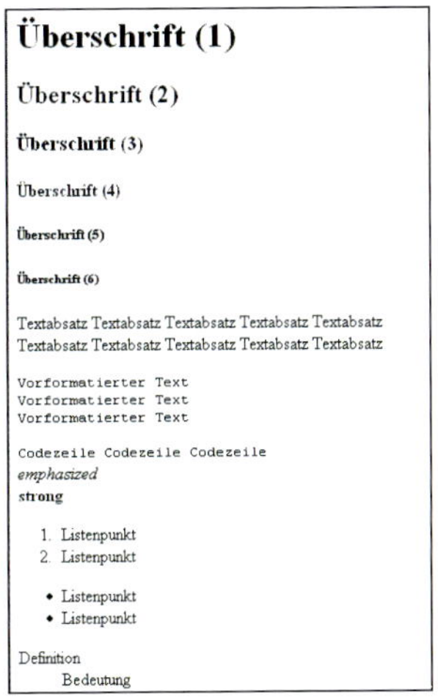

Eric Meyer hat sich dieses Problems angenommen und einige CSS-Anweisungen für ein Browser-Reset bereitgestellt:

Abb 7.3.6a, b: Standard-Stylesheet (rechts) und nach Eric Meyer resettetes Stylesheet im Firefox-Browser

```
html, body, div, span, applet, object, iframe, h1, h2, h3, h4,
h5, h6, p, blockquote, pre, a, abbr, acronym, address, big,
cite, code, del, dfn, em, font, img, ins, kbd, q, s, samp,
small, strike, strong, sub, sup, tt, var, dl, dt, dd, ol, ul,
li, fieldset, form, label, legend, table, caption, tbody, tfoot,
thead, tr, th, td {
```

```css
margin: 0;
padding: 0;
border: 0;
outline: 0;
font-weight: inherit;
font-style: inherit;
font-size: 100%;
font-family: inherit;
vertical-align: baseline;
}
/* remember to define focus styles! */
:focus {
outline: 0;
}
body {
line-height: 1;
color: black;
background: white;
}


ol, ul {
list-style: none;
}
/* tables still need cellspacing="0" in the markup */
table {
border-collapse: separate;
border-spacing: 0;
}
caption, th, td {
text-align: left;
font-weight: normal;
}
blockquote:before, blockquote:after,
q:before, q:after {
content: "";
}
blockquote, q {
quotes: "" "";
}
```

Quelle: Browser-Reset nach Eric Meyer: http://meyerweb.com/eric/thoughts/2007/05/01/reset-reloaded/

7.3.7 Code Reviews

Mit Beginn der Prototyperstellung sollten Sie nach Hinzufügen jedes neuen Features *Code Reviews* vornehmen. Dieser Schritt ist wichtig, um Probleme frühzeitig zu erkennen. Der Code Review ist sowohl für den HTML-Quelltext als auch für den programmierten Code wichtig. Mit Hilfe des Code Reviews soll sichergestellt werden, dass das Gesamtsystem in einer skalierbaren, erweiterbaren und sinnvollen Weise aufgebaut ist und dass der Code gut strukturiert, wiederverwendbar und korrekt ist. Für die später hinzuzufügenden dynamischen (programmierten) Teile sollte ein Styleguide verwendet werden, wie es ihn z. B. von den jeweiligen Entwicklern der Programmiersprache gibt.

TIPP: *Während der gesamten Implementationsphase sollten Sie regelmäßig Code Reviews durchführen. Ein Vorschlag wäre alle 7-10 Arbeitstage bzw., wie oben bereits erwähnt, nach Hinzufügen eines neuen Features. Dieses Vorgehen gewährleistet, dass systematische Fehler behoben werden können, bevor die Programmierung zu weit fortgeschritten ist.*

Ein Beispiel für einen Code Review könnte ein informeller „Walkthrough" durch den Code sein. Die Kommentare der Reviewer sollten schriftlich festgehalten und in Kategorien wie „Notwendige Änderungen" und „Vorgeschlagene Änderungen" unterteilt werden. Notwendige Änderungen wären beispielsweise wichtige Bugs, während vorgeschlagene Änderungen kleinere Verbesserungen im Programmierstil oder Vereinfachungen sein können. Diese Änderungen werden dann je nach Priorität eingepflegt.

7.4 Styleguide

Das Layout ist für den Designer die natürlichste Sache der Welt, für die anderen Projektbeteiligten oft aber erklärungsbedürftig. Der *Styleguide* ist ein Arbeitsmittel, um die Gestaltung einer (meist umfangreichen) Site und deren wichtigste HTML-Attribute zu dokumentieren. Im Styleguide werden alle Layoutmerkmale exakt aufgeführt (Abb. 7.4a, b). Folgende Parameter sind gemäß dem verabschiedeten Designentwurf im Styleguide zu definieren:

- die Typofestlegung (Schriftart, -grad, -lage, -farbe),
- der Seitenaufbau,
- die Positionierungsmaße,
- die Seitenfarbe,
- die Bilddefinition (Bildgröße, Ausführungsart, Perspektive, Hintergründe).

Dies betrifft außerdem Parameter der HTML- und CSS-Umsetzung, denn diese haben die wichtige Aufgabe, die Gestaltung browserübergreifend konsistent zu halten. Für die spätere Pflege der Site ist der Styleguide eine wichtige Arbeitsgrundlage.
Ein Styleguide dient als Nachschlagewerk für Dritte, die an der Gestaltung nicht aktiv beteiligt waren, aber die Website technisch umsetzen oder Inhalte austauschen und pflegen.
Man unterscheidet zwei unterschiedliche Arten von Styleguides. Ein grafischer *Layout-Styleguide* wird auf der Basis des Photoshoplayouts erstellt. Er hat dann seine Berechtigung, wenn die

Linktipps Styleguides:
Styleguide der Web Design Gazette: http://www.webdesigngazette.de/uebungen/kapitel8/WDG_StyleGuide.pdf
Styleguide der Bundeswehr: http://www.styleguide.bundeswehr.de/v3/styleguide/
Styleguide des BBC: http://www.bbctraining.com/pdfs/newsstyleguide.pdf
Styleguide des WDR: http://www.wdrdesign.de/_media/pdf/WDRinternet.pdf
Sammlung von Styleguides: http://www.design-tagebuch.de/wiki/corporate-design-manuals/

technische Umsetzung von einer anderen Person als dem Webdesigner ausgeführt wird, und dient als Grundlage für den Aufbau des HTML-Prototyps.

Ein erweiterter *Prototyp-Styleguide*, wie er hier vorgestellt wird, entsteht erst nach Fertigstellung des Prototyps und enthält dann die endgültigen Definitionen für Typografie, Stand, Farbe etc., so wie sie im Stylesheet abgelegt sind. Diese Form ist dann üblich, wenn Webdesigner und Webentwickler die gleiche Person sind.

Natürlich werden dem Auftraggeber am Projektende alle Originaldaten mit allen eingesetzten Farben, Schriften und Hilfslinien mit übergeben. Es erleichtert die weitere Bearbeitung jedoch, wenn alle Angaben in einem Styleguide numerisch und textlich dokumentiert sind. Dies betrifft die Formatgröße, die standortbestimmenden Abstände der Hilfslinien für Navigationsbereich, Textanfänge, Bildpositionen etc., die in Pixelangaben oder in prozentualen Relationen anzugeben sind.

Werden zur Strukturierung sichtbare oder unsichtbare Tabellen eingesetzt (gemeint sind hier Tabellendarstellungen nicht der Einsatz von Layouttabellen), sind auch diese mit Zeilen- und Spaltenmaßen bzw. Rahmenstärke, Farbe und Text-Randabstand zu bestimmen. Die eingesetzten Farben werden mit ihren Hexadezimal- oder RGB-Werten beschrieben; die Typografie wird mit Schriftart, Schriftgröße, Schriftlage, Schriftschnitt, Zeilenabstand, Absatzabstand und Farbe bestimmt.

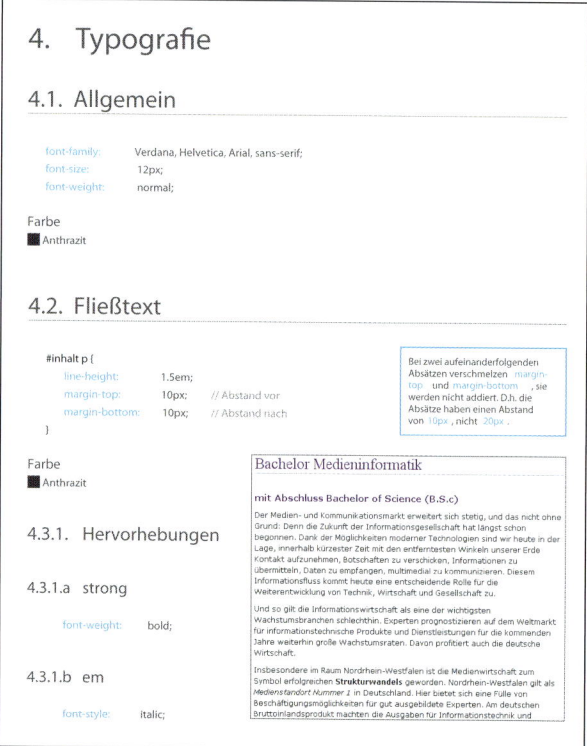
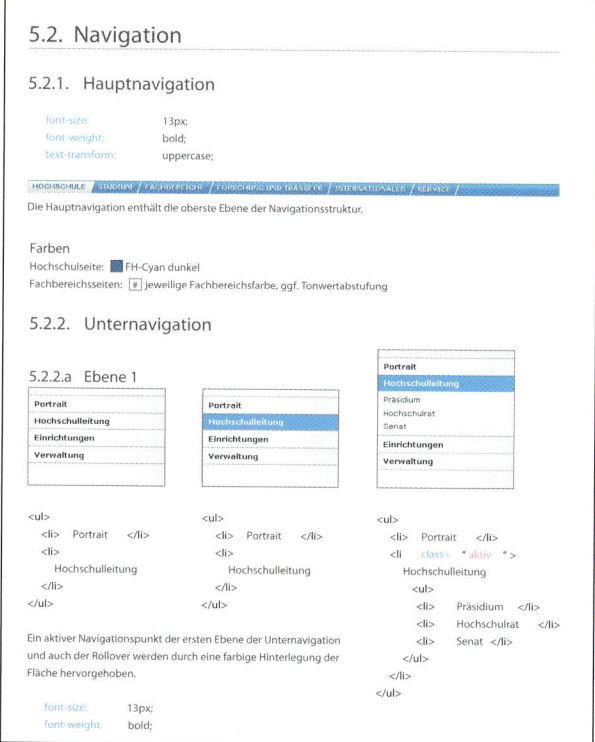

Abb. 7.4a, b: Auszüge aus dem Styleguide des Neuentwurfs der FH-Gelsenkirchen Website (Beispiel: Märdian)

Für Text und Bildlinks werden zusätzlich die verschiedenen Zustandsformen definiert. Ebenso sind alle zusätzlich eingesetzten Gestaltungselemente (Linien, Banner, Buttons, Formularfelder, Töne etc.) exakt in ihren Ausführungsformen und Positionen zu beschreiben, um in der Umsetzung keine unbedachten Layoutveränderungen zu riskieren.

Wenn kein eindeutiger Styleguide vorhanden ist, passiert es schnell, dass z. B. jemand eine neue Bildheadline erstellen muss und im schlimmsten Fall nur eine schlechte Kopie zustande bringt. Üble Folgen hat es auch, wenn das Bildkonzept nicht beachtet wird. Die Wahrscheinlichkeit, dass eine Website auf diese Weise ihr Gesicht verliert, ist relativ hoch. Beauftragt man eine gestalterisch geschulte Kraft mit der Pflege und Erweiterung, kann diese dagegen mit Hilfe des Styleguides konsistent arbeiten.

7.5 Freigabe zur Umsetzung

Einer der wichtigsten Meilensteine in einem Webprojekt ist die Freigabe zur Umsetzung. Diese erfolgt auf der Basis der Präsentation des HTML-Prototyps und des vollständigen Storyboards (vgl. Assetdesign: Storyboard und Dokumentation, S. 260).

Mit dem HTML-Prototyp wird die endgültige Erscheinungsform der zu erstellenden Website dem Auftraggeber gegenüber präsentiert. Die Präsentation des HTML-Prototyps ist eine der wichtigsten und zugleich eine der wirkungsvollsten Präsentationen innerhalb eines Webprojektes, denn jetzt kann der Auftraggeber am Klickmodell einen kleinen Live-Test seiner Website erleben. Der Prototyp sollte deshalb penibel ausgearbeitet sein.

Er enthält auf den exemplarisch gezeigten Seiten keine Platzhalter mehr, sondern endgültiges und in allen Details ausgearbeitetes Inhaltsmaterial.

Das betrifft Texte ebenso wie Bilder und Grafiken und die Navigation. Verwenden Sie möglichst das endgültige, freigegebene Textmaterial, optimieren Sie ansonsten die Texte selbst, so wie Sie es vorschlagen wollen.

TIPP: *Achten Sie unbedingt darauf, dass keine Schreibfehler enthalten sind. Auftraggeber finden diese immer und konzentrieren sich dann darauf, statt Ihre Gestaltung zu beurteilen!*

Auch die gezeigten Fotos und Grafiken sollten Realbilder in der endgültigen Bearbeitungsform sein (Größe, Hintergrundfarbe, Bildränder etc.), sonst gibt es hier unnötige Diskussionen. Zugleich können auf diese Weise nochmals die endgültig vorgesehenen Ausführungsformen gezeigt und verabschiedet werden.

Setzen Sie die endgültigen Navigationsbegriffe ein und bauen Sie exemplarisch alle Seiten eines Navigationspfades durch alle Navigationsebenen auf.

Zeigen Sie dabei die vorkommenden Seitentypen wie z. B.:
- Startseite
- Inhaltsseite mit Teasern
- Vorseite für einen Navigationsbereich
- Inhaltsseite mit Ankerlinks zur Unterverteilung
- normale Inhaltsseite nur mit Text
- normale Inhaltsseite mit Text und Bild
- Sonderseiten für Sitemap
- Sonderseite für Formular (falls zutreffend)
- Sonderseite mit Anfahrtskizze (falls zutreffend)

Im HTML-Prototyp sollten alle Hauptmenüpunkte, für den exemplarischen Navigationspfad, für sonstige Navigationen (Marginal-, Footer-, Metanavigation) sowie die vorgesehenen unterschiedlichen Ausführungsformen für die unterschiedlichen Aktivierungszustände funktionieren. Denn die wichtigste Aufgabe des HTML-Prototyps besteht darin, das interaktive Navigationsdesign in der Navigationskaskade zu demonstrieren.

Links:
http://vischeck.homeip.net/vischeck/imageEngine.php
http://juicystudio.com/index.php

Belegen Sie hier auch, dass unter dem Aspekt der Barrierefreiheit die geforderten Kontrastwerte zwischen den Vorder- und Hintergrundelementen (z. B. Schrift vor Aktivierungsfarbe) erreicht werden. Nutzen Sie dazu Prüftools aus Accessibility Toolbars wie „Visicheck" oder „Juicy Studio".

TIPP: *Vermeiden Sie „tote" Links. Legen Sie keine Links auf Navigationsbegriffe, für die Sie im Prototyp keine dahinter liegenden Seiten erstellt haben.*
Oder öffnen Sie stattdessen eine Seite mit dem Hinweis, dass dieser Link im Prototyp noch nicht mit Inhalt hinterlegt ist und geben Sie dort nochmals den ausgeführten Navigationspfad und sonstige aktive Links an. Alternativ können Sie mit <a href="#">Link</a> einfach auf die aktuelle Seite verlinken.

Für die Präsentation des HTML-Prototyps ist ebenso wie bereits bei der Präsentation des grafischen Prototyps eine gute Vorbereitung unerlässlich. Machen Sie auch hier, wenn möglich, eine Generalprobe mit dem verfügbaren Equipment:

- Lässt sich auf dem Beamer die vorgesehene Auflösung darstellen?
- Wie präsentieren sich per Beamer Farbe und Helligkeitsunterschiede?
- Ist ein sicher funktionierender Internetanschluss gegeben und ist dieser vom Präsentationscomputer aus zugänglich?
- Sind (falls erforderlich) notwendige Plugins, Browservarianten und sonstige Funktionalitäten verfügbar?

Auf der sicheren Seite sind Sie, wenn Sie Ihren eigenen Laptop mit einer Offline-Version des Prototyps mitbringen. Dann können Sie

Resümee | **PROTOTYPING** 7

auch andere Browser und gegebenenfalls das Ein- und Ausschalten von Zusatzfunktionalitäten mittels der Accessibility-Toolbar demonstrieren.

Den HTML-Prototyp machen Sie selbstverständlich noch nicht im World Wide Web öffentlich, sondern legen ihn auf einen passwortgeschützten Webspace.

Ihrem Auftraggeber sollten Sie diesen Zugang nach der Präsentation freischalten und ihm in einer kleinen Dokumentation nochmals in Kurzform die Essentials ihres Entwurfs beschreiben. Natürlich gehört hierher auch der Hinweis auf die ausführbaren und mit Seiten hinterlegten Links.

Dokumentieren Sie die erfolgte Freigabe des Prototyps bzw. welche Änderungswünsche noch zu bearbeiten sind und vereinbaren Sie weitere Termine z. B. für Nachpräsentationen, Materialübergaben und die endgültige Veröffentlichung.

7.6 Resümee

Im Kapitel „Prototyping" haben Sie die Arbeitsschritte kennengelernt, um vom grafischen Prototyp zum HTML-Prototyp zu gelangen.

Sie haben u.a. gelernt,
- dass Sie die Seiten des HTML-Prototyps penibel genau aufbauen sollten,
- dass Sie bereits beim Prototyp Code Reviews durchführen sollten,
- dass ein Styleguide als Nachschlagewerk für Dritte bei der Umsetzung und zukünftigen Pflege und Erweiterung einer Website das konsistente Erscheinungsbild sicherstellt,
- dass Präsentationen stets sorgfältig vorbereitet werden müssen und für die Akzeptanz Ihrer Arbeit eine große Rolle spielen und
- dass die Freigabe von HTML-Prototyp und Storyboard die GO-Entscheidung für die Umsetzung der gesamten Website darstellt.

Prüfen Sie Ihr erworbenes Wissen mit dem selbstevaluierbaren Quiz.
In der abschließenden Übung entwickeln Sie den HTML-Prototyp einschließlich Styleguide für Ihre „pixographen"-Site.

7.7 Quiz zur „Technischen Umsetzung"

Im nachfolgenden Quiz prüfen Sie Ihren Kenntnisstand zu den Inhalten dieses Kapitels. Sollte die abschließende Auswertung ergeben, dass Ihr Kenntnisstand lückenhaft ist, wird empfohlen, die relevanten Unterkapitel nachzuarbeiten.

Lösungen (S. 354)

Quiz zur „Technischen Umsetzung"

Quizfrage 7.7.1
- ❑ Lösung (A)
- ❑ Lösung (B)
- ❑ Lösung (C)

7.7.1 Was umfasst ein HTML-Prototyp?
- (A) Sämtliche Seiten des zu erstellenden Webauftritts
- (B) Die Homepage und eine Inhaltsseite
- (C) Alle vorkommenden Seitentypen

Quizfrage 7.7.2
- ❑ Lösung (A)
- ❑ Lösung (B)
- ❑ Lösung (C)
- ❑ Lösung (D)
- ❑ Lösung (E)

7.7.2 Was gehört alles in einen funktionierenden HTML-Prototyp? (mehrere Nennungen möglich)
- (A) Ein grober HTML-Entwurf, der später ins Reine geschrieben wird
- (B) Dynamischer Content
- (C) Semantisch korrekter und aufgeräumter HTML- und CSS-Code
- (D) Vorläufige PNG-Grafiken mit Alpha-Transparenzen
- (E) Fertig ausgearbeitete und größenmäßig optimierte Grafiken

Quizfrage 7.7.3
- ❑ Lösung (A)
- ❑ Lösung (B)
- ❑ Lösung (C)
- ❑ Lösung (D)
- ❑ Lösung (E)

7.7.3 Welchen Browser verwenden Sie zum Entwickeln?
- (A) Den mit den meisten Bugs, um nicht später eine böse Überraschung zu erleben
- (B) Einen, der sicher die Webstandards beherrscht und der Ihnen die komfortabelsten Entwickler-Erweiterungen zur Verfügung stellt
- (C) Den, der in dem Unternehmen verwendet wird, für dessen Intranet Sie die Seiten entwickeln
- (D) Je nach Anwendungsfall einen aus a) - c)
- (E) Je nach Anwendungsfall einen aus b) und c)

Quizfrage 7.7.4
- ❑ Lösung (A)
- ❑ Lösung (B)
- ❑ Lösung (C)

7.7.4 Wann beginnen Sie mit dem Testen?
- (A) Mit Erstellung des HTML-Prototyps
- (B) Wenn der Prototyp abgenommen wurde und die fertige Site erstellt wird
- (C) Nachdem die Site fertiggestellt wurde

Quizfrage 7.7.5
- ❑ Lösung (A)
- ❑ Lösung (B)
- ❑ Lösung (C)

7.7.5 Warum ist es erforderlich einen „Browser-Reset" vorzusehen?
- (A) Weil die Basisstylesheets der Browser zu unterschiedlichen Darstellungen führen
- (B) Weil sonst Konflikte beim Lesen des HTML-Codes entstehen
- (C) Weil sonst das Stylesheet der zuvor angezeigten Seite genutzt wird

Quizfrage 7.7.6
- ❑ Lösung (A)
- ❑ Lösung (B)
- ❑ Lösung (C)

7.7.6 Auf welcher Basis erfolgt die endgültige Freigabe zur Umsetzung der kompletten Website?
- (A) Freigabe grafischer Prototyp und des Styleguide
- (B) Freigabe des HTML-Prototyps und des Storyboards
- (C) Freigabe des HTML-Prototyps und der vollständigen Projektdokumentation

7.7.7 Was enthält der Website-Styleguide?
(A) Die Ergebnisse des Usability-Tests
(B) Die Definition der Standpositionen für alle Elemente aus dem Storyboard
(C) Die Definition aller Layoutmerkmale und der Parameter Der CSS- und HTML-Umsetzung

Quizfrage 7.7.7
❑ Lösung (A)
❑ Lösung (B)
❑ Lösung (C)

7.7.8 Warum wird ein Styleguide erstellt?
(A) Um bei der späteren Pflege und Erweiterung einer Website ein konsistentes Erscheinungsbild zu gewährleisten
(B) Um eine gedruckte Sicherungskopie der vorgenommenen Styledefinitionen zu haben
(C) Um dem Auftraggeber gegenüber den Umfang der tatsächlich geleisteten Arbeit in der technischen Umsetzung deutlich zu machen

Quizfrage 7.7.8
❑ Lösung (A)
❑ Lösung (B)
❑ Lösung (C)

7.7.9 Was sollten Sie bei einer Auftraggeberpräsentation Ihrer Projekt(zwischen)ergebnisse unbedingt beachten?
(A) Dass Sie den Dress-Code des Unternehmens einhalten
(B) Dass Sie dem Kunden eine ausgedruckte Version Ihrer Präsentation überlassen
(C) Dass Sie nicht alleine präsentieren, damit Sie bei Auseinandersetzungen einen Zeugen haben

Quizfrage 7.7.9
❑ Lösung (A)
❑ Lösung (B)
❑ Lösung (C)

7.8 Übung: Prototyping der „pixographen"-Site

Wenn Sie mit Ihrem Designentwurf zufrieden sind und einige der benötigten Inhaltsmaterialien aufbereitet haben, können Sie sich endlich der exemplarischen technischen Umsetzung Ihrer „pixographen"-Site in Form eines HTML-Prototyps zuwenden.

In dieser Übung sollen Sie folgende Arbeitsschritte ausführen:

1. Erstellen Sie einen HTML-Prototyp. Er sollte die Introseite, je eine Inhaltseite jeder Navigationsebene sowie eventuell vorgesehene Sonderseiten (Sitemap, Anfahrt, Galerie etc.) enthalten. Prüfen Sie die Funktionalität des Prototyps in verschiedenen Browsern und führen Sie die erforderlichen Browseranpassungen durch.
2. Erstellen Sie den Styleguide der „pixographen"-Site. Dieser sollte das maßlich definierte Layoutraster enthalten, die Definition der Typografie und der Farben, die Ausführungsformen unterschiedlicher Aktivierungszustände der Navigation, Arbeitsschritte der Bildbearbeitung etc.

3. Entwickeln Sie auch ein grafisches Layout für den Styleguide, um ihm eine angemessene Präsentationsform zu geben. Fügen Sie im Anhang einen Ausdruck Ihres CSS-Stylesheets bei.

Dokumentieren Sie die notwendigen Maßnahmen zur Browseranpassung für Ihren Projektordner.
Drucken Sie den Styleguide farbig für Ihren Projektordner aus.
Notieren Sie auch dieses Mal die aufgewendeten Arbeitszeiten je Bearbeitungsvorgang in Ihrem Projektzeitkonto.

Assetdesign 8

Abb. 8a: Zitat Eric Auchard (Grafik: Bensmann)

8.1 Lernziele

Das Kapitel „Assetdesign" hilft Ihnen dabei, Kenntnisse für die Zusammenstellung und Bearbeitung der konkreten Text-, Bild- und Multimediainhalte der einzelnen Seiten eines Internetauftritts zu erlangen.
Sie lernen im Einzelnen:

- wie Sie ein Storyboard erstellen,
- wie Sie Texte für Websites nutzerfreundlich und webgerecht gestalten,
- wie Sie Bilder und Grafiken durch gestalterische Maßnahmen aufwerten. Darüberhinaus erhalten Sie Anregungen zu den Themen Bilddefinition, Bildoptimierung, Freistellen, Bildmontage, Bildrandgestaltung, Hintergrundbilder, Bildkacheln und Bildtypografie.
- wie Sie unterschiedliche Multimedia-Inhalte aufbereiten können.

In dem nachgeschalteten selbst evaluierbaren Quiz können Sie Ihrem Kenntnisstand überprüfen.
In der abschließenden Übung erstellen Sie ein Storyboard für Ihre „pixographen"-Site und optimieren Texte und Bilder.

8.2 Einleitung

Wenn der Designentwurf für das Webangebot steht, ist es Zeit, die fehlenden Materialien zu erstellen sowie neue und bereits vorhandene Materialien entsprechend aufzubereiten. Man bezeichnet das als *Assetdesign*.

Der Begriff „Asset" stammt aus der Finanzsprache und bezeichnet die Aktivposten eines Anlagevermögens und somit in der Übertragung auf Websites die Aktivposten einer Website, d. h. die einzelnen informationsvermittelnden Gestaltungselemente.

Im Wesentlichen geht es beim Assetdesign um Informationsdesign, d. h., es geht darum, die Aufmerksamkeitswirkung und das Informationsverständnis der Einzelkomponenten einer Website wie Texte, Bilder, Grafiken, Animationen etc. zu optimieren. Die gestalterische Aufbereitung von Texten, Bildern und sonstigen Websiteelementen ist unabdingbare Voraussetzung für Webdesign, da die gestalterische Qualität der „Assets" entscheidend zur Gesamtwirkung eines Internetauftrittes beiträgt.

Um in einem Webprojekt für alle Beteiligten kommunizierbar zu machen, welche Assets im Einzelnen auf welcher Internetseite enthalten sein sollen und zu bearbeiten sind, wird ein Drehbuch oder Storyboard erstellt.

Für die Auswahl der Assets überlegen Sie, wie Sie die Ziele Ihres Auftraggebers und die Bedürfnisse seiner Kunden am besten befriedigen können. Text ist die wichtigste Form der Informationsvermittlung – in notwendiger komprimierter Form. Bilder können zur Informationsvermittlung wie auch zur Auflockerung des Erscheinungsbildes eingesetzt werden. Für manche Zusammenhänge ist eine Schemazeichnung besser geeignet als eine ausschweifende textliche Erklärung. Auch Animationen oder Videos können zur Verdeutlichung eingesetzt werden. Die ausgewählten Texte, Bilder und Multimedia-Inhalte bereiten Sie gestalterisch so auf, dass für Ihr spezielles Webangebot ein interessantes und stimmiges Gesamterscheinungsbild entsteht.

Mit dem Auftraggeber klären Sie, welche der fehlenden Materialien auftraggeberseitig beigestellt werden und welche Materialien von Ihnen erstellt bzw. bearbeitet werden müssen. Für Fotos sollte ein Profi engagiert werden. Bilder, die der Azubi mit einer Kompaktkamera geschossen hat, wirken nicht professionell.

In einem Zeitplan legen Sie fest, bis wann das fehlende Material nachgereicht werden muss, und planen Zeit ein, um es entsprechend nachzubearbeiten und webtauglich zu machen. Das bearbeitete Material kann dann nach Rücksprache mit dem Auftraggeber verwendet werden.

8.3 Storyboard und Dokumentation

Wenn die Gestaltung den Wirkungskreis des Designers zur Produktion in HTML verlässt, sind oft Styleguides, Storyboards oder sonstige Dokumentationen vonnöten, um die konsistente Umsetzung durch andere zu erleichtern.

Storyboard und Dokumentation

ASSETDESIGN 8

Während der Styleguide (vgl. Prototyping: Styleguide, S. 251) bereits vor bzw. in der Arbeitsphase des Prototyping entsteht, wird ein endgültiges Storyboard erst nach der Freigabe des Prototypen zusammengestellt. Das *Storyboard* (der Begriff entstammt der Filmbranche) ist ein visuelles Drehbuch, in dem alle Schlüsselszenen eines filmischen Ablaufs vorgegeben werden.

Auch im Webdesign spricht man von einem Storyboard, in dem für jede einzelne Seite einer Website alle gewünschten Informationsinhalte und deren Ausführungsform festgelegt werden. Übertragen auf eine interaktive Anwendung bedeutet es, jede einzelne Aktion vorzuplanen und drehbuchartig alle Inhaltselemente (Dateiname, Ort), deren Aussehen und Verhalten aufzulisten.

Oft ist es empfehlenswert, in einem Grafikprogramm ein Storyboard-Formblatt mit einem Screenshot Ihres Photoshop-Layouts mit Navigationselementen und Hilfslinien zu erstellen. Dieses Blatt können Sie nach Belieben ausdrucken und in Scribble-Technik mit Ihren Ideen versehen. Das ist z. B. bei einem freien Layoutraster sinnvoll, bei dem man auf jeder Seite die Standpositionen von Text und Bild variiert (Abb. 8.3a).

Das Formblatt benötigt zudem einige selbstverständliche Projektangaben (Projektname, Auftraggeber etc.). Die relevanten Texte und Bilder sollten als Ausdruck dazu geordnet werden. Hier

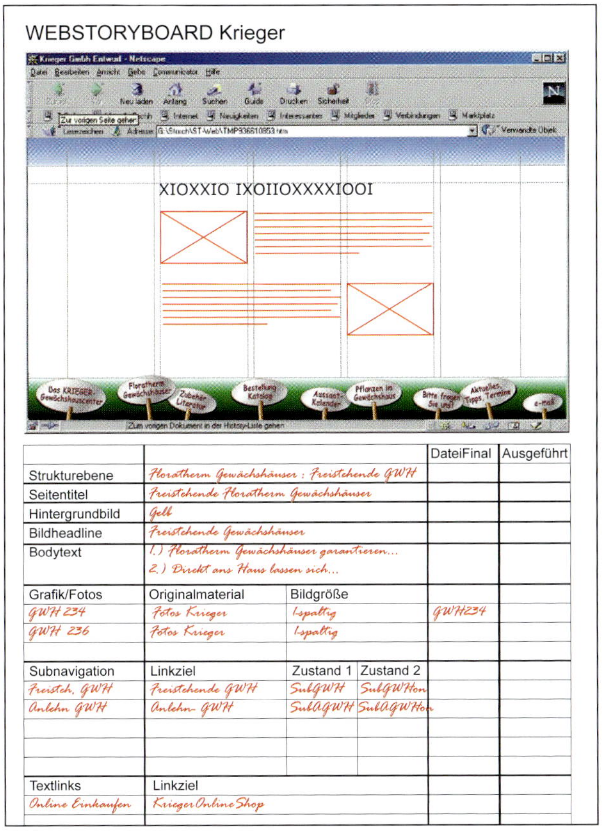

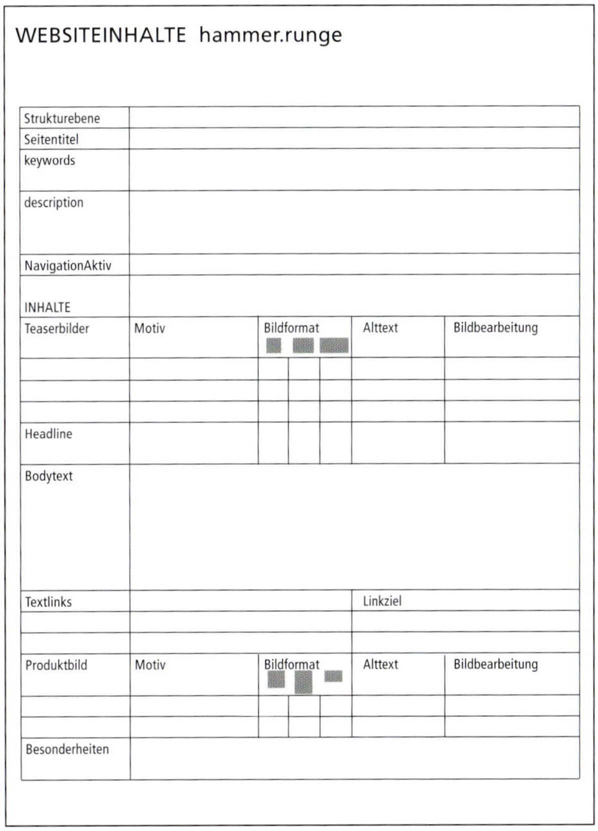

Abb. 8.3a, b: Storyboard-Formblatt für Standangaben im Layout (links) und einfache Datenliste (Originale: hammer.runge)

können auch die endgültigen Namen für Bilddateien etc. unter Berücksichtigung der gewählten Namenskonventionen festgelegt werden.
Für die anschließende Produktion können mit diesen Hilfsmitteln z. B. mehrere Mitarbeiter gleichzeitig Seiten produzieren.
Die anschauliche Auflistung der Assets pro Seite nennen wir *Storyboard* oder *Drehbuch*. Wenn es um reine Datenlisten geht, sprechen wir von einer *Dokumentation* (Listen aller JPEGs, aller Animationen, aller Texte usw.). Bei routinierter Zusammenarbeit und einfachen Sites kann es ausreichen, mit einfachen Dokumentationen zu arbeiten. Darunter verstehen wir hier schlichte Listen mit geordneten Aufzählungen der einzufügenden Daten (Abb. 8.3b).
Für die Ausführungsform gibt es in der Praxis keine geregelten Konventionen. Wichtig ist allein, dass man Ihre Storyboards deuten kann und dass dieses vollständig und richtig ist. Andererseits macht eine übermäßig akribische Dokumentationsmentalität für eine Site geringen Umfangs unnötige Arbeit und sollte vermieden werden.
Zum Entwerfen von Szene-Abläufen wird meist ein *Scribble-Storyboard* mit Skizzen-Charakter verwendet, z. B. wenn Sie einen Flash-Film entwickeln und den dramaturgischen Ablauf festlegen wollen (Abb. 8.3c). Für die Ausführungsqualität ist entscheidend, ob Sie das Storyboard für sich selber zum Arbeiten (wie hier abgebildet) einsetzen oder es für einen Illustrator oder Kunden erstellen, der sich ein möglichst konkretes Bild davon machen will und professionelle Darstellungsqualität erwartet.

Abb. 8.3c: Film-Storyboard (Beispiel Ruske)

8.4 Texte im Web
Text ist die häufigste Form der Informationsvermittlung, auch im Internet. Text ist relativ leicht und schnell zu erstellen und somit vergleichsweise preiswert. Er kann schnell übertragen und geändert werden.
Machen Sie sich frühzeitig Gedanken über den Stil des Textes. Er darf nicht einfach aus dem vorhandenen Material, z. B. Katalogen, übernommen werden, sondern muss internet- und zielgruppengerecht aufgearbeitet werden.

8.4.1 Text erstellen
Will man zu Gunsten der leichten Erfassbarkeit auf lange Scrollseiten verzichten, muss der Text zunächst in bildschirmgerechte Häppchen portioniert werden. Ohnehin werden Webtexte meist nicht gelesen, sondern mit den Augen „gescannt". Deswegen muss der Text diesem Wahrnehmungsverhalten entsprechen, also beim „Scannen" schnell effiziente Informationen liefern.
Im Journalismus findet das Prinzip der umgekehrten Pyramide (*inverted pyramid style*) häufig Anwendung (Abb. 8.4.1a). Demnach beginnen Nachrichten mit den wichtigsten Informationen und die unbedeutenderen Angaben folgen.

Texte im Web

ASSETDESIGN 8

Auch im Web ist dieses Prinzip weit verbreitet. So findet der Leser zu Beginn des Textes die wichtigsten Informationen (Kern der Nachricht). Interessiert ihn das Thema, wird er weiterlesen und so nach Angabe der Quelle erst die Details und dann die Hintergründe erfahren.

Ein paar Regeln für das Verfassen webtauglicher Texte sollten Sie befolgen:

- Schreiben Sie nur Texte über Inhalte, die Sie auch verstanden haben.
- Formulieren Sie kurz und prägnant.
- Bevorzugen Sie deutsche Ausdrücke vor Fremdwörtern.
- Beschreiben Sie Sachverhalte objektiv und treffend und verwenden Sie die korrekten Bezeichnungen.
- Vermeiden Sie Füllwörter, Wiederholungen und lange, verschachtelte Sätze.
- Vermeiden Sie Umgangssprache, Sprachklischees und abstrakte Substantive.

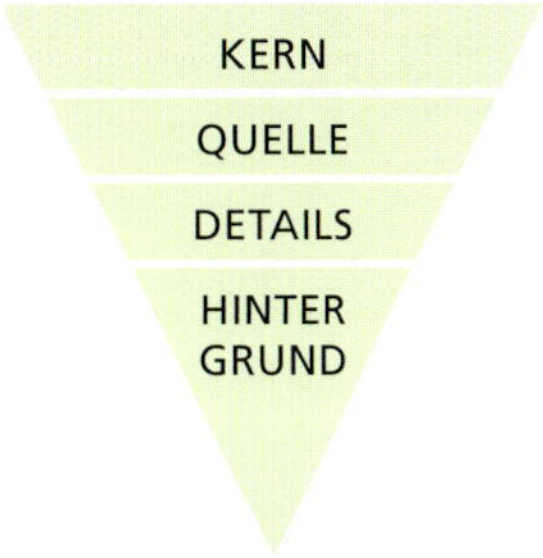

KERN
QUELLE
DETAILS
HINTER GRUND

Abb. 8.4.1a: Das Prinzip der umgekehrten Pyramide
(Grafik: Hammer nach Häusermann/Käppeli)

Der Texter sollte aussagekräftige Titel für die einzelnen Inhaltscluster formulieren. Dabei darf zwischen kurzen Titeln für die Navigation (die in das Navigationsmenü passen) und ausformulierten Überschriften (auf der jeweiligen Seite) unterschieden werden. Letztere sind meist aussagekräftiger für das schnelle Verstehen. Einem Substantiv sollte mindestens ein Artikel oder ein Pronomen vorangestellt werden.

Beispielsweise kann das nüchterne Wort „Firmenphilosophie" als Headline werblich aufgewertet werden und den Nutzer direkt ansprechen: Der Navigationstext „Firmenphilosophie" könnte in der Überschrift beispielsweise durch „Was wir für Sie erreichen wollen", „Ein Unternehmen mit Stil", „Unsere Firmenphilosophie", „Wir schaffen Problemlösungen für Sie" usw. ersetzt werden.

Der „Firmensitz" z. B. durch „Wo Sie uns finden", „So finden Sie uns", oder „Ein Unternehmen im XY-Tal".

Achten Sie dabei darauf, den gewählten Stil über alle Seiten beizubehalten. Auch die eigentlichen Inhaltstexte sollten einen homogenen Sprachstil erkennen lassen. Zusammengesuchte Texte aus unterschiedlichen Quellen bedürfen deshalb unbedingt einer redaktionellen Überarbeitung.

Aus den o.g. Gründen sollte auf weitschweifige Erläuterungen verzichtet und stattdessen in kurzen prägnanten Aussagesätzen formuliert werden. Oft bieten sich auch Auflistungen an, um z. B. Produkt-Argumente aufzuzählen. Das schafft zugleich die Möglichkeit einer grafischen Auflockerung des Textes durch Einrückungen, Aufzählpunkte und Typosignale.

Gliedern Sie zusammenhängende Texte nach Möglichkeit in logische Absätze mit eigenen Überschriften. Dadurch erreichen Sie sympathisch kleine Lesehäppchen. Gleichartige Texte, z. B. Beschreibungen unterschiedlicher Produkte, sollten dabei nach einem

gleichartigen Schema strukturiert werden, z. B. in Beschreibungen, Nutzen, Vorteile, technische Daten, Preis, Abmessungen etc.
Das Texten – insbesondere für das Internet – ist eine Aufgabe für einen Profi. Um selbst zu texten, sollte man über Kreativität und Sprachtalent verfügen und sich wenigstens in einer Weiterbildung mit dem gesamten Thema auseinandergesetzt haben.

8.4.2 Text gestalten

Neben dem sinnreichen Strukturieren der Textassets trägt auch deren gestalterische Optimierung dazu bei, das Texterfassen zu erleichtern.

Während die grundsätzlichen Typodefinitionen wie Schriftart, -größe, -farbe, Zeilenabstand, Zeilenlänge etc. bereits unter ergonomischen und anmutungsbezogenen Aspekten in der Bearbeitungsphase des Screendesigns festgelegt werden, geht es hier um die Gestaltung von speziellen Textanforderungen wie Aufzählungen, Auszeichnungen etc.

Beispielsweise ist zu klären, wie Headlines, Subheadlines und Zwischentitel typografisch abgestuft werden oder wie Auszeichnungen innerhalb des Fließtextes aussehen. Dabei ist u. a. darauf zu achten, dass Textauszeichnungen nicht den Anschein von Links erwecken; Unterstreichungen oder Blaufärbungen sind also tabu. Gut wirken dagegen dezente Farbhinterlegungen oder Kapitälchenschrift, während Kursivschrift am Bildschirm eher schlecht lesbar ist.

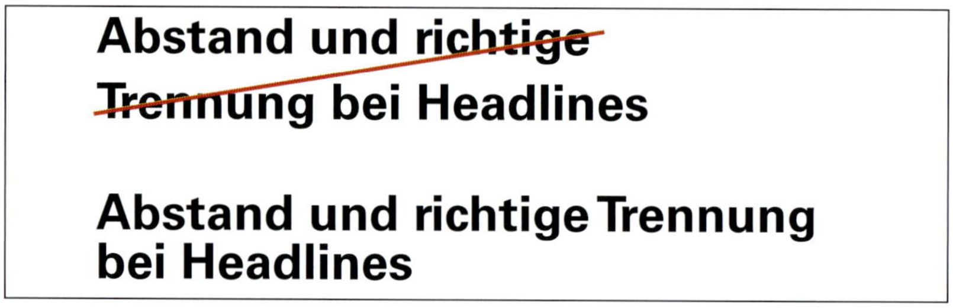

Abb. 8.4.2a: Zweizeilige Headlines: Engerer Zeilenabstand und sinnreiche Trennungen (Grafik: Hammer)

Bei zweizeiligen Headlines sollte der Zeilenabstand gering sein und die Zeilen zusammenhalten. Außerdem sind u. U. sinnreiche manuelle Trennungen erforderlich (Abb. 8.4.2a).

Bei *Aufzählungen* (Listen) ist eine Entscheidung notwendig, ob diese randbündig bleiben oder im Raster eingerückt werden. Ein üblicher Spiegelstrich als Aufzählungszeichen ist banal; besser

Abb. 8.4.2b-d: Designs von Aufzählungen (Beispiele: Hammer)

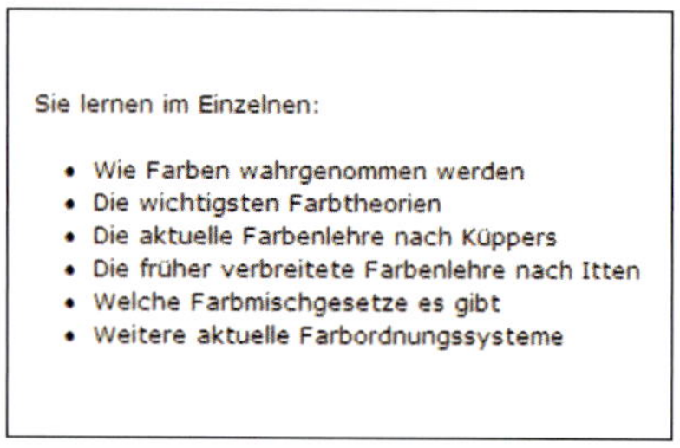

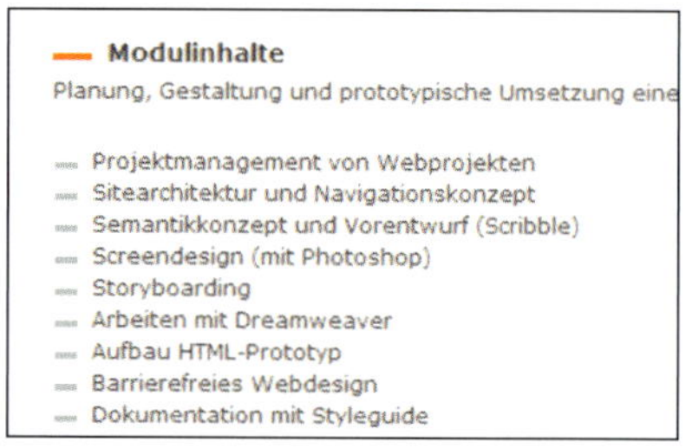

Texte im Web

ASSETDESIGN 8

Zeichen	HTML Entity (Name)	HTML Entity (Zahl)	Unicode
Gedankenstrich (Halbgeviertstrich)	&ndash;	&#8211;	2010
Geschütztes Leerzeichen			00A0
Typografisches Anführungszeichen	&ldquo;	&#8220;	201E
Typ. Anführungszeichen (Ende)	&rdquo;	&#8221;	201C
Auslassungszeichen	&hellip;	&#8230;	2026

– Gedankenstrich

z. B.

„Anführungszeichen"

Auslassungsz…

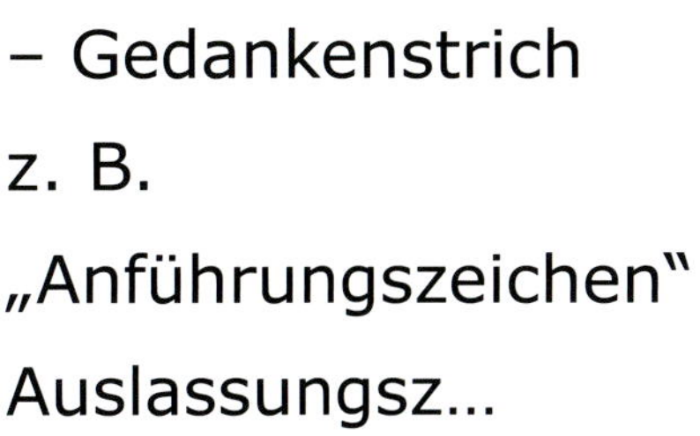

Abb. 8.4.2e, f: Zeichen der „guten Typografie" und ihre Umsetzung im Web

sehen Punkte, Quadrate, Pfeile oder Balken auf der Schriftgrundlinie aus. Achten Sie darauf, dass diese „Typosignale" sich nicht zu sehr in den Vordergrund drängen und vom Inhalt ablenken. Aufzählungszeichen sollten möglichst einen formalen Bezug zu anderen auf der Seite vorkommenden Stilelementen aufweisen (Abb. 8.4.2b - d).

Grundsätzlich gelten bei Texten im Web die gleichen Regeln des guten typografischen Gestaltens wie im Printbereich. Das schließt auch die Verwendung der *„Zeichen der guten Typografie"* ein wie Halbgeviertstriche als Gedankenstrich, typografische Anführungszeichen, die Ellipse als Auslassungszeichen, echte Brüche etc., denn auch diese lassen sich im Web realisieren. Sie werden als so genannte *Entities* in den HTML-Code geschrieben oder als Unicode-Entities in CSS definiert (Abb. 8.4.2e, f).

HTML sieht für Zitate die Elemente <q> und <blockquote> vor. Diese Elemente kommen auch zum Einsatz, wenn Texte in Anführungszeichen gesetzt werden sollen. Mit Hilfe von CSS besteht sogar die Möglichkeit, die Anführungszeichen landestypisch darzustellen (Abb. 8.4.2g).

Die quotes-Eigenschaft erwartet als Wert zwei in Hochkommata eingefasste Zeichenketten-Paare. Hierbei steht das erste Paar für das öffnende und das schließende Anführungszeichen, das zweite Paar für verschachtelte öffnende und schließende Anführungszeichen, also Anführungszeichen innerhalb eines Textes der wiederum in Anführungszeichen steht.

Je nach Sprache werden die Anführungszeichen in den CSS-Anweisungen wie folgt festgelegt:

„Ich sage ‚hallo'" deutsch

»Ich sage ›hallo‹« deutsch (Guillemets)

«Ich sage ‹hallo›» deutsch (Schweiz)

"I say 'hello'" englisch

« Je dis ‹ bonjour › » französisch

Abb. 8.4.2g: Typografische Anführungszeichen im Browser (Grafik: Bensmann)

```
:lang(de)    { quotes:"\201E" "\201C" "\201A" "\2018"; }
:lang(de-DE) { quotes:"\00BB" "\00AB" "\203A" "\2039"; }
:lang(de-CH) { quotes:"\00AB" "\00BB" "\2039" "\203A"; }
:lang(en)    { quotes:"\201C" "\201D" "\2018" "\2019"; }
:lang(fr)    { quotes:"\00AB\00A0" "\00A0\00BB"
               "\2039\00A0" "\00A0\203A"; }
```

Bildtypografie

Hierbei stehen die hexadezimalen Zeichenketten für die entsprechenden unten abgebildeten Anführungszeichen. Im Französischen steht zusätzlich ein Leerzeichen zwischen Satzzeichen und Text. Zuletzt müssen die Anführungszeichen noch dem <q>-Element zugewiesen werden:

```
q:before      { content:open-quote; }
q:after       { content:close-quote; }
q q:before    { content:open-quote; }
q q:after     { content:close-quote; }
```

8.5 Bildtypografie

Für die gestalterische Aussage einer Site braucht man neben Bildern und Farben natürlich aussagekräftige Schriften, oft schon aus Gründen der Wiedererkennbarkeit des Unternehmens.

Schriften, die nicht nutzerseitig vorhanden sind, verpackt man gut gestaltet in eine Pixelgrafik (GIF, JPEG oder PNG); so hat man die ganze Welt der verschiedenen Fonts zur Verfügung.

Verbreitet findet *Bildtypografie* für Navigations- und Buttontexte, für Headlines, Subheadlines und Kapitelüberschriften Anwendung. Abb. 8.5a und b zeigen den wirkungsvollen Einsatz von Bildtypo im Corporate Design auf Websites.

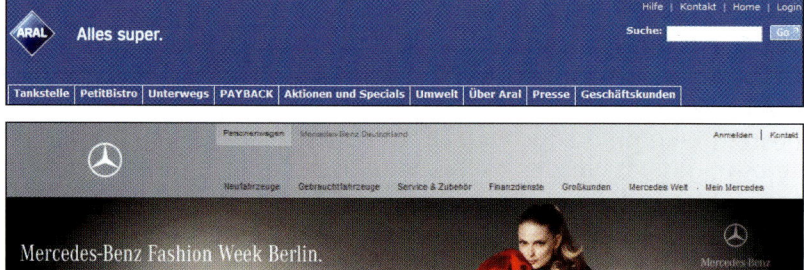

Abb. 8.5a, b: Bildtypografie als Corporate-Design-Element
(http://www.aral.de
http://www.mercedes-benz.de)

Abb. 8.5c: Pixelschriften, z. B. Binary und Silkscreen

Der Vorteil liegt in der Freiheit der Schriftauswahl, da keine Notwendigkeit besteht, die Schrift auf dem Anwendersystem verfügbar zu halten. Zudem können Schriften geglättet und gut mit Hintergrundfarben oder -motiven kombiniert werden. Sämtliche Filter- und Effektfunktionen der Bildbearbeitungsprogramme können auf die Schrift angewendet werden.

Bei sehr kleinen Schriftgraden kann es interessant sein, spezielle *Pixelschriften* wie „Silkscreen" oder „Binary" zu verwenden (Abb. 8.5c).

Die gute Darstellung der Bildtypo lässt sich bereits im Photoshop-Layout genau festlegen. Es empfiehlt sich die Zeicheneinstellung „scharf" für normale oder „stark" für etwas fettere Schriftdarstellung und für negative Texte zu wählen.

Einfache Textbilder mit harten Konturen speichern Sie am besten

Bildtypografie — ASSETDESIGN 8

als GIF oder PNG mit Transparenz vor der späteren Web-Hintergrundfarbe, Textbilder mit Verlaufsübergängen zum Hintergrund (z. B. weiche Schatten) als JPEG.

Logos als Wortmarke oder kombinierte Wort/Bild-Marke werden immer als Bildtypografie umgesetzt, weil die originäre Unternehmenstypografie unbedingt erhalten bleiben muss.

Ein besonderes Detailproblem bei der Logoübertragung auf Websites kann sich ergeben, wenn in einer Wort/Bild-Marke transparente Bereiche enthalten sind. Im Papierausdruck, z. B. auf Briefbögen, erscheinen diese stets weiß. Wie aber verhält es sich bei einem farbigen Seitenhintergrund? Hier muss man sich in Rücksprache mit dem Kunden entscheiden, ob solche Logo-Innenbereiche tatsächlich weiß darzustellen sind oder ob hier die jeweilige Hintergrundfarbe erscheint (Abb. 8.5.1d).

Den Bodytext als Bildtypografie einzusetzen, ist eher ungebräuchlich und wenig geeignet, weil der Pflegeaufwand im Falle von Textänderungen erheblich höher ist. Außerdem sind damit erhebliche Einschränkungen in der Zugänglichkeit verbunden. Der Einsatz von Bildtypografie sollte deshalb genau überdacht werden.

Ein Nachteil von Bildtypografie bleibt die umfangreiche Dateigröße und dass die Inhalte nicht von Suchmaschinen erfasst werden. Eine mögliche Abhilfe schafft die Angabe des Bildinhaltes im alt-Attribut. Unter dem Aspekt der Barrierefreiheit ist für Bildtypografie in Navigationen und Headlines allerdings zusätzlich für die Ausgabe über Screenreader etc. eine HTML-Alternative bereitzustellen.

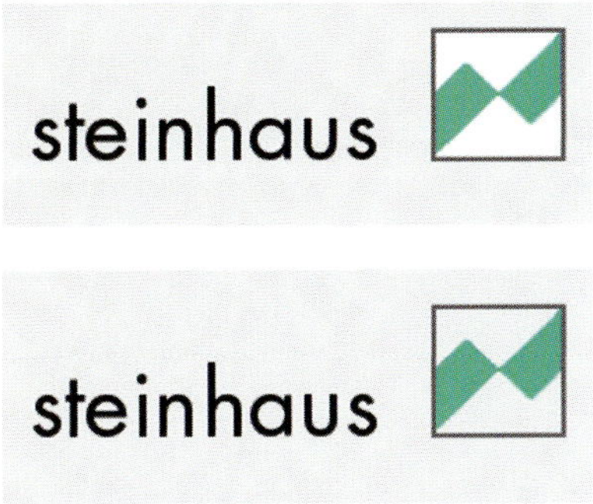

Abb. 8.5d: Logos mit Innenbereichen: Transparent oder weiß? (http://www.steinhaus.de)

8.5.1 Bildheadlines

Originär versteht man unter Headlines typografische Elemente, die in exponierter Weise dem Inhaltstext (Mengentext) vorangestellt werden, somit gehörte dieses Thema in den Bereich der Typografie.

Abb. 8.5.1a: Bildtypografie in Headlines (Showroom Mediendesign, Krieger Gewächshäuser, LKE Website)

Bildtypografie

Obwohl in CSS zahlreiche Auszeichnungsmöglichkeiten für Schriften existieren, die vor allem für Titel und zur Hervorhebung gedacht sind, werden die wirklich interessanten Headlines auf Webseiten als Bilder eingestellt (Abb. 8.5.1a). Die gestalterische Freiheit, die Bildbearbeitungsprogramme bieten, ist um ein vielfaches größer als die Möglichkeiten der CSS-Auszeichnung. Das trifft vor allem dort zu, wo in Headlines neben der Typografie grafische Elemente verwendet werden.

Headlines sind neben Bildern (falls vorhanden) die Aufmacher einer Seite. Sie bewirken den ersten Blickfang, wecken Interesse, informieren und ordnen. Oft sind sie auf Textseiten die einzigen weitergehend gestalteten Elemente.

Headlinegestaltung für Websites ist deshalb ein weiterer wichtiger Gestaltungsaspekt im Webdesign, denn viele Seiten lassen sich durch besser gestaltete Titel mit geringem Aufwand aufwerten.

An dieser Stelle sei sogleich die Bemerkung erlaubt, dass natürlich auch der Inhalt einer Headline die Aufmerksamkeit und die Informationsaufnahme beeinflusst. Ein langweiliger substantivischer Begriff oder lange Titel rütteln den Nutzer nicht auf, ein kurzer Fragesatz, ein provokativer Begriff, ein unvollständiger Satz können dagegen Interesse erregen.

8.5.2 Semantikbezug in Bildheadlines

Bei der Seitengestaltung kommt dem semantischen Bezug der Typografie zum Inhalt des Textes ein besonderer Stellenwert zu. Deshalb liegt zunächst immer ein vorrangiger Bearbeitungsschritt in der Auswahl einer zum Text- bzw. Seiteninhalt passenden Typografie, die für den Einsatz in Headlines durchaus auch aus eigenwilligen und schlechter lesbaren Schriftzeichen bestehen darf.

Dann sollten Sie überlegen, ob andere Merkmale im thematischen Bezug eine Rolle spielen, denn die Darstellung von themenbezoge-

Abb. 8.5.2a: Bildtypografie mit Ebenenstilen (links) und typosemantische Schriftgestaltung im Themenbezug (Beispiele: Hammer und Studienentwürfe)

Grafiken und Bilder im Web

ASSETDESIGN 8

nen Materialien, Farben, Schriftmacharten und typischen Elementen des Themenumfeldes schaffen ausdrucksstarke semantische Bezüge. Überlegen Sie deshalb, ob und wie Sie Ihre Bildheadlines kontextbezogen semantisch aufladen.

Die Möglichkeiten der Schriftgestaltung in Bildbearbeitungsprogrammen sind nahezu unerschöpflich. Beispielhaft sind hier einige Möglichkeiten dargestellt (Abb. 8.5.2a):

- Schattenschriften
- Konturschriften
- 3-D-Schriften
- Schriftfüllungen
- Materialdarstellungen
- Filteranwendungen
- Hinterlegungen
- Pfadtexte

Lassen Sie Ihrer Kreativität freien Lauf und holen Sie sich Anregungen aus der Fachliteratur zur Bildbearbeitung.

8.6 Grafiken und Bilder im Web

Üblicherweise gestalten Designer keine reinen Textseiten, sondern sind stets bestrebt, die textlichen Informationen durch Bilder und Grafiken zu unterstützen. Parallel zur Textgestaltung wird man sich deshalb auch mit einer geeigneten Bildgestaltung auseinandersetzen.

Beschränken Sie sich bei der Auswahl der Bilder nicht nur auf die Vorgaben des Auftraggebers. Machen Sie sich eigene Gedanken, welche Dinge sich besser mit Bildern darstellen lassen. Dabei sollten Sie sich auf einen einheitlichen Stil festlegen.

Behalten Sie bei der Auswahl von Fotos und Bildern immer die Zielgruppe im Auge. Hier kann es sich lohnen, Magazine und Zeitschriften, die für die jeweilige Zielgruppe geschrieben wurden, zu erwerben und sich einen Überblick über die verwendeten Bilder zu verschaffen, um einen Eindruck von dem dort vorherrschenden Bildstil zu bekommen.

Sichten Sie das bereits zur Verfügung stehende Bildmaterial. Achten Sie dabei auf Konsistenz in der Bildauffassung. Definieren Sie die Vorgaben für neu zu erstellende Fotos passend zu Ihrem Bild/Text-Konzept. Bilder, die nicht dem gewählten Stil entsprechen, können ggf. mit Hilfe einer Bildbearbeitung nachgebessert werden. Sie sollten ungeeignete Fotos aber nicht mit Gewalt in Ihr Schema pressen, sondern darüber nachdenken, ob ein neues, passendes Foto zum Einsatz kommen kann.

Man kann Fotos und Grafiken auch aus kostenpflichtigen oder lizenzfreien Bilddatenbanken beziehen (Stockfotos). Bedenken Sie dabei jedoch, dass es dann möglich ist, dass Ihnen dieselben Fotos auf anderen Websites begegnen.

„In manchen Fällen trifft die Weisheit ‚Ein Bild sagt mehr als tausend Worte' voll zu und hat mehr Gewicht als der Satz ‚Ein Foto braucht so lange zum Downloaden wie zweitausend Wörter'".
(Jakob Nielsen)

Linktipps für kostenlose und lizenzfreie Foto- und Grafiksammlungen:
Sie können diese z. B. für Ihre Materialsammlung verwenden, wenn Sie keine eigenen Fotos machen möchten:
117 Quellen für kostenlose Fotos: http://www.lorm.de/2008/01/02/102-quellen-fuer-kostenlose-fotos/
100 (Legal) Sources for Free Stock Images: http://arcagility.wordpress.com/2007/09/26/100-legal-sources-for-free-stock-images/
49 Seiten im Netz mit kostenlosen Stock Fotos: http://www.cekay.de/2007-12-24-48-seiten-im-netz-mit-kostenlosen-stock-fotos

Grafiken und Bilder im Web

8.6.1 Funktionen von Bildern

Warum werden überhaupt Bilder auf Webseiten eingesetzt? Da sie meist datenintensiv sind, verlangsamen sie bei schwacher Netzverbindung den Aufbau einer Website im Browser.

Die Antwort liegt in der Art der Informationsaufnahme und -verarbeitung des menschlichen Gehirns: Verbal kodierte Informationsinhalte werden anders verarbeitet als visuell kodierte Inhalte. Laut der *Hemisphärentheorie* werden die ersten vorrangig in der linken Gehirnhälfte verarbeitet, die visuellen meist in der rechten Gehirnhälfte, wo die Zentren für kreatives Denken lokalisiert werden (Abb. 8.6.1a).

Schwerpunkte des Linkshirns sind: Sprache, Logik, Schul- und Fachwissen. Schwerpunkte des Rechtshirns dagegen: visuelle Informationen, Gefühlsbereich, Kreativität.

Personenindividuell sind die Zentren für die Informationsverarbeitung unterschiedlich entwickelt, so dass sinnvollerweise sowohl textbasierte als auch bildbasierte Informationen bereitgestellt werden sollten.

Werden beide angeboten, tritt i. d. R. bei sinnreicher Kombination eine Informationsverstärkung durch Doppelkodierungen auf (Duale Kodierungstheorie nach Paivio, 1971 u. 1977). Zudem führt dies zu einer besseren Erinnerungsleistung (Memowirkung).

Die Informationsaufnahme bei Texten erfolgt linear und sequenziell, während bei Bildern alle Informationen gleichzeitig verfügbar sind.

Bilder und Grafiken sind die stärksten kompositorischen Mittel einer Webseite, weil sie Aufmerksamkeit stärker binden als andere Elemente und somit die Blickführung und damit die Informationsaufnahme auf einer Seite entscheidend bestimmen. Ihre Anordnung und Ausführungsform kann über die Annahme oder Ablehnung einer Website entscheiden, kann sie dumpf/langweilig oder angenehm/ausgewogen oder aufregend/spannend erscheinen lassen.

Bilder können sehr unterschiedliche *Informationsfunktionen* übernehmen. Die wichtigsten sind in der folgenden Liste zusammengestellt:

Zeit	Raum
Ratio/Logik	Intuition/Gefühl
Verbal/Sprache	Körpersprache
Regeln/Gesetze	Kreativität
Analyse/Detail	Synthese
Wissenschaft	Kunst/Musik/Tanz
Schritt für Schritt	ganzheitlich
linear	nonlinear
digital	analog
Linkshirn	Rechtshirn

Abb. 8.6.1a: Hemisphärentheorie (Grafik: Hammer)

Quelle: Paivio, A.: Imagery and Verbal Processes, 1971

Abb. 8.6.1b, c: Atmosphärische Einstimmung durch Bilder:
„Erfrischend" (http://www.gerolsteiner.de)
„Gute alte Zeit" (http://www.dallmayr.de)

Grafiken und Bilder im Web

ASSETDESIGN 8

- Informationen vermitteln
- Informationen verstärken
- Emotionen auslösen
- Spannung erregen, dramaturgische Funktion
- Atmosphäre schaffen
- Assoziationen auslösen
- Corporate Identity vermitteln

Die wohl schwächste Form des Bildeinsatzes ist die, bei der das Bild nur Staffage ist, d. h., wenn ein Bild also nur zusätzlich auf eine Seite gestellt wird, weil es „nett" aussieht oder weil es eine sonst leere Seite füllen muss (Abb. 8.6.1b, c).

Abb. 8.6.1d: Bilder (Farbflächen) zur Auflockerung der textarmen Seiten (ehemalige Website FB Informatik, FH-Gelsenkirchen)

Dennoch bleibt dies manchmal als einzige Möglichkeit, eine fast leere und somit vielleicht traurig aussehende Seite gekonnt gestalterisch aufzuwerten. Oft ist auch die Reihung oder das Clustern (Gruppieren) desselben Bildes ein probates Mittel, um Platz zu füllen. Auch der Einsatz von Hintergrundbildern bietet sich an.

Welche Anordnungsbeziehungen Bilder zu anderen Elementen, vor allem zu Text, eingehen, hängt von der Aufgabe des Bildes ab. Dient es als Staffage, zur Atmosphärebildung über Assoziationen, dann kann es z. B. von anderen Elementen überlagert werden und muss nicht in allen Details erkennbar sein. Dient es zur Erklärung und Textverstärkung muss es gleichrangig zum Text erscheinen. Ist es ein Blickfang, Leitmotiv oder Navigationselement, sollte es eigenständig und von anderen Elementen ungestört platziert sein und sich optisch abheben. Ist es eine Orientierungsinformation (z. B. CI-Elemente), sollte es merkbar, aber unaufdringlich und konsistent auf den Seiten erscheinen.

Mit Bildern kann man den Textlesefluss steuern, Bilder können Auftakt und Endpunkte setzen, Texte verbinden oder trennen, schaffen Spannung und Ausgewogenheit auf einer Seite. Diese kompositorische Wirkung des Bildes ist sehr mächtig und zeichnet gute Gestaltung aus. Die Flächenaufteilung von Text- und Bildblöcken entscheidet oft über den Eindruck von Spannung oder Langeweile.

Zu unterscheiden ist zwischen der bildintrinsischen und der bildextrinsischen *Blickleitfunktion* von Bildern. Die erste betrifft die Blickleitfunktion durch die Komposition innerhalb des Bildes, die zweite dirigiert durch die Bildanordnung in der Seite. Die erste ist dann von besonderer Bedeutung, wenn das Bildmotiv einen starken Richtungsbezug aufweist (z. B. eine Treppe oder eine Perspektive, die den Blick nach oben oder unten, nach rechts oder links leitet). Das kann dazu führen, dass der Blick in die Seite hinein, also zu anderen Informationen, geleitet wird oder von diesen weg.

Legt man unsere von links nach rechts orientierte Lesegewohnheit zugrunde, kann ein Bild mit Rechts-unten-Fluchtpunkt sogleich den Blick von der Seite ziehen, während ein Bild mit Links-oben-Fluchtpunkt den Blick hält und zurückzieht.

Bilder am rechten Bildrand können als Stopper wirken, um ein Abgleiten des Blickes nach dem Lesen des Textes zu vermeiden. Gestaltungsaspekte dieser Art sollten Sie bei Ihrem Entwurf berücksichtigen. Obwohl diese Aussagen allgemein gültig sind, hängen sie stark von den jeweiligen Bildmotiven ab und entfalten eine Wechselwirkung. Verstehen Sie die aufgeführten Aspekte deshalb nicht als Rezeptbuch, sondern als Anregung, in Ihren Gestaltungskonzepten verschiedene Möglichkeiten durchzuspielen. Auch hier wird Ihnen ein geschultes Auge die beste Entscheidungshilfe sein.

8.6.2 Bilddefinitionen

Zu Beginn der gestalterischen Überlegungen zum Layout einer Website steht das Bildkonzept. Dieses wird üblicherweise bereits in der Arbeitsphase des Screendesigns erarbeitet. Mit welcher Absicht sollen Bilder eingesetzt werden? Vermitteln sie Sachinformationen (z. B. zu Produkten), sind sie atmosphärisches Element? Oder sind sie nur Lückenfüller auf sonst leeren Flächen?

Die zu klärenden Fragen sind vielschichtig. So ist zu klären, in welcher Beziehung Text und Bild zueinander stehen. Gibt es Text-Bild-Bezüge? Gibt es Bildbeschreibungen oder Ausigelungen? Was ist wichtiger: Text oder Bild?

Werden, wie es z. B. bei Online-Shops der Fall ist, Produktdarstellungen eingebunden, ist zu überlegen, mit welcher Bildauffassung diese dargestellt werden; ob sachlich nüchtern, ob plakativ oder im Produktumfeld.

In der Regel müssen beim kreativen Bildkonzept aus Kostengründen Abstriche hingenommen werden. Es sind meistens mehrere Hundert Fotos zu bearbeiten, so dass man sich oft für eine klassische einfache Darstellungsweise entscheidet.

Im Layout ist festzulegen, wie viele Abbildungen im Browserfenster sichtbar sein sollen, um die Bildgröße bestimmen zu können. Von der Bildgröße hängt wiederum ab, wie detailreich und in welcher Fotoqualität das Originalmaterial sein muss.

Grundsätzlich sind nachträgliche Bildbearbeitungen (z. B. Freistellen, neuer Hintergrund, Farbveränderung, Scharfzeichnen etc.) immer mit einem erheblichen Zeit- und damit Kostenaufwand verbunden. Wann immer möglich, achten Sie deshalb bei der Bildauswahl auf gute Fotoqualität und die gewünschten Bildeigenschaften.

Motiv

Die wichtigste Entscheidung beim Einsatz von Fotos auf Webseiten liegt gewiss in der Festlegung des Motivs. Dieses muss die im jeweiligen Bezug gewünschten Informationen vermitteln können. Bereits bei der Aufnahme werden die wesentlichen Festlegung getroffen: die Anordnung, die Perspektive, die Abgrenzung oder Verbindung Objekt/Umfeld, die Lichtführung, der Ausschnitt, die Farbauswahl etc.

Grafiken und Bilder im Web ASSETDESIGN

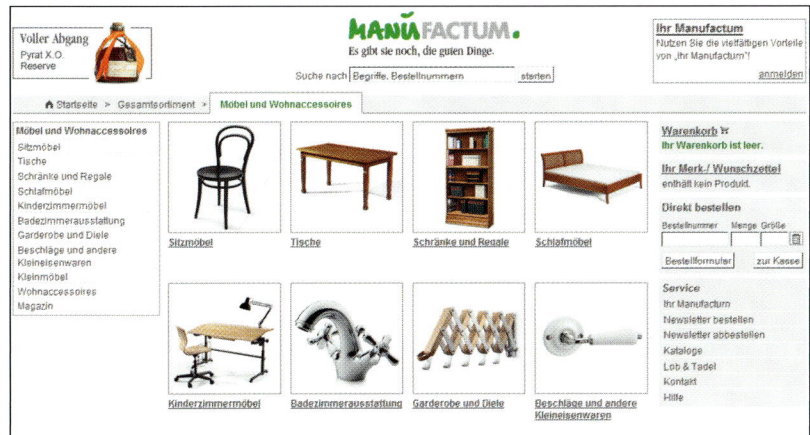

Abb. 8.6.2a: Konstante Fotoauffassung
(http://www.manufactum.de)
Fast alle Produkte sind aus derselben Perspektive fotografiert und wurden freigestellt.

Idealerweise werden deshalb Fotos für Webseiten nach dem Storyboard des Webgestalters fotografiert und anschließend digital weiter bearbeitet. Fotodesign ist jedoch nicht Thema dieses Buches und in der Praxis sieht es meist ohnehin so aus, dass für die Websitegestaltung zum großen Teil auf vorhandenes Fotomaterial zurückgegriffen wird. Somit konzentriert sich die Arbeit des Webdesigners meistens auf die Möglichkeiten der Bildauswahl und der gestalterischen Bildaufbereitung am Computer.

Bei der Auswahl der zum Bildkonzept passenden Fotomotive ist auf eine möglichst konsistente Bildauffassung zu achten, das heißt, die Bilder sollten möglichst unter gleicher Perspektive und den gleichen Beleuchtungsverhältnissen aufgenommen sein, vor allem wenn sie in Aufreihungen (z. B. Produktbeschreibungen oder E-Shops) eingesetzt werden (Abb. 8.6.2a).

Konsistente und zueinander passende Hintergründe sind dann wichtig, wenn Bilder nicht freigestellt werden und keine neuen Hintergründe eingezogen werden.

Format und Ausschnitt
Beim Fotografieren mit der Kamera wird ein Bild je nach Aufnahmesystem und Trägermaterial in einem bestimmten Größenformat erfasst. Die im Bildkonzept festgelegten Bilddimensionen weichen oft von diesem Rohformat ab und auch die Bildschirm- bzw. Browserformate weisen oft andere Seitenverhältnisse auf. Da Bildverzerrungen in der Praxis zu vermeiden sind, kann eine Anpas-

Abb. 8.6.2b-d: Der Ausschnitt bestimmt die Bildwirkung. (Foto: Hammer)
Ausgangsbild, herausfahrende und hereinfahrende Kutsche

Grafiken und Bilder im Web

Abb. 8.6.2e, f: Der Ausschnitts macht's. Originalbild und Ausschnitte (Foto: Hammer)

sung nur durch Beschnitt (oder Erweiterung) des Ursprungsbildes erfolgen. Das setzt voraus, dass das Kernmotiv nicht bildfüllend fotografiert wird, sondern genügend Umfeld („Fleisch") für die Formatanpassung vorhanden ist.

Durch die Wahl des Ausschnitts bestimmen Sie, wie zentral (und wie groß) das Hauptmotiv herausgestellt wird. Sie bestimmen, welchen Eindruck ein Bild vermitteln soll. Nicht zuletzt wird diese Entscheidung vom gesamten Bildkonzept und dem für die Bilder vorgesehenen Platz mit getragen (Abb. 8.6.2b-d).

Beispielsweise kann im Bildkonzept festgelegt sein, nur quadratische oder hochformatige Fotos oder stets angeschnittene Fotos (d. h. direkt am Browserrand angeordnete Bilder) einzusetzen oder nur extreme Hochformate oder nur Querformate zu verwenden oder alle Fotos vor neuem Hintergrund freizustellen. Sie können sich entscheiden, stets bis randscharf an die dargestellten Produkte zu beschneiden oder nur relevante Details abzubilden. Oder Sie wählen Bildstreifen quer über das Motiv, wie sie z. B. für Headerbilder nützlich sind.

Die Beispiele zeigen an einem Landschaftsfoto, wie aus einem langweiligen Gesamtfoto interessante Detailausschnitte festgelegt werden können (Abb. 8.6.2e, f).

Abb. 8.6.2g: Ungewöhnliche Bildformate mit Kohärenz zur Navigation (http://www.tep-ruhr.de, nicht mehr im Netz)

Auch bei Portraitfotos stellt sich die Frage nach dem geeigneten Bildausschnitt. Soll es die langweilige Büstenform („Brustbild") sein, soll es eher Passfotocharakter haben oder ist auch ein harter Beschnitt des Gesichtes denkbar? Je härter der Beschnitt, desto markanter der Ausschnitt.

Im Einzelfall sind auch ungewöhnliche, nicht rechteckige Bildformate geeignet (Abb. 8.6.2g), um Aufmerksamkeit zu erregen und die Seite gestalterisch interessant zu machen. Bedenken Sie dabei jedoch, dass nicht alle Motive ohne weiteres auf exotische Formate zu beschneiden sind.

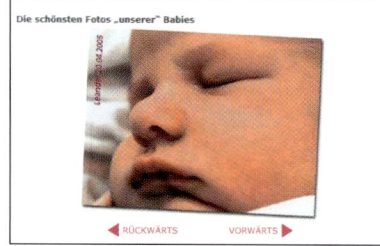

Abb. 8.6.2h: Unterschiedlich leicht gedrehte Fotos in einem Bildplayer (http://www.hebammenhilfe.de, Foto: Rickal)

Bildausrichtung

Wer sagt eigentlich, dass ein Motiv parallel zum Seitenrand des Browserfensters ausgerichtet sein muss? Denken Sie doch einmal an gedrehte oder perspektivisch verzerrte Bilder (Abb. 8.6.2h).

Grafiken und Bilder im Web · **ASSETDESIGN** · 8

Diese Form der Darstellung ist z. B. auch geeignet, um Bilder von Bildern zu zeigen (Fotos, Postkarten, Bücher, Prospekte, Zeitschriften). Aber Vorsicht: die Erkennbarkeit kann darunter leiden.
Der Ausrichtungswinkel muss dabei mindestens so stark sein (ca. 3 Grad), dass die Drehung bzw. Perspektive deutlich als gewollt erkannt wird, sonst sieht das Ergebnis lediglich schief aus.
Werden mehrere Motive gedreht, kann dies in Reihung geschehen: alle Bilder im gleichen Drehwinkel oder konsequent ungleichmäßig. Im letzten Fall muss durch Probieren ein brauchbares Gesamtarrangement gesucht werden, da allzu schnell ungewollte und unschöne Drehwiederholungen den Gesamteindruck stören.

Bildauflösung
Grundsätzlich gilt in der Bildbearbeitung: Größere Datenmengen führen zu besseren Ergebnissen. Dennoch sollten Sie sich nicht mit unnötigem Datenballast plagen und eine für Ihre Aufgabenstellung geeignete Bildgröße und Auflösung wählen.
Bilder, die Sie für Webseiten verwenden, werden auf die Größe (in Pixeln) heruntergerechnet, in der sie im Browser angezeigt werden sollen. Zusätzlich werden sie entsprechend für das Web optimiert, d. h., es wird das passende Format mit gewünschter Farbtiefe und ggf. Transparenz ausgewählt. Während der Bearbeitung sollten Sie jedoch mit ausreichend großen Bildern in maximaler Farbtiefe im PNG-Format arbeiten und die webtaugliche Datenverringerung erst als letzten Schritt ausführen.
Wesentlich höhere Qualität ist dann, wenn letztlich „nur" Webbilder entstehen, nicht erforderlich. Prüfen Sie jedoch, ob Sie Ihr Bildmaterial eventuell für Printveröffentlichungen verwenden möchten, dafür sind höhere Auflösungen (300 dpi bzw. 1200 dpi für Strichgrafik!) notwendig. In jedem Falle sollten Sie als Erstes eine hoch aufgelöste Originaldatei als Sicherungskopie ablegen. Vermeiden Sie es, Bilder zu vergrößern, weil dies zu deutlicher Verschlechterung in der Bildqualität führt.

TIPP: *Haben Sie für Ihren Webentwurf eine bestimmte Bildgröße festgelegt, sollten Sie mit dem Freistellungswerkzeug zunächst das Bildmaterial auf Ihre gewünschten Bildproportionen reduzieren, um die Bildwirkung im richtigen Ausschnitt beurteilen zu können und unnötigen Datenballast abzuwerfen. Hierbei können die Bilder zugleich auf eine mittlere Arbeitsgröße heruntergerechnet werden.*

Benutzen Sie zur Größenfestlegung von Webbildern die Einheit „Pixel", da sie auf Monitoren in Pixel angezeigt werden.
Gute Beschreibungen zur Änderung von Bildgröße und Auflösung finden Sie in allen Photoshop-Büchern. Achten Sie darauf, dass im Dialog zur Größenveränderung die Checkboxes „Proportionen erhalten" und „bikubische Berechnung" angeklickt sind.

Der 72 dpi-Mythos
Auch wenn gerne davon gesprochen wird, Bilder auf 72 dpi herunterzukalieren, um sie webtauglich zu machen, soll hier mit einem Mythos aufgeräumt werden, der besagt, Monitore hätten eine Auflösung von 72 dpi.
Die Auflösung von Monitoren kann zum einen absolut (z. B. 1024 x 768 Pixel) und zum anderen relativ angegeben werden. Im zweiten Fall spricht man auch von der Pixeldichte. Diese wird jedoch in pixel per inch (ppi) und nicht in dots per inch (dpi) angegeben.
Vor gut 20 Jahren wurde im DTP-Bereich mit genormten Monitoren gearbeitet, die eine relative Auflösung von 72 ppi hatten. Diese Zeiten sind jedoch vorbei und so hängt die relative Auflösung der User meist von den individuellen Einstellungen ab. Die tatsächliche Pixeldichte lässt sich mit folgender Formel bestimmen, wobei w die Breite und h die Höhe in Pixeln ist und d die Bildschirmdiagonale in Zoll:

$$ppi = \frac{\sqrt{w^2 + h^2}}{d}$$

Ein 17"-Monitor mit einer absoluten Auflösung von 1024 x 768 hat demnach eine relative Auflösung von ca. 75,29 ppi.
Abgesehen davon ist die Angabe einer Bildauflösung für Bilder, die am Bildschirm dargestellt werden völlig irrelevant. Ein 100 x 100 Pixel großes Bild wird auf einem Bildschirm 100 Pixel breit und 100 Pixel hoch sein, ganz egal, ob Sie es mit 3, 72 oder 1200 dpi abgespeichert haben. Dasselbe Bild würde jedoch ausgedruckt eine jeweils unterschiedliche Größe und Qualität besitzen. Das 3 dpi-Bild hätte eine Größe von ca. 85 x 85 cm bei einer inakzeptablen Qualität, das 72 dpi-Bild wäre bei mäßiger Qualität ca. 3,5 x 3,5 cm groß, während das 1200 dpi-Bild eine sehr gute Auflösung hätte, aber mit 2,1 x 2,1 mm winzig klein wäre.
Linktipp: http://members.ping.de/~sven/dpi.html

Grafiken und Bilder im Web

8.6.3 Bildoptimierung

Idealerweise werden alle gewünschten Eigenschaften eines Bildes bereits bei der Aufnahme berücksichtigt, denn die mögliche Einflussnahme ist zu diesem Zeitpunkt am besten. Das betrifft die eigentliche Motivauswahl, den Kamerastandort (Perspektive), die Beleuchtung (Farbstimmung, Schatten), die Objektivbrennweite (Bildwinkel), die Blende (Schärfentiefe) und die Belichtung (Bewegungsunschärfe).

Dennoch wird kaum ein Bild ohne Nachbearbeitung in der professionellen Gestaltung eingesetzt. Dort, wo früher mit trickreicher Dunkelkammerarbeit abgewedelt oder nachbelichtet wurde und wo in mühevoller Handarbeit von Retuscheuren mit Kratzmesser, Zeichenstift, Pinsel und Retuschierpistole ausgefleckt und nachgespritzt wurde, bieten die heutigen Bildbearbeitungsprogramme mächtige Werkzeuge an, um jenseits der fotografischen Aufnahme die Qualität und den Aussagegehalt von Bildern zu beeinflussen.

Obwohl vieles, was früher bereits während der fotografischen Aufnahme entschieden werden musste, heute in der Nachbearbeitung korrigiert werden kann, ist das dennoch kein Freibrief für schlechte Fotoqualität. Denn wenngleich in der Nachbearbeitung noch einiges zu retten ist, sollten Sie stets von optimalen Originalfotos ausgehen, weil nur diese für weiter gehende Bildbearbeitung ohne nennenswerten Qualitätsverlust geeignet sind.

Abb. 8.6.3a, b: Bildmanipulation. Wie sieht der Seehund wirklich aus? (Quelle des Originalbildes: Adobe)

Grundsätzlich ist zu unterscheiden zwischen solcher Nachbearbeitung, die dazu dient, das vorhandene Bild fototechnisch, z. B. in Farbton und Schärfe, zu optimieren, und solcher, mit der die Inhalte des Bildes bewusst verändert werden. Letzteres kann das Entfernen eines störenden Details sein oder das Einziehen eines neuen Hintergrundes und stellt somit einen erweiterten Optimierungsprozess dar. Es kann sich aber auch um vorsätzliche Bildmanipulation (Abb. 8.6.3a, b) bis hin zur Bildfälschung handeln, wenn z. B. Personen aus einem Bild wegretuschiert werden oder in die Studioaufnahme eines Produktes ein Realhintergrund einkopiert wird.

Ob solches Tun gerechtfertigt ist, mag als Gewissensfrage eingestuft werden. Solange damit keine kriminellen Absichten verfolgt werden, ist es eine legitime Vorgehensweise im Gestaltungsprozess, um die gestalterische Bildwirkung zu steigern.

Dem kreativen Spielraum des Gestalters eröffnen sich hier fantastische Möglichkeiten, die beispielsweise aus einem Foto eine

Abb. 8.6.3c, d, e: Bildoptimierung (Foto: Hammer) Original mit Belichtungsfehlern und Flecken, Tonwert- und Farbkorrektur, (Mitte), Partielle Aufhellung mit Fotofilter „Tiefen/Lichter" und Ausflecken mit Reparaturpinsel (rechts)

Strichzeichnung oder ein versteinertes Relief entstehen lassen oder ein tristes Novemberbild in goldene Oktobersonne tauchen. Genießen Sie Ihre gestalterische Freiheit, aber vergessen Sie nicht die übergeordnete Gestaltungskonzeption, in deren Rahmen Sie Bildoptimierungen oder Bildmanipulationen entstehen lassen. Folgende Prozeduren zählen zum Standard der Bildoptimierung und müssen fast immer in mehr oder weniger intensiver Form durchgeführt werden (Abb. 8.6.3c, d, e):

- Tonwertkorrektur
- Farbwertkorrektur
- Scharfzeichnen
- Ausflecken
- Partielle Belichtungskorrekturen
- Moiré entfernen

Die speziellen Vorgehensweisen zur Bildoptimierung in ihren Handhabungsdetails darzustellen, würde weit über das Thema dieses Buches hinausgehen und ist bereits hinlänglich in der relevanten Fachliteratur und in Photoshop-Online-Turorials verfügbar. Schlagen Sie Informationen zur Handhabung der verschiedenen Bearbeitungsfunktionen dort oder in der Programmhilfe nach.

8.6.4 Freistellen

Bildmaterial für Websites stammt meistens aus unterschiedlichen Quellen und ist durch entsprechend unterschiedliche Fotoauffassungen bestimmt. Um ein konsistentes Erscheinungsbild zu erreichen, insbesondere, wenn mehrere solcher unterschiedlicher Ausgangsfotos auf der gleichen Seite zu sehen sind, kann man mit Hilfe der Bildbearbeitung z. B. Bildhintergründe angleichen oder Motive vom Hintergrund freistellen. Manchmal kann man durch Freistellen nicht optimales Fotomaterial noch verwertbar machen (Abb. 8.6.4a).

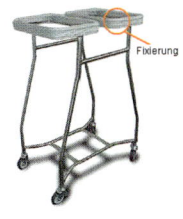

Abb. 8.6.4a: Freistellen als „letzte Rettung" bei ungeeignetem Ausgangsmaterial (Foto: LKE)

Freistellen bedeutet, dass Sie Ihr Motiv optisch vom Hintergrund ablösen, so dass nur das Motiv selbst sichtbar ist. Technisch gesehen ist das Bild allerdings nicht wirklich freigestellt, vielmehr sind die Abmessungen von Pixelbildern auf dem Computer immer rechteckig. Daran werden wir immer dann erinnert, wenn wir z. B. ein in Photoshop freigestelltes Bild in einem anderen Programm öffnen: Es wird dann im Rechteck mit einem neuen Hintergrund dargestellt. Freistellen beruht demnach auf einer optischen Illusion. Diese kann man auf unterschiedlichen Wegen erreichen.

Abb. 8.6.4b: „Erden" durch Horizontlinie (Grafik: Hammer, Foto: Funk)

TIPP: *Freigestellte Objekte verlieren ihre Bodenhaftung, sie schweben frei im Raum. Deshalb empfiehlt es sich meistens, sie neu zu „erden". Oft reicht schon das Einziehen einer Horizontlinie (Abb. 8.6.4b).*
Eine weitere Möglichkeit der „Bilderdung" liegt im Erzeugen eines Schlagschattens, den man als exakten Schlagschatten oder als mehr

Grafiken und Bilder im Web

Abb. 8.6.4c: Körperschatten erzeugen in Photoshop (Grafik: Hammer, Foto: Funk)

oder weniger weichen Wischer konstruieren kann. Zur Erzeugung eines neuen Körperschattens kopieren Sie das freigestellte Motiv auf eine Ebene unterhalb des Motivs und färben es schwarz. Mit der Funktion „Transformieren: Verzerren" formen Sie dann einen geeigneten Schattenwurf. Meistens sieht es besser aus, wenn der Schatten ein wenig weichgezeichnet wird und mit zunehmendem Abstand vom Objekt in die Hintergrundfarbe überläuft (Abb. 8.6.4c).

Beachten Sie bei der Schattenkonstruktion die Gesetze der Perspektive und achten Sie auf die gegebene Beleuchtung in der Fotovorlage. Zeigt das Foto z. B. eine Beleuchtung von rechts, kann nicht der Schatten auch nach rechts fallen.

Freistellen durch Hintergrundanpassung

Eine einfache Form des Freistellens und für viele Einsatzfälle geeignet ist das (vorgetäuschte) Freistellen gegen die Hintergrundfarbe. Es handelt sich hierbei nicht um echtes Freistellen, sondern nur um den Eindruck der Freistellung.

Im Bildbearbeitungsprogramm wird einfach der Hintergrund des Motivs mit der Hintergrundfarbe der Webseite ausgefüllt. Eventuell muss dazu eine vorher vorhandene Hintergrundstruktur entfernt werden. Bei dieser Methode sind alle gewünschten Übergänge vom Motiv zum Hintergrund möglich, da dies den Übergang von Bildern zum tatsächlichen Webseitenhintergrund nicht betrifft. Für letztere ist lediglich exakt die gleiche Farbe wichtig, die man über die Pipette oder besser noch über Farbwertangaben sicherstellen kann (Abb. 8.6.4d-f).

Abb. 8.6.4d-f: Freistelleindruck durch Anpassung an die Hintergrundfarbe (Grafik: Hammer, Foto: Funk)

Grafiken und Bilder im Web

ASSETDESIGN

TIPP: *Wenn Sie freigestellte Motive auf eine neue Hintergrundfarbe stellen, sollten Sie das Motiv ganz leicht mittels der Funktion Farbüberlagerung mit der neuen Hintergrundfarbe einfärben. Das Motiv und der neue Hintergrund passen dann besser zusammen.*

Schwieriger wird diese Methode, wenn auf der Webseite Hintergrundbilder hinter dem Vordergrundbild liegen, weil sich dann darüber der Rechteckbereich des Vordergrundbildes abbildet. Eine mögliche Problemlösung besteht darin, den Teil des Hintergrundbildes, über dem das Vordergrundbild eingefügt ist, ebenfalls in den Hintergrund des Vordergrundbildes einzumontieren. Dies setzt dann eine absolute Positionierung von Vordergrundbild zu Hintergrundbild über CSS voraus.

Freistellen durch Transparenz
Die verbreitete Vorgehensweise zum Freistellen (richtiger: Ausblenden des Hintergrundes) ist die Anwendung der *GIF-Transparenz*, ein Maskierungseffekt. Bei diesem Dateiformat lässt sich eine (und nur eine!) Farbe als Transparenzfarbe definieren. Damit wird sofort klar, dass Sie mit diesem Verfahren nur einen einfarbig gleichmäßigen Hintergrund verschwinden lassen können; weiche Übergänge, Halbtransparenzen sind nicht möglich.
Beim Arbeiten mit GIF-Transparenz müssen Sie Folgendes beachten: Sie haben in einem Bildbearbeitungsprogramm mit Antialiasing-Einstellung einen roten Kreis vor blauem Hintergrund erzeugt und als GIF abgespeichert und dabei die blaue Hintergrundfarbe auf transparent gesetzt. Wenn Sie dieses Bild in eine Webseite mit z. B. hellen Hintergrund einfügen, wird sich der rote Kreis mit einem bläulichen „Hof" (dem so genannten Halo) darstellen (Abb. 8.6.4g-i). Durch das Antialiasing findet ein weicher Übergang zwischen rotem Kreis und blauem Hintergrund statt. Bei der Transparenzdefinition für Blau werden aber die zwischen Blau und Rot erzeugten Zwischenfarben nicht erfasst. Diese werden jedoch sichtbar, wenn das freigestellte Motiv vor einer anderen als der ursprünglichen Hintergrundfarbe positioniert wird.
Um dies zu vermeiden, muss das Motiv (der rote Kreis) bereits im Bildbearbeitungsprogramm in die festgelegte Hintergrundfarbe der Webseite eingerechnet werden (Antialiasing aktiviert) bzw. die Hintergrundfarbe als Transparenzfarbe definiert werden. Die einfache Lösung, auf das Antialiasing zu verzichten und randscharf

Abb. 8.6.4g-i: GIF-Transparenz. Der Websitehintergrund ist die Transparenzfarbe. (Grafik: Hammer)

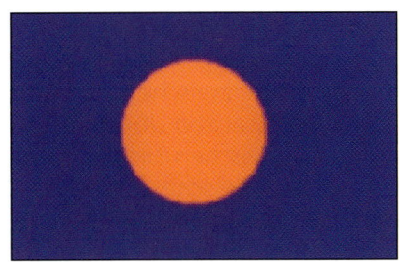 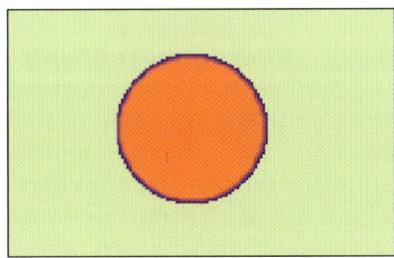 

Grafiken und Bilder im Web

zwischen Motiv und Hintergrundfarbe zu trennen, scheidet meistens aus, weil weiche Übergänge erwünscht sind.
Will man in der Bildgestaltung mit *Halbtransparenz* arbeiten, ist das derzeit nur im PNG-Format möglich, da hier die Transparenzinformationen für jede Farbe einzeln gespeichert werden. Allerdings geht dies meist zu Lasten der Dateigröße, auch kann PNG-Transparenz noch nicht in allen Browsern richtig dargestellt werden.

Freigestellte Bilder als Navigationselemente

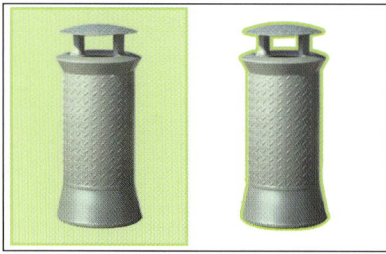

Abb. 8.6.4j: Eingrenzung des Aktivierungsbereichs (hellgrün dargestellt) durch Imagemaps (Grafik: Hammer, Foto: Funk)

Nutzt man Bilder als Navigationselemente, werden Sie schnell an die rechteckige Begrenzung freigestellter Bilder erinnert. Ist das gesamte Bild als Link definiert, sind auch die leeren Bereiche des Bildrechtecks aktiv. Will man dies vermeiden, bietet sich die Verwendung von *Imagemaps* an, die nur für den Aktivierungsbereich definiert werden (Abb. 8.6.4j). Bei kleineren Bildern fällt es jedoch kaum auf, wenn auch Teilbereiche außerhalb des Motivs aktiv sind.

Selbstverständlich ist bei freigestellten Bildern darauf zu achten, dass die browserseitige Erzeugung eines automatischen Linkrahmens um das Bild herum (und das auch noch in der Default-Einstellung „Blau"!) ausgeschaltet ist. Dies sieht sonst furchtbar aus und würde außerdem das Freistellen zunichte machen.

Ist ein Motiv einmal freigestellt, kann man auch problemlos einen neuen Hintergrund in der gewünschten Ausführung einziehen. Das kann z. B. ein einfacher Verlaufshintergrund sein. Dabei setzt man üblicherweise das Motiv auf den dunkleren Bereich, während der Hintergrund ins Hellere ausläuft.

Sie können natürlich auch einen neuen Realhintergrund (z. B. eine Perspektivansicht eines Pflasterweges) einziehen. Achten Sie dann unbedingt darauf, dass die Lichtführung (Licht und Schatten) und die Farbstimmung zum Motiv passen (Abb. 8.6.4k).

Abb. 8.6.4k: Einziehen neuer Hintergründe (Beispiele: Hammer, Foto: Funck)

8.6.5 Bildrandgestaltung

Der Sinn einer Bildrandgestaltung liegt darin, zwischen Bild und Seitenhintergrund einen gestalterisch interessanten Übergang zu erzeugen. Dieser kann als harte Abgrenzung zwischen Bild und Seite angelegt sein oder umgekehrt als Ausgleich zwischen beiden.
Allein ein Verrunden oder Anfasen der Ecken lässt Bilder oft interessanter erscheinen (Abb. 8.6.5a).

Bildränder aus Ebenenstilen

Für die Bildrandgestaltung bietet sich die Verwendung von *Ebenenstilen* und Filtern an. Dazu muss das zu bearbeitende Bild auf eine eigene, von der Hintergrundebene abweichende Ebene gelegt werden.

Die angewandten Stile wirken auf die gesamte Umgrenzung des Motivs, das auf einer Ebene steht. Ein großer Vorteil der Ebenenstile liegt darin, dass sie jederzeit veränderbar oder löschbar sind und das Originalbild nicht beeinträchtigt ist. Besonders interessant sind die unterschiedlichen Füllmethoden, d. h., die Art und Weise, wie die Pixel des Bildmotivs mit den Pixeln der darunter liegenden Ebene verrechnet werden.

Abb. 8.6.5a: Bildrandgestaltung durch Eckenabrundung (Foto: Jennrich/Auerbach)

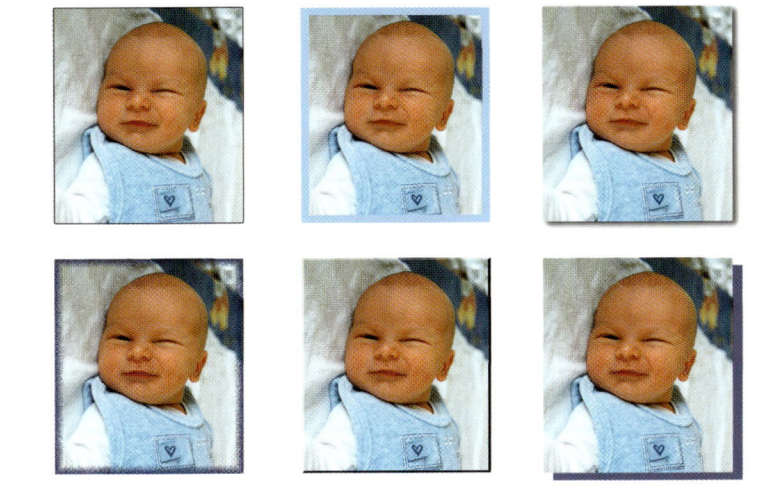

Abb. 8.6.5b: Bildrandgestaltung mit Ebenenstilen (Beispiele: Hammer, Foto: Jennrich/Auerbach)
- Kontur 1px
- Kontur 12px, Farbe aus dem Bild
- Schatten weichgezeichnet
- Schein nach innen, strukturiert
- Abgeflachte Kante und Relief
- Schatten hart, Farbe aus dem Bild

Bildrändern aus Ebenenstilen lassen sich z. B. mit folgenden Funktionen erzielen (Abb 8.6.5b):

- Schlagschatten hart und weich
- Schatten nach innen
- Abgeflachte Kante und Relief
- Schein nach außen oder innen
- Konturrahmen

Schlicht, aber oft eine gute Wahl, ist ein Linienrahmen mit feiner oder fetter Kontur, gebildet mit einer Farbe aus dem Bild.
Ein wenig Ausprobieren erbringt oft ungeahnte kreative Gestaltungsergebnisse!

Schmuckrahmen

Anstelle eines Linienrahmens bieten sich zur Rahmung auch Bilder von Realgegenständen an, die als Rahmen fungieren, d. h., in deren Umgrenzung das eigentliche Motiv zu sehen ist.
Solche Rahmen bilden z. B. Monitore, Gerätedisplays, Lupen, Ausblicke aus Fenstern etc. Der Fantasie sind dabei keine Gren-

Grafiken und Bilder im Web

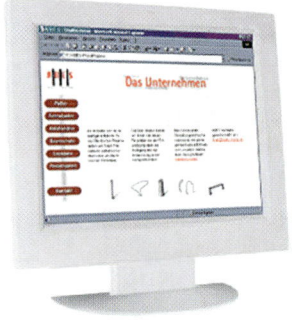

Abb. 8.6.5c: Das Bild im Bildrahmen. Im Monitorbild lassen sich unterschiedliche Webseiten aufrufen. (frühere hammer.runge-Website, nicht mehr im Netz)

zen gesetzt. Über Montagetechnik (Ausschneiden, Einsetzen, Verrechnen) werden Bild und Rahmenmotiv zusammengefügt (Abb.8.6.5c).

Zu bedenken ist, dass solche eigenständigen Rahmen eher vom eigentlichen Bildmotiv ablenken, als dieses zu betonen. Ein denkbarer Anwendungsfall für Realbilder von Bildrahmen wäre z. B. die Website einer Galerie.

In Layoutprogrammen sind Schmuckrahmen mit vordefinierten oder selbst erzeugten Schmucklinien in allen Ausführungen zu erstellen, wirken aber nicht selten monoton.

Rahmen durch Filter

Eine besonders eigenwillige Art von Bildrahmen erstellen Sie unter Verwendung der zahlreichen Filtereffekte in Photoshop oder anderen Bildbearbeitungsprogrammen. Je nach Filter und gewünschtem Resultat sind unterschiedliche Vorgehensweisen erforderlich.

Ist ein außen hart umgrenzter Bildabschluss gewünscht (auf Webseiten technisch einfacher umsetzbar), wird innerhalb des Bildmotivs eine Auswahlumrandung in geeigneter Größe aufgezogen. Wenden sie darin den gewünschten Filter an. Zum Beispiel lassen sich Rahmen mit Neonschein oder Fotokopie erzeugen; elegant sind Rahmen mit Suomi- oder Kreuzstrichschraffur. Achten Sie darauf, dass der Rahmen nicht Teile des eigentlichen Motivs durchschneidet.

Abb. 8.6.5d: Rahmen durch Filteranwendung (Beispiel: Hammer, Foto: Jennrich/Auerbach) „Dunkle Malstriche" in einer Auswahlumrandung

Wird die Auswahlumrandung zusätzlich mit weicher Auswahlkante definiert, ergeben sich zwischen Rahmen und Bildmotiv weiche Übergänge. So wirken auch Filter, die das Bildmotiv im Randbereich mit einer Struktur überlagern und derart den Rand betonen (Abb. 8.6.5d). Diese Methode ist schon sehr eigenwillig und passt nicht zu jedem Motiv. Ohnehin sollten Sie darauf achten, dass die verwendeten Filtereffekte zum jeweiligen Motiv einen Bezug haben.

Die Bildgestaltung mit dominanten Rahmen ist dann besonders nützlich, wenn es darum geht, sehr unterschiedliches Bildmaterial durch diese Klammer gestalterisch anzunähern.

Randauflösung

Während die meisten Ebenenstile und Rahmen die Außenkontur von Bildern betonen und damit eine Abgrenzung von Bild und Hintergrund angestrebt wird, kann es andererseits gestalterisch gewünscht sein, Bilder in den Hintergrund einzupassen und scharfe Bildränder aufzulösen.

Hier bieten sich folgende Methoden an: (Abb. 8.6.5e):

- Weichzeichnung des Bildrandes
- Randauflösung durch Filteranwendung (Verzerrungsfilter „Extrudieren", „Kacheln", „Kristallisieren" oder „Mosaik")

Abb. 8.6.5e: Bildrandauflösung (Beispiel: Hammer, Foto: Jennrich/Auerbach)

Grafiken und Bilder im Web — ASSETDESIGN

- Manuelle Randauflösung mit „Wischfinger"
- Partielles Abschneiden und Verschieben einzelner Bildteile
- Filteranwendungen im Alphakanal (z. B. „Farbraster")

8.6.6 Singuläre Hintergrundbilder

Hintergrundbilder haben in der Regel keine Erklärungs- oder Beschreibungsfunktionen; sie dienen vorrangig der Vermittlung von Atmosphäre und der Assoziationsbildung. Sie können damit z. B. ein Produkt in seine Umgebung stellen, Produktqualitäten vermitteln oder einen Zielgruppenkontext aufbauen. Hervorragend eignen sie sich auch zur subtilen Darstellung von Corporate-Identity-Elementen (Logo, Farbe, Architektur, Typografie, Produktformen etc.).

Technisch besteht ein *singuläres Hintergrundbild* aus einem Bilddokument in der Größe des Browserfensters. Wichtig ist hier, von der größtmöglichen Auflösung des Zielgruppenmonitors auszugehen, da sonst ungewollte und meist störende Kachelungen auftreten.

Im Zusammenspiel mit Vordergrundbildern können Hintergrundbilder optische Einheiten bilden. Vordergrundelemente werden dann in exakt definierten Positionen mit CSS-Technologie in ein Hintergrundbild hineingestellt (Abb. 8.6.6a). Dies bietet sich bei auszutauschenden oder animierten Vordergrundelementen an, verlangt aber ein exaktes browserunabhängiges Positionieren.

Soll ein Hintergrundbild auch optisch als solches wirken, ist die deutliche optische Zurücknahme gegenüber dem Vordergrund erforderlich. Dazu bietet sich eine Reihe von Möglichkeiten in der digitalen Nachbearbeitung an (Abb. 8.6.6b-d):

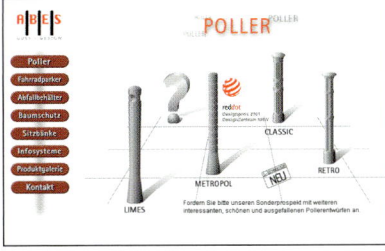

Abb. 8.6.6a: Abgestimmte Vorder- und Hintergrundbilder. Das Raster ist Hintergrundbild, die Produkte sind Vordergrundbilder.
(http://www.abes-online.de, frühere Site, nicht mehr im Netz)

- Farb- und Tonwerte zurückzunehmen
- Farbsättigung zurücknehmen
- Grautonbilder verwenden
- Schärfe oder Konturenschärfe auflösen
- Ausblenden zur Hintergrundfarbe
- Auf die Objektkonturen reduzieren

Bei der Verwendung von Hintergrundbildern ist gestalterische Sensibilität gefragt. Es sollten genügend Bildbereiche so zurückgenommen gestaltet werden, dass überlagernder Text trotzdem gut lesbar bleibt. Vermeiden Sie ein unruhiges Gesamtbild oder die optische Überfrachtung mit Informationen.

Abb. 8.6.6b-d: Zurückgenommene Hintergrundbilder mit Textüberlagerung
(Beispiele: Hammer)

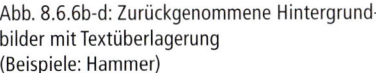
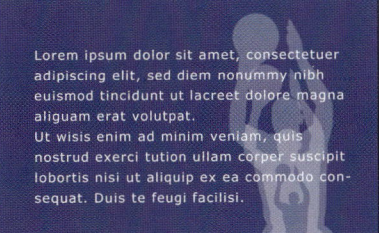

Grafiken und Bilder im Web

 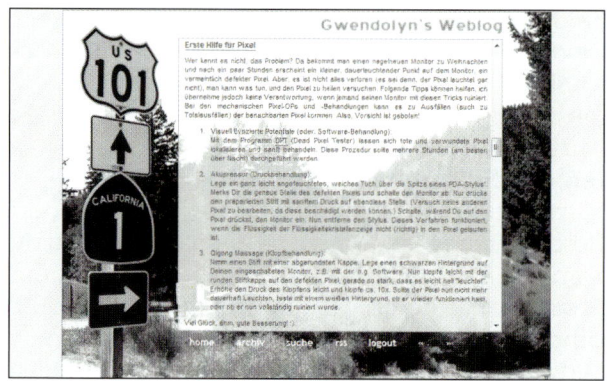

Abb. 8.6.6e, f: Singuläre Hintergrundbilder
(http://www.juliakroener.de/
http://oui-ja.de)

Motivlich bietet es sich oft an, Hintergrundbilder freizustellen oder mit weichen Übergängen (oder Wischern) in die Hintergrundfläche übergehen zu lassen. Details (z. B. von Produkten) sind meist aussagekräftiger als Darstellungen des Gesamtprodukts. Interessant sind angeschnittene Hintergrundbilder, d. h. Bilder, bei denen das Motiv direkt bis an den Rand des Browserfensters heranreicht.

Anstelle von fotorealistischen Motiven eignen sich auch prägnante Grafiken sehr gut als Hintergrundmotiv, wenn sie in gleicher Weise wie Bilder in den Farbeinstellungen zurückgenommen werden.

Das trifft ebenso auf Schriftzüge zu, z. B. Logos oder Keywords, die sich gut mit Blur-Effekten oder anderen Filtern verfremden lassen und dann ähnlich wie ein Wasserzeichen erscheinen.

Oft werden singuläre Hintergrundbilder auch nur von einer Farbfläche oder einer Transparenzmaske überlagert, auf der dann der Content der Website dargeboten wird (Abb. 8.6.6 e, f).

Die Grenzen eines einzelnen großen Hintergrundbildes liegen in dessen Dateigröße. In der Praxis funktioniert diese Methode nur dort, wo eine kleine Dateigröße des Hintergrundbildes erreicht werden kann, z. B. dadurch, dass nur ein kleines Motiv auf eine ansonsten einfarbige Fläche platziert und als GIF abgespeichert wird und/oder dass nur wenige Farben im Bild verwendet werden. Alle Möglichkeiten der webgerechten Bildoptimierung sind anzuwenden, um zu brauchbaren, d. h. schnell ladbaren Dateigrößen, zu gelangen.

8.6.7 Bildkacheln

Obwohl man im Internet sehr viele Negativbeispiele findet, sind *Bildkachelungen* dennoch ein nützliches Mittel zur Erstellung von Seitenhintergründen.

Abb. 8.6.7a: Das Prinzip der Kachelung
(Grafik: Hammer)

Insbesondere durch die Technologie des Kachelns kamen mit der Browsergeneration 3.0 multi-duplizierte Hintergrundbilder in Mode. Bei mangelnder Kreativität führt jedoch die unreflektierte horizontale und vertikale Reihung von Bildern oft zu langweiligen Ergebnissen. Sinnvoll ist diese Methode dagegen zum Erzeugen von regelmäßigen oder unregelmäßigen Hintergrundstrukturen.

Im Gegensatz zu den großen singulären Hintergrundbildern besteht der Vorteil von Bildkacheln darin, dass nur ein kleines Bild – und somit eine kleine Datei –, nur einmal vom Browser geladen werden muss und danach mehrfach wiederholt wird (Abb. 8.6.7a).
Auch hier sind grundsätzlich zwei Gestaltungsansätze anzutreffen. Solche, bei denen die Hintergrundkacheln gegenüber dem Vordergrundmotiv deutlich zurücktreten, und solche, bei denen für den Betrachter keine Unterscheidung zum Vordergrundmotiv gemacht wird. Im ersten Fall bieten sich die gleichen Bearbeitungsschritte zur Reduzierung der Bildintensität an wie bei singulären Hintergrundbildern.
Optisch unterscheiden sich Kacheln darin, ob sie eine gut sichtbare, regelmäßige Wiederholung zeigen oder ob die Kachelung nur schwer zu erkennen ist. Das wird wesentlich durch den Rapport, d. h. die Wiederholungsfrequenz des Motivs, und durch dessen Formprägnanz beeinflusst. Die Beispiele 8.6.7b, c zeigen interessante Lösungen mit großen Kachelformaten.
Unregelmäßige Motive oder solche, die verdreht und positionsversetzt sind, erschweren die Rapporterkennung; ein großer Rapportabstand (= große Kachel) bewirkt das Gleiche. Einfach zu erstellen sind Kacheln, bei denen einzelne Motive auf einen gleichmäßigen Hintergrund gestellt werden.

TIPP: *In Photoshop können Sie mit der Funktion „Muster erstellen" die Wirkungen unterschiedlicher Motivpositionen erproben, bevor Sie die eigentliche Kachel erstellen.*

Kacheln ohne Übergang
Mit Hilfe der hervorragenden Bearbeitungsmöglichkeiten in Photoshop ist es unproblematisch, einen gekachelten Seitenhintergrund ohne sichtbare Kachelübergänge zu erzeugen. Diese können auch von Vordergrundelementen (Bildern oder Texten) überlagert werden.
Als Ausgangsmaterial für interessante Kacheln können Sie fotografierte Strukturen nehmen oder Strukturen mit einer der Filterfunktionen digital erstellen.

Abb. 8.6.7b, c: Kacheldesigns mit überlagernden Vordergrundbildern
(http://www.viget.com/extend
http://www.soulcore.de/)

Grafiken und Bilder im Web

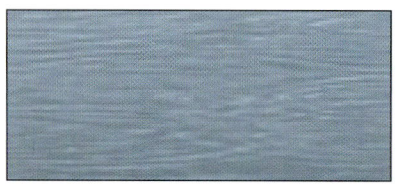 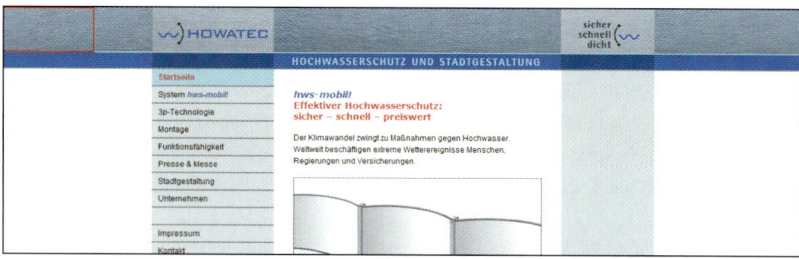

Abb. 8.6.7d, e: Erweiterbares Headerbild durch Kacheltechnologie; Website und vergrößertes Kachelbild (http://www.howatec-online.de)

Im Beispiel der Howatec-Website wurde im Header ein kachelbares Wasser-Hintergrundbild eingefügt, so dass der Headbereich stets über die gesamte Browserbreite mit diesem Bild ausgefüllt wird, wenn das Browserfenster bei hoher Monitorauflösung weit aufgezogen wird. In der Mitte der Seite ist in Breite des Contentbereichs ein statisches Wasserbild im Vordergrund platziert (Abb. 8.6.7d, e).

TIPP: Übergangslose Kacheln erstellen Sie in Photoshop folgendermaßen (Abb. 8.6.7f-h):
Zunächst wird ein Ausschnitt in geeigneter Größe festgelegt. Dieser sollte eine Rapportgröße aufweisen, die nicht sofort eine Musterwiederholung erkennen lässt (möglichst keine Störstellen integrieren), z. B. ein Bildausschnitt von 150 Pixeln Breite und Höhe.
Öffnen Sie den Filter „Sonstige Filter: Verschiebungseffekt". Geben Sie bei horizontaler und vertikaler Verschiebung jeweils den halben Wert der Datei ein (hier: 75 Pixel). Das Kontrollkästchen „Durch verschobenen Bereich ersetzen" muss angekreuzt sein. Arbeiten Sie den nunmehr deutlichen Bildübergang mit dem Kopierstempel oder Retuschier-Stempel nach, bis der Übergang nicht mehr sichtbar ist. Setzen Sie dann die Verschiebung durch Eingabe der negativen Werte zurück (hier: -75, -75).
Die so entstandene Kachel positionieren Sie als Hintergrundbild und erhalten auf diese Weise eine Hintergrundstruktur ohne merkbare Kachelübergänge.

Abb. 8.6.7f-h: Unsichtbare Kachelübergänge (Foto und Bearbeitung: Hammer) Ausgangskachel mit sichtbaren Übergängen, Bearbeitung im Verschiebungsfilter, bearbeitete Kachel ohne Übergänge.

 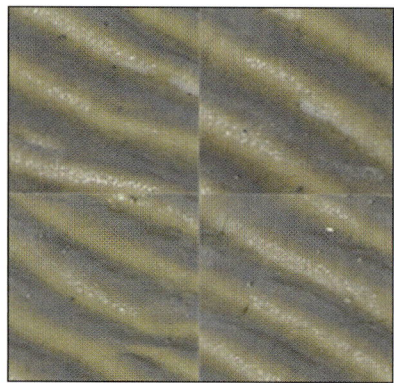 

Grafiken und Bilder im Web

ASSETDESIGN

Hintergrundstrukturen

Als Kachelhintergründe eignen sich gut unregelmäßige *Hintergrundstrukturen*. Diese können Sie über fotografisch erfasste Strukturmotive erzeugen.

Strukturen können auch hervorragend mit Filterfunktionen oder Ebenenstilen erstellt werden. Dadurch lassen sich solche Strukturen fertigen, die Materialoberflächen oder einfach interessante Zufallsstrukturen simulieren (Abb. 8.6.7i, j).

 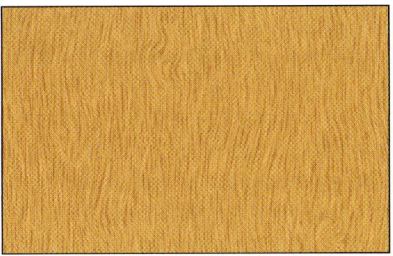

Abb. 8.6.7i, j: Unregelmäßige Hintergrundstruktur aus Filterfunktionen
(Grafiken: Hammer, Bensmann)
Die Strukturen sind hier mit hoher Intensität dargestellt; als Hintergrundbild müssten sie deutlich abgeschwächt werden.

Ein gut geeigneter Ausgangsfilter ist in Photoshop die Funktion „Störungen hinzufügen". Mit weiteren Filtern wie „Verwischen", „Verschieben" und durch geeignete Farbwahl lassen sich schnell und einfach verschiedenartige Strukturmuster erzeugen. Mit anderen Funktionen ergeben sich Materialstrukturen wie Leder, Leinen oder Marmor. Um solche Strukturen als Hintergrundkachel zu verwenden, müssen die Übergänge mit dem Korrekturpinsel nachgearbeitet und die Intensität des Bildes reduziert werden. Je nach dem Konzept der Website kann man sehr helle oder sehr dunkle Strukturbilder erzeugen.

Kachelstreifen

Nicht immer soll ein Muster optisch über das gesamte Browserfenster wiederholt werden, sondern nur in einem definierten Bereich. Eine geeignete Methode hierfür sind *Kachelstreifen* bzw. die Möglichkeit der ausschließlich horizontalen oder vertikalen Kachelung per CSS..

Je nach der gewünschten Orientierung (horizontal oder vertikal) wird eine schmale Kachel in maximal möglicher Breite oder Höhe des Browserfensters angelegt, bei dem das Bildmotiv nur einen kleinen Bereich ausmacht, während der restliche Bildbereich durch eine einfarbige (oder strukturierte) Bildfläche bestimmt wird. Dazu benötigt man lediglich einen sehr schmalen Kachelstreifen (Breite: nur 1 Pixel!), um das Browserfenster auszufüllen. Im Vordergrund kann man darüber Bilder oder Grafiken platzieren und aktive Bereiche dabei über Imagemaps erzeugen.

Vertikale Kachelstreifen lassen ein horizontales Muster entstehen, mit Hilfe von horizontalen Kachelstreifen lassen sich z. B. sehr gut Navigationsbereiche oder Marginalienbereiche optisch abtrennen (Abb. 8.6.7k).

Kachelstreifen mit CSS-Mitteln:
Auch CSS bietet Möglichkeiten, nur bestimmte Bereiche zu kacheln. Mit Hilfe der Eigenschaft background-repeat: kann das Wiederholungsverhalten einer Hintergrundgrafik kontrolliert werden. Mögliche Werte sind:
repeat (waagerecht und senkrecht kacheln)
repeat-x (nur waagerecht kacheln)
repeat-y (nur senkrecht kacheln)
no-repeat (nicht kacheln, Einzelbild anzeigen)

Abb. 8.6.7k: Kachelstreifen zur Erzeugung eines Streifenmusters (Beispiel: Hammer)

8.6.8 Headerbilder

Headerbilder werden in der Regel im Kopfbereich einer Website eingesetzt und dienen vorrangig der atmosphärischen Einstimmung oder zur Darstellung des Seiten- oder Bereichsthemas (Abb. 8.6.8a). Manchmal werden Sie auch vertikal neben dem Inhaltstext angeordnet.

Abb. 8.6.8a: Headerbild (Websiteentwurf FH-Gelsenkirchen, Foto: Pressestelle der FH)

Sie sind gekennzeichnet durch ihr ausgeprägtes Quer- oder Hochformat. Meistens sind sie als Bildcollage aus unterschiedlichen Themenbildern ausgeführt; sie können aber auch ein singuläres Motiv oder ein Motivdetail zeigen.

Headerbilder beleben eine Website; damit bieten auch Einzelseiten, die nur Text enthalten, ein Bild. Allerdings sollte dieses zum Thema passen. Man hat aber nicht für jede Seite ein eigenes Headerbild – der Aufwand wäre unverhältnismäßig hoch –, sondern man wählt üblicherweise je Hauptnavigationsbereich ein eigenes dazu passendes Headerbild.

Gute Headerbilder zu erstellen ist nicht einfach, da sich nicht jedes Motiv für das eigenwillige Format eignet. Der Kompromiss, ein Mischbild aus zahlreichen Einzelbildern zu erstellen, ist ebenfalls sehr arbeitsaufwändig und erfordert geschickte Bildübergänge, damit nicht ein verwischtes Mischmaschbild entsteht. Das Beispiel zeigt eine gelungene Bildmischung, die zusätzlich durch ein überlagerndes Raster zusammengehalten wird (Abb. 8.6.8b).

Abb. 8.6.8b: Bildcollage als Headerbild (http://www.fbm.htwk-leipzig.de/, Design: http://www.and-advertising.de)

Bedenken Sie bei der Größenfestlegung eines Headerbildes, dass dieses nicht zu viel Raum in der Seite beansprucht. Große, gute Headerbilder über die halbe Seitenhöhe mögen vielleicht eine Augenweide sein, wenn man deshalb jedoch bei jeder Seite erst einmal scrollen muss, um zum eigentlichen Inhalt zu gelangen, wird es lästig.

8.6.9 Buttons und Mouseovers

Bildbuttons und die Erscheinungsformen ihrer unterschiedlichen *Aktivierungszustände* wurden bereits in der Arbeitsphase des Interfacedesigns konzipiert. Endgültig ausgearbeitet werden sie jedoch beim Assetdesign, wenn ihre Beschriftungsinhalte und ihre Vorkommen endgültig festgelegt sind.

Buttons sind interaktive Elemente auf einer Website, mit denen z. B. eine URL oder ein Skript aufgerufen wird. Das Ausführen einer Aktion wird am Bildschirm durch optische Veränderungen des Buttons rückgemeldet. Technisch gesehen wird dazu das Originalbild des Buttons gegen ein anderes ausgetauscht.

Im Gegensatz zur Navigation mittels Hypertextlinks bieten Bildbuttons wesentlich größere Gestaltungsmöglichkeiten. Ihre Gestaltung sollte jedoch nicht auf bloße Effekte hin ausgelegt sein, sondern sich ästhetisch und semantisch in den Kontext der Sitegestaltung einpassen (Abb. 8.6.9a).

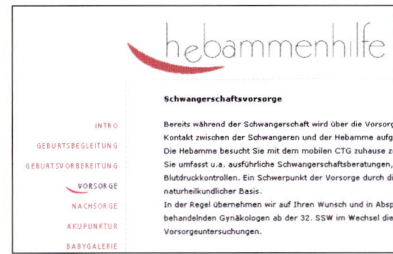

Abb. 8.6.9a: Navigationsbuttons im Farb- und Formbezug zum Logo
(frühere, nicht barrierefreie Site, nicht mehr im Netz, Design: Hammer)

Auch die Rollovers für Bildbuttons sollten nicht zu wild ausfallen. Stark springende Texte oder komplementäre Umfärbungen sind nervig, erschweren die Lesbarkeit und sind somit inakzeptabel. Ein 1-Pixel-Versatz des Textes reicht oft für den Mouseover-Zustand aus. Leichte Gloweffekte bieten sich z. B. für den aktiven Zustand an, Vergrauen oder Verblassen der Schriftfarbe oder Weichzeichnungseffekte eignen sich gut für den visited-Zustand.

Beachten Sie stets, dass die eingesetzten Gestaltungsmittel für Rolloverbilder die Lesbarkeit der Navigationsbegriffe nicht nachteilig beeinträchtigen. Vor allem im Mouseover-Zustand sollten Texte besonders gut lesbar sein; meist empfiehlt sich hier, die intensivste Farbe innerhalb des gewählten Farbschemas einzusetzen.

Der Inbegriff des Webbuttons ist die dreidimensional gestaltete Schaltfläche, die einen klassischen Hardware-Button imitiert. Richtig schön und realitätsnah an Hardware-Äquivalente erinnernd werden 3-D-Buttons erst durch ihre Rollovers, die in der klassischen Gestaltung durch Schattenumkehrung und/oder Positionsveränderungen den Normalzustand vom aktivierten oder gedrückten Zustand unterscheiden und damit z. B. das Eindrücken einer Schaltfläche simulieren. Leuchteffekte, wie eine Corona um den Button, aufleuchtende Innenbereiche, aufleuchtende Schrift etc. verstärken in Anlehnung an bekannte Hardware-Schemata den Aktivierungseindruck.

Kritisch, aber offen sollten Sie die Einsatzmöglichkeit von animierten Buttons prüfen. Wenn sie gut gestaltet sind und ins Flair der Seite passen, können sie ein gestalterisches Highlight darstellen; werden sie nur eingesetzt, damit sich irgendetwas bewegt, behindern sie den Nutzer nur.

Meist werden die eingesetzten Animationen nur als Rollover wirksam. Buttons, die bereits beim Aufruf einer Seite wackeln oder sonstige Bewegungen ausführen, verbessern eine Website nur selten. Keine Regel ohne Ausnahme: es gibt auch Sites (von Kreativen), die auch diese Elemente hervorragend beherrschen.

Animierte Rollovers steigern den Aufmerksamkeitswert von Navigationselementen beim Mouseover. Dezenter Einsatz von Bewegung auf einer Website, womöglich mit Elementen aus dem Corporate Design, oder auch ein dynamisches Ausrücken des angeklickten Textbegriffes wirken.

Technisch können animierte Rollovers über Skripte oder animierte GIFs erstellt werden, zunehmend werden hierfür jedoch Flash-Filme eingesetzt, die die gestalterischen Möglichkeiten erweitern.

8.6.10 Weitere Bildbearbeitungsmethoden

Die Möglichkeiten der Bildmanipulation mit Digitaltechnik sind heute geradezu unerschöpflich. Sie können in diesem Buch bei weitem nicht alle dargestellt werden.

Suchen und finden Sie weitere Anregungen in der vielfältigen Fachliteratur zur Bildbearbeitung. Vor allem: Experimentieren Sie selbst. Spielen Sie mit den zahlreichen Filtereffekten, um Manipulationen, Bewegungseindrücke, Verzerrungen, Mal- und Zeichenstile oder Materialillusionen zu erzeugen. Legen Sie Bilder auf Körper, überblenden Sie mit Ebenenmodi, Deckkraftregelung oder Maskierungen. Rastern Sie Bilder auf oder reduzieren Sie mit der Tontrennung den Tonwertumfang auf Posterstil.

Führen Sie aber alle derartigen Bildmanipulationen nicht zum spielerischen Selbstzweck aus, sondern prüfen Sie stets mit großer Gewissenhaftigkeit, ob dies in Ihr übergeordnetes Bildkonzept hineinpasst, Ihre Zielgruppe anspricht und gestalterisch wirklich einen Mehrwert darstellt.

8.7 Multimediainhalte

Für manche Projekte werden Animationen z. B. in Form von Flash-Filmen, Videos, 3-D-Modellen, Spielen oder Simulationen gewünscht. Hier sind Multimediainhalte besser dazu geeignet, Dinge zu veranschaulichen als Bilder. Aber auch als Schmuckelemente kommen Animationen zum Einsatz.

Bevor Sie pauschal ein paar Multimediainhalte einplanen, sollten Sie überlegen, ob diese wirklich nötig und sinnvoll sind. All diese Elemente sind sehr aufwändig in der Produktion und lassen sich nicht so leicht ändern und aktualisieren wie Texte oder Bilder. Sehen Sie von Elementen ab, die nur hübsch aussehen, aber keinerlei Botschaft vermitteln. Behalten Sie auch hier immer Ihre Zielgruppe im Auge und vergessen Sie nie, was Sie mit der Site erreichen wollen.

Beachten Sie, dass Sie mit dem Einsatz von Multimediaelementen Besucher mit Einschränkungen u. U. von Ihrer Website ausschließen. Sind zur Nutzung von Multimediainhalten besondere technische Voraussetzungen erforderlich (Player, Plugins etc.), müssen Sie davon ausgehen, dass diese nicht bei allen Nutzern vorhanden sind und viele Nutzer nicht willens oder befugt sind, die benötigten Programme zu installieren.

8.7.1 Über Animation

Getreu der Grundidee des Internets, dem Austausch von Informationen, waren HTML-Seiten in der Anfangszeit oft lange statische Textdokumente. Mit der zunehmenden Popularität und der damit eingehenden Kommerzialisierung wuchs auch das Bedürfnis nach unterhaltenden Inhalten. Online-Casinos, Webseiten zu Filmen, aber auch zu Produkten, versuchen, sich durch animierte emotionale Einstimmung von Konkurrenten abzusetzen (Abb. 8.7.1a).

Abb. 8.7.1a: Amazon bietet zu einigen Artikeln Videos oder Hörproben an, damit sich der Kunde vorab einen Eindruck verschaffen kann.

Animationen waren zunächst nur als Animated GIFs oder Java-Applets realisierbar, inzwischen gibt es verschiedenste Techniken. Grundsätzlich kann man zwei Arten von Animationen unterscheiden. Die erste Art entsteht durch das zeitversetzte Abspielen von Bildern. Wie beim Film wird durch die schnelle Abfolge der Einzelbilder der Eindruck einer Bewegung erzeugt. Die andere Möglichkeit, Animationen zu erzeugen, besteht darin, bestimmte Objekte relativ zueinander zu bewegen. Je nachdem in welcher Umgebung diese Animation erstellt wird, ist neben der Veränderung der Position auch eine Änderung der Skalierung oder anderer Eigenschaften möglich. Ein Beispiel wäre eine Figur, die durch das Bild bewegt wird.
Beide Formen lassen sich auch kombiniert einsetzen.
Grundsätzlich kann man selbstablaufende und interaktive Animationen unterscheiden.
Oft als Werbebanner oder gedankenlos aus Selbstzweck auf Seiten platziert, haben Animationen bei vielen Benutzern einen schlechten Ruf. Sinnvoll eingesetzt lassen sich mit ihnen aber komplizierte Zusammenhänge darstellen oder z. B. mit Flash-Animationen spielfilmgleiche Entertainment-Angebote für das Internet erstellen.
An einigen Stellen kann man dadurch die Benutzerführung optimieren oder eine spielerische Herangehensweise an Probleme unterstützen.

8.7.2 Bildplayer / Diashow
Die einfachste Art einer Animation stellt das automatische, zeitgesteuerte oder nutzergesteuerte Abspielen von Bildern in einer Art Diashow dar. Man bezeichnet das auch als *Bildplayer*, wenngleich damit eigentlich spezielle Abspielprogramme, wie z. B. Windows Media Player, benannt werden.
In der Regel wird in solchen Bildplayern über JavaScript der Austausch der Bilder gesteuert. Im Internet sind dazu unterschiedliche Skripte verfügbar.
Die visuelle Gestaltung des Bildplayers bleibt Ihnen überlassen, ebenso die Ausführungsform und das Aussehen der Bedienelemente. Wichtig ist in jedem Fall, dem Nutzer die Möglichkeit des individuellen Eingreifens zum Starten und Stoppen des Players einzuräumen. Ausschließlich automatisch ablaufende Player ohne Eingriffsmöglichkeit sind im Netz verpönt.
Auch in den Mediendesign-Online-Lernmodulen sind einfache Bildplayer enthalten, die das manuelle Vor- und Zurückschalten der Bilder ermöglichen. Das jeweils letzte Bild ist eine Gesamtzusammenstellung und eignet sich zum Ausdruck (Abb.8.7.2a).
Eine sehr beliebte Art der Bilddarstellung stellen die sogenannten Lightboxen dar. Mit Hilfe von JavaScript können einzelne Bilder und Bildgalerien angezeigt werden, ohne dabei Popups zu verwenden. Die angezeigten Bilder überlagern die eigentliche Website blenden sie ein wenig aus, um das jeweilige Bild optisch hervorzuheben.

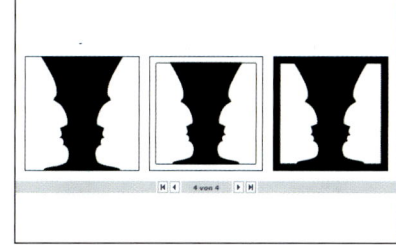

Abb. 8.7.2a: Bildplayer
(http://www.mediendesign-online.net)

Linktipps:
Lightbox V1.0: http://www.huddletogether.com/projects/lightbox/
Lightbox V2.0: http://www.lokeshdhakar.com/projects/lightbox2/
Lighbox-Klone: http://fortysomething.ca/mt/etc/archives/005400.php

Multimediainhalte

Abb. 8.7.3a: Logoanimation per animated GIF (www.online-studies.net, nicht mehr im Netz)

8.7.3 Animierte GIFs

Der große Vorteil von *animierten GIFs* ist die breite Unterstützung der grundlegenden Funktionen durch aktuelle Browser. Mit animierten GIFs lassen sich mehrere GIF-Dateien zusammen mit Informationen über ihre zeitliche Abfolge in einer einzelnen Datei speichern. In der Spezifikation von GIF89a sind noch weitere Funktionen, wie das Warten auf Benutzereingaben, vorgesehen.

Animierte GIFs werden gerne von unerfahrenen Gestaltern aus reinem Selbstzweck eingesetzt, oft zudem in Form banaler ClipArt aus dem Internet. Es gibt aber auch sinnvolle Anwendungen. Beliebt sind sie für Werbebanner und als Blickfang innerhalb einer Webseite (Abb. 8.7.3a). Zusammen mit JavaScript-Rollovern lassen sich auch komplexe Button-Effekte oder interaktive Grafiken erstellen.

8.7.4 RIA-Animationen

Flash, Silverlight, JavaFX, HTML5 u.v.m. bieten für Webanimationen eine breite Palette an Möglichkeiten. Animationen lassen sich aus Einzelbildern, als Pfadanimationen sowie als Kombination aus beidem erzeugen. Es lassen sich auch komplett skriptgesteuerte Abläufe herstellen. Von einzelnen Objekten können nicht nur Position und Skalierung, sondern auch Farbigkeit, Rotation, Opazität und z-Index beeinflusst werden. Dadurch, dass neben Vektoren auch Bitmap-Grafiken, Sound und sogar Filme unterstützt werden, können sehr komplexe Ideen und Anwendungen umgesetzt werden. Rich Internet Applications werden gerne zur emotionalen Kommunikation eingesetzt, leider werden sie aber oft einfach nur verwendet, um „hip" zu wirken.

Zu den gängigsten Anwendungen von RIAs zählen Online-Spiele, wobei sowohl Single- als auch Multi-User-Spiele möglich sind, die Visualisierung von Daten, z. B. bei Wetterkarten, Börsentickern oder anderen statistischen Daten, E-Learning-Anwendungen und so genannte Produkt-Erlebniswelten, in denen Produkte und deren Eigenschaften emotional kommuniziert werden (Abb. 8.7.4a, b).

Abb. 8.7.4a, b: Flash-Animationen (http://www.sensisoft.com/ http://www.littlebigplanet.com/de_DE)

8.7.5 Filme / Videos

Zum Betrachten von *Videofilmen* sind mit HTML5 keine speziellen Player erforderlich. Videos können ganz einfach per `<video>`-

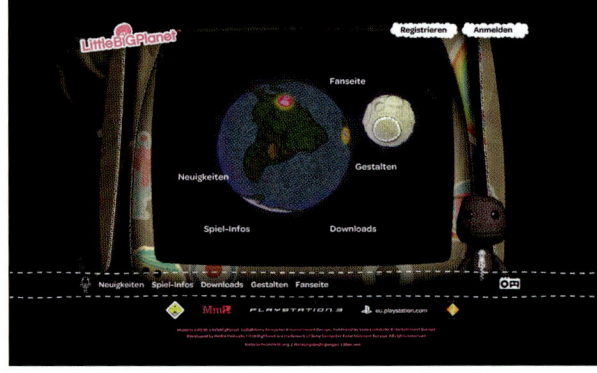

Element in den HTML-Quelltext eingebunden werden. Lediglich der verwendete Codec kann hier zu Problemen führen, da in der HTML5-Spezifikation kein gemeinsames Videoformat festgelegt wurde. Aus diesem Grund unterstützen die gängigen Browser derzeit unterschiedliche Formate. Es ist jedoch möglich, das Video in unterschiedlichen Formaten zu hinterlegen, so dass die verschiedenen Browser mit dem gewünschten Material versorgt werden können.

8.7.6 Musik / Audio
Reine Audio-Player sind im Internet bislang eher wenig vertreten. Mit dem in HTML5 eingeführten <audio>-Element könnte sich das ändern. Vom Prinzip her funktioniert es genauso wie das <video>-Element, mit ähnlichen Codec-Problemen, da man sich nicht auf einen gemeinsamen Konsens-Codec einigen konnte. Das gängige mp3-Format wird nicht flächendeckend von den Browsern unterstützt, stellt man die Audioinhalte jedoch im mp3- und Ogg Vorbis-Format zur Verfügung, ist man auf der vergleichsweise sicheren Seite.

8.7.7 Sonstige Multimediaanwendungen
Eine besonders wirkungsvolle Informationsverstärkung erreicht man mit dem Einsatz von Audioelementen. Eine passende Musik, die beim Öffnen einer Website ertönt, oder interessante Klicksounds beim Betätigen der Interaktionselemente zeigen Wirkung beim Nutzer. Auch hier gilt die Devise: Setzen Sie Audioelemente sparsam und zum Inhalt passend ein. Und bieten Sie vor allem eine Funktion an, um die Lautstärke zu regeln oder den Ton völlig abzustellen. Bedenken Sie auch, dass Sie nicht in jedem Fall voraussetzen können, dass der Nutzer Audiowiedergabegeräte zur Verfügung hat.
Bereits marktreif entwickelt, jedoch am Markt bislang ohne Relevanz, ist die Kombination von Bild und Geruch. Mittels spezieller dufterzeugender Geräte wird es dabei z. B. möglich, die Internetwerbung für ein Reinigungsmittel mit der versprochenen „Zitrusfrische" sogleich mit dem Geruchssinn erfahrbar zu machen.

Codecs
Das Kunstwort Codec (**co**de / **dec**ode) bezeichnet ein Verfahren zur digitalen Kodierung und Dekodierung von Signalen. Es gibt viele unterschiedliche Codecs für Audio- und Videodaten, einige von ihnen unterliegen Patenten, so dass Lizenzgebühren anfallen, wenn eine Software den entsprechenden Standard unterstützt. Es gibt auch lizenzfreie Codecs, die sich aber oft noch nicht so richtig durchsetzen konnten. Die anfallenden Lizenzgebühren sind ein oft genannter Grund der Browserhersteller weit verbreitete Audio- und Videoformate wie mp3 oder H.264 nicht zu unterstützen. Mit dem lizenzfreien Format Ogg (Vorbis für Audio und Theora für Video) steht eine gute Alternative zur Verfügung, gegen die sich wegen der noch zu geringen Verbreitung wiederum andere Browserhersteller aussprechen.
Bei den Audioformaten entschärft sich die Lage langsam, da einige Patente für das mp3-Format in den Jahren bis 2017 auslaufen.

8.8 Resümee
Im Kapitel Assetdesign haben Sie sich mit dem Design der einzelnen Bestandteile Ihrer Website, den Assets, auseinandergesetzt.
Sie haben u. a. gelernt,

- dass bei einfachen Sites statt eines aufwändigen Storyboards auch eine Datendokumentation für die zu erstellenden Webseiten ausreicht,
- dass Texte fürs Internet möglichst kurz und prägnant sein sollen,
- dass auch im Internet die „Zeichen der guten Typografie" anwendbar sind,

- dass Bildtypografie bei Unternehmensschriftzügen ein Muss ist,
- dass Fotos und Grafiken durch vielfältige Möglichkeiten der Bildbearbeitung aufgewertet werden können und selbst schlechtes Bildmaterial so z. T. noch genutzt werden kann,
- dass man freigestellte Bilder wieder „erden" sollte,
- dass Hintergrundbilder gegenüber dem Seitenvordergrund stets optisch deutlich zurücktreten sollten,
- dass Multimediainhalte die Informationsvermittlung deutlich verstärken,
- dass Flash als Multimediaformat für Animation und Filme heute andere Formate z. T. verdrängt hat.

Prüfen Sie Ihren Kenntnisstand mit dem selbstevaluierbaren Quiz.

In der nachfolgenden Übung werden Sie dieses Wissen für Ihre Umsetzung der „pixographen"-Site einsetzen.

8.9 Quiz zu „Assetdesign"

Im nachfolgenden Quiz prüfen Sie Ihren Kenntnisstand zu den Inhalten dieses Kapitels. Sollte die abschließende Auswertung ergeben, dass Ihr Kenntnisstand lückenhaft ist, wird empfohlen, die relevanten Unterkapitel nachzuarbeiten.

Lösungen (S. 354)

8.9.1 Was beinhaltet ein Web-Storyboard?
(A) Die Definitionen von Typografie und Farbe
(B) Die Festlegung der Inhaltselemente je Webseite
(C) Alle fertigen Texte für jede Webseite

8.9.2 Wie lassen sich auf Webseiten die „Zeichen der guten Typografie" realisieren?
(A) Durch HTML- und CSS-Entities
(B) Nur durch Bildtypografie
(C) Durch das Tag <type correct>

8.9.3 Worin liegt der Vorteil von Bildtypografie?
(A) Bildtypografie wird schneller geladen als HTML-Daten
(B) Bildtypografie erlaubt eine freie Schriftwahl und -bearbeitung
(C) Bei Bildtypografie kommen die verwendeten Schriftfarben besser zur Geltung

ASSETDESIGN

8.9.4 Wie werden Logos auf Webseiten üblicherweise dargestellt?
- (A) Immer mit CSS-Schriftdefinition
- (B) Nur als Wortmarke in HTML
- (C) Als Bildtypografie

Quizfrage 8.9.4
- ☐ Lösung (A)
- ☐ Lösung (B)
- ☐ Lösung (C)

8.9.5 Worauf achten Sie bei der Auswahl des Fotomaterials für eine Website?
- (A) Auf eine möglichst konsistente Bildauffassung
- (B) Darauf, dass alle Bilder einen Rand aufweisen
- (C) Darauf, dass alle Bilder mit einer Digitalkamera aufgenommen wurden
- (D) Darauf, dass alle Bilder im Querformat vorliegen

Quizfrage 8.9.5
- ☐ Lösung (A)
- ☐ Lösung (B)
- ☐ Lösung (C)
- ☐ Lösung (D)

8.9.6 In welcher Gehirnhälfte werden nach der Hemisphärentheorie Bildeindrücke verarbeitet?
- (A) In der rechten Gehirnhälfte
- (B) In der linken Gehirnhälfte
- (C) In der rechten und der linken Gehirnhälfte

Quizfrage 8.9.6
- ☐ Lösung (A)
- ☐ Lösung (B)
- ☐ Lösung (C)

8.9.7 Durch welches Stilmittel in der Bildgestaltung lässt sich Aufmerksamkeit erzeugen?
- (A) Ungekonntes Hinstellen
- (B) Gekonntes Weglassen
- (C) Freigestelltes Weglassen

Quizfrage 8.9.7
- ☐ Lösung (A)
- ☐ Lösung (B)
- ☐ Lösung (C)

8.9.8 Als eines von mehreren Elementen im Layout tragen Bilder dazu bei ...
- (A) Den Textlesefluss zu steuern
- (B) Sich dem Text unterzuordnen
- (C) Mit dem Text zu konkurrieren

Quizfrage 8.9.8
- ☐ Lösung (A)
- ☐ Lösung (B)
- ☐ Lösung (C)

8.9.9 In welchem Dateiformat kommt Halbtransparenz vor?
- (A) GIF
- (B) JPEG
- (C) PNG

Quizfrage 8.9.9
- ☐ Lösung (A)
- ☐ Lösung (B)
- ☐ Lösung (C)

8.9.10 Worauf achten Sie, wenn Sie freigestellte Bilder als Link definieren?
- (A) Dass die Default-Einstellung zur automatischen Erzeugung eines (blauen) Bildrahmens beim Mouseover abgestellt ist
- (B) Dass man den Link ausschließlich über eine Imagemap erzeugt
- (C) Dass alternativ zum Bildlink ein Textlink zur Verfügung steht

Quizfrage 8.9.10
- ☐ Lösung (A)
- ☐ Lösung (B)
- ☐ Lösung (C)

Quiz zu „Assetdesign"

Quizfrage 8.9.11

8.9.11 In welchem Format speichern Sie ein Bild, das freigestellt vor einem farbigen Webseitenhintergrund erscheinen soll?

- ☐ Lösung (A) — (A) JPG
- ☐ Lösung (B) — (B) TIF
- ☐ Lösung (C) — (C) EPS
- ☐ Lösung (D) — (D) GIF

Quizfrage 8.9.12

8.9.12 Wie „erden" Sie freigestellte Bilder?

- ☐ Lösung (A) — (A) Durch Einziehen einer Hintergrundstruktur
- ☐ Lösung (B) — (B) Durch Einziehen eines Körperschattens
- ☐ Lösung (C) — (C) Durch einen erdfarbenen Hintergrund

Quizfrage 8.9.13

8.9.13 Worin besteht der Vorteil der Bildbearbeitung durch die Photoshop-Funktion „Ebenenstil"?

- ☐ Lösung (A) — (A) Die Veränderungen werden direkt in das Bild eingerechnet
- ☐ Lösung (B) — (B) Die Veränderungen sind jederzeit reversibel
- ☐ Lösung (C) — (C) Die Veränderungen werden im „Protokoll" mitgeführt

Quizfrage 8.9.14

8.9.14 Welchen Sinn macht die Bildrandgestaltung?

- ☐ Lösung (A) — (A) Unterschiedliche Bilder werden durch gleiche Bildränder zusammengefasst
- ☐ Lösung (B) — (B) Bilder erscheinen durch Ränder wertvoller
- ☐ Lösung (C) — (C) Bilder mit gestalteten Rändern werden schneller geladen

Quizfrage 8.9.15

8.9.15 Worauf achten Sie bei der Erstellung von singulären Hintergrundbildern?

- ☐ Lösung (A) — (A) Dass diese stets als PNG gespeichert werden
- ☐ Lösung (B) — (B) Dass diese sich im Browser nicht kacheln
- ☐ Lösung (C) — (C) Dass diese einen Alternativtext aufweisen

Quizfrage 8.9.16

8.9.16 Wie vermeiden Sie bei Kachelbildern das Auftreten sichtbarer Kachelübergänge?

- ☐ Lösung (A) — (A) Kachelinhalt kleiner als Kachelgröße definieren
- ☐ Lösung (B) — (B) Kachelbild spiegeln
- ☐ Lösung (C) — (C) In Photoshop mit Verschiebeungsffekt und Stempel nacharbeiten

Quizfrage 8.9.17

8.9.17 Worauf sollten Sie bei Bildplayern auf einer Website achten?

- ☐ Lösung (A) — (A) Dass diese automatisch starten
- ☐ Lösung (B) — (B) Dass die Bilder alle im gleichenFormat angezeigt werden
- ☐ Lösung (C) — (C) Dass der Nutzer jederzeit eine Eingriffsmöglichkeit hat (Start, Stopp, Lautstärke etc.)

8.10 Übung: Storyboard und Assetdesign der „pixographen"-Site

Sie haben bereits für Ihre „pixographen"-Site die Sitestruktur und das Interaktionsdesign erstellt und haben das Screen- und Interfacedesign entwickelt. Nun geht es darum, die Seite in ihren Inhalten vollständig durchzuplanen und die unterschiedlichen Inhalte professionell aufzubereiten.

In dieser Übung sollen Sie Folgendes ausführen:

1. Entwickeln Sie das Storyboard für Ihre Site, d. h., definieren Sie für alle vorkommenden Seiten die Inhalte. Kennzeichnen Sie dasjenige, was noch erstellt werden muss.
2. Versuchen Sie sich als Texter und schreiben Sie (kurze) Texte für die eingeplanten Seiten auf Basis der zur Verfügung stehenden Materialien.
3. Erstellen oder beschaffen Sie die benötigten Fotos und Grafiken. Hier können Sie entweder selber zur Kamera greifen und Freunde und Familie als Models verwenden oder auf Bilder aus freien Stockfotoarchiven zurückgreifen.
4. Bereiten Sie Ihr Bildmaterial gemäß dem Bildkonzept auf. Achten Sie darauf, dass Texte und Bilder einheitlich im Stil sind und zu Ihrem gewählten Look & Feel passen. Bearbeiten Sie die Fotos und Grafiken entsprechend (Bildoptimierung, Freistellen, neue Hintergründe, Bildränder etc.). Falls vorgesehen, erstellen Sie auch alle Bildbuttons und Bildheadlines.
5. Wenn Sie Multimediainhalte für Ihre „pixographen"-Site eingeplant haben (z. B. Flash-Animationen, Diaschau etc.), müssen diese jetzt ebenfalls ausgearbeitet werden.

Dokumentieren Sie, wie viel Zeit Sie für das Durchführen der einzelnen Arbeiten verwendet haben, und tragen Sie dies in Ihr Zeitkonto ein.
Drucken Sie Ihr Storyboard für den Projektordner aus.

Technische Umsetzung   9

> A common mistake people make when trying to design something complete foolproof is to underestimate the ingenuity of complete fools.
>
> Douglas Adams

Abb. 9a: Zitat Douglas Adams (Grafik: Bensmann)

9.1 Lernziele

Dieses Kapitel führt Sie Schritt für Schritt an die technische Umsetzung eines Webangebotes heran. Sie erfahren, wie Sie schrittweise alle Elemente des Webangebotes, wie Struktur und Quelltext, sowie das Layout mittels CSS mit den erlernten Kenntnissen umsetzen.

Sie lernen im Einzelnen:
- was Sie bei der eigentlichen technischen Umsetzung beachten müssen,
- wie Sie Ihre Website zur Ausgabe auf anderen Medien vorbereiten,
- welche zusätzlichen Funktionalitäten Sie für die Interaktion mit dem Benutzer vorsehen können,
- wie Sie Ihre Site für Suchmaschinen optimieren.

Prüfen Sie das Gelernte mit dem selbstevaluierbaren Quiz.
In der abschließenden Übung wenden Sie Ihr Wissen wieder an und erstellen den HTML-Prototyp für Ihre „pixographen"-Site.

9.2 Einleitung

Wenn der HTML-Prototyp verabschiedet ist und das Storyboard erstellt ist, kann die technische Umsetzung des Webangebotes erfolgen. Die Materialien liegen zum Großteil vor, Fehlendes wird parallel erarbeitet.

Nun geht es daran, alles zur Website zusammenzufügen. Auch wenn das Testen der Website erst im Kapitel „Tests und Launch" behandelt wird, sollten Sie mit den Tests möglichst frühzeitig beginnen. Änderungen können gleich eingebaut werden und die Wahrscheinlichkeit, dass Fehler gefunden werden, ist größer, als wenn Sie erst im letzten Moment damit beginnen.

9.3 Vom Prototyp zur fertigen Website

Nach Abnahme des HTML-Prototyps kann es an die Umsetzung der Website mit allen Funktionalitäten und Inhalten gehen. Erforderlich ist jetzt auch das fertige Storyboard, in dem die geforderten Inhalte für jede einzelne Webseite der Site zusammengestellt sind. Und sinnvollerweise sollten bereits alle Assets (Texte, Bilder, Grafiken, Multimediainhalte, Downloads) erstellt sein, mindestens jedoch in Größe und Umfang definiert sein, damit ersatzweise entsprechende Platzhalter eingefügt werden können.

Selbstverständlich wird auch in dieser Phase regelmäßig getestet und auch die Code Reviews werden weiter abgehalten. In gut strukturiertem Quelltext fällt es allen Beteiligten leicht, die Inhalte, für die sie verantwortlich sind, einzubauen. Auch in dieser Phase des Projektes werden die Änderungen aus Tests und Reviews regelmäßig und nach Priorität sortiert eingebaut.

9.3.1 Dynamischer Content

Der dynamische Content wird in die entsprechend vorgesehenen Stellen im HTML-Quelltext eingebunden. Achten Sie darauf, die Validität des Quelltextes durch den dynamischen Code nicht zu gefährden. Regelmäßige Validitätskontrollen sind ein Muss. Bei der Programmierung halten Sie sich an den vereinbarten Styleguide.

Richtlinien für gutes technisches Design
- Verwenden Sie existierenden Code und Datenbanktabellen wieder, wo es möglich ist.
- Erstellen Sie wiederverwendbaren, modularen Code, Datenbanktabellen und -features, die auch in späteren Projekten nützlich sein können.
- Datenbank- und Anwendungslogik sollten separat vom HTML-Quelltext gehalten werden.
- Ermitteln Sie, welche Funktionen in Bibliotheken ausgegliedert werden können.
- Identifizieren Sie mögliche Performance-Probleme. Denken Sie an die Skalierbarkeit und beachten Sie, wie sich die Performance ändern wird, wenn dem System mehr Daten hinzugefügt werden. Ermitteln Sie, ob der dynamische Code hohem Traffic standhalten kann.
- Versuchen Sie abzusehen, welche Features vom Kunden in Zukunft noch gewünscht werden könnten.

Informationsdarstellung auf anderen Medien

9.3.2 Skripte und Multimediainhalte

Für die Programmierung der Skripte gelten dieselben Richtlinien wie für den dynamischen Content. Auch Skripte sollten möglichst vom HTML-Quelltext getrennt werden. Lange JavaScript-Passagen machen den HTML-Quelltext unleserlich und unnötig groß. Testen Sie den HTML-Quelltext mit den eingebauten Skripten auf Validität und verwenden Sie Debugging-Tools, um Fehler zu finden.
Multimedia-Inhalte sollten bei optimaler Qualität eine angemessene Dateigröße haben, denn nicht viele Nutzer werden lange Wartezeiten hinnehmen. Ladebalken sind kein Trost für „verschwendete" Zeit. Machen Sie von Streaming- und Nachladefunktionen Gebrauch, so dass die Besucher schon während des Ladevorgangs etwas zu sehen bzw. zu tun bekommen.

9.3.3 Grafiken optimieren

Haben Sie bisher temporäre und möglicherweise noch nicht weboptimierte PNG-Grafiken benutzt, müssen Sie diese nun durch geeignete und weboptimierte Grafiken und Bilder ersetzen.
Verwenden Sie das zum jeweiligen Bild geeignete Grafikformat und stellen Sie die Bilder in bestmöglicher Qualität in einer vertretbaren Dateigröße zur Verfügung. Achten Sie auf ein gutes Verhältnis von Dateigröße und Kompression. Körnige oder mit Artefakten versehene Grafiken wirken unprofessionell.
Das beste Design wird durch schlechte Grafiken und Bilder zerstört. Bei kleinen Grafiken bietet es sich ggf. an, eine größere Version zu verlinken (z.B. durch Klick auf das Bild), so dass alle Details gut erkennbar sind.

9.4 Informationsdarstellung auf anderen Medien

Je nach Zielgruppe kann es sinnvoll sein, mehrere Stylesheets für unterschiedliche Medien zur Verfügung zu stellen. Ein *Druckstylesheet* ist in den meisten Fällen ein Muss. Stylesheets für besondere Ausgabegeräte wie Vorlesegeräte, Braillezeilen oder Ähnliches sind leider zum aktuellen Zeitpunkt noch Zukunftsmusik. Lediglich der Opera Browser unterstützt einige Eigenschaften dieses CSS 2-Standards.
Bestimmte Webangebote werden unter Umständen häufig mit Mobiltelefonen oder PDAs abgerufen. Auch hier kann ein geeignetes Stylesheet sinnvoll sein. Nutzen Sie die Möglichkeiten, die Ihnen CSS bietet, um Ihre Website für den Besucher optimal nutzbar zu gestalten.

9.4.1 Druckversion

Für den Seitenbesucher, der sich eine Seite ausdrucken möchte, gibt es nichts Unangenehmeres als abgeschnittene und unlesbare

Informationsdarstellung auf anderen Medien

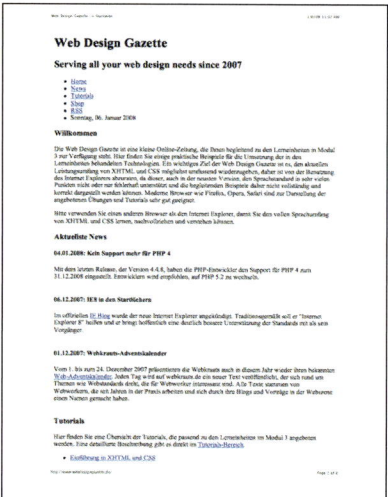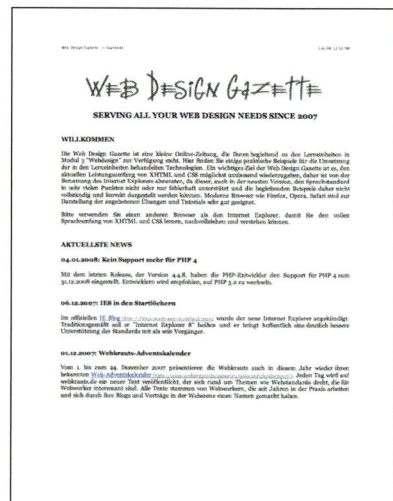

Abb. 9.4.1a, b: Die Web Design Gazette ohne (links) und mit separatem Druckstylesheet (rechts)

Texte, halbierte Grafiken und große mit Werbung belegte Flächen auf einem bunten Hintergrund. Um solchen Problemen gezielt vorzubeugen, ist es empfehlenswert, Alternativen für den Druck anzubieten (Abb. 9.4.1a, b).

Für die Ausgabe der Website auf einem Drucker bieten sich zwei unterschiedliche Möglichkeiten an: Zum einen kann eine Extraversion der Website erstellt werden, die für den Druck optimiert wurde, zum anderen ist der Einsatz eines speziellen Stylesheets für den Druck denkbar. Beide Methoden haben ihre Daseinsberechtigung und kommen in unterschiedlichen Fällen zur Anwendung.

Ein längerer Text, der auf mehrere Seiten aufgeteilt wurde, lässt sich komfortabler als Gesamtdokument ausdrucken. In diesem Fall wäre eine extra für den Druck konzipierte Version der Seiten ideal. Andere, einzeln zu druckende Seiten, sind mit einem speziellen *Druckstylesheet* gut bedient. Hier kann der Text neu formatiert werden, Farben und Schriftarten angepasst und Logo sowie Grafiken für den Druck optimiert bereitgestellt werden. Für den Druck Unwichtiges wie Navigation und Banner werden ausgeblendet, da sie auf Papier keinerlei Nutzen haben. Stattdessen wäre die Angabe der URL möglicherweise interessant. Nützlich ist der Ausdruck eines Navigationspfades, um die Seite in den Gesamtzusammenhang einordnen zu können. Auch eine ausführliche Urheberangabe mit Adresse und Mail ist oft sinnvoll. Diese kann in der Webansicht unsichtbar auf allen Seiten integriert werden.

Checkliste für druckbare Alternativen der Website
- Stellen Sie optimierte Bilder für die Druckausgabe zur Verfügung: Einige Bilder – beispielsweise transparente GIFs – lassen sich nur sehr schwer ausdrucken. Geben Sie deshalb in Ihrem Druckstylesheet bzw. auf der für den Druck optimierten Seite Bilder an, die Sie für den Druck optimiert haben. Beachten Sie, dass Sie bei der Verwen-

dung eines Druckstylesheets diese optimierten Grafiken in Ihrem Screen-Stylesheet ausblenden müssen und dass sie vom Browser dann zwar nicht angezeigt, aber dennoch geladen werden.
- Unterbinden Sie die Navigation in der Druckausgabe:
Ein Breadcrumbtrail ist jedoch möglicherweise nützlich, damit der Nutzer die Seite wiederfinden kann.
- Verwenden Sie keine Seitenränder:
Drucker setzen die Seitenränder automatisch. Sie können entweder überhaupt keine Ränder definieren oder alle Ränder auf den Wert null setzen.
- Optimieren Sie die Schrift für den Druck:
Es kann sinnvoll sein, bei langen Lesetexten Serifenschriften zu verwenden. Schriftgrößen geben Sie entweder gar nicht oder in der Maßeinheit „Punkt" (pt) an.
- Geben Sie bei Links die URL mit an, sofern diese nicht schon im Linknamen enthalten ist.

Übungsexkurs: Ein Druckstylesheet für die Web Design Gazette

In diesem Exkurs entwickeln Sie Schritt für Schritt ein *Druckstylesheet* für die Web Design Gazette. Um Ihr eigenes Stylesheet zu testen, können Sie die Druckvorschau Ihres Browsers benutzen. Hier disqualifiziert sich die aktuelle Version des Firefox, da sie eine sehr schlechte Druckvorschau hat, der eigentliche Druck ist jedoch in Ordnung. Für das Entwickeln eines Druckstylesheets sind Sie mit Safari oder Opera in diesem Fall besser bedient.
Sie beginnen mit einer leeren Datei, die Sie beispielsweise als print.css abspeichern. Per <link />-Element wird das neue Stylesheet nun in Ihren (X)HTML-Quelltext eingebunden.

```
<link href="print.css" rel="stylesheet" type="text/css" media="print" />
```

Das Ergebnis unterscheidet sich bislang noch nicht von der Druckvorschau ohne eigenes Stylesheet.

Um sicherzugehen, dass der ausgedruckte Text auch „Schwarz auf Weiß" gelesen werden kann, werden alle Elemente der Seite mit weißer Hinter- und schwarzer Vordergrundfarbe versehen. Text kann bei Bedarf in Blocksatzform gebracht werden und sollte in einer auf Papier gut lesbaren Schrift ausgedruckt werden. Im Gegensatz zu den für das Web gewählten Schriftgraden geben Sie die Schriftgrößen für den Druck in Points (pt) an.
Da jeder Drucker seine Seiteneinstellungen selbst im Treiber verwaltet und diese ggf. durch den Browser überschrieben werden, ist es sinnvoll, nicht auch noch eigene Ränder zu definieren. Am besten setzt man alle Innen- und Außenabstände des Contents auf 0, die Seitenbreite auf „auto".

```
body {
  color: #000000;
  background-color: #ffffff;
  font-family: Georgia, serif;
  font-size: 11pt;
  text-align: justify;
  width: auto;
  margin: 0;
  padding: 0;
}
```

Nun sieht Ihre Druckvorschau schon anders aus (Abb. 9.4.1c).

Da auf Papier nicht geklickt werden kann, sind einige u.U. sehr platzraubende Elemente auf einem Ausdruck unnötig. Dazu gehören beispielsweise Navigation, Banner, Werbung etc. In unserem Fall soll die Navigation ausgeblendet werden (Abb. 9.4.1d).

```
#navigation {
  display: none;
}
```

Abb. 9.4.1c: Druckansicht Web Design Gazette: Serifenschrift und schwarz-weiße Farbgebung

Abb. 9.4.1d: Druckansicht Web Design Gazette: Navigation ausgeblendet

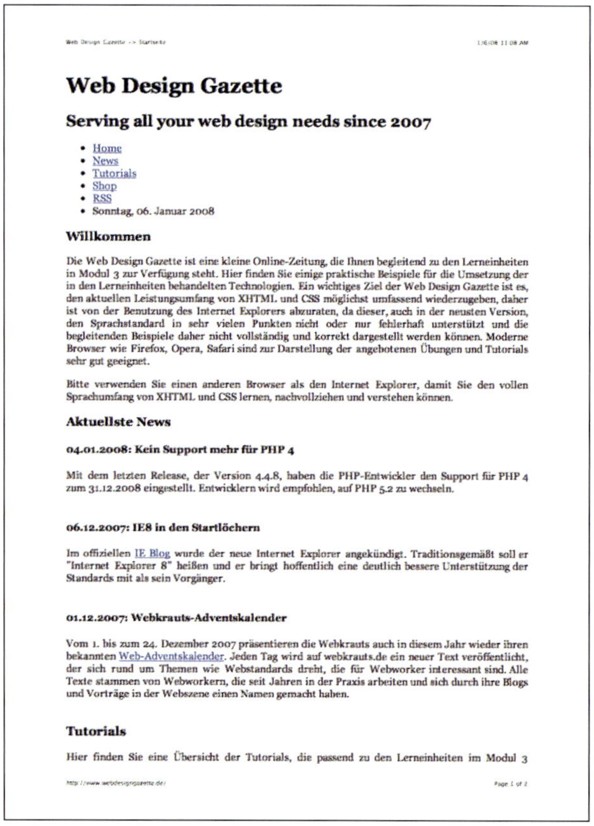

Web Design Gazette -> Startseite 1/6/08 11:08 AM

Web Design Gazette

Serving all your web design needs since 2007

- Home
- News
- Tutorials
- Shop
- RSS
- Sonntag, 06. Januar 2008

Willkommen

Die Web Design Gazette ist eine kleine Online-Zeitung, die Ihnen begleitend zu den Lerneinheiten in Modul 3 zur Verfügung steht. Hier finden Sie einige praktische Beispiele für die Umsetzung der in den Lerneinheiten behandelten Technologien. Ein wichtiges Ziel der Web Design Gazette ist es, den aktuellen Leistungsumfang von XHTML und CSS möglichst umfassend wiederzugeben, daher ist von der Benutzung des Internet Explorers abzuraten, da dieser, auch in der neusten Version, den Sprachstandard in sehr vielen Punkten nicht oder nur fehlerhaft unterstützt und die begleitenden Beispiele daher nicht vollständig und korrekt dargestellt werden können. Moderne Browser wie Firefox, Opera, Safari sind zur Darstellung der angebotenen Übungen und Tutorials sehr gut geeignet.

Bitte verwenden Sie einen anderen Browser als den Internet Explorer, damit Sie den vollen Sprachumfang von XHTML und CSS lernen, nachvollziehen und verstehen können.

Aktuellste News

04.01.2008: Kein Support mehr für PHP 4

Mit dem letzten Release, der Version 4.4.8, haben die PHP-Entwickler den Support für PHP 4 zum 31.12.2008 eingestellt. Entwicklern wird empfohlen, auf PHP 5.2 zu wechseln.

06.12.2007: IE8 in den Startlöchern

Im offiziellen IE Blog wurde der neue Internet Explorer angekündigt. Traditionsgemäßt soll er "Internet Explorer 8" heißen und er bringt hoffentlich eine deutlich bessere Unterstützung der Standards mit als sein Vorgänger.

01.12.2007: Webkrauts-Adventskalender

Vom 1. bis zum 24. Dezember 2007 präsentieren die Webkrauts auch in diesem Jahr wieder ihren bekannten Web-Adventskalender. Jeden Tag wird auf webkrauts.de ein neuer Text veröffentlicht, der sich rund um Themen wie Webstandards dreht, die für Webworker interessant sind. Alle Texte stammen von Webworkern, die seit Jahren in der Praxis arbeiten und sich durch ihre Blogs und Vorträge in der Webszene einen Namen gemacht haben.

Tutorials

Hier finden Sie eine Übersicht der Tutorials, die passend zu den Lerneinheiten im Modul 3

http://www.webdesigngazette.de/ Page 1 of 2

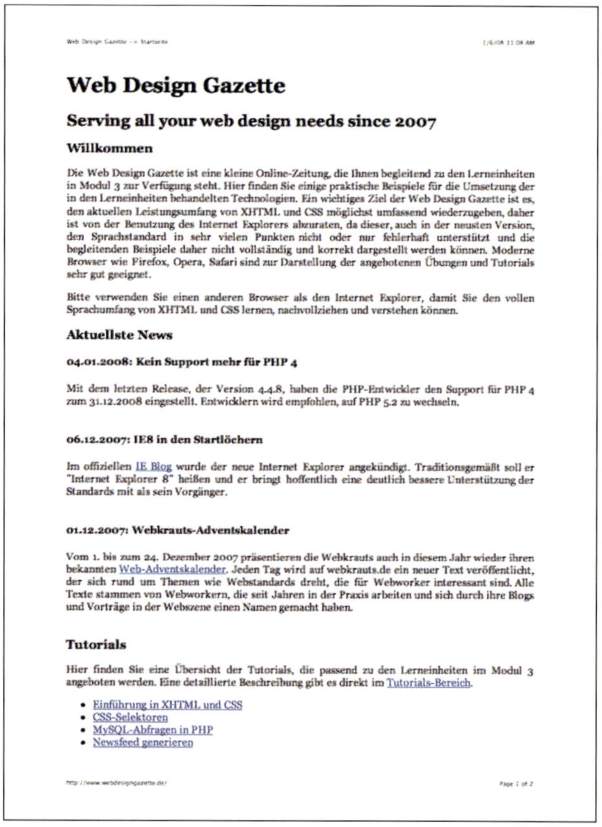

Web Design Gazette -> Startseite 1/6/08 11:08 AM

Web Design Gazette

Serving all your web design needs since 2007

Willkommen

Die Web Design Gazette ist eine kleine Online-Zeitung, die Ihnen begleitend zu den Lerneinheiten in Modul 3 zur Verfügung steht. Hier finden Sie einige praktische Beispiele für die Umsetzung der in den Lerneinheiten behandelten Technologien. Ein wichtiges Ziel der Web Design Gazette ist es, den aktuellen Leistungsumfang von XHTML und CSS möglichst umfassend wiederzugeben, daher ist von der Benutzung des Internet Explorers abzuraten, da dieser, auch in der neusten Version, den Sprachstandard in sehr vielen Punkten nicht oder nur fehlerhaft unterstützt und die begleitenden Beispiele daher nicht vollständig und korrekt dargestellt werden können. Moderne Browser wie Firefox, Opera, Safari sind zur Darstellung der angebotenen Übungen und Tutorials sehr gut geeignet.

Bitte verwenden Sie einen anderen Browser als den Internet Explorer, damit Sie den vollen Sprachumfang von XHTML und CSS lernen, nachvollziehen und verstehen können.

Aktuellste News

04.01.2008: Kein Support mehr für PHP 4

Mit dem letzten Release, der Version 4.4.8, haben die PHP-Entwickler den Support für PHP 4 zum 31.12.2008 eingestellt. Entwicklern wird empfohlen, auf PHP 5.2 zu wechseln.

06.12.2007: IE8 in den Startlöchern

Im offiziellen IE Blog wurde der neue Internet Explorer angekündigt. Traditionsgemäßt soll er "Internet Explorer 8" heißen und er bringt hoffentlich eine deutlich bessere Unterstützung der Standards mit als sein Vorgänger.

01.12.2007: Webkrauts-Adventskalender

Vom 1. bis zum 24. Dezember 2007 präsentieren die Webkrauts auch in diesem Jahr wieder ihren bekannten Web-Adventskalender. Jeden Tag wird auf webkrauts.de ein neuer Text veröffentlicht, der sich rund um Themen wie Webstandards dreht, die für Webworker interessant sind. Alle Texte stammen von Webworkern, die seit Jahren in der Praxis arbeiten und sich durch ihre Blogs und Vorträge in der Webszene einen Namen gemacht haben.

Tutorials

Hier finden Sie eine Übersicht der Tutorials, die passend zu den Lerneinheiten im Modul 3 angeboten werden. Eine detaillierte Beschreibung gibt es direkt im Tutorials-Bereich.

- Einführung in XHTML und CSS
- CSS-Selektoren
- MySQL-Abfragen in PHP
- Newsfeed generieren

http://www.webdesigngazette.de/ Page 1 of 2

TECHNISCHE UMSETZUNG

Informationsdarstellung auf anderen Medien

Die Kennzeichnung der Links auf dem Ausdruck ist für den Nutzer wenig hilfreich. Sinnvoll wäre beispielsweise die Angabe der URL. Darüber hinaus bleibt es Ihnen freigestellt, z.B. title- und alt-Attribute auszugeben oder sogar Copyright-Hinweise im Ausdruck mit anzugeben. In unserem Fall beschränken wir uns auf die Angabe der Link-URLs.

```css
a:not([href^= '#']):after {
  content: " ("attr(href)")";
  color: #cccccc;
  font-style: italic;
  font-size: 80%;
}
```

Nun hat der Nutzer die Möglichkeit, die Links direkt einzugeben, ohne die Seite noch einmal aufrufen zu müssen (Abb. 9.4.1e).

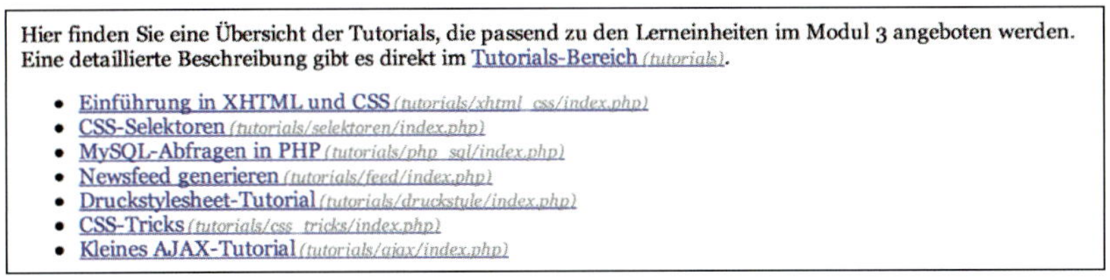

Abb. 9.4.1e: Druckansicht Web Design Gazette: Zusätzliche Link-URLs

Bei Logos, Abständen, Größen der Überschriften sowie Formatierungen einzelner Seitenelemente sind Ihrer Phantasie keine Grenzen gesetzt. In unserem Fall verwenden wir als Hauptüberschrift das Logo der Web Design Gazette und wenden ein paar Formatierungen auf die restlichen Überschriften an (Abb. 9.4.1f).

```css
h1{
  display: none;
}
#logo:before {
  width: 100%;
  height: 80pt;
  content: url(/images/logo_print.png);
}
h2 {
  text-align: center;
  text-transform: uppercase;
  font-size:14pt;
  margin-bottom:30pt;
}
h3 {
  text-transform: uppercase;
  font-size:12pt;
  margin-top:30pt;
}
```

Informationsdarstellung auf anderen Medien

```
img {
  border: none;
}
```

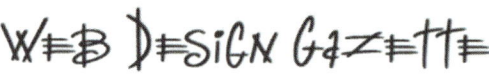

Abb. 9.4.1f: Druckansicht Web Design Gazette: Das Logo

Für die typografischen Anführungszeichen fügen wir zuerst dem body-Selector noch eine weitere Zeile hinzu:

```
quotes:"\201E" "\201C" "\201A" "\2018";
```

Nun können die typografischen Anführungszeichen verwendet werden. Diese werden bisher allerdings noch nicht in allen Browsern dargestellt (Abb. 9.4.1g).

Abb. 9.4.1g: Druckansicht Web Design Gazette: Typografische Anführungszeichen

```
q:before {
  content:open-quote;
}

q:after {
  content:close-quote;
}

q q:before {
  content:open-quote;
}

q q:after {
  content:close-quote;
}
```

Dank CSS 2 ist vieles möglich, leider lässt die Browserunterstützung hier zu wünschen übrig. Wie schon bei der @page-Regel unterstützt lediglich der Opera einige der Formate zur Seiteneinrichtung. Der erzwungene Seitenumbruch vor oder nach einem Element wird jedoch browserübergreifend verstanden. In unserem Fall soll der Seitenumbruch nach dem News- bzw. vor dem Tutorials-Bereich stattfinden:

```
#left {
  page-break-before:always;
}
```

Und so sieht das fertige Endergebnis aus (Abb. 9.4.1h):

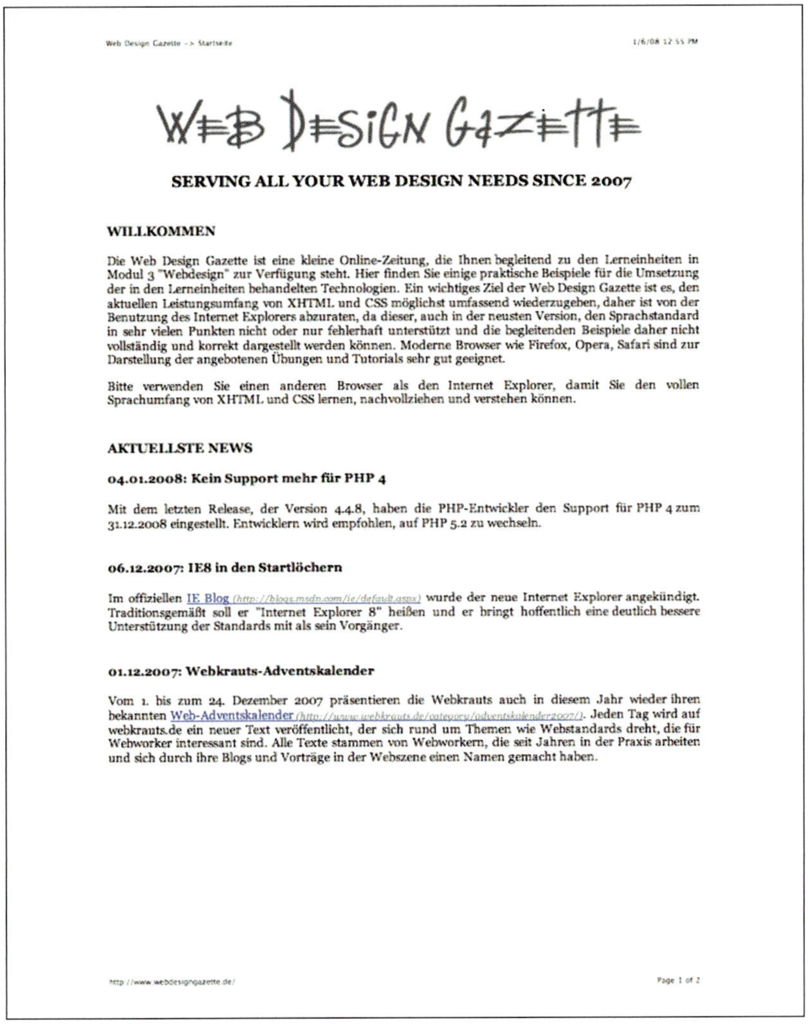

Informationsdarstellung auf anderen Medien

TECHNISCHE UMSETZUNG 9

Abb. 9.4.1h: Druckansicht Web Design Gazette: Die fertige Druckausgabe

9.4.2 Mobile Endgeräte

Mobile Endgeräte wie Handys, PDAs und andere Handheld-Geräte (z. B. Spielekonsolen) haben nur sehr kleine Displays. Daher können Websites, die für eine Auflösung von 1024x768 oder sogar noch größer optimiert wurden, nur äußerst begrenzt dargestellt werden. Dazu kommt, dass viele dieser Geräte die Seiten nur im Hochformat darstellen können, was weitere Beschränkungen mit sich bringt.

Im Grunde kommen Sie nicht umhin, das Design der Site komplett auf die mobilen Geräte anzupassen, wenn Sie Handynutzer zu Ihrer Zielgruppe zählen. Viele Websites bieten eigens eine abgespeckte Version für mobile Endgeräte an (Abb. 9.4.2a-d).

Wie beim Druckstylesheet stellt sich hier die Frage, ob man ein eigenes *Stylesheet für mobile Endgeräte* erstellt oder ob man eine komplett eigene Seite anbietet. Die Vor- und Nachteile beider Möglichkeiten sind im Folgenden aufgelistet:

Informationsdarstellung auf anderen Medien

Abb. 9.4.2a-d: Reguläre Website (jeweils links) im Vergleich zur vereinfachten Websiteversion für mobile Endgeräte (jeweils rechts) (http://de.wikipedia.org http://www.amazon.de)

Mobile Version des Stylesheets

Vorteile:
- Der Arbeitsaufwand ist geringer.
- Es ist keine zusätzliche Subdomain oder URL nötig

Nachteile:
- Der gesamte Quellcode wird heruntergeladen, was bezüglich der oft geringen Bandbreite zu Problemen führen kann.
- Die CSS-Unterstützung der mobilen Geräte lässt meist noch zu wünschen übrig, es gibt keine einheitliche Anwendung des Standards.

Mobile Version der Website

Vorteile:
- Schlanker Quelltext, ohne oder nur mit wenigen bzw. kleinen Grafiken, erzeugt weniger Daten und so bessere Downloadzeiten.
- Die mangelnde CSS-Unterstützung stellt hier kein Problem dar, da nur relativ wenig Einsatz von CSS nötig ist.

Nachteile:
- Der Arbeits- und Wartungsaufwand durch die zusätzliche Version der Seiten ist höher.

Von den Beschränkungen weitgehend ausgenommen ist die Darstellung auf Notebooks oder Desktop-PCs, die über einen mobilen Zugang im Internet unterwegs sind. Hier kommen weder mobile Stylesheets noch die eigens für mobile Geräte erzeugten Seiten zum Tragen, sondern die ganz „normale" Version der Website, allerdings ggf. mit Proxyzwang der Mobilfunkanbieter. So ist es

Abb 9.4.2e: Proxy-Zwang bei manchen Mobilfunkanbietern: Aufruf des JavaScripts im Quelltext der Seite, dieser oder ähnlicher Code wird von den Mobilfunkbetreibern in den Quelltext eingefügt.

```
</html>
<script language="javascript"><!--
bmi_SafeAddOnload(bmi_load,"bmi_orig_img");//-->
</script>
```

zurzeit zumindest üblich, der Website einen JavaScript-Aufruf hinzuzufügen, der die Grafiken herunterrechnet und somit die Downloadzeiten gering hält (Abb. 9.4.2e).

9.5 Interaktion mit dem Benutzer

9.5.1 Formulare

Die Navigationselemente, die in Webformularen eingesetzt werden, sind „alte Bekannte". Praktisch jedes grafische Betriebssystem nutzt Texteingabefelder, Radiobuttons, Checkboxen etc. schon seit geraumer Zeit. Das Design mag über die Jahre und zwischen den Systemen variieren, aber die grundsätzliche Funktionalität hat sich nicht geändert (Abb. 9.5.1a).

Formulare ermöglichen es, Benutzereingaben zur Verarbeitung an einen Webserver oder direkt an einen E-Mail-Empfänger zu senden. Sie bestehen aus bestimmten Eingabeelementen wie Eingabefeldern, Schaltflächen etc. Sie werden z.B. für Bestellungen in Warenkorbsystemen, zur Eingabe von Suchbegriffen in Suchmaschinen oder für Kontaktformulare genutzt.

Texteingabefelder bieten dem Nutzer die Möglichkeit, einen Text per Tastatur einzugeben, der dann vom Computer weiter verarbeitet werden kann. Es existieren mehrere Varianten dieser Felder, z.B. ein- und mehrzeilige sowie Passwortfelder, in denen jedes eingegebene Zeichen als Sternchen o. ä. angezeigt wird, um den Eingabetext zu verbergen.

Radiobuttons ermöglichen eine Einzelauswahl aus einer Menge an Optionen, das bedeutet, dass immer nur eine Option aus einer Gruppe an Radiobuttons aktiviert sein kann (und muss). Aus diesem Grund macht der Einsatz eines einzelnen Radiobuttons keinen Sinn.

Checkboxen hingegen sind eigenständige Bedienelemente, die sich unabhängig voneinander aktivieren und deaktivieren lassen. Wenn sie syntaktisch als Gruppe angeordnet sind, ermöglichen sie so logischerweise eine Mehrfachauswahl aus einer Menge an Optionen.

Auswahllisten zeigen mehrere Optionen in einer scrollbaren Liste an, die mindestens drei Zeilen hoch sein sollte. Im Normalfall ist nur eine der Optionen auswählbar, es gibt aber auch Auswahllisten, die eine Mehrfachauswahl ermöglichen.

Dropdown-Listen – auch Ausklapplisten genannt – sind eine platzsparende Erweiterung der klassischen Auswahlliste: Es wird lediglich eine Zeile benötigt. Als so genannte *Combobox* sind sie sogar um die Funktionalität eines Texteingabefelds erweitert, bieten also eine Kombination aus Auswahlliste und Eingabefeld.

Die *Schaltfläche* in ihrer grauen, länglichen Form ist wohl das klassische Navigationselement im Computerbereich und an Eindeutigkeit kaum zu überbieten – ein Klick mit der Maus löst die beschriebene Aktion aus.

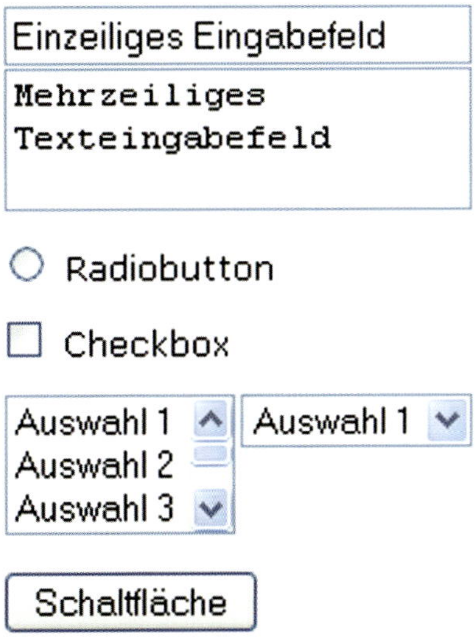

Abb. 9.5.1a: Interaktionselemente in Formularen:
Eingabefelder, Radiobuttons, Checkboxen, Auswahllisten und Schaltflächen

Interaktion mit dem Benutzer

Glücklicherweise ist es mittlerweile dank CSS möglich, Formularelementen auf Webseiten ein neues Outfit zu verpassen.

Um die eingegebene Informationen in Formularfeldern zu überprüfen, gibt es unterschiedliche Herangehensweisen. Serverseitig können die Daten erst nach dem Absenden des Formulars geprüft werden, eine nutzerfreundlichere Alternative ist daher die Prüfung per JavaScript unmittelbar nach Verlassen des Interaktionselementes. Mit JavaScript lassen sich auch Auswahlen generieren, so dass nach erfolgter Landesauswahl beispielsweise nur die entsprechenden Bundesländer angezeigt werden.

Mit HTML5 eröffnen sich dem Webdesigner im Hinblick auf Formulare völlig neue Möglichkeiten. So wird es nicht nur möglich sein, Eingaben zu validieren, auch Pflichtfelder können definiert, Platzhalter oder der Autofokus gesetzt werden. Für viele Anwendungsmöglichkeiten von Textfeldern (Datums- und Zeitangaben, E-Mail-Adressen, URLs, Wertebereiche, Farben usw.) gibt es eigene Typangaben, die, sobald sie von den Browserherstellern flächendeckend umgesetzt werden, für einige Erleichterung sorgen. Ein paar der neuen Formularfunktionen sind heute schon implementiert (Abb 9.5.1b).

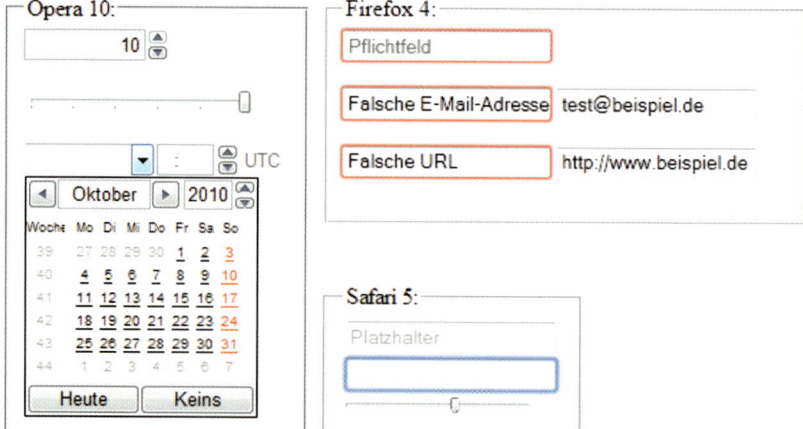

Abb. 9.5.1b: Die neuen Formularfunktionen sind für Entwickler eine große Erleichterung und erhöhen die Usability für den Nutzer.

Abb. 9.5.1c-e: Unterschiedliche Captchas

In Zeiten, in denen Spam ein immer größeres Problem darstellt, sollte man sich auch Gedanken darüber machen, wie Formulareinträge so genannter Spambots verhindert werden können. Eine weit verbreitete, wenn auch oftmals sehr nutzerunfreundliche Variante ist die Verwendung von *Captchas* (Abb. 9.5.1c-e). Captchas dienen dazu, Mensch und Maschine auseinanderzuhalten, um zu entscheiden, ob der Gegenüber ein Mensch oder eine Maschine ist.

9.5.2 Cookies und Sessions

Sie können den Nutzer bitten, sich mittels Webformular auf Ihrer Site zu registrieren. Bei seinen folgenden Besuchen findet er dann alles so vor, wie er es verlassen hat. Das ist z. B. bei E-Learning Angeboten beliebt, um später dort fortzusetzen, wo man die

Site beim letzten Mal verlassen hat. In der Regel registrieren sich Nutzer jedoch nur recht ungern.

Sie können jedoch eine Personalisierung vornehmen, ohne dass Ihre Nutzer dazu etwas tun müssen, und zwar mit Hilfe von Cookies. Sie speichern in Cookies, welche Einstellungen der Nutzer vorgenommen hat, und setzen diese wieder, sobald er die Site erneut besucht. Cookies sind kleine Textdateien, die auf der Festplatte des Benutzers gespeichert werden. Mit JavaScript können Sie beispielsweise Cookies setzen und wieder auslesen. Der Nachteil gegenüber der Registrierung ist jedoch, dass Sie nicht wissen, ob sich wirklich derselbe Nutzer an dem Rechner befindet, der zuletzt Ihre Site aufgerufen hat.

Cookies werden beispielsweise für Warenkorbsysteme genutzt. Hat der Nutzer jedoch Cookies deaktiviert oder möchten Sie ohne Cookies arbeiten, gibt es als Alternative für derartige Anwendungsfälle das Session-Management. Im Gegensatz zu Cookies verfolgen Sessions lediglich die Schritte und Aktivitäten des Benutzers während einer Sitzung. Kombinationen aus Cookies und Sessions sind ebenfalls denkbar.

> Cookies sind clientseitig gespeicherte Daten, die es ermöglichen (wiederkehrende) Nutzer zu identifizieren und beispielsweise deren vorgenommene Einstellungen auszulesen, um die Website entsprechend so darzustellen, wie der Nutzer sie zuletzt verlassen hat.

9.6 Suchmaschinenoptimierung

Search Engine Optimization (*SEO*) bzw. *Suchmaschinenoptimierung* ist ein Sammelbegriff für Maßnahmen, die dazu dienen, dass Webseiten auf den Ergebnisseiten von Suchmaschinen gut positioniert werden. Mit der Weiterentwicklung von Suchmaschinen ändern sich die Methoden der Optimierung stetig, aus diesem Grund sollen an dieser Stelle nur die wichtigsten vorgestellt werden.

9.6.1 Seiteninhalt und Relevanz

Das mit Abstand wichtigste Kriterium für eine gute Suchmaschinenpositionierung ist die Relevanz einer Seite. Das bedeutet, wenn Sie unter einem bestimmten Begriff gefunden werden wollen, sollten Sie echte und relevante Inhalte zu ebendiesem Thema liefern. Wie relevant eine Seite im Bezug auf ein bestimmtes Thema ist, wird unterschiedlich ermittelt. So wird bespielweise danach geschaut, welche Begriffe sich an prominenter Stelle wie Seiten-Titel und Überschriften 1. und 2. Ordnung befinden. Worte, die häufig auf einer Seite auftauchen, werden stärker gewertet, als solche, die weniger häufig auftauchen.

Vor dem übermäßigen Gebrauch bestimmter Worte, z. B. an für den Benutzer unsichtbarer Stelle, wird jedoch gewarnt. Solcher Mißbrauch wird von den meisten Suchmaschinen erkannt und zieht in manchen Fällen unerwünschte Konsequenzen nach sich.

Ein weiteres, wichtiges Relevanzkriterium ist die Häufigkeit der Verlinkung. Hier dubiose Methoden wie Kommentarspam auf anderen Seiten anzuwenden, verbietet sich von selbst. Liefern Sie gut aufbereitete und sachlich richtige Informationen und interessante Inhalte, und sie werden gerne verlinkt. Banner- und

> **Kleine Anekdote:**
> Anfang 2006 hat Google BMW aus den Ergebnissen der Suche verbannt. Grund dafür war die Manipulation der Suchmaschine durch spezielle Doorway-Sites. BMW reagierte umgehend, entfernte die beanstandeten Seiten und wurde wenig später wieder von Google in den Suchindex aufgenommen.

> **SEO-Wettbewerbe**
> Immer mal wieder wird zu sogenannten Suchmaschinenoptimierungs-Wettstreits aufgerufen, um zu testen, wie gute Platzierungen in Suchmaschinen zu erreichen sind. Der im deutschsprachigen Raum wohl bekannteste Versuchsaufbau dieser Art, war das Projekt "Hommingberger Gepardenforelle" des heise-Zeitschriftenverlags. Vorbilder für diesen Wettstreit stellten Versuchsaufbauten wie "Schnitzelmitkartoffelsalat" und und "Nigritude ultramarine" dar.

> Linktipp:
> SEO-Projekt Hommingberger Gepardenforelle: http://de.wikipedia.org/wiki/Hommingberger_Gepardenforelle

Linktausch sind erlaubte Methoden.
Die derzeit am weitesten verbreitete Suchmaschine „Google" verwendet einen speziellen und regelmäßig aktualisierten Algorithmus, der die Relevanz von Webseiten bewerten soll. Ein Blick darauf, wie dieser „Page Rank" berechnet wird, liefert wertvolle Hinweise darauf, wie eine Seite angepasst werden sollte, damit sie die aktuellen „Relevanz-Anforderungen" erfüllt.

9.6.2 Meta-Tags

Meta-Tags haben verschiedene Funktionen und Bestandteile, mit denen sich Zusatzinformationen im HTML-Dokument angeben lassen. Sie werden im Kopfbereich (Header) eines HTML-Dokuments eingefügt. Dabei wird der Inhalt des Dokuments nicht beeinflusst. Meta-Tags ermöglichen es z. B., Stichworte für Suchmaschinen in das Dokument einzubinden. Nachfolgend finden Sie einige Beispiele für Meta-Tags.

Keywords (Schlüsselwörter)

Früher mehr als heute werden *Keywords* von Suchmaschinen abgefragt. Missbrauch hat dazu geführt, dass sie immer seltener von Such-Robots ausgelesen werden. Trotzdem ist es durchaus sinnvoll, die Website mit Schlüsselwörtern zu versehen. Dabei ist zuvor eine sorgfältige Auswahl von Begriffen zu treffen, die ein Benutzer höchstwahrscheinlich verwenden wird, um Ihre Site zu finden. Es ist zu empfehlen, die Keywords auf den Inhalt des jeweiligen Dokuments abzustimmen.
Idealerweise kommt ein als Meta-Tag definiertes Keyword in der Seitenüberschrift, in der Textüberschrift 1. Ordnung und im Inhaltstext vor. Dadurch kann eine bessere Platzierung in den Suchmaschinen gefördert werden.

```
<meta name="keywords" content="Web Design Gazette, Zeitschrift" />
```

Description (Beschreibung)

In vielen Suchmaschinen wird zusätzlich zum Seitentitel eine kurze Beschreibung der Inhalte angezeigt. Diese Beschreibung wird über das Meta-Tag „*description*" definiert. Auch hier gilt, die Beschreibung möglichst gut auf den Seiteninhalt abzustimmen. Je besser diese Beschreibung auf den Punkt gebracht wird, desto eher wird ein Benutzer Ihre Seite aus dem Suchergebnis auswählen. Optimalerweise tauchen selbst in der Beschreibung die zuvor definierten Keywords auf.

```
<meta name="description" content="Kurzbeschreibung" />
```

Weitere Meta-Tags

Es gibt viele weitere Meta-Tag-Angaben, die mehr oder weniger nützlich sind. So können z. B. die Autoren der Seite angegeben,

Resümee

Copyright-Hinweise gemacht und Angaben zur Sprache, in der die Seite verfasst ist, hinzugefügt werden.
Die Verwendung von Meta-Tags ist kein Muss. Meta-Tags werden ohnehin von Suchmaschine zu Suchmaschine ganz unterschiedlich berücksichtigt. Generell dienen Sie zur Klassifizierung der Seiten.

9.7 Resümee

Im Kapitel „Technische Umsetzung" haben Sie die Arbeitsschritte kennengelernt, die zum Aufbau der vollständigen (X)HTML-Website erforderlich sind.

Sie haben u. a. gelernt,
- dass Sie erst bei der eigentlichen Umsetzung dynamischen Content einbinden,
- dass Sie auch Druckstylesheets sowie Stylesheets für mobile Endgeräte anfertigen sollten,
- dass Sie Webseiten z. B. mit Cookies personalisieren können und
- dass Sie Ihre Website für Suchmaschinen optimieren sollten.

Prüfen Sie Ihr erworbenes Wissen mit dem Multiple Choice Quiz. In der abschließenden Übung bauen Sie alle Seiten Ihrer „pixographen"-Site auf und entwickeln ein Druckstylesheet.

9.8 Quiz zu „Technische Umsetzung"

Im nachfolgenden Quiz prüfen Sie Ihren Kenntnisstand zu den Inhalten dieses Kapitels. Sollte die abschließende Auswertung ergeben, dass Ihr Kenntnisstand lückenhaft ist, wird empfohlen, die relevanten Unterkapitel nachzuarbeiten.

Lösungen (S. 355)

9.8.1 Welches Interaktionselement ist in einem Formular für Mehrfachauswahlen geeignet?
- (A) Checkboxen
- (B) Einfache Auswahllisten
- (C) Radiobuttons

Quizfrage 9.8.1

❑ Lösung (A)
❑ Lösung (B)
❑ Lösung (C)

9.8.2 Über Cookies können Benutzergewohnheiten und -vorlieben abgefragt werden. Welchen Nutzen hat das?
- (A) Die Cookie-Rezepte können intern besser verwaltet werden
- (B) Erstellung von Nutzerprofilen und entsprechenden Angeboten
- (C) Das Angebot für den Nutzer kann reduziert werden, wenn er nur wenig navigiert hat

Quizfrage 9.8.2

❑ Lösung (A)
❑ Lösung (B)
❑ Lösung (C)

Übung: Technische Umsetzung der „pixographen"-Site

Quizfrage 9.8.3	9.8.3	**Warum ist ein Druckstylesheet sinnvoll?**
☐ Lösung (A)	(A)	Weil die Standarddruckroutinen mit Cascading Stylesheets nicht zurechtkommen
☐ Lösung (B)	(B)	Damit auch in die Website eingebundene PDF Dokumente richtig gedruckt werden
☐ Lösung (C)	(C)	Damit in der Druckausgabe unwichtige Elemente unterdrückt werden und eine printoptimierte Ausgabe möglich wird

Quizfrage 9.8.4	9.8.4	**Welche Seitenelemente sollten in der Druckausgabe einer Website unterdrückt werden?**
☐ Lösung (A)	(A)	Seitentitel und Brotkrümelpfad
☐ Lösung (B)	(B)	Navigation
☐ Lösung (C)	(C)	Farbige Bilder

Quizfrage 9.8.5	9.8.5	**Wie definieren Sie im Druckstylesheet die Seitenränder?**
☐ Lösung (A)	(A)	Mit mindestens 20 mm Breite, damit man einen Heftrand hat
☐ Lösung (B)	(B)	Man setzt Innen- und Außenabstände des Contents auf 0 und die Seitenbreite auf auto
☐ Lösung (C)	(C)	Man definiert ein DIN A4-Format mit 20% Abstand für die Seitenränder

Quizfrage 9.8.6	9.8.6	**Wie definieren Sie im Druckstylesheet die Ausgabegröße der Schrift?**
☐ Lösung (A)	(A)	In Pixeln
☐ Lösung (B)	(B)	In Punkt
☐ Lösung (C)	(C)	Wird vom Drucker bestimmt

Quizfrage 9.8.7	9.8.7	**Welche Angaben in den Metatags werden üblicherweise im Suchergebnis angezeigt?**
☐ Lösung (A)	(A)	Seitentitel und Beschreibung
☐ Lösung (B)	(B)	Ordnername und Beschreibung
☐ Lösung (C)	(C)	Seitentitel, Sprache, Copyright

9.9 Übung: Technische Umsetzung der „pixographen"-Site

Wenn Sie mit Ihrem Designentwurf zufrieden sind und einige der benötigten Inhaltsmaterialien aufbereitet haben, können Sie sich endlich der technischen Umsetzung Ihrer „pixographen"-Site zuwenden.

In dieser Übung sollen Sie folgende Arbeitsschritte ausführen:

TECHNISCHE UMSETZUNG 9

Übung: Technische Umsetzung der „pixographen"-Site

1. Bauen Sie alle Seiten der „pixographen"-Site auf.
2. Entwickeln Sie ein Druckstylesheet, so dass beim Ausdruck keine Navigation, jedoch Logo, Pfad und Copyright-Angabe vorhanden sind.
3. Optional können Sie zusätzlich ein einfaches Kontaktformular entwickeln.
4. Optimieren Sie Ihre Site für Suchmaschinen (Meta-Tags, Descriptions etc.)

Drucken Sie alle Seiten über das Druckstylesheet aus und drucken Sie farbige Screenshots aller Seiten aus. Vergleichen Sie die HTML-Screenshots mit denen aus Ihrem Photoshop-Entwurf.
Notieren Sie auch dieses Mal die aufgewendeten Arbeitszeiten je Bearbeitungsvorgang in Ihrem Projektzeitkonto.

Tests und Launch

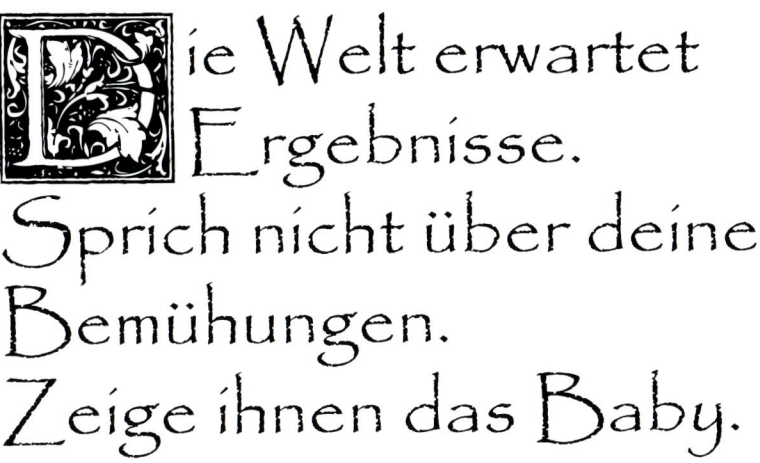

Die Welt erwartet Ergebnisse. Sprich nicht über deine Bemühungen. Zeige ihnen das Baby.

Arnold Glasgow

Abb. 10a: Zitat Arnold Glasgow (Grafik: Bensmann)

10.1 Lernziele

In diesem Kapitel lernen Sie die unterschiedlichen zu testenden Teilbereiche kennen und die Testmethoden anzuwenden. Dies sind die letzten Arbeitsschritte, bevor Sie Ihre Website im World Wide Web veröffentlichen. Außerdem befasst sich dieses Kapitel mit den Aufgaben, die nach Fertigstellung des Webprojektes anstehen.

Sie lernen im Einzelnen:
- wie Sie Dokumententests durchführen,
- welche Funktionstests Sie durchführen sollten,
- welche Arten von Usability-Tests möglich sind,
- mit welchen Hilfsmitteln Sie einen Accessibility-Test machen und was Sie prüfen,
- was alles in einem Security-Test geprüft wird,
- was Sie bei der Veröffentlichung einer Website beachten müssen,
- wie Sie eine Website bekannt machen können,
- wie Sie Logfiles auswerten und
- was alles in einer Projektdokumentation enthalten ist.

Prüfen Sie die erworbenen Kenntnisse in dem selbstevaluierbaren Quiz.
Wenden Sie abschließend Ihre Kenntnisse in der praktischen Übung aus dem Online-Begleitmaterial an, in der Sie versteckte Fehler auffinden. Testen Sie dann Ihre „pixographen"-Site.

10.2 Einleitung

Sobald Sie mit der Erstellung des ersten technischen Prototyps anfangen, sollten Sie mit dem Testen beginnen. Wenn Sie alle Seiten umgesetzt haben, sind Tests obligatorisch.

Tests sind sowohl während der Entwicklung als auch für die langfristige Pflege der Website von großer Wichtigkeit. Eine Webanwendung muss vielen technischen und fachlichen Anforderungen standhalten. Eine nicht vorhersehbare Anzahl unbekannter Anwender mit unterschiedlichem Fach- und Technikwissen greift weltweit mit diversen Browsern und Betriebssystemen auf diese Anwendung zu. Die Qualitätssicherung einer Website ist daher eine sehr komplexe Aufgabe und sollte professionell durchgeführt werden.

Im Idealfall testen Sie direkt auf dem Server, auf dem Ihre Webanwendung auch gehostet wird, natürlich mit einem Passwort versehen. Damit testen Sie nicht nur Seiten und Server, sondern gleichzeitig auch die Ladezeiten unter realen Bedingungen. Dass Ihre Site auf Ihrem lokalen Rechner einwandfrei funktioniert, bedeutet nicht, dass sie es auch auf dem Webserver tut.

10.3 Testphasen

Literaturtipp:
Franz, K. Handbuch zum Testen von Web-Applikationen, (2007)

Während Tests zum Debuggen und Validieren von HTML, CSS und XML-Feeds vom Entwickler selber vorgenommen werden, gehört zur Qualitätssicherung der Website auch das Testen durch Testpersonen, die weder zum Entwicklungsteam noch zum Auftraggeber gehören. Dies ist besonders wichtig, um einer gewissen und nicht zu vermeidenden Betriebsblindheit vorzubeugen. Um diese externen Tests geht es in den folgenden Kapiteln. Die vom Entwickler durchgeführten Tests wurden bereits im Kapitel „Prototyping: HTML-Prototyp" (S. 244) erörtert.

10.3.1 Dokumententests

Der *Dokumententest* überprüft die formale und inhaltliche Richtigkeit, Widerspruchsfreiheit und Vollständigkeit der Website. Die formale Prüfung stellt die Einhaltung von Standards und Richtlinien für Dokument und Inhalte sicher. Hierfür eignen sich Checklisten, die die formalen Eigenschaften festlegen, die jede Seite eines Webangebots erfüllen muss.

- Entspricht das Layout den vorgegebenen Standards?
  - Ist die Seite verständlich gegliedert, übersichtlich aufgebaut und leicht verständlich?
  - Ist der Inhalt widerspruchsfrei?
  - Werden die verwendeten Begriffe eindeutig definiert und durchgängig verwendet?
  - Wurden alle nicht allgemein bekannten Begriffe und Abkürzungen definiert?
  - Ist die Seite redaktionell vollständig, d.h., fehlen keine Textstellen, Seiten oder Abbildungen?

Testphasen

- Sind alle Seiten frei von Rechtschreib- und Grammatikfehlern?
- Ist der Inhalt aktuell und stets mit aktuellem Inhalt reproduzierbar?

Nachdem die formale Qualität der Website sichergestellt ist, kann der Inhalt geprüft werden. Der Grund für diese Reihenfolge liegt darin, dass die inhaltliche Prüfung von einer Fachabteilung vorgenommen werden muss und die Zeit einer solchen ist knapp und teuer. Deswegen ist es sinnvoll, zuerst die formalen Kriterien abzuprüfen, damit sich die Fachabteilung nicht damit beschäftigten muss.
Sinnvoll ist es auch, anhand des Storyboards zu überprüfen, ob alle darin aufgeführten Inhalte in der gewünschten Form umgesetzt sind.

10.3.2 Funktionstests

Mit Hilfe der unterschiedlichen *Funktionstests* gewährleisten Sie zum einen, dass die Website in den unterschiedlichen Browsern einwandfrei funktioniert, zum anderen, dass alle Links, Grafiken, Cookies etc. richtig gesetzt sind. Darüber hinaus ermöglichen speziell auf die Webanwendung zugeschnittene Testszenarien, dass auch die Programmlogik fehlerfrei arbeitet.
Der *Browsertest* ist dazu gedacht, das Webangebot auf unterschiedlichen Browser-Betriebssystem-Kombinationen zu testen. Dazu ist es sinnvoll, die wichtigsten Browser- bzw. Rendering-Engines abzudecken. Exotischere Browser können mit Hilfe von Online-Tools wie beispielsweise Browsershots getestet werden (Abb.10.3.2a)
Einige Funktionstests, wie beispielsweise der *Link-Test*, können im Gegensatz zu den Dokumenten- und Browsertests von Software

Das HTML-Rendering ist die visuelle Repräsentation von HTML, es ist ein Teilbereich eines Webbrowsers, der einer eher semantisch orientierten Dokumentenstruktur eine visuelle Darstellung zuordnet. Eine Rendering-Engine interpretiert das Layoutmodell, das durch CSS definiert wurde, und füllt in dieses Layout den durch HTML semantisch angereicherten Text.
Die gängigsten Rendering-Engines sind:
Gecko: Firefox, Seamonkey, Netscape
KHTML und WebKit: Konqueror, Safari, OmniWeb, Android
Presto: Opera
Trident: Internet Explorer

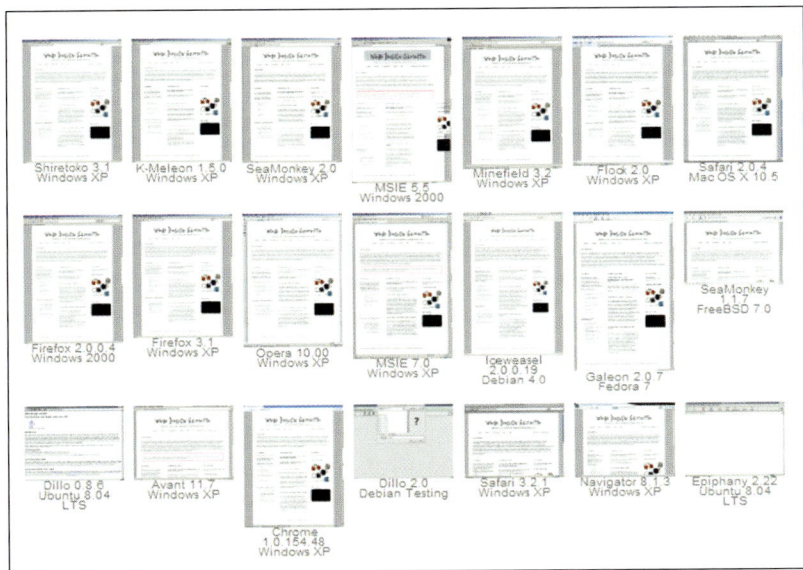

Abb. 10.3.2a: Browsershots erstellt Screenshots der Website auf den unterschiedlichsten Browsern und Plattformen.
(http://browsershots.org/)

Testphasen

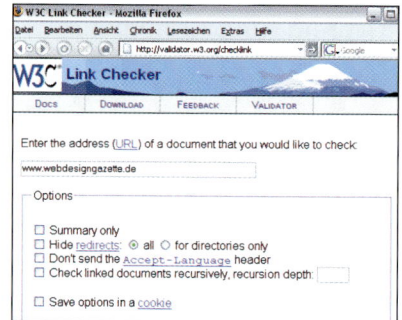 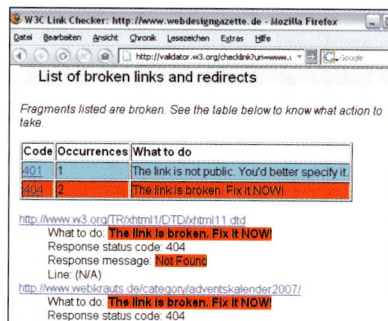

Abb. 10.3.2b, c: Der Link-Checker des W3C (http://validator.w3.org/checklink)

vorgenommen werden. So lässt sich mit Hilfe von Link-Checkern zuverlässig testen, ob alle Links einwandfrei funktionieren. Das W3C und Google bieten kostenlose Tools an, die Ihre Websites komfortabel auf korrekte Links testen (Abb.10.3.2a, b).

Ein weiterer Funktionstest ist der *Cookie-Test*. Das Ausführen einer Funktion, die Cookies benötigt, darf durch unerwartete Einstellungen eines Browsers nicht verhindert werden. Sind beispielsweise Cookies auf dem Client gesperrt, muss der Benutzer darauf hingewiesen werden. Ein Cookie-Test prüft nicht nur die technische Funktionalität der Cookies, sondern auch die Erfüllung der Informationspflicht gegenüber dem Benutzer. Folgende Checkliste kann Ihnen beim Testen von Cookies helfen:

- Werden die Inhalte der Cookies korrekt gespeichert und gelesen?
- Werden Cookies nach der Sitzung gelöscht und besitzen sie ein Verfallsdatum?
- Arbeitet die Website korrekt, wenn der Nutzer das Cookie (auch während der Sitzung) löscht?
- Funktioniert das Cookie, wenn die Sitzung unterbrochen und dann wieder fortgesetzt wird?
- Wird auch ein Benutzer mit dynamischer IP-Adresse richtig identifiziert?
- Wird der Benutzer darauf hingewiesen, wenn er in seinem Browser Cookies unterbunden hat?
- Wird der Benutzer unterrichtet, dass und wie Cookies verwendet werden?
- Findet diese Unterrichtung statt, bevor das erste Cookie gesetzt wird?
- Ist festgelegt, wie lange die Website verlassen werden darf, ohne dass Informationen verloren gehen, und wird der Benutzer ggf. darüber informiert?

Der Plugin-Test überprüft eine Webanwendung auf fehlerfreies Verhalten und Benutzerführung in Bezug auf benötigte Plugins. Dabei werden zwei generelle Situationen geprüft: Zum einen kann ein Plugin auf dem Benutzer-Client fehlen, zum anderen kann

Testphasen

TESTS UND LAUNCH 10

etwas installiert sein, das mit der neuen Website unverträglich ist. Bei einem fehlenden Plugin soll der Benutzer einen entsprechenden Hinweis erhalten und die Möglichkeit bekommen, das entsprechende Plugin nachzurüsten. Eine Plugin-Unverträglichkeit muss auf Serverseite behoben werden.

Zum Testen sollte die Webanwendung mit Browsern getestet werden, auf denen die gängigsten Plugins in unterschiedlichen Versionen installiert sind. Weniger einfach lassen sich Testszenarien zum Testen der Programmlogik entwickeln.

10.3.3 Usability Testing

Die Benutzbarkeit ist für die Akzeptanz eines Webangebots sehr wichtig. Wenn der Nutzer eine Website nicht erreichen, nicht mit seinem Lieblingsbrowser ansehen, seine gewünschten Informationen nicht finden und die Benutzerführung nicht verstehen kann, wird er höchstwahrscheinlich die entsprechende Website nicht mehr besuchen und möglicherweise zur Konkurrenz gehen.

Usability-Tests ermitteln, ob und in welchem Kontext Nutzer mit den angebotenen Seiten zurechtkommen, ob sie den Anweisungen der Webapplikation folgen können oder eben nicht.

Fragen zum Nutzungsverhalten	Antwort
Haben Sie einen Internetanschluss?	
1. dienstlich	
2. privat	
Welche(n) Browser benutzen Sie?	
1. dienstlich	
2. privat	
Welche Browser-Einstellungen haben Sie normalerweise aktiviert?	
1. JavaScript	
2. Java	
3. Cookies	
4. Warnmeldung bei Cookies	
5. Blocken von Popup-Fenstern	
6. Sonstiges	
Welches Betriebssystem benutzen Sie?	
1. dienstlich	
2. privat	
Mit welchen Bildschirmauflösungen arbeiten Sie?	
1. 640x480	
2. 800x600	
3. 1024x768	
4. 1280x1024	
5. mehr als 1280x1024	
Wie viele Stunden surfen Sie pro Woche im Internet?	
1. dienstlich	
2. privat	
Welchen technischen Zugang haben Sie zum Internet?	
1. Analog	
2. ISDN	
3. DSL 1000	
4. DSL 2000 oder mehr	
Haben Sie eine Flatrate?	
1. Ja	
2. Nein	
Haben Sie Programmierkenntnisse?	
1. Ja, folgende Programmiersprachen:	
2. Nein	

Abb. 10.3.3a: Usability-Fragebogen 1. Teil
Quelle: Franz, Klaus: Handbuch zum Testen von Webapplikationen, 2007

Testphasen

Merkmal	Zu bewertende Aussage	++	+	-	--
Aufgaben-angemessen	Ich hatte nie das Gefühl, mit meiner Aufgabe nicht weiterzukommen.				
	Ich bin nie mit Informationen überfrachtet worden.				
Erwartungs-konform	Die Seitengestaltung entspricht meinen Vorstellungen.				
	Ich konnte die Schrift gut lesen.				
Fehlertolerant	Hinweise und Fehlermeldungen sind eindeutig und verständlich.				
Lernförderlich	Die Webapplikation ist einfach zu erlernen.				
	Die Beispiele zu jeder Teilfunktion haben mir geholfen, die Vorgänge zu verstehen und nachzuvollziehen.				
	Es fiel mir bei keiner Funktion schwer, sie zu wiederholen.				
Selbst-beschreibungs-fähig	Die Texte und Beschreibungen sind eindeutig und verständlich.				
	Ich habe alle Menüpunkte schnell gefunden				
	Ich wusste immer, wo ich mich befand.				
	Die Beschreibungstexte der Links beschreiben eindeutig das jeweilige Ziel.				
	Ich war auf die Hilfefunktion nicht angewiesen.				
Steuerbar	Die Navigation ist klar und übersichtlich				
	Ich wusste immer, wie ich zu einer bestimmten Funktion komme.				
	Die benötigten Links habe ich immer schnell gefunden.				
	Ich konnte mich an jeder Stelle einfach entscheiden, wie ich weitermachen sollte.				
	Ich wusste immer, wie ich zu einem bestimmten Punkt gekommen war.				
	Ich hatte nie Schwierigkeiten, den für die Aufgabe optimalen Weg zu finden.				
Meine Verbesserungsvorschläge:					

Abb. 10.3.3b: Usability-Fragebogen 2. Teil
Die Anzahl der Antwortmöglichkeiten ist gerade, um die Testperson zu einer positiven oder negativen Antwort zu zwingen.

Ein wissenschaftlich aufgebauter Usability-Test ermöglicht eine präzise Fehlererkennung und -definition. In einem solchen Test werden Daten mittels wissenschaftlich aufgebauter Fragebögen, Blickregistrierungen und Interaktionsanalysen sowie Videoaufzeichnungen qualitativ und quantitativ erhoben. Dabei werden Ergonomie, Funktion und Erscheinung getestet.

Usability-Tests werden in der Regel in entsprechenden Usability-Labors durchgeführt. Eine etwas preisgünstigere Alternative ist eine *Online-Umfrage*, jedoch sind die Ergebnisse in der Regel nicht annähernd so relevant wie die eines Labors. Es ist außerdem möglich, die Testpersonen selbst zu organisieren und die Tests im eigenen Hause durchzuführen.

Die Testpersonen eines Usability-Tests müssen typische Benutzer aus der Zielgruppe sein. Die Aufgaben, die ihnen gestellt werden, sind typische Aufgaben und Abfragen, die viele Benutzer mit hoher Wahrscheinlichkeit häufig durchführen werden. Diese Aufgaben werden möglichst exakt beschrieben und so geplant, dass alle Testpersonen die gleichen Schritte zur Lösung der Aufgabe durchführen, sofern sie es schaffen, die Aufgabe zu lösen.

Bei der Durchführung des Tests sollte mindestens ein Testleiter anwesend sein, der beobachtet und Notizen macht. Die Tests werden meistens auch auf Video aufgezeichnet, möglichst mit Bild-im-Bild-Funktion, um Gesicht und Gestik des Benutzers gleichzeitig mit den Aktivitäten am Bildschirm betrachten zu können. Das Video dient zum einen als Backup für die Beobachtungen des Testleiters, aber auch als Anschauungsmaterial, das zur Usability-Überzeugungsarbeit eingesetzt werden kann.

Nach der Testsitzung werden die Testpersonen zu ihren persönlichen Erfahrungen und Eindrücken befragt. Diese Befragung kann per Interview und/oder Fragebogen erfolgen und besteht aus zwei Teilen. Zuerst werden Vorkenntnisse und das allgemeine Nutzungsverhalten erfragt, um die Benutzer in die Bewertung einordnen zu können.

Im zweiten Teil der Befragung füllen die Testpersonen einen Bewertungsbogen zu Benutzerführung, Struktur, Design und Inhalt des Webangebots aus. Am Ende der Befragung bittet man die Testpersonen um Verbesserungsvorschläge.

Die Auswertung der Beobachtungen und Aufzeichnungen aus dem Usability-Labor sowie der Fragebögen und Interviews geben Aufschluss über Stärken und Schwächen der Website.

Folgende Fragen sollten beantwortet werden:

- Wie viel Prozent der Teilnehmer haben ihre Aufgabe erfüllt?
- Wie viel Prozent der Teilnehmer hat aufgegeben?
- Wie oft wurde die Hilfefunktion aufgerufen?
- Warum wurde die Hilfefunktion bei Problemen nicht aufgerufen?
- Haben die Testpersonen zur Lösung der Aufgabe immer den kürzesten Pfad durch die Webanwendung genommen?
- Wie lange haben die Personen für die Erledigung der Aufgabe gebraucht?
- An welchen Dokumenten und Funktionen haben sich die Personen relativ lange aufgehalten?

Wenn die Mehrzahl der Testpersonen die ihnen gestellten Aufgaben nicht, mit Problemen oder nur in unverhältnismäßig langer Zeit lösen konnte, muss in der Webanwendung nachgebessert werden. Die Qualitätsanforderungen zum Usability-Test können wie folgt definiert werden:

- Die Testpersonen haben zu 90% die ihnen gestellten Aufgaben in der vorgegebenen Zeit gelöst.
- 75% der Testpersonen haben sich in der anschließenden Befragung positiv geäußert.

- Jede Frage aus dem Bewertungsfragebogen wurde von mindestens 65% der Befragten positiv bewertet.

Ein ergänzendes Verfahren zum Usability-Test ist die *Blickregistrierung* (Eye-Movement Recording), bei der die Blickbewegungen einer Testperson unter Zugrundelegen einer Suchaufgabe aufgezeichnet und ausgewertet werden. Für die Blickregistrierung wird ein so genannter Eye-Tracker benötigt. Diese Blickregistrierung zeigt beispielsweise auf,

- was Benutzer auf einer Bildschirmseite wahrnehmen,
- wie oft sie welche Bereiche im Blick erfassen,
- wie lange und intensiv sie ein einzelnes Element betrachten,
- ob sie bestimmte Elemente besonders häufig oder gar nicht wahrnehmen,
- von welchen Elementen ihr Blick abgelenkt wird.

Auch im laufenden Betrieb der Website werden Usability-Tests durchgeführt und zwar mit den echten Benutzern. Dazu nutzt man so genannte User-Tracking-Tools. Sie erheben Statistiken während des laufenden Betriebs und können zu Usability-Zwecken ausgewertet werden.

Wie bereits erwähnt, sind professionelle Usability-Tests verhältnismäßig aufwändig und teuer. Bei vielen Projekten wird deshalb von dieser wichtigen Art der Evaluation abgesehen. Versuchen Sie dann informell – und ohne repräsentativen Stichprobenumfang – mit einigen wenigen potenziellen Nutzern einen einfachen Usability-Test durchzuführen. Geben Sie den Probanden diverse Suchaufgaben vor und beobachten Sie deren Interaktionsverhalten. Das ergibt oft wichtige Rückschlüsse darauf, dass einzelne Elemente aufmerksamkeitsstärker zu gestalten oder deutlicher von anderen zu differenzieren sind.

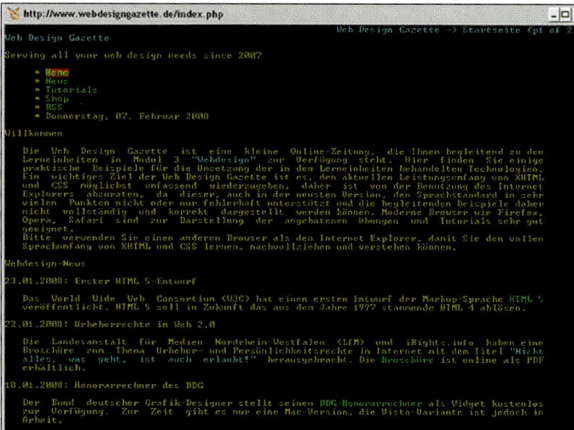

Abb. 10.3.4a, b: Die Abbildung der Web Design Gazette einmal im Textbrowser Lynx und einmal in Braille-Ansicht

Testphasen TESTS UND LAUNCH 10

10.3.4 Accessibility Testing

Der *Zugänglichkeitstest* stellt den barrierefreien Zugriff auf die Inhalte Ihrer Website sicher. Wenn Sie die BITV-Richtlinien bereits bei der Planung Ihrer Site berücksichtigt haben, ist es wahrscheinlich, dass die Website diese Vorgaben auch erfüllt. Dennoch sollten Sie Prototyp und fertige Site mit den Checklisten (Priorität I und Priorität II) überprüfen. Um diesen Test durchzuführen, können Sie Hilfsmittel verwenden, die Ihnen die Arbeit erleichtern.

Verwenden Sie in Ihrem Entwicklungsbrowser eine „Web-Accessibility Toolbar". Diese bietet Ihnen schnell und einfach diverse Accessibility-Testfunktionen:

- Funktionskontrolle bei ausgeschaltetem Stylesheet
- Funktionskontrolle bei deaktiviertem JavaScript
- Check der geforderten Farb- und Kontrastwerte
- Graufarbendarstellung
- Check auf alt-Texte in Bildern
- Check auf valides HTML
- Check auf valides CSS

Textbrowser:
- Lynx
- Lynx Viewer

Toolbars:
- TAW3
- Firefox Accessibility Extension
- Firefox Accessibility Extension (2)
- AIS Toolbar
- Web Accessibility Toolbar

Farbe / Kontrast:
- Juicy Studio
- AccessColor
- Visheck

ScreenReader

Test-Tools
Web Site Test Tools: http://www.softwareqatest.com/qatweb1.html
Exploit-Me: http://labs.securitycompass.com/index.php/exploit-me/

Darüber hinaus sollten die Seiten bei einer kleinen Webanwendung komplett und bei einer großen stichprobenartig mit unterschiedlichen Ausgabegeräten getestet werden. Das kann im ersten Schritt ein Textbrowser (z. B. Lynx) sein, der einem das anzeigt, was ein Screenreader in entsprechender Reihenfolge vorlesen würde. Wenn man die Gelegenheit hat, die Seiten mit Ausgabegeräten wie Screenreader und Braillezeile auslesen zu lassen, dann sollte man das ebenfalls tun. Getestet werden sollte auch, wie sich die Seiten ohne Eingabegeräte wie Maus und Tastatur benutzen lassen, also nur über TAB- oder Accesskey-Steuerung.

10.3.5 Security Testing

Die Garantie für Sicherheit und Datenintegrität, insbesondere für vertrauliche (Kunden-)Daten, fördert und erhält das Vertrauen Ihrer Besucher. Gehen Sie nicht davon aus, dass Ihre Website immer sicher ist, sondern testen Sie sie regelmäßig.

Je nach Aufgabenstellung, die eine Webanwendung zu erfüllen hat, werden unterschiedliche Sicherheitsanforderungen an sie gestellt. Reine Informations-Websites müssen lediglich vor der Manipulation der angebotenen Inhalte geschützt werden. Anwendungen, die sensible Daten verarbeiten, müssen darüber hinaus vor fremdem Zugriff geschützt werden. Insbesondere Formulare sind der Grund für viele Sicherheitsrisiken, so dass Sie hier besondere Sorgfalt walten lassen sollten.

Ein *Sicherheitstest* wird in drei Schritten durchgeführt:

1. Die Eignung der Sicherheitsvorkehrungen wird von Sicherheitsexperten geprüft.

Cross-Site Scripting (XSS) bezeichnet das Ausnutzen einer Sicherheitslücke in Webanwendungen, indem Informationen aus einem nicht vertrauenswürdigen Kontext in einen vertrauenswürdigen Kontext eingefügt werden. Aus diesem Kontext kann dann ein Angriff gestartet und gezielt falsche Informationen in einem Vertrauen schaffenden Kontext angezeigt werden.

Als Denial of Service (DoS) bezeichnet man einen Angriff auf einen Host (Server) oder sonstigen Rechner in einem Datennetz mit dem Ziel, einen oder mehrere seiner Dienste arbeitsunfähig zu machen. In der Regel geschieht dies durch Überlastung.

SQL-Injection bezeichnet das Ausnutzen einer Sicherheitslücke in Zusammenhang mit SQL-Datenbanken, die durch mangelnde Maskierung oder Überprüfung von Metazeichen in Benutzereingaben entsteht. Der Angreifer versucht dabei, über die Anwendung, die den Zugriff auf die Datenbank bereitstellt, eigene Datenbankbefehle einzuschleusen.

Ein Man-in-the-Middle-Angriff ist eine Angriffsform, die in Rechnernetzen ihre Anwendung findet. Der Angreifer steht dabei zwischen den beiden Kommunikationspartnern und hat mit seinem System komplette Kontrolle über den Datenverkehr zwischen zwei oder mehreren Netzwerkteilnehmern.

2. Werden die Sicherheitsvorkehrungen als geeignet eingestuft, werden potenzielle Schwachstellen identifiziert.
3. Es wird ein Penetrationstest durchgeführt, in dem die identifizierten Schwachstellen gezielt angegriffen werden.

Beim *Penetrationstest* schlüpft der Tester in die Rolle eines Hackers und wird versuchen,
- nicht erlaubte Funktionen (z. B. mit Hilfe von Cross-Site-Scripting) auszuführen,
- Funktionen und Abfolgen von Funktionen zu unterbrechen,
- Funktionen mit manipulierten Parametern auszuführen,
- den Passwortschutz zu umgehen,
- an die Session-ID eines anderen Benutzers zu gelangen, um mit dessen Rechten auf die Webanwendung zugreifen zu können (Session-Hijacking),
- mit einem Denial-of-Service-Angriff (DoS) dem Webserver die Ressourcen zu entziehen und ihn für reguläre Anfragen zu blockieren,
- mit einer SQL-Injection die Kontrolle über Datenbank- und Datenbankserver zu erhalten,
- durch einen Man-in-the-Middle-Angriff die Verbindung einer gesicherten Verschlüsselung auszuspionieren.

Für Security-Tests benötigen Sie einen Experten, der die komplexen Tools bedienen kann und das System so weit versteht, dass er Sicherheitslücken erkennen kann. So ist es z. B. auch wichtig, sich regelmäßig über die Sicherheitslücken in Programmiersprachen und fertigen Webanwendungen zu informieren und die dadurch stetig neu erkannten Sicherheitslöcher zu stopfen.

10.4 Veröffentlichung der Website
Wenn die letzten Tests bestanden sind und Ihr Auftraggeber zufrieden ist, ist der Zeitpunkt gekommen für den *Launch*, d. h. die Veröffentlichung im World Wide Web.
Idealerweise haben Sie Ihre Tests bereits auf dem „echten" Server durchgeführt und brauchen Ihre Site nun nur noch freizuschalten. Ansonsten werden die Seiten erst jetzt auf den Server geladen. Wie Ihr Launch auch vonstatten geht, es gibt dabei ein paar Dinge zu beachten:

- Koordinieren Sie die Veröffentlichung mit den Ereignissen, die eine Beziehung dazu haben. Das heißt, wurden Banner oder Werbung zum Launch Ihrer Site geschaltet, dann sollten Sie auch zu dem geplanten Zeitpunkt online gehen. Können Sie den Termin doch nicht einhalten, sollten Sie Vorkehrungen treffen, um die Nutzer nicht zu verprellen, beispielsweise mit einer vorgeschalteten Seite, die über die

Verzögerung informiert und die User auf dem Laufenden hält.
- Veröffentlichen Sie die Site zu verkehrsarmen Stunden. So können Sie auftretende Probleme beheben, ohne dass die Fehler von vielen Menschen bemerkt werden. Veröffentlichen Sie den Webauftritt nicht an einem Freitag, wenn Sie am Wochenende keine auftretenden Fehler beheben können.
- Planen Sie die Veröffentlichung in mehreren Phasen und schalten Sie die Startseite zuletzt frei.

Der Launch Ihrer Website verläuft wahrscheinlich recht unspektakulär. Der nächste Schritt ist nun, Ihr Webangebot bekannt zu machen, damit die Nutzer Ihre Website auch finden.

10.5 Die Website bekannt machen

Nachdem die Website im Internet unter der eigenen Domain veröffentlicht wurde, passiert in der Regel erst einmal gar nichts. Dafür, dass die Website gefunden wird, müssen Sie selbst sorgen, indem Sie die Website zum einen außerhalb und innerhalb des Webs durch Promotion bekannt machen und zum anderen bei den verschiedenen Suchmaschinen anmelden.

Ein Großteil der Erstbesucher gelangt über eine Suchmaschine oder ein Verzeichnis auf eine Website. Bei beiden können Sie mit wenigen Ausnahmen Ihre Site in der Regel anmelden. Diese Möglichkeit zur Anmeldung sollten Sie zumindest bei den verbreitetsten Suchmaschinen und Verzeichnissen nutzen. Sich nur darauf zu verlassen, dass Sie von allein gefunden werden, ist langwierig und nur wenig Erfolg versprechend.

Ob Sie sich bei der Anmeldung darauf verlassen, die Dienste spezieller Software oder Firmen in Anspruch zu nehmen, oder ob Sie selbst Hand anlegen, bleibt Ihnen überlassen. Die Einträge persönlich vorzunehmen ist zwar langwierig, verspricht aber auch die besten Ergebnisse.

Eine wichtige Voraussetzung der richtigen Indizierung durch einige Suchmaschinen ist die korrekte Verwendung von Schlagwörtern in den Meta-Tags. Obwohl einige Suchmaschinen diese gar nicht auswerten, kann es nicht schaden, die Schlagwortliste anzulegen. Verzichten Sie jedoch auf Tricks, wie das Wiederholen von Keywords o. Ä., in der Hoffnung, Ihre Platzierung zu verbessern. Die meisten Tricks sind den entsprechenden Suchmaschinen bekannt und im ungünstigsten Fall werden Sie ausgeschlossen.

Es gibt jedoch ein paar wirksame und vor allem faire Methoden, um die Platzierung in Suchmaschinen zu verbessern. Im Großen und Ganzen kommt es darauf an, relevante und aktuelle Informationen zur Verfügung zu stellen, um eine gute Platzierung zu erreichen:

„Wenn Sie eine Site ins Web stellen, ist das, als ob Sie ein Geschäft in Ihrem Schlafzimmer eröffnen oder einen Laden am Nordpol aufmachen. Bei den Millionen anderer Seiten wird praktisch niemand wissen, dass sie existiert, solange Sie sie nicht bekannt machen."
(Gerry McGovern)

- Überarbeiten Sie Ihre Seiten regelmäßig und halten Sie sie aktuell, denn neue Sites werden in der Regel höher bewertet als alte.
- Manche Suchmaschinen werten aus, wie oft Sie verlinkt werden. Dies erreichen Sie dadurch, dass Sie interessante und relevante Informationen zur Verfügung stellen. Hier wird gerne und viel getrickst, doch all diese Methoden sind nur sehr kurzlebig.
- Einige Suchmaschinen folgen den Links auf der Startseite nur bis in die dritte Ebene. Wichtige Informationen sollten also durch nur wenige Klicks erreichbar sein.
- Manche Webverzeichnisse werden redaktionell gepflegt und lassen dadurch keine automatische Eintragung zu. Hier ist es besonders wichtig, Ihre Site präzise zu beschreiben. Dadurch erhöhen Sie Ihre Chancen auf eine Platzierung.

Manche Suchmaschinen bieten kostenpflichtige Dienste an, um eine Website beim Suchergebnis werblich herauszustellen (z. B. Google Adwords).
Selbstverständlich, aber oft vernachlässigt, ist vor allem die Bekanntgabe der URL in den klassischen, ohnehin genutzten Medien wie Briefbogen, Visitenkarte, Anzeigen, Telefonbucheinträgen etc. sowie im E-Mail-Verkehr.

10.6 Wartung und Pflege

Mit dem Launch hört die Arbeit an Ihrer Website nicht auf. Entweder Sie oder der Auftraggeber übernehmen die *Wartung* und *Pflege* der Site selbst oder beauftragen ein fähiges Team damit. Dieses Team muss selbstverständlich die notwendigen Kenntnisse der Pflege mitbringen. Darüber hinaus muss es eine Kopie des Übergabepaketes für den Kunden und der Gestaltungsrichtlinien zur Verfügung haben.
Gute Pflege eines Webangebots ist sehr wichtig, damit Ihre Besucher auch in Zukunft gute Gründe haben, Ihre Site zu besuchen. Wartung und Pflege lassen sich in unterschiedliche Wartungsintervalle aufteilen:

Täglich:
- Testen, ob die Site online und voll funktionstüchtig ist. Die die Website betreffenden E-Mails lesen und beantworten.
- Feedback und Nachrichten aus Formularen lesen und entsprechend reagieren.
- Bestellungen bearbeiten und abwickeln.
- Alle externen und internen Links checken.
- Logdateien des Servers kontrollieren und auswerten.

Monatlich:
- Ziele der Website mit dem aktuellen Status vergleichen, um zu überprüfen, ob Sie auf dem richtigen Weg sind.

- Anhand der Logdateien nach allgemeinen Tendenzen und Trends suchen.
- Status der Website in Suchmaschinen und Verzeichnissen überprüfen.
- Erfolge, Probleme und Status von Marketing- und Werbekampagnen überprüfen.
- Die nächste Überarbeitung der Website planen.

Vierteljährlich:
- Server-Passwörter ändern.
- Die gesamte Website validieren.
- Accessibility-Tests für die Website durchführen und jeweils den aktuellen Zugänglichkeitsrichtlinien entsprechend anpassen.
- Überprüfen, ob die Website den Gestaltungsrichtlinien entspricht.
- Interne Suche testen, ob die Suchergebnisse aktuell und exakt sind.
- Lieferbedingungen, Optionen und Preise überprüfen und ggf. anpassen.
- Überprüfen, ob Software-Aktualisierungen oder Lizenzverlängerungen anstehen.
- Formulare und Fehlermeldungen überprüfen.
- Inhalte einer Revision unterziehen.
- Nach verwaisten Seiten suchen.

Jährlich:
- Registrierung der Domainnamen erneuern.
- Datum des Urhebervermerks zum 01. Januar des laufenden Jahres aktualisieren.
- Rechtliche Informationen auf Aktualität überprüfen.
- Angebote und Leistungen für das Hosting überprüfen.

10.7 Auswertung der Logfiles

Wer Ihre Website besucht und wie derjenige dort navigiert, wird von Ihrem Internetprovider in den so genannten *Logfiles* gespeichert.

Die Informationen, die Sie aus Logfiles gewinnen können, sind sehr wertvoll. Es können häufig besuchte, aber auch wenig bzw. gar nicht besuchte Seiten ausfindig gemacht werden. Die Logfiles helfen Ihnen dabei, solche und andere Missstände aufzuspüren. In der Regel bietet Ihnen Ihr Provider die Daten in einer entsprechenden Datei im Format des W3C an (Abb. 10.7a). Ein solcher Eintrag beinhaltet die folgenden Informationen:

- IP-Adresse: Sie gibt an, von wo aus der Zugriff erfolgte. Da nur die wenigsten Nutzer eine eigene IP-Adresse haben, erhalten Sie hier meist Namen/Adresse des Internetproviders, der Firma oder Hochschule.

Auswertung der Logfiles

- Benutzername (meist leer)
- Datum und Uhrzeit
- Angeforderte Dateien
- Statuscode
- Übertragene Bytes
- Domain
- Seite, also den Einstiegspunkt des Benutzers
- Browser, Version und Betriebssystem des Besuchers

Die Logfiles (Abb.10.7a) zu lesen erfordert einige Übung, deswegen bieten Provider meist eine grafische Auswertung an (Abb.10.7b-d).

Wem die Auswertungen der servereigenen Files nicht ausreichen, der kann auch ein externes Tool verwenden. Diese Programme liefern oft viele interessante und grafisch ansprechend aufbereitete Informationen wie Einstiegs- und Ausstiegsseite, Verweildauer, Benutzerpfade, Spitzenzeiten und verkehrsarme Stunden usw. (Abb. 10.7e-h).

Die Auswertung Ihrer Logfiles sichert die Qualität der Website. Wenn tiefer liegende Informationen oft besucht werden, kann es sinnvoll sein, sie den Nutzern leichter zugänglich zu machen, indem sie in der Navigationshierarchie höher gestuft werden oder über Quicklinks direkt zu erreichen sind. Wenn bestimmte Seiten oft zum Verlassen des Webangebotes animieren, sollten Sie herausfinden, warum dies so ist und diesen Missstand beheben.

Im Gegensatz zum Usability-Testing im Labor stellt die Auswertung der Logfiles quasi einen „Usability-Test der Massen" dar. Wenn Sie entsprechende Daten auswerten, können Sie feststellen, welche

Abb. 10.7a: Logfiles als Textdatei nach W3C-Standard

Abb. 10.7b-d: Grafische Aufarbeitung durch den Provider.

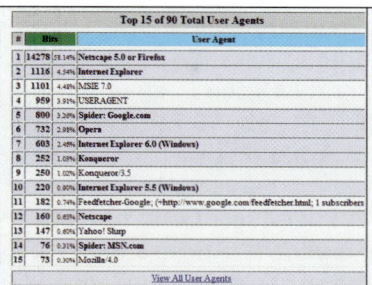
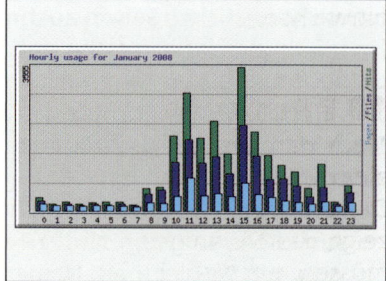

Resümee

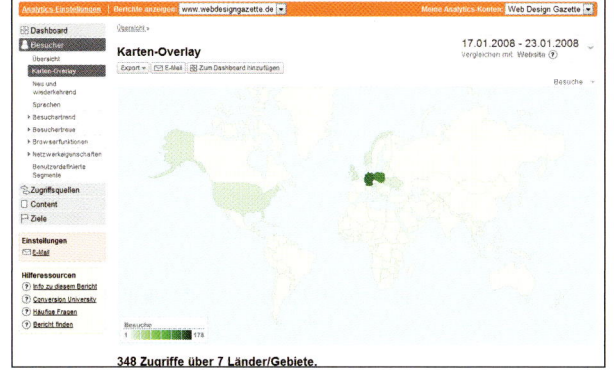

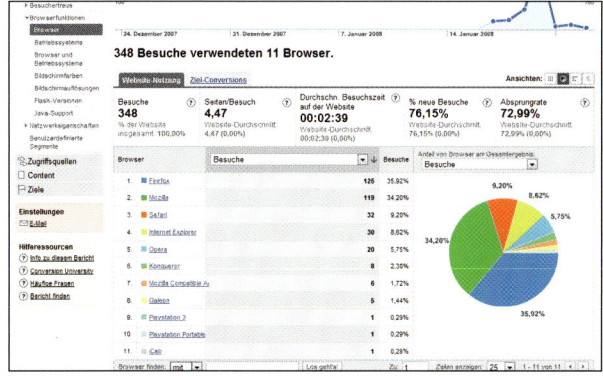
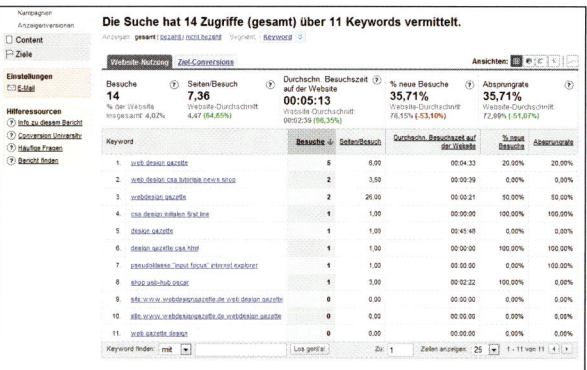
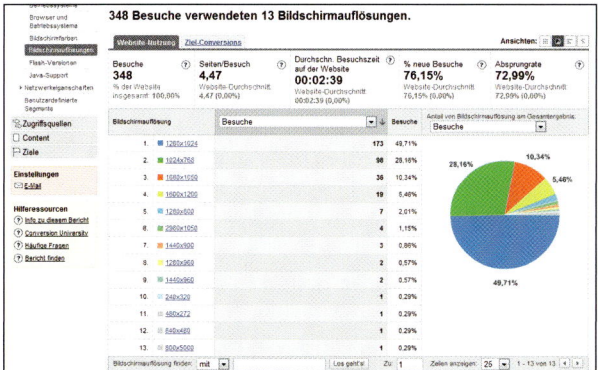

Zielgruppe was tut oder kauft. Die anonyme Erfassung dieser Daten ist (noch) erlaubt, wenn Sie personenbezogene Daten (dazu zählt auch die IP-Adresse) auswerten, müssen Sie Ihre Nutzer darauf hinweisen.

Abb. 10.7e-j: Auswertungstool Google Analytics (http://www.google.com/analytics/de)
Externe Tools wie Google Analytics bieten zahlreiche grafisch ansprechend aufbereitete Informationen. Besonders interessant ist der grafische Overlay, der die Anzahl der Klicks innerhalb der Seite mit Hilfe unterschiedlich gefüllter Balken anzeigt. Damit Sie Google Analytics in Deutschland benutzen dürfen, muss die IP-Adresse der Users vor dem Versenden an Google unkenntlich gemacht werden. Dies erreichen Sie durch den Aufruf von _anonymizeIp() im Tracking-Code.

10.8 Resümee

Nach dem Durcharbeiten dieses Kapitels wissen Sie, was Sie bei einer Website alles testen sollten.

Dieses abschließende Kapitel des Buches hat Ihnen außerdem gezeigt, dass Sie auch nach dem Launch einer Website noch einiges tun müssen, um diese bekannt zu machen und aktuell zu halten.

Sie haben u. a. gelernt,
- dass in Dokumententests die formale und inhaltliche Richtigkeit der Seiten geprüft wird, dass Sie Ihre Website in allen gängigen Browsern und auf verschiedenen Plattformen testen sollten,
- dass Sie auch das einwandfreie Funktionieren von Cookies und Plugins prüfen müssen,
- dass professionelle Usability-Tests sehr aufschlussreich sind, aber auch einfache Usability-Tests nützlich sind,
- dass Ihnen Browsererweiterungen wie „Accessibility Toolbars" wertvolle Arbeitshilfen beim Accessibility-Test bieten,
- dass Security-Tests am besten von Experten für Internetsicherheit durchgeführt werden,
- dass Sie Ihre Site am besten zu einer „verkehrsarmen" Zeit veröffentlichen,
- dass Sie Ihre Website nicht nur in den elektronischen, sondern auch in den klassischen Printmedien bekannt machen sollten,
- dass eine regelmäßige Pflege und Wartung Ihrer Site erforderlich ist und
- dass die Auswertung der Logfiles quasi einem Usability-Test im Betrieb gleichkommt.

Checken Sie den erworbenen Kenntnisstand mit dem Multiple-Choice-Quiz.
Erproben Sie Ihre Testing-Kenntnisse auf einer Übungsseite mit versteckten Fehlern. Testen Sie dann Ihre „pixographen"-Site.

Mit Abschluss dieses Kapitels haben Sie das Wissen und das Handwerkszeug für Planung, Design und Entwicklung, Markteinführung sowie anschließende Wartung und Pflege einer kompletten Webpräsenz erlangt.
Viel Erfolg bei der Anwendung Ihrer erworbenen Kenntnisse in Ihrer beruflichen oder freiberuflichen Praxis.

10.9 Quiz zu „Tests und Launch"
Im nachfolgenden Quiz prüfen Sie Ihren Kenntnisstand zu den Inhalten dieses Kapitels. Sollte die abschließende Auswertung ergeben, dass Ihr Kenntnisstand lückenhaft ist, wird empfohlen, die relevanten Unterkapitel nachzuarbeiten.

Lösungen (S. 355)

Quizfrage 10.9.1
❏ Lösung (A)
❏ Lösung (B)
❏ Lösung (C)

10.9.1 Was wird in einem Dokumententest geprüft?
(A) Das einwandfreie Funktionieren des Dokumentes in verschiedenen Testbrowsern
(B) Die Vollständigkeit der Begleitdokumente wie Storyboard und Styleguide
(C) Die formale und inhaltliche Richtigkeit und Vollständigkeit der Website

Übung: Testen der „pixographen"-Site

TESTS UND LAUNCH 10

10.9.2 Warum führen Sie einen Cookie-Test durch?
(A) Um die technische Funktionalität und die Informationspflicht gegenüber den Benutzern zu prüfen
(B) Weil Cookies die Funktion des Stylesheets beeinflussen können
(C) Um zu überprüfen, ob die Cookies für den Benutzer unsichtbar bleiben

Quizfrage 10.9.2
☐ Lösung (A)
☐ Lösung (B)
☐ Lösung (C)

10.9.3 Was erheben Sie bei Usability-Tests?
(A) Wie potentielle Nutzer mit der Website interagieren
(B) Wie stabil die Website im Gebrauch auf dem Server ist
(C) Wie das optische Erscheinungsbild vom Nutzer beurteilt wird

Quizfrage 10.9.3
☐ Lösung (A)
☐ Lösung (B)
☐ Lösung (C)

10.9.4 Was testen Sie u. a. bei einem Accessibility-Test?
(A) Ob die Navigationsbegriffe der 3. Ebene direkt zugänglich sind
(B) Wie viele Nutzer Hilfefunktionen oder Tooltips aufrufen
(C) Ob die Navigation bei ausgeschaltetem JavaScript funktioniert

Quizfrage 10.9.4
☐ Lösung (A)
☐ Lösung (B)
☐ Lösung (C)

10.10 Übung: Testen der „pixographen"-Site

Das gründliche Testen neu erstellter Websites ist ein wichtiger Schritt, um die inhaltliche und technische Qualität vor der Veröffentlichung sicherzustellen.

Bevor Sie Ihre Site testen, führen Sie eine kleine Vorübung durch. Rufen Sie in der Web Design Gazette die Test-Übungsseite auf und finden Sie die dort versteckten Fehler heraus.

Führen Sie dann an Ihrer „pixographen"-Site folgende Tests durch:

1. Im Dokumententest prüfen Sie die Vollständigkeit und Richtigkeit Ihrer Inhalte. Achten Sie darauf, alle Schreibfehler zu korrigieren.
2. Testen Sie Ihre Site in verschiedenen Browsern und unterschiedlichen Plattformen.
3. Checken Sie die Site auf funktionierende Links und valides HTML und CSS. Am besten verwenden Sie dazu geeignete kostenlose Tools oder Browsererweiterungen.
4. Machen Sie einen improvisierten Usability-Test, indem Sie einzelne Personen bestimmte Inhalte suchen lassen. Beobachten Sie, wie sicher die Probanden an ihr Ziel gelangen.

5. Führen Sie einen Accessibility-Test durch, vorausgesetzt, Sie haben Ihre Website barrierefrei oder barrierearm aufgebaut (Kontrastwerte, alt-Texte, Screenreader etc.). Verwenden Sie dazu geeignete Tools oder Browsererweiterungen.

Dokumentieren Sie Ihre Testergebnisse oder drucken Sie die Auswertungen von Online-Tests für Ihren Projektordner aus. Führen Sie Ihr Zeitkonto weiter.

Übungsresümee
Wenn Sie alle vorangegangenen Übungsschritte an Ihrer „pixographen"-Site ausgeführt haben, liegt Ihnen nunmehr eine ausführliche Projektdokumentation vor. Sie enthält alle Bearbeitungsschritte eines idealtypischen Webprojektes und kann Ihnen bei zukünftigen Projekten als nützliches Nachschlagewerk dienen.
Schauen Sie nun noch einmal auf Ihre Zeitplanung und vergleichen Sie Ihren geschätzten Zeitaufwand je Arbeitsschritt mit Ihren tatsächlich benötigten Zeiten. Sicherlich werden Sie einige Abweichungen feststellen. Diese Zeitplanung mag Ihnen für zukünftige Projekte bei der Planung und Angebotserstellung einige hilfreiche Orientierungen geben.

Blicken Sie voll Stolz zurück auf Ihr Übungsprojekt, denn Sie haben alles das bewerkstelligt, was Sie als Webdesigner und Webentwickler in der beruflichen Praxis ausführen. Wenden Sie es erfolgreich in Ihrem nächsten kommerziellen Projekt an.

Abbildungsverzeichnis

1. Vorbemerkung 13
Abb. 1a: Zitat Tim Berners-Lee (Grafik: Bensmann)... 13
Abb. 1.1.1a: Kapitelaufbau (Grafik: Hammer / Bensmann) 14
Abb. 1.1.1b: Startseite der Web Design Gazette (Design: Bensmann) 15

2. Einführung 17
Abb. 2a: Zitat Bill Clinton (Grafik: Bensmann) 17

3. Grundlagen des Webdesigns 31
Abb. 3a: Zitat Antoine de Saint-Exupéry (Grafik: Bensmann) 31
Abb. 3.2a: Von der Aufmerksamkeit zur Aktion (Grafik: Hammer) 32
Abb. 3.3.1a: Der Acid-Test, durchgeführt mit 6 gängigen Browsern 33
Abb. 3.3.2a: Sichere Webfonts (Grafik: Bensmann) 36
Abb. 3.4.1a: ABES Public Design (www.abes-online.de) 38
Abb. 3.4.2a: Online-Angebot der Wochenzeitung „Die Zeit" (http://www.zeit.de) 39
Abb. 3.4.3a: Vorzeige-Webshop: Amazon.de (http://www.amazon.de) 40
Abb. 3.4.3b: Bestellvorgang bei Amazon.de (http://www.amazon.de) 42
Abb. 3.4.4a: Beispiel für ein Auktionshaus im World Wide Web: hood.de (http://www.hood.de) 42
Abb. 3.4.5a: Das Browser-Game Wurzelimperium (http://www.wurzelimperium.de) 43
Abb. 3.4.6a: Das Lernmodul „Webdesign" (http://www.mediendesign-online.net) 44
Abb. 3.5.1a: Die Howatec-Website (http://www.howatec-online.de.de) 44
Abb. 3.5.1b: Erinnerung an Zomtec (http://www.zomtec.de) 45
Abb. 3.5.2a: Das Portal von rewirpower.de (http://www.rewirpower.de) 45
Abb. 3.5.2b: Wikipedia ist das wohl bekannteste Wiki weltweit. (http://de.wikipedia.org) 46
Abb. 3.5.3a: Das WM-Team stellt sich vor. (http://www.wmteam.de) 47

4. Technische Grundlagen 51
Abb. 4a: Anonymes Zitat (Grafik: Bensmann) 51
Abb. 4.3.1a, b: Valider HTML4-Quelltext im Vergleich zu validem XHTML1-Quelltext 54
Abb. 4.3.2a: XML- und DOCTYPE-Deklaration 55
Abb. 4.3.2b: HTML5 benötigt keine XML-Deklaration, HTML5- DOCTYPE-Deklaration 55
Abb. 4.3.2c, d: Das <html>-Element beherbergt Kopf- und Seitenbereich der Website. 56
Abb. 4.3.2e: Das title-Element im <head>-Bereich des Quelltextes 56
Abb. 4.3.2f, g: Ansicht des Quelltextes und der Datei im Browser 57
Abb. 4.3.3a, b: Valide Anordnung von Elementen (Grafik: Bensmann) 59
Abb. 4.3.3c: Ungültige Anordnung von Elementen (Grafik: Bensmann) 59
Abb. 4.3.4a: Eine Auswahl von HTML-Entities 59
Abb. 4.3.7a: Drei verschiedene <a>-Elemente 60
Abb. 4.3.7b: Einbinden eines Stylesheets 60
Abb. 4.3.13a: Die neuen Elemente <figure> und <legend> im Einsatz: 64
Abb. 4.4.1a: Teilnahme am CSS Naked Day 65
Abb. 4.4.1b: So sieht die Seite normalerweise aus 65
Tab. 4.4.2a, b: Beispiele für einen Universal- und einen Typselektor 67
Tab. 4.4.2c: Beispiele für einen Klassen- und einen ID-Selektor 68
Tab. 4.4.2d: Beispiele für Attributselektoren 69
Tab. 4.4.2e: Beispiele für kombinierte Selektoren 70
Tab. 4.4.2f: Beispiele für Pseudoelemente 71
Tab. 4.4.2g: Beispiele für Pseudoklassen 72
Abb. 4.4.3a: Die per @font-face eingebetteten Schriften im Browser 76
Abb. 4.4.3b: Ihren korrekten Namen verrät Ihnen die Schrift selber 77
Abb. 4.4.3c: Das Google font directory 77
Abb. 4.4.3d: @font-face funktioniert in allen gängigen Browsern. 77
Abb. 4.4.3e, f: CSS Media Queries-Beispiel 78
Abb. 4.4.3g-j: Auswirkungen der Media Queries 79
Abb. 4.4.4a: DOM-Tree Ihrer XHTML-Übungsaufgabe 80
Abb. 4.4.4b, c: Vererbung in CSS 80
Abb. 4.4.5a: Das Boxmodell von CSS 83
Abb. 4.4.5b: margin-collapse bei angrenzenden und bei ineinander verschachtelten Boxen............ 83
Abb. 4.4.6a: CSS Farbdefinitionen 84
Abb. 4.4.6b: Appearance Values 85

Abbildungsverzeichnis

Abb. 4.4.8a: Wirkweise der Parameter bei Rahmen- und Abstandsangaben 88
Abb. 4.4.9a: Standardmäßig werden die HTML-Elemente im Textfluss positioniert 91
Abb. 4.4.9b: Relative Positionierung 93
Abb. 4.4.9c: Absolute Positionierung 94
Abb. 4.4.9d, e: Fixierte Positionierung.. 94
Abb. 4.4.9f: Schwebende Elemente... 95
Abb. 4.5a: Startseite der Web Design Gazette mit Blindtext 97
Abb. 4.5.1a: Strukturierung der Seite mit Hilfe von Textauszeichnungen............................. 98
Abb. 4.5.2a: Die in HTML realisierte Seite 100
Abb. 4.5.3a: Weiter gehende Struktur mit <div>-Containern 101
Abb. 4.5.3b: Die eingefügten Container wurden hier farbig markiert................................. 103
Abb. 4.5.4a: Auswirkungen des Stylesheets auf das <body>-Element................................ 104
Abb. 4.5.6a: Die Positionierung von 3 Spalten mittels float... 105
Abb. 4.5.5a: Der die gesamte Seite umfassende Container wurde formatiert.................... 105
Abb. 4.5.6b: Die fertig positionierten Spalten... 107
Abb. 4.5.7a: Der fertige Kopfbereich... 108
Abb. 4.5.8a: Mögliche Lösung der HTML/CSS Übungen 110
Abb. 4.6a: Beispiel für ein Tabellenlayout mit transparenten GIFs: Die Amazon-Startseite 111
Abb. 4.7.8a: Die fertige Startseite der Web Design Gazette 119
Abb. 4.7.9a, b: Beispiel für eine Ajax-Webanwendung (http://maps.google.com) 120
Abb. 4.7.9c: Die mit HTML umgesetzte Klappliste 121
Abb. 4.7.9c: Die fertige Ajax-Anwendung 123
Abb. 4.7.10a: Der Google Reader: Ansicht auf einem Mobiltelefon 123
Abb. 4.7.10b: Der Google Reader: Ansicht im Browser (http://reader.google.de) 123
Abb. 4.8.1a-d: Beispiele für Web 2.0-Angebote Flickr, Gliffy, kuler, Aviary (http://flickr.com/, ... 125
http://www.gliffy.com/, http://kuler.adobe.com/, http://aviary.com/) 125
Abb. 4.9.3a: Silbentrennung im Browser mit ­ (Grafik: Bensmann) 129
Abb. 4.10.1a-c: Indizierte GIF-Bilder (Foto: Bensmann) 130
Abb. 4.10.1d: Banding-Effekt (Foto: Bensmann) 131
Abb. 4.10.1e, f: Indiziertes Bild mit und ohne Dithering (Foto: Bensmann)........................ 131
Abb. 4.10.2a: Artefaktbildung mit abnehmender Bildqualität (Grafik: Bensmann)............ 132
Abb. 4.10.3a: In Photoshop gespeicherte PNG-Dateien (oben: 24-bit, unten: 8-bit)......... 133
Abb. 4.10.4a: Beispiel für eine SVG-Grafik (Quelle: Wikipedia) 133
Abb. 4.12.1a: Editor mit Syntax-Highlighting 137
Abb. 4.13.2a: Monitorauflösungen Mitte 2010 (Quelle: http://marketshare.hitslink.com/).............. 140
Abb. 4.13.2b: Monitorscreen und Browserfläche 140
Abb. 4.16a: Vorlage Tragamin Webseite 145

5. Siteplanung 147

Abb. 5a: Zitat Douglas Adams (Grafik: Bensmann) 147
Abb. 5.3.1a: Formblatt für eine Briefing-Checkliste (Quelle: hammer.runge) 149
Abb. 5.3.1b: Inhalt einer Briefing-Checkliste 150
Abb. 5.3.3a: Projektplan Webdesign (Beispiel: Eschenröder, Ausschnitt aus MS Project)........ 152
Abb. 5.3.4a: Angebotsbeispiel (Quelle: hammer.runge) 154
Abb. 5.4.2a: Polaritätenprofile (Grafik: Klettke) 156
Abb. 5.4.2: Mögliche Fragestellungen für eine Online-Umfrage (Beispiel: Hammer) 157
Abb. 5.4.4a: Logo, Farben und Hausschrift der Deutschen Post AG 158
Abb. 5.5.1a: Top-Level-Domains weltweit (Design: John Yunker) 160
Abb. 5.6.1a: Navigationsbegriffe (http://www.manufactum.de)... 164
Abb. 5.6.2a,b: Linearstruktur (Grafik: Ruske).. 165
Abb. 5.6.2c, d: Leiterstruktur (Grafik: Ruske).. 166
Abb. 5.6.2e, f: Baumstruktur (Grafik: Ruske)... 166
Abb. 5.6.2g, h: Matrixstruktur (Grafik: Ruske, Screenentwurf: Jägers) 167
Abb. 5.6.2i, j: Netzstruktur (Grafik: Ruske) 168
Abb. 5.6.2k, l: Mischform aus den o. g. Strukturmodellen (Grafik: Ruske) 168
Abb. 5.6.3a: Grafisches Strukturlayout (Grafik: Hammer).. 169
Abb. 5.6.3b,c: Strukturlayouts als Mindmap und als Strukturkaskade (Grafik: Hammer)........ 170
Abb. 5.7a: Seitentitel, Dateiname auf der Website von Manufactum (http://www.manufactum.de).. 171
Abb. 5.7.1a: Interaktionselemente (Websiteentwurf FH-Gelsenkirchen, Projektteam Märdian, Gessner, Bellendorf, Leitung Prof. Dr. Hammer).. 172
Abb. 5.7.1b, c: Vorseitennavigation auf älteren Webseiten 173

Abbildungsverzeichnis

Abb. 5.7.2a, b: Persistente Navigation auf der Manufactum-Site (http://www.manufactum.de) 174
Abb. 5.7.3a: Dynamisch generierte nutzerbezogene Navigation (http://www.amazon.com) 175
Abb. 5.7.4a: Themennavigation und Zielgruppennavigation (Websiteentwurf FH-Gelsenkirchen) 176
Abb. 5.7.5a: Teaser: Manche Portale bestehen fast nur aus Teasern. (http://www.rewirpower.de/) ... 176
Abb. 5.7.6a: Beispiele: Quicklinks (Websiteentwurf FH-Gelsenkirchen) 177
Abb. 5.7.7a, b: Beispiele: Sitemaps: Manufactum (http://www.manufactum.de) und
Deutsche Post (http://www.deutschepost.de) 177
Abb. 5.7.7c: Alphabet (http://www2.fh-gelsenkirchen.de/FH-Sites/verwaltung/index.php?id=39) 178
Abb. 5.7.7d: Beispiel: Yahoo-Startseite aus dem Jahr 2000 (http://de.yahoo.com/) 178
Abb. 5.7.8a: Brotkrümelnavigation (Projektteam Websiteentwurf FH-Gelsenkirchen) 179
Abb. 5.7.9a: Designbeispiele: Suchfunktion 179
Abb. 5.7.10a, b: Hilfefunktion und Guided Tour (Design und Inhalt: Hammer, Ruske) 180
Abb. 5.7.11a: Autoplayslider (http://www.hammer-runge.de) 180
Abb. 5.7.11b: 3D-Carousel mit der „jquery"-Klassenbibliothek (Studienentwurf Barchnicki, Buttler) . 181
Abb. 5.7.12a: Websiteuntergliederung (Grafik: Hammer) 181
Abb. 5.7.12b: Dropout Menü (Design und Inhalt: Hammer, Ruske) 182
Abb. 5.7.12c: „Floating menus" in der Web Design Gazette (Design und Umsetzung: Bensmann)... 182
Abb. 5.7.12d: Arbeiten am Papierprototyp (Projektteam FH-Gelsenkirchen Website, Foto: Hammer) 183
Abb. 5.7.12e: Beispiele: Navigationslayouts (Websiteprojekt FH-Gelsenkirchen, Grafiken: Hammer) 184
Abb. 5.8.1a: Zugriff auf das DAM-System über Adobe Bridge 185
Abb. 5.8.2a: Bild mit Textinhalt 186
Abb. 5.8.2b: Foto der „pixographen" 186
Abb. 5.8.2c: Schmuckgrafik 186
Abb. 5.11b: Das Logo der „pixographen" (Design: Agnes Bülhoff) 191

6. Designentwurf 193

Abb. 6a: Zitat Jimmy Wales (Grafik: Bensmann) 193
Abb. 6.3a-f: css Zen Garden (http://www.csszengarden.com) 195
Abb. 6.3g-l: Das Look & Feel unterschiedlicher Websites: essanelle, Jung von Matt, foliaflores
und Marchand de Trucs 196
Abb. 6.3k: Yello-Website (http://www.yellostrom.de) 197
Abb. 6.4.1a: Treppchen-Effekt 199
Abb. 6.4.1b: Antialiasing (Grafik: Hammer) 199
Abb. 6.4.1c: Browserabhängige Kantenglättung im Vergleich (Grafik: Bensmann) 200
Abb. 6.4.1d: Zeilenbandwürmer (http://www.hebammenhilfe.de) 201
Abb. 6.4.2a: Farbkontraste (Grafik: Bensmann) 203
Abb. 6.5a, b: Beispiele mit Biene Award ausgezeichneter barrierefreier Websites:
(http://www.ble.de, https://banking.postbank.de) 204
Abb. 6.5c,d: Beispiele mit Biene Award ausgezeichneter barrierefreier Websites:
(http://www.duesselenergie.de, http://www.darmkrebs.at/) 205
Abb. 6.5e,f: Barrierefreie Sites öffentlicher Institutionen:
(http://www.ldi.nrw.de, Design: Team Prof. Hammer),
(http://www.mediendesign-online.net, Design: D. Hayenga) 206
Abb. 6.6.2a: Zahnarztpraxis (http://www.zaehne-zaehne.de, Design: hammer-runge, M. Plawer) 208
Abb. 6.6.2a: Web2.0 Stil: Studentischer Designentwurf (Design: C.Barchnicki, K. Buttler) 208
Abb. 6.6.3a-d: Metaphern im Web 209
Abb. 6.6.4a, b: Webseitenunterteilung (Beispiel: Websiteentwurf FH-Gelsenkirchen) 210
Abb. 6.6.4c: Seitenposition im Browser (http://www.hammer.informatik.fh-gelsenkirchen.de) 211
Abb. 6.6.4d, e: Mehrspaltige Websites (http://www.eon.com, http://www.vodafone.de/) 212
Abb. 6.6.5a: Gestalterische Differenzierung funktional unterschiedlicher Bereiche
(http://www.mediendesign-online.net, Design: Hammer, Ollas) 212
Abb. 6.6.5b, c: Zu enge und großzügige Zwischenräume (Websiteentwurf FH-Gelsenkirchen) 213
Abb. 6.6.5d: Ausrichtung an Bezugslinien (http://hammer.informatik.fh-gelsenkirchen.de/) 214
Abb. 6.6.6a: Website der frühen neunziger Jahre (nachgestellt) 215
Abb. 6.6.6b, c: Bildraster (http://hammer.informatik.fh-gelsenkirchen.de) 215
Abb. 6.6.6d: Texte in Bildern (Foto: LKE) 216
Abb. 6.7.1a: Beziehungsgefüge Interface (Grafik: Hammer nach Bonsiepe 1996) 216
Abb. 6.7.2b: Designvarianten von Breadcrumtrails (http://www.ldi.nrw.de,
http://www.fh-gelsenkirchen.de, Websiteneuentwurf FH-Gelsenkirchen,
http://www.manufactum.de) 218
Abb. 6.7.3a, b: Farbkodierung (http://www.abes-online.de) 218

Abb. 6.7.3c: Farbkodierung im Navigationsbalken (Websiteentwurf FH-Gelsenkirchen) 219
Abb. 6.7.3d: Originalfarbe und angepasste Farbe in unterschiedlichen Gestaltungeselementen 219
Abb. 6.7.3e: Gelb wird zum gelblichen Grau abgetönt, wenn es lesbar sein soll 219
Abb. 6.7.4a, b: Kulturbedingte Seitenorganisation (http://www.osrammiddleeast.com/) 221
Abb. 6.7.5a: Navigationskaskaden (http://www.online-studies.net, nicht mehr im Netz) 222
Abb. 6.7.5b: Navigationskaskaden (http://www.baumergroup, Diplomarbeit K. Pryzybilla,
Webprojekt FH-Gelsenkirchen, http://www.mediendesign-online.net) 222
Abb. 6.7.5c: Navigationsgrafiken aus einfachen geometrischen Formen 223
Abb. 6.7.5d: Navigationsgrafiken zur Anzeige eines Aktivierungszustandes (http://www.ldi.nrw.de,
http://.hammer.informatik.fh-gelsenkirchen.de, http://www.hebammenhilfe.de) 223
Abb. 6.7.5e: Navigationsbalken und Aktivierungsdesign (Grafik: Hammer, Gegenmantel) 224
Abb. 6.7.5f: Horizontallisten mit und ohne vertikale Trennstriche 225
Abb. 6.7.6a: Typische frühere Buttonleiste (http://www.abes-online.de1996, nicht mehr im Netz) ... 225
Abb. 6.7.6b: Website (2000) mit vielen Bildbuttons und Bildtypografie
(http://www.kriegergmbh.de, Design: hammer.runge) 225
Abb. 6.7.6c: Unterschiedliche Aktivierungszustände von Buttons (Grafik: Hammer) 226
Abb. 6.7.6d: Buttons in Anlehnung an das Corporate Logo (http://www.magellan-buch.de/) 226
Abb. 6.7.6e: Buttondesigns (Studienentwürfe) 227
Abb. 6.7.6f: Buttondesigns im Web 2.0 Designstil (Grafik: Duzynski) 227
Abb. 6.7.7b: Terminplaner als Websitekulisse (frühere Site des IOT, nicht mehr im Netz) 228
Abb. 6.7.8a: Deutliche Bildlinks (Grafik: Gasch, Hammer) 228
Abb. 6.7.9a: Textunterstreichung mit Rahmenlinie 229
Abb. 6.7.9b: Designalternativen zur Textlink-Gestaltung 230
Abb. 6.7.9c, d: Designs von vorangestellten Ankerlisten (http://de.wikipedia.org,
http://hammer.informatik.fh-gelsenkirchen.de) 230
Abb. 6.7.10a: Designs von Favicons 231
Abb. 6.7.10a-c: Icons in den Größen 16 x16, ... 232
Abb. 6.8.1a: Scribbeln im Browserscreenshot (Grafik: Bensmann) 232
Abb. 6.8.2a: Die Web Design Gazette im Photoshop-Entwurf (Design: Bensmann) 233
Abb. 6.8.2b: Abschalten der Schriftglättung in Photoshop 234
Abb. 6.8.3a: Rasterentwicklung 235
Abb. 6.8.3e,f: Sitemapdesigns (http://www.hammer-runge.de) 236
Abb. 6.8.4a, b: Formulardesign mit CSS-Formatierung (http://www.hebammenhilfe.de,
http://www.rapid-html.de, Design: Martina Plawer) 237
Abb. 6.8.4c: Formulardesign (http://www.qwertcity.com, Design: Mason Yarnell) 237
Abb. 6.9a: Präsentationsmodus in Photoshop 238

7. Prototyping 243
Abb. 7a: Zitat Larry Wall (Grafik: Bensmann) 243
Abb. 7.3.1a: Webdeveloper Tools (Beispielseite: http://hammer.informatik.fh-gelsenkirchen.de) 245
Abb 7.3.2a: Markierungen im Quellcode 245
Abb 7.3.5a, b: Browsererweiterungen 248
Abb 7.3.6a, b: Standard-Stylesheet und nach Eric Meyer resettetes Stylesheet im Firefox-Browser ... 249
Abb. 7.4a, b: Styleguide des Neuentwurfs der FH-Gelsenkirchen Website (Beispiel: Märdian) 252

8. Assetdesign 259
Abb. 8a: Zitat Eric Auchard (Grafik: Bensmann) 259
Abb. 8.3a, b: Storyboard-Formblatt und einfache Datenliste (Originale: hammer.runge) 261
Abb. 8.3c: Film-Storyboard (Beispiel Ruske) 262
Abb. 8.4.1a: Das Prinzip der umgekehrten Pyramide (Grafik: Hammer nach Häusermann/Käppeli) ... 263
Abb. 8.4.2a: Zweizeilige Headlines (Grafik: Hammer) 264
Abb. 8.4.2b-d: Designs von Aufzählungen (Beispiele: Hammer) 264
Abb. 8.4.2e, f: Zeichen der „guten Typografie" und ihre Umsetzung im Web 265
Abb. 8.4.2g: Typografische Anführungszeichen im Browser (Grafik: Bensmann) 265
Abb. 8.5a, b: Bildtypografie als Corporate- Design-Element (http://www.aral.de,
http://www.mercedes-benz.de) 266
Abb. 8.5c: Pixelschriften, z. B. Binary und Silkscreen 266
Abb. 8.5d: Logos mit Innenbereichen: Transparent oder weiß? (http://www.steinhaus.de) 267
Abb. 8.5.1a: Bildtypografie in Headlines (Showroom Mediendesign, Krieger Gewächshäuser, LKE) .. 267

Abbildungsverzeichnis

Abb. 8.5.2a: Bildtypografie mit Ebenenstilen (links) und typosemantische Schriftgestaltung im Themenbezug (Beispiele: Hammer und Studienentwürfe) 268
Abb. 8.6.1a: Hemisphärentheorie (Grafik: Hammer) 270
Abb. 8.6.1b, c: Atmosphärische Einstimmung durch Bilder: 270
„Erfrischend" (http://www.gerolsteiner.de), „Gute alte Zeit" (http://www.dallmayr.de) 270
Abb. 8.6.1d: Auflockerung von textarmen Seiten (ehem. Website FB Informatik, FH-Gelsenkirchen) . 271
Abb. 8.6.2a: Konstante Fotoauffassung (http://www.manufactum.de) 273
Abb. 8.6.2b-d: Der Ausschnitt bestimmt die Bildwirkung. (Foto: Hammer) 273
Abb. 8.6.2e, f: Der Ausschnitts macht's, Originalbild und Ausschnitte (Foto: Hammer) 274
Abb. 8.6.2g: Ungewöhnliche Bildformate mit Kohärenz zur Navigation (http://www.tep-ruhr.de) 274
Abb. 8.6.2h: Unterschiedlich leicht gedrehte Fotos (http://www.hebammenhilfe.de, Foto: Rickal) ... 274
Abb. 8.6.3a, b: Bildmanipulation. Wie sieht der Seehund wirklich aus? (Quelle: Adobe) 276
Abb. 8.6.3c, d, e: Bildoptimierung (Foto: Hammer) 276
Abb. 8.6.4a: Freistellen als „letzte Rettung" bei ungeeignetem Ausgangsmaterial (Foto: LKE) 277
Abb. 8.6.4b: „Erden" durch Horizontlinie (Grafik: Hammer, Foto: Funk) 277
Abb. 8.6.4c: Körperschatten erzeugen in Photoshop (Grafik: Hammer, Foto: Funk) 278
Abb. 8.6.4d-f: Freistellen durch Anpassung an die Hintergrundfarbe (Grafik: Hammer, Foto: Funk) ... 278
Abb. 8.6.4g-i: GIF-Transparenz (Grafik: Hammer) 279
Abb. 8.6.4j: Eingrenzung des Aktivierungsbereichs durch Imagemaps (Grafik: Hammer, Foto: Funk). 280
Abb. 8.6.4k: Einziehen neuer Hintergründe (Beispiele: Hammer, Foto: Funck) 280
Abb. 8.6.5a: Bildrandgestaltung durch Eckenabrundung (Foto: Jennrich/Auerbach) 281
Abb. 8.6.5b: Bildrandgestaltung mit Ebenenstilen (Beispiele: Hammer, Foto: Jennrich/Auerbach) 281
Abb. 8.6.5c: Das Bild im Bildrahmen (frühere hammer.runge-Website, nicht mehr im Netz) 282
Abb. 8.6.5d: Rahmen durch Filteranwendung (Beispiel: Hammer, Foto: Jennrich/Auerbach) 282
Abb. 8.6.5e: Bildrandauflösung (Beispiel: Hammer, Foto: Jennrich/Auerbach)................... 282
Abb. 8.6.6a: Abgestimmte Vorder- und Hintergrundbilder (http://www.abes-online.de) 283
Abb. 8.6.6b-d: Zurückgenommene Hintergrundbilder mit Textüberlagerung (Beispiele: Hammer) 283
Abb. 8.6.6e, f: Singuläre Hintergrundbilder (http://www.juliakroener.de/, http://oui-ja.de) 284
Abb. 8.6.7a: Das Prinzip der Kachelung (Grafik: Hammer) 284
Abb. 8.6.7b, c: Kacheldesigns mit überlagernden Vordergrundbildern
(http://www.viget.com/extend, http://www.soulcore.de/) 285
Abb. 8.6.7d, e: Erweiterbares Headerbild durch Kacheltechnologie (http://www. howatec-online.de) 286
Abb. 8.6.7f-h: Unsichtbare Kachelübergänge (Foto und Bearbeitung: Hammer) 286
Abb. 8.6.7i, j: Hintergrundstrukturen aus Filterfunktionen (Grafiken: Hammer, Bensmann) 287
Abb. 8.6.7k: Kachelstreifen zur Erzeugung eines Streifenmusters (Beispiel: Hammer) 287
Abb. 8.6.8a: Headerbild (Websiteentwurf FH-Gelsenkirchen, Foto: Pressestelle der FH) .. 288
Abb. 8.6.8b: Bildcollage als Headerbild (http://www.fbm.htwk-leipzig.de/,
Design: http://www.and-advertising.de) 288
Abb. 8.6.9a: Navigationsbuttons im Farb- und Formbezug zum Logo (Design: Hammer) 289
Abb. 8.7.1a: Videos oder Hörproben (http://www.amazon.de) 290
Abb. 8.7.2a: Bildplayer (http://www.mediendesign-online.net) 291
Abb. 8.7.3a: Logoanimation per animated GIF (www.online-studies.net, nicht mehr im Netz) 292
Abb. 8.7.4a, b: Flash-Animationen (http://www.sensisoft.com/, http://www.littlebigplanet.com/) ... 292

9. Technische Umsetzung 299
Abb. 9a: Zitat Douglas Adams (Grafik: Bensmann) 299
Abb. 9.4.1a, b: Die Web Design Gazette ohne (links) und mit separatem Druckstylesheet (rechts).... 302
Abb. 9.4.1c: Druckansicht Web Design Gazette: Serifenschrift und schwarz-weiße Farbgebung........ 304
Abb. 9.4.1d: Druckansicht Web Design Gazette: Navigation ausgeblendet 304
Abb. 9.4.1e: Druckansicht Web Design Gazette: Zusätzliche Link-URLs 305
Abb. 9.4.1f: Druckansicht Web Design Gazette: Das Logo 306
Abb. 9.4.1g: Druckansicht Web Design Gazette: Typografische Anführungszeichen 306
Abb. 9.4.1h: Druckansicht Web Design Gazette: Die fertige Druckausgabe 307
Abb. 9.4.2a-d: Reguläre Website im Vergleich zur vereinfachten Websiteversion
für mobile Endgeräte, (http://de.wikipedia.org, http://www.amazon.de) 308
Abb 9.4.2e: Proxy-Zwang bei manchen Mobilfunkanbietern 308
Abb. 9.5.1a: Interaktionselemente in Formularen: Eingabefelder, Radiobuttons, Checkboxen,
Auswahllisten und Schaltflächen 309
Abb. 9.5.1b: Neue Formularfunktionen in HTML5 310
Abb. 9.5.1c-e: Unterschiedliche Captchas 310

10. Tests und Launch 317
Abb. 10a: Zitat Arnold Glasgow (Grafik: Bensmann) 317
Abb. 10.3.2a: Browsershots (http://browsershots.org) 319
Abb. 10.3.2b, c: Der Link-Checker des W3C (http://validator.w3.org/checklink) 320
Abb. 10.3.3a: Usability-Fragebogen 1. Teil 321
Abb. 10.3.3b: Usability-Fragebogen 2. Teil 322
Abb. 10.3.4a, b: Web Design Gazette im Textbrowser Lynx und in Braille-Ansicht 324
Abb. 10.7a: Logfiles als Textdatei nach W3C-Standard 330
Abb. 10.7b-d: Grafische Aufarbeitung durch den Provider. 330
Abb. 10.7e-j: Auswertungstool Google Analytics (http://www.google.com/analytics/de) 331

Linkverzeichnis

Das Linkverzeichnis enthält Verweise auf Online-Dokumente zu den gezeigten Praxisbeispielen sowie Linkempfehlungen zu weitergehenden Informationen zu den jeweiligen Themen. Alle Links datieren auf einen Stand von November 2010.

1. Vorbemerkung 13
Onlinematerial: http://mediendesign-online.net/xmediapress 16

2. Einführung 17

3. Grundlagen des Webdesigns 31
Acid-Test: http://acid3.acidtests.org/ 33
Lynda Weinman: http://lynda.com 35
Bundesministerium der Justiz: http://www.gesetze-im-internet.de/bgb/__312e.html 40
Online-Quiz: http://www.mediendesign-online.net/xmediapress/ 48

4. Technische Grundlagen 51
Darstellung von selbstgebauten Seiten: http://groups.google.de/group/de.comp.sys.mac.internet/msg/7c32f5c541dfb051 52
Neue, geänderte, weggefallene Elemente, Attribute: http://dev.w3.org/html5/html4-differences/ 54
http://1997.webhistory.org/www.lists/www-talk.1993q1/0182.html 61
Lorem ipsum: http://www.loremipsum.de/ 64
Lösung zur Übung: http://mediendesign-online.net/xmediapress 64
css Zen garden: http://www.csszengarden.com/ 65
CSS Naked Day: http://naked.dustindiaz.com/ 65
SELFHTML: http://de.selfhtml.org/ 65
FontSquirrel: http://www.fontsquirrel.com/fontface 75
Google font directory: http://code.google.com/webfonts 75
Typekit: http://typekit.com/ 75
WEFT: http://www.microsoft.com/typography/WEFT.mspx 76
ttf2eot online: http://www.kirsle.net/wizards/ttf2eot.cgi 76
@font-face Generator: http://www.fontsquirrel.com/fontface/generator. 76
Link: http://code.google.com/webfonts 77
A list apart: http://www.alistapart.com/articles/responsive-web-design/ 78
W3C: http://www.w3.org/TR/css3-mediaqueries/ 78
http://de.selfhtml.org/ 82
CSS 3 Color Module: http://www.w3.org/TR/css3-color/ 84
Appearance values: http://www.w3.org/TR/css3-ui/#appearance-val 85
Lösung unter: http://mediendesign-online.net/xmediapress 110
Datumsformate: http://dev.mysql.com/ 119
Ajax: A New Approach: http://www.adaptivepath.com/ideas/essays/archives/000385.php 120
HTML5-Unterstützung der Browserengines:
http://en.wikipedia.org/wiki/Comparison_of_layout_engines_%28HTML5%29 127
CSS 3-Stand:http://www.w3.org/Style/CSS/current-work 127
CSS Selektoren: http://www.w3.org/TR/css3-selectors/ 128
Boxmodell: http://www.w3.org/TR/css3-box/ 128
Mehrspaltigkeit: http://www.w3.org/TR/css3-multicol// 128
calc(): http://www.w3.org/TR/css3-values/#calc 128
MathML: http://www.w3.org/TR/mathml-for-css/ 128
Hintergrund-Eigenschaften: http://www.w3.org/TR/css3-background/ 128
Text-Eigenschaften: http://www.w3.org/TR/css3-text/#decoration 128
Progressive Enhancement: http://dev.opera.com/articles/view/progressive-enhancement-with-css-3-a-be/ 129
Hyphenator: http://code.google.com/p/hyphenator/ 129
PNGQuant: http://www.libpng.org/pub/png/apps/pngquant.html 133
PNGNQ: http://pngnq.sourceforge.net/ 133
Adobe-Blogartikel zum Thema PNG: http://blogs.adobe.com/jnack/2010/08/do-you-care-about-png-8-with-transparency.html 133

PDF-Erstellung: http://www.pdfforge.org/, http://de.openoffice.org/, https://www.webpdf.net/, http://www.dmoz.org/World/Deutsch/Computer/Datenformate/Dokumente/PDF/ 136
CMS-Übersicht: http://en.wikipedia.org/wiki/List_of_Content_Management_Systems 137
Web Developer: https://addons.mozilla.org/de/firefox/addon/60 138
Internet Explorer Developer Toolbar: http://www.microsoft.com/downloads/details.aspx?familyid=e59c3964-672d-4511-bb3e-2d5e1db91038 138
Firebug: https://addons.mozilla.org/de/firefox/addon/1843 138
Html Validator: https://addons.mozilla.org/de/firefox/addon/249 138
CSS validator: https://addons.mozilla.org/de/firefox/addon/2289 138
Total Validator: https://addons.mozilla.org/de/firefox/addon/2318 138
Favelets: http://tantek.com/favelets/ 139
MeasureIt: https://addons.mozilla.org/de/firefox/addon/539 139
ColorZilla: https://addons.mozilla.org/de/firefox/addon/271 139
Browser-Ranking: http://marketshare.hitslink.com/ 139
Tragamin-Übung: http://mediendesign-online.net/xmediapress 145

5. Siteplanung **147**
Künstlersozialkasse: http://www.kuenstlersozialkasse.de 153
Freemind: http://www.SmartDraw.com 169
Mindmeister: http://www.mindmeister.com 169
Stylesheet-Tausch: http://www.mezzoblue.com/archives/2004/04/01/sickening/ und
http://stopdesign.com/archive/2004/04/01/change.html 185
Logo: http://mediendesign-online.net/xmediapress 191

6. Designentwurf **193**
Linktipps zu Usability: http://www.useit.com/, http://www.sensible.com/ 197
Linktipps zur Barrierefreiheit: http://www.wob11.de, http://www.einfach-fuer-alle.de
http://www.abi-projekt.de, http://www.bieneaward.de, http://www.w3.org/WAI/ 204
Defender: http://www.p01.org/releases/DHTML_contests/files/DEFENDER_of_the_favicon/ 231
Favicon-Generator: http://www.favicon-generator.de/ 231
Bilder in Favicons umwandeln: http://www.html-kit.com/favicon 231

7. Prototyping **243**
Browser-Reset nach Eric Meyer: http://meyerweb.com/eric/thoughts/2007/05/01/reset-reloaded/ 250
Styleguide WDG: http://www.webdesigngazette.de/uebungen/kapitel8/WDG_StyleGuide.pdf 251
Styleguide der Bundeswehr: http://www.styleguide.bundeswehr.de/v3/styleguide/ 251
Styleguide des BBC: http://www.bbctraining.com/pdfs/newsstyleguide.pdf....................................... 251
Styleguide des WDR: http://www.wdrdesign.de/_media/pdf/WDRinternet.pdf 251
Sammlung von Styleguides: http://www.designtagebuch.de/wiki/corporate-design-manuals/ 251
http://vischeck.homeip.net/vischeck/imageEngine.php 254
http://juicystudio.com/index.php 254

8. Assetdesign **259**
Quellen für kostenlose Fotos: http://www.lorm.de/2008/01/02/102-quellen-fuer-kostenlose-fotos/, 100
http://arcagility.wordpress.com/2007/09/26/100-legal-sources-for-free-stock-images/,
http://www.cekay.de/2007-12-24-48-seiten-im-netz-mit-kostenlosen-stock-fotos 269
Auflösung berechnen: http://members.ping.de/~sven/dpi.html 275
Lightbox V1.0: http://www.huddletogether.com/projects/lightbox/ 291
Lightbox V2.0: http://www.lokeshdhakar.com/projects/lightbox2/ 291
Lighbox-Klone: http://fortysomething.ca/mt/etc/archives/005400.php 291

9. Technische Umsetzung **299**
Hommingberger Gepardenforelle: http://de.wikipedia.org/wiki/Hommingberger_Gepardenforelle ... 311

10. Tests und Launch... **317**
Web Site Test Tools: http://www.softwareqatest.com/qatweb1.html 325
Exploit-Me: http://labs.securitycompass.com/index.php/exploit-me/ 325

Literaturverzeichnis

In diesem Literaturverzeichnis sind sowohl die verwendeten Quellen als auch Literaturempfehlungen zusammengestellt.

Bonsiepe, G.:, Interface, Design neu begreifen, Bollmann Verlag, Mannheim 1996
Breßler, F., Hübner und Rohlof: Was kostet Web-Design?, Birkhäuser Verlag, Basel 2003
Butter, R. und Krippendorf, K.: Die semantische Wende: Eine Neue Grundlage für das Design, Birkhäuser Verlag, Basel 1999

Franz, K. Handbuch zum Testen von Web-Applikationen, Springer X.media.press, Berlin, Heidelberg 2007

Hammer, N.: Mediendesign für Studium und Beruf, Springer X.media.press, Berlin, Heidelberg 2008
Heinecke, A. M. : Mensch-Computer-Interaktion, Fachbuchverlag Leipzig, Leipzig 2004

Koppelmann, U.: Produktmarketing, Kohlhammer Verlag, Stuttgart, Berlin, Köln, Mainz 1987
Krug, S. und Dubau, J.: Don't Make Me Think!, Mitp-Verlag, Heidelberg 2006

Lakehoff, G. und Johnson, M.: Metaphors we live by, The University of Chicago Press, Chicago 1980
Licklider, J. C. R.: Man-Computer Symbiosis, 1960

Meek, L.: 7 Surefire Web Design Styles that work, 2007

Nielsen, J.: Designing Web Usability, Verlag Markt und Technik, München 2001

Paivio, A.: Imagery and Verbal Processes, Rinehart and Winston Inc., New York 1971
Breßler, F., Hübner und Rohlof: Was kostet Web-Design?, 2003

Stapelkamp, T. : Interfacedesign, Springer X.media.press, Berlin, Heidelberg 2007

Thissen, F. : Screendesign, Springer X.media.press, Berlin, Heidelberg 2003

Ziefle, M.: Lesen am Bildschirm, Münster, New York, Waxmann Verlag, München, Berlin 2001

Index

Symbole

3D-Button 226
7 +/- 2-Regel 172
@-Regeln 72
@charset-Regel 72, 73
@font-face-Regel 72, 74, 75, 77
@import-Regel 72, 73
@media-Regel 72, 73, 74
@page-Regel 72

A

<abbr>-Element 61
   title-Attribut 61
Ablaufplanung 151
Abonnementendienst 123
Absatz 60
Accessibility 203
Accessibility-Test 325
Acid-Browsertest 34
<acronym>-Element 61
   xml:lang-Attribut 61
ActionScript 112
Active Server Pages. Siehe ASP
<a>-Element 60
   titel-Attribut 230
Ajax 47, 120, 121
Aktivierungszustände 223, 226, 288
Alternativnavigation 172
Analyse 148
Analysephase 155
Anführungszeichen
   typografische 265
Angebot 153
Angebotsbeispiel 154
Angebotskalkulation 153
Animierter Button 227
Ankerlink 177
Ankerlinkliste 176, 230
Anmutung 195
Antialiasing 199
Arbeitsserver 185
<article>-Element 63
<aside>-Element 64
ASP 114
Assetdesign 21, 260
Asynchronous JavaScript and XML. Siehe Ajax
Atom-Feed 124
At-Regeln. Siehe @-Regeln
At-Rules. Siehe @-Regeln
Attribut 58
Attributselektor 68, 128
Attributswert 58
Audio 293
<audio>-Element 293
Auflösung 140, 199, 275
   absolut 275
   relativ 275
Aufzählung 236, 264
Auktionsplattform 42
Ausschnitt 273
Außenabstand 83, 89
Auswahlliste 309
Auszeichnungssprache 34, 53

B

background-Eigenschaft 87
Banding 131
Barrierefreie Informationstechnik-Verordnung. Siehe BITV
Barrierefreiheit 203, 223
Baumstruktur 166
<b>-Element 61
Benutzerinteraktion 309
Bereiche
   funktional unterschiedlich 210
Berners-Lee, Tim 27
Bildauflösung 275
Bildausrichtung 274
Bildausschnitt 273
Bildbutton 225, 228, 288
Bilddefinition 272
Bilder 60
   im Web 269
Bildformat 130, 273
Bildfunktionen 270
Bildgröße 275
Bildheadline 267
Bildkacheln 284
Bildkonzept 214, 274
Bildlegende 216
Bildlink 229
Bildoptimierung 276
Bildplayer 291
Bildrandgestaltung 280
Bildschirmauflösung. Siehe Auflösung
Bildsprache 209
Bildtypografie 199, 202, 223, 266
BITV 204, 205
Blickleitfunktion 271
Blickregistrierung 324
Blindtext 64
Blockelement 59
<blockquote>-Element 63, 265
Blocksatz 36, 129, 201
<body>-Bereich 57
<body>-Element 56, 104
border-Eigenschaft 83, 88
Boxmodell 83, 128
Braillezeile 301, 325
Brand-Color 197
Branding-Site 37
Breadcrumbtrail 167, 171, 172, 178, 224

-Element 60
Briefing 148
Briefing-Checkliste 149, 150
Brotkrümelpfad. Siehe Breadcrumbtrail
Browser 27, 139
Browseranpassung 248
Browser-Fließtext
   simulieren 234

Browser-Hacks 96
Browsermodus
    Almost Standards Mode 55
    Compatible Mode 55
    Full Standards Mode 55
    Quirks Mode 55
    Standards Compliance Mode 55
Browser-Ranking 139
Browser-Reset
    nach Eric Meyer 249
Browsertest 319
Browsertools 138
Browser-Weiche 96
Browserweichen 96
Bush, Vannevar 26
Button 225, 288

C

<canvas>-Element 112
Captcha 310
Carousel 180
Cascading Stylesheets. Siehe CSS
CFML 114
CGI 113
Character Entities. Siehe Entities
Checkbox 309
class-Attribut 68
clear-Eigenschaft 105, 106
CMS 45, 137
Codec 293
<code>-Element 61
Code Review 250
Cold Fusion Markup Language. Siehe CFML
Combobox 309
Common Gateway Interface. Siehe CGI
confirmed decision 32
Content
    dynamischer 300
Contentbereich 183
Content-Management-System. Siehe CMS
Content Syndication 124
Cookies 175, 310
Cookie-Test 320
Core fonts for the Web 36
Corporate Color 197, 219
Corporate Design 158, 196, 226
Cross Media Design 24, 196
Cross-Site Scripting. Siehe XSS
CSS 24, 28, 34, 65
    Deklaration 66
    Deklarationsblock 66
    Eigenschaften 66, 87
    Farben 87
    Kaskaden 79
    Positionierung 90
    Regel 66
    Schritt für Schritt 97
    Selektoren 66
        kombiniert 70
    Vererbung 79

CSS 3 74, 127
CSS-Flag 247
CSS Level 3. Siehe CSS 3
CSS Media Queries 78, 79

D

Datenaustausch
    asynchroner 120
Datenbank 115
<dd>-Element 62
Dead End 165
Dedicated Server 163
Dedicated Virtual Hosting 163
Denial of Service. Siehe DoS
Design 52
Designbegriff 18
Designstil 207
Detailentwurf 236
Diashow 291
Dimensionen 90
display-Eigenschaft 91
Dithering 131
<div>-Container 100
<div>-Element 63, 100, 246
<dl>-Element 62
DNS 161
DOCTYPE-Deklaration 55
Doctype Sniffing. Siehe Doctype Switching
Doctype Switching 55
Document Object Model. Siehe DOM
Document Type Definition. Siehe DTD
Dokumentation 260, 262
Dokumententest 318
Dokumentrumpf. Siehe <body>-Bereich
DOM 79
Domain 159
    Top-Level-Domain 160
Domain Name Server. Siehe DNS
Doppelkodierung 215, 270
DoS 326
dots per inch. Siehe dpi
dpi 199, 275
Drehbuch 262
Dropdown-Liste 309
Dropout-Menü 182
Druckstylesheet 301, 302, 303
Druckversion
    einer Webseite 301
DTD 55
<dt>-Element 62

E

Ebenenstile 281
E-Learning 43
<em>-Element 61
Endgerät
    mobiles 307
End-Tag 58
Engelbart, Douglas 27

Index

Entität. Siehe Entities
Entities 59, 129, 265
Entwicklerwerkzeuge 136
Ergonomie 194
Extended Hyper Text Markup Language. Siehe XHTML
Extensible 3D. Siehe X3D
Extensible Markup Language. Siehe XML
Extensible Stylesheet Language. Siehe XSL
Eye-Movement Recording. Siehe Blickregistrierung

F

Farben
   am Bildschirm 202
   CSS 83, 87
   websicher 35, 159
Farbkodierung 218
Farb-Schlüsselwörter 84
favicon 231
Favorite-Icon. Siehe favicon
Feasibility 244
Feed. Siehe Newsfeed
<figure>-Element 64
Film 292
Flash 28, 46, 47, 112, 134, 292
float-Eigenschaft 95, 105
floating menu 182
Flow 90
Flowchart 164, 169
font-Eigenschaft 89
Footer 183
<footer>-Element 64
Format 273
Formatentscheidung 133
Formular 237, 309
Formulare 310
Formularfunktionen 310
Frames 111
Freigabe
   Umsetzung 253
Freistellen 277
   durch Hintergrundanpassung 278
   durch Transparenz 279
Funktionslayout 171. Siehe Navigationslayout
Funktionstest 319

G

Gestaltgesetz der Gleichartigkeit 222
Gestaltung
   ästhetische und anmutungsbezogene 194
   typosemantische 196
Geviertbreite 86
GIF 130, 231, 267
   animiertes 131, 292
   blindes 111
   Transparenz 279
Gitterstruktur 167
Grafiken
   im Web 269
   optimieren 301

grafischer Prototyp 194, 237
Graphics Interchange Format. Siehe GIF
Graubild 213
Guided Tour 179, 180

H

<h1>-Element 59
<h2>-Element 59
<h3>-Element 59
<h4>-Element 59
<h5>-Element 59
<h6>-Element 59
Halbtransparenz 280
Halo-Effekt 279
handleResponse()-Funktion 122
Hauptnavigation 172
Hauptsektionen 174
<head>-Bereich 56
   Style-Angaben 65
<head>-Element 56
Headerbild 288
<header>-Element 64
Hemisphärentheorie 270
Hilfefunktion 179
Hintergrund 87
Hintergrundbild 87
   singuläres 283
Hintergrundstruktur 287
<hr />-Element 62
HTML 27, 53, 91
   Framset 53
   Strict 53
   Transitional 53
   Varianten 53
HTML5 47, 61, 292, 310
HTML-Editor 136
<html>-Element 56
HTML-Prototyp 244, 253
Hyperlink 26, 34, 60
Hypertext 27, 34
Hypertext Markup Language. Siehe HTML

I

ICO 231
Icon 231
Icon-Button 227
id-Attribut 68
ID-Selektor 68
<i>-Element 61
Imagemaps 280
Image-Site 37
<img />-Element 60, 186
   alt-Attribut 61, 186
   height-Attribut 60
   src-Attribut 60
   width-Attribut 60
!important 81
Impressum 172
Indizierung 131

Industrial Design 18
information chunk 172
Informationsdarstellung
    andere Medien 301
Informationsdesign 21
Informationsfunktion 270
Informationsphase 155
Informationsplattform 38
Informationszugang
    zielgruppenorientierter 175
inhärent 80
inherit 80
Inline-Element 59
Innenabstand 83, 89
Interaktion 309
Interaktionsdesign 21, 170, 210
Interaktionselement 172
Interaktivität 47
Interface 216
Interfacedesign 19, 216
inverted pyramid style 262

J

Java 135
JavaFX 46, 47, 112, 135, 292
JavaScript 34, 115, 121, 181
    Framework 181
JavaScript Object Notation. Siehe JSON
Java Server Pages. Siehe JSP
Joint Photographic Experts Group. Siehe JPEG
JPEG 131, 267
    Artefakte 132
JSON 120
JSP 34, 114

K

Kacheln
    ohne Übergang 285
Kachelstreifen 287
Kind-Selektor 70
Klassenselektor 68
Klickmodell 244
Kombinierte Selektoren 70
Kommunikationsdesign 18
Konformitätsstufe 204
Kontrast 202
Konventionen
    externe 220
    interne 220
Koppelmann, Udo 195
Kostenplanung 153
Krippendorff, Klaus 195
Kunden-Briefing 148, 149
Künstlersozialversicherung 153

L

Laufweite 200
Launch 326
Layer 111
Layoutgrafik 186
Layoutraster 234
Layout-Styleguide 251
Layouttabellen 111
Leiterstruktur 166
Leitidee. Siehe Main Idea
Lesegeschwindigkeit 23
Leserichtung 221
Lichtfarben 202
Licklider, J. C. R. 26
<li>-Element 62
Lightbox 291
Linearstruktur 165
Link 60
<link />-Element 60, 65
    rel-Attribut 60, 231
    rev-Attribut 60
Link-Icon 229
Links 27
Link-Test 319
Liste 62, 264
Logfile 329
Logfile-Auswertung 157
Logo 267
Logo-Rücklink 174
Look & Feel 195, 207
Lorem ipsum 64. Siehe Blindtext
LSD-Design 178

M

Main Idea 148, 151
Man-in-the-Middle-Angriff 326
Marginalienspalte 183
Marginalnavigation 172
margin-collapse 83
margin-Eigenschaft 83, 89
<mark>-Element 61
Maßeinheiten
    absolut
        Schlüsselwörter 86
    Pixel 87
    relativ 86
Materialsichtung 157
Matrixstruktur 167
Maus 27
Mediendesign 19
Mehrspaltigkeit 128
Memowirkung 215
Mengentext 213
<meta />-Element 312
    description-Attribut 312
    keyword-Attribut 312
Metanavigation 172, 175
Metapher 209
Meta-Tag 312
Meyer, Eric 249
Mitmach-Medium 29

Index

Monitor 140
Motiv 272
Mouseover 220, 288
Multimediafähigkeit 23
Musik 293
MySQL 115, 116

N

Nachbar-Selektoren 70
Nachfahren-Selektor 70
Namenskonventionen 185
Namensraum 56
<nav>-Element 63, 64
Navigation
    dynamisch generiert 175
    dynamisch generierte 175
    persistent 174
    seiteninterne 172
    zielgruppenorientiert 175
Navigationsbalken
    horizontal 224
Navigationsbereich 182
Navigationsgrafik 223
Navigationsicon 236
Navigationskaskade 222
Navigationskonventionen 220
Navigationskonzept 171
Navigationskulisse 227
Navigationslayout 171, 181, 183, 210
Navigationsleiste 221
Navigationsmenü 222
    vertikal 224
Navigationspfad 171, 302
Netzstruktur 168
Newsfeed 38, 123
Nielsen, Jakob 179, 198
Nutzerbindung 32
Nutzungsrechte 153

O

<ol>-Element 62
Online-Lernmodul 43
Online-Shop 39
    rechtliche Anforderungen 40
Online-Umfrage 156, 322
Oracle 116
O'Reilly, Tim 126
Orientierung 217
OWL 126

P

padding-Eigenschaft 83, 89
Papierprototyp 171, 184
PDF 136
<p>-Element 60
Penetrationstest 326

Persistente Navigation 174
Pfadnavigation 172, 178, 218, 224
Pflege
    eines Webangebotes 328
Photoshop-Layout 233
PHP 34, 114, 116
Pipe-Zeichen 225
Pixel 87, 275
Pixeldichte 275
pixel per inch. Siehe ppi
Pixelschrift 266
pixographen 16, 186, 189, 241, 257, 297, 314, 333, 357
    Logo 191
Plattform 139
Platzhalterbild 234
Plugin 134
PlugIn 47, 112
Plugin-Test 320
PNG 28, 132, 231, 247, 267, 280
Polaritätenprofil 156
Pop-up-Menü 182
Portable Document Format. Siehe PDF
Portable Network Graphics. Siehe PNG
Portal 46
position-Eigenschaft 92, 94
Positionierung 90
    absolut 93
    fixiert 94
    relativ 92
    schwebend 95, 105
    Tipps und Tricks 96
PostgreSQL 115
ppi 199, 275
Präsentation
    HTML-Prototyp 254
Printdesign 19, 22
Printmedien 22
Printtypografie 200
Produktsemantik 195
Programmiersprache
    clientseitig 115
    serverseitig 34, 113
Progressive Enhancement 129
Projektbeschreibung 151
Projektdokumentation 186
Projektformulierung 159
Projektorganisation 185
Projektplan 148, 151, 152
Prototyp-Styleguide 252
Pro-und-Contra-Argumentation 156
Pseudo-Selektoren 70
Pulldown-Menü 182

Q

<q>-Element 63, 265
Quelltexteditor 137
Quicklink 172, 177
quotes-Eigenschaft 265

R

Radiobutton 309
Rahmen 83, 88
Raster 210
Rasterentwicklung 234
Rausatz 36, 129
RDF 126
Really Simple Syndication. Siehe RSS
Redesign 149, 155
Registerschema 228
Resource Description Framework. Siehe RDF
RIA 46, 47, 181, 292
Rich Controls 46
Rich Internet Application. Siehe RIA
Rootserver 163
RSS 124, 125
RSS-Feed 124

S

Satzbreite 200
Satzregeln 202
Scalable Vector Graphics. Siehe SVG
Schaltfläche 309
Schmuckrahmen 281
Schrifteinbettung 74, 75, 129
Schriftformatierung 89
Schriftglättung. Siehe Antialiasing
Screendesign 19, 194, 207
Screenreader 325
Scribble 232
Scribble-Storyboard 262
Search Engine Optimization. Siehe SEO
<section>-Element 64
Security-Test 325
Seitenheader 182
Seitenkomposition 212
Seitentitel 171
Seitenunterteilung 210
Semantik 59, 61, 63, 126, 268
Semantisches Differenzial 156
Semantisches Web 126
sendRequest()-Funktion 121
SEO 311
    Relevanz 311
Serendipity 176
Serifen 36
Servicenavigation 172
Servlet 114
Session 310
SGML 27, 53
Shared Virtual Hosting 163
Shockwave Flash. Siehe Flash
Sicherheitstest 325
Silbentrennung 129
Silverlight 46, 47, 112, 135, 292
Site-Kennung 174
Sitemap 172, 177, 236
Sitestrukturmodelle 165
Skripte 301
Slider 180
<small>-Element 62
<span>-Element 63
Spezifität 82
SQL 115, 116
SQL-Injection 326
Standardablaufplan 24
Standard Generalized Markup Language. Siehe SGML
Standardinhaltsseite 211
Stapelkamp, Torsten 217
Start-Tag 58
    Style-Angaben 65
Stockfoto 269
Storyboard 260, 261, 262
<strong>-Element 61
Structured Query Language. Siehe SQL
Strukturdesign 21, 164
Strukturdiagramm 164, 169
Strukturlayout 168
<style>-Element 65
    @import 66
Styleguide 159, 251, 260
Stylesheet
    Autoren-Stylesheet 81
    Browser-Stylesheet 81
    extern 65
    für mobile Endgeräte 307
    intern 65
    Kommentar 66
    organisieren 246
    Schritt für Schritt 97
    User-Stylesheet 81
Subnavigation 224
Suchformular 179
Suchfunktion 175, 179
Suchmaschinenoptimierung. Siehe SEO
SVG 112, 133
Syndikation 124

T

Tabelle 62, 111, 252
<table>-Element 62
<tbody>-Element 62
<td>-Element 62
    colspan-Attribut 62
    rowspan-Attribut 62
Teaser 176, 177
Technologien
    alte vs. neue 111
Testphase 318
Text
    erstellen 262
    gestalten 264
Textausrichtung 201
Textauszeichnung 61, 98
    logisch 61
    physische 61
Textbrowser 325
Textbutton 226

Index

Texteingabefeld 309
Textlink 172, 220, 229
<tfoot>-Element 62
<thead>-Element 62
<th>-Element 62
Toolbar 138, 139
Tooltips 228
Transparenz 131, 133
    echte 133
<tr>-Element 62
Trennprogramme 36
Trennung von Inhalt und Design 52, 111
Typografie 199
    im Web 35
Typosignal 265
Typselektor 67

U

Überschrift 59
<ul>-Element 62
Universalattribut 68
Universalselektor 67
Unterhaltungs-Website 43
Unternehmenslogo 172
Unternehmensrepräsentation 37
Usability 179, 197
Usability-Test 321

V

Validitätskontrolle 300
VBScript 115
Verhalten 52
Veröffentlichung 326
Verteilseite 211
Verzeichnis 177
Video 292
<video>-Element 292
Virtual Reality Modeling Language. Siehe VRML
Vorlesegerät 301
Vorplanung
    technische 159
Vorseitennavigation 173
VRML 135

W

W3C 28
Wartung
    eines Webangebotes 328
WCAG-Richtlinien 204
Web 2.0 124, 125, 127
    Button 227
    Design 181
    Stil 208
Web Content Accessibility Guidelines. Siehe WCAG-Richtlinien
Webdesign 24
    barrierefrei 36
    Kompromisse 34

Web Design Gazette 15, 51, 53, 97, 182, 233, 251, 303, 324, 333, 357
Webhosting 161
Webhosting-Paket 163
Weblog 46
Web Ontology Language. Siehe OWL
Webprojektmanagement 148
Webserver 27, 163
Website
    Bekanntmachung 327
    dynamische 45
    statische 44
Websiteanalyse 156
Websitestrategien 37
Websiteuntergliederung 181
Webstandards 32
Webtypografie 35
Wert 66
Wiki-System 46
World Wide Web 26, 127
World Wide Web Consortium. Siehe W3C
WYSIWYG-Editor 136

X

X3D 135
x-Höhe 87
XHTML 34, 53
    Code 98
    Container 63
    Element 58
    Grundgerüst 57
    Kommentare 57
    Schritt für Schritt 97
    Sonderzeichen 59
    Struktur 54, 63
    Umstieg von HTML 53
XML 28, 113, 124, 126
    root element 56
    Wurzelelement 56
XML-Deklaration 55
XMLHttpRequest 120, 121
XSL 113
XSLT 113
XSL-Transformation. Siehe XSLT
XSS 326

Z

Zeichen guter Typografie 265
Zeilenabstand 200, 201, 213
Zeilenumbruch 60
Zielanker 60, 68
Zielgruppe
    Navigation 172
Zielgruppenanalyse 155
Zielgruppenorientierte Navigation 175
Zitat 63
Zugänglichkeit 203
Zugänglichkeitstest 325

Quizlösungen

Lösungen aller Quizfragen

Prüfen Sie, wie viele Quizfragen Sie richtig beantwortet haben. Sollte die abschließende Auswertung ergeben, dass Ihr Kenntnisstand lückenhaft ist, wird empfohlen, die relevanten Kapitel nachzuarbeiten.

Quiz zu Kapitel 3 „Grundlagen des Webdesigns"

Quizfrage 3.7.1	Lösung A	Lernstoff nacharbeiten: Kap. 3.3.2
Quizfrage 3.7.2	Lösung B	Lernstoff nacharbeiten: Kap. 3.3.1
Quizfrage 3.7.3	Lösung C, E	Lernstoff nacharbeiten: Kap. 3.3.2
Quizfrage 3.7.4	Lösung A	Lernstoff nacharbeiten: Kap. 3.3.2
Quizfrage 3.7.5	Lösung C	Lernstoff nacharbeiten: Kap. 3.3.2
Quizfrage 3.7.6	Lösung A	Lernstoff nacharbeiten: Kap. 3.4.3
Quizfrage 3.7.7	Lösung A	Lernstoff nacharbeiten: Kap. 3.5.2
Quizfrage 3.7.8	Lösung B	Lernstoff nacharbeiten: Kap. 3.5.3

Quiz zu Kapitel 4 „Technische Grundlagen"

Quizfrage 4.15.1	Lösung B	Lernstoff nacharbeiten: Kap. 4.3.1
Quizfrage 4.15.2	Lösung C	Lernstoff nacharbeiten: Kap. 4.3.1
Quizfrage 4.15.3	Lösung C	Lernstoff nacharbeiten: Kap. 4.3.2
Quizfrage 4.15.4	Lösung C	Lernstoff nacharbeiten: Kap. 4.3.2
Quizfrage 4.15.5	Lösung A, F	Lernstoff nacharbeiten: Kap. 4.3.2
Quizfrage 4.15.6	Lösung A	Lernstoff nacharbeiten: Kap. 4.3.5
Quizfrage 4.15.7	Lösung D	Lernstoff nacharbeiten: Kap. 4.3.7
Quizfrage 4.15.8	Lösung C	Lernstoff nacharbeiten: Kap. 4.4.2
Quizfrage 4.15.9	Lösung B	Lernstoff nacharbeiten: Kap. 4.4.1
Quizfrage 4.15.10	Lösung C	Lernstoff nacharbeiten: Kap. 4.4.1
Quizfrage 4.15.11	Lösung A	Lernstoff nacharbeiten: Kap. 4.4.3
Quizfrage 4.15.12	Lösung A	Lernstoff nacharbeiten: Kap. 4.4.3
Quizfrage 4.15.13	3, 4, 2, 1, 5	Lernstoff nacharbeiten: Kap. 4.10.1
Quizfrage 4.15.14	A-c, B-a, C-b	Lernstoff nacharbeiten: Kap. 4.10.6

Quiz zu Kapitel 5 „Siteplanung"

Quizfrage 5.10.1	Lösung B	Lernstoff nacharbeiten: Kap. 5.3.1
Quizfrage 5.10.2	Lösung C	Lernstoff nacharbeiten: Kap. 5.4.1
Quizfrage 5.10.3	Lösung C	Lernstoff nacharbeiten: Kap. 5.6.1
Quizfrage 5.10.4	Lösung B	Lernstoff nacharbeiten: Kap. 5.6.1
Quizfrage 5.10.5	Lösung C	Lernstoff nacharbeiten: Kap. 5.6.2
Quizfrage 5.10.6	Lösung B	Lernstoff nacharbeiten: Kap. 5.7.1
Quizfrage 5.10.7	Lösung A	Lernstoff nacharbeiten: Kap. 5.7
Quizfrage 5.10.8	Lösung A	Lernstoff nacharbeiten: Kap. 5.7.2
Quizfrage 5.10.9	Lösung B	Lernstoff nacharbeiten: Kap. 5.7.2
Quizfrage 5.10.10	Lösung C	Lernstoff nacharbeiten: Kap. 5.7.5
Quizfrage 5.10.11	Lösung B	Lernstoff nacharbeiten: Kap. 5.7.11

Quizlösungen

Quiz zu Kapitel 6 „Designentwurf"

Quizfrage 6.11.1	Lösung C	Lernstoff nacharbeiten: Kap. 6.3
Quizfrage 6.11.2	Lösung C	Lernstoff nacharbeiten: Kap. 6.4.1
Quizfrage 6.11.3	Lösung C	Lernstoff nacharbeiten: Kap. 6.4.1
Quizfrage 6.11.4	Lösung A	Lernstoff nacharbeiten: Kap. 6.4.2
Quizfrage 6.11.5	Lösung C	Lernstoff nacharbeiten: Kap. 6.5
Quizfrage 6.11.6	Lösung B	Lernstoff nacharbeiten: Kap. 6.6.1
Quizfrage 6.11.7	Lösung C	Lernstoff nacharbeiten: Kap. 6.7.1
Quizfrage 6.11.8	Lösung A	Lernstoff nacharbeiten: Kap. 6.7.5
Quizfrage 6.11.9	Lösung B	Lernstoff nacharbeiten: Kap. 6.7.6
Quizfrage 6.11.10	Lösung B	Lernstoff nacharbeiten: Kap. 6.7.8
Quizfrage 6.11.11	Lösung C	Lernstoff nacharbeiten: Kap. 6.7.10
Quizfrage 6.11.12	Lösung B	Lernstoff nacharbeiten: Kap. 6.8.2
Quizfrage 6.11.13	Lösung A	Lernstoff nacharbeiten: Kap. 6.8.2
Quizfrage 6.11.14	Lösung B	Lernstoff nacharbeiten: Kap. 6.8.3
Quizfrage 6.11.15	Lösung B	Lernstoff nacharbeiten: Kap. 6.9

Quiz zu Kapitel 7 „Prototyping"

Quizfrage 7.7.1	Lösung C	Lernstoff nacharbeiten: Kap. 7.3
Quizfrage 7.7.2	Lösung C, D	Lernstoff nacharbeiten: Kap. 7.3
Quizfrage 7.7.3	Lösung E	Lernstoff nacharbeiten: Kap. 7.3
Quizfrage 7.7.4	Lösung A	Lernstoff nacharbeiten: Kap. 7.3
Quizfrage 7.7.5	Lösung A	Lernstoff nacharbeiten: Kap. 7.3.6
Quizfrage 7.7.6	Lösung B	Lernstoff nacharbeiten: Kap. 7.5
Quizfrage 7.7.7	Lösung C	Lernstoff nacharbeiten: Kap. 7.4
Quizfrage 7.7.8	Lösung A	Lernstoff nacharbeiten: Kap. 7.4
Quizfrage 7.7.9	Lösung B	Lernstoff nacharbeiten: Kap. 7.5

Quiz zu Kapitel 8 „Assetdesign"

Quizfrage 8.9.1	Lösung B	Lernstoff nacharbeiten: Kap. 8.3
Quizfrage 8.9.2	Lösung A	Lernstoff nacharbeiten: Kap. 8.4.2
Quizfrage 8.9.3	Lösung B	Lernstoff nacharbeiten: Kap. 8.5
Quizfrage 8.9.4	Lösung C	Lernstoff nacharbeiten: Kap. 8.5
Quizfrage 8.9.5	Lösung A	Lernstoff nacharbeiten: Kap. 8.6
Quizfrage 8.9.6	Lösung A	Lernstoff nacharbeiten: Kap. 8.6.1
Quizfrage 8.9.7	Lösung B	Lernstoff nacharbeiten: Kap. 8.6.1
Quizfrage 8.9.8	Lösung A	Lernstoff nacharbeiten: Kap. 8.6.1
Quizfrage 8.9.9	Lösung C	Lernstoff nacharbeiten: Kap. 8.6.4
Quizfrage 8.9.10	Lösung A	Lernstoff nacharbeiten: Kap. 8.6.4
Quizfrage 8.9.11	Lösung D	Lernstoff nacharbeiten: Kap. 8.6.4
Quizfrage 8.9.12	Lösung B	Lernstoff nacharbeiten: Kap. 8.6.4
Quizfrage 8.9.13	Lösung B	Lernstoff nacharbeiten: Kap. 8.6.5
Quizfrage 8.9.14	Lösung A	Lernstoff nacharbeiten: Kap. 8.6.5
Quizfrage 8.9.15	Lösung B	Lernstoff nacharbeiten: Kap. 8.6.6
Quizfrage 8.9.16	Lösung C	Lernstoff nacharbeiten: Kap. 8.6.7
Quizfrage 8.9.17	Lösung C	Lernstoff nacharbeiten: Kap. 8.7.2

Quizlösungen

Quiz zu Kapitel 9 „Assetdesign"

Quizfrage 9.8.1	Lösung A	Lernstoff nacharbeiten: Kap. 9.5.1
Quizfrage 9.8.2	Lösung B	Lernstoff nacharbeiten: Kap. 9.5.2
Quizfrage 9.8.3	Lösung C	Lernstoff nacharbeiten: Kap. 9.4.1
Quizfrage 9.8.4	Lösung B	Lernstoff nacharbeiten: Kap. 9.4.1
Quizfrage 9.8.5	Lösung B	Lernstoff nacharbeiten: Kap. 9.4.1
Quizfrage 9.8.6	Lösung B	Lernstoff nacharbeiten: Kap. 9.4.1
Quizfrage 9.8.7	Lösung A	Lernstoff nacharbeiten: Kap. 9.6.2

Quiz zu Kapitel 10 „Tests und Launch"

Quizfrage 10.9.1	Lösung C	Lernstoff nacharbeiten: Kap. 10.3.1
Quizfrage 10.9.2	Lösung A	Lernstoff nacharbeiten: Kap. 10.3.2
Quizfrage 10.9.3	Lösung A	Lernstoff nacharbeiten: Kap. 10.3.3
Quizfrage 10.9.4	Lösung C	Lernstoff nacharbeiten: Kap. 10.3.4

Online-Material

Allen Leserinnen und Lesern dieses Buches steht auch die Website http://www.mediendesign-online.net/xmediapress zur Verfügung.
Dort finden Sie eine elektronische Version aller Multiple Choice-Quizfragen mit direkter Online-Auswertung. Bei nicht oder falsch beantworteten Fragen erhalten Sie Hinweise auf die zugehörigen Inhaltskapitel zur Nacharbeit.

Link zur Begleitwebsite zu diesem Buch:
http://mediendesign-online.net/xmediapress

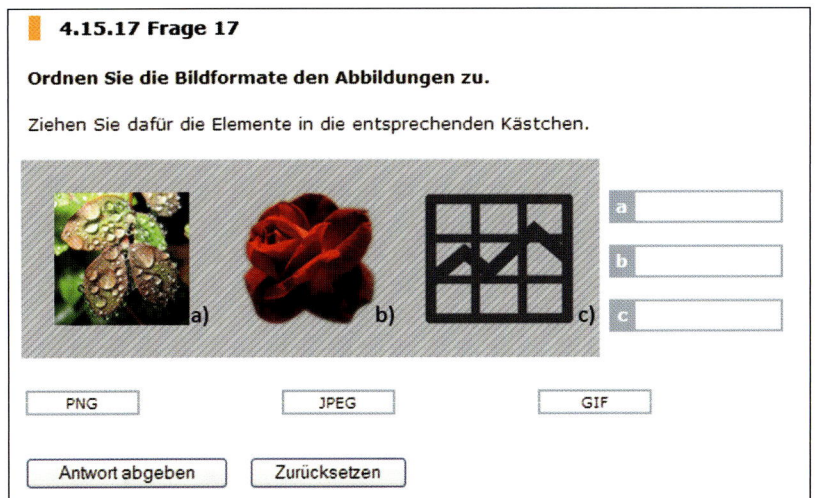

Beispiel einer Quizfrage im elektronischen Quiz

Beispiel einer Quizauswertung im elektronischen Quiz

Über diese Website erreichen Sie auch die „Web Design Gazette", die Ihnen zusätzliche Online-Tutorials zum Erlernen der technischen Webdesign Grundlagen bietet.
Nicht zuletzt erreichen Sie darüber auch den Downloadservice für benötigte Materialien für Ihr „pixographen" Übungsprojekt.

Die Autoren

Professor Dr. Norbert Hammer ist seit 1997 Professor für Mediendesign am Fachbereich Informatik der Fachhochschule Gelsenkirchen. Seine Arbeitsschwerpunkte umfassen Webdesign, Interfacedesign und E-Learning-Anwendungen.
Er studierte Design an der Folkwangschule für Gestaltung/ Universität Essen und an der SHBK Braunschweig. In der Industrie arbeitete er als Produktplaner bei Krups, bevor er sich an der Universität Essen der Designforschung und dem Thema Designmanagement widmete.
In seinem derzeitigen Tätigkeitsfeld entwickelt er u. a. die Online-Lernmodule für das Fach Mediendesign für die virtuelle Fachhochschule (vfh).
Prof. Dr. Hammer ist Mitinhaber des Designbüros hammer.runge und dort im Bereich Industrial Design und Webdesign aktiv.

Karen Bensmann ist Diplom-Informatikerin (FH) und seit 2008 an der Fachhochschule Gelsenkirchen als wissenschaftliche Mitarbeiterin tätig. Während ihres Studiums der Medieninformatik an der Fachhochschule Gelsenkirchen war sie unter anderem als freiberufliche Webdesignerin tätig und leitete das Java-Tutorium für die Studentinnen und Studenten der Medien- und Angewandten Informatik. Darüber hinaus hat sie im Berufsbildungszentrum Gladbeck als Dozentin in der Erwachsenenbildung in den Bereichen Webdesign, Grafikbearbeitung, Film und Videoschnitt gearbeitet.

Printing and Binding: Stürtz GmbH, Würzburg